Rußland zur Zeit des Zaren Alexander Michailowitsch. Aus Blaeu Atlas Major, Vol. 2, Amsterdam (1663): Man beachte den Stadtplan von Moskau links oben.
Kgl. Bibliothek, Stockholm

DAS RUSSLAND DER ZAREN

ZUM GELEIT

Die Schaffung des modernen vereinigten Europas bedingt vertiefte Kenntnisse des Ostens. «DAS RUSSLAND DER ZAREN» offenbart in faszinierenden Bildern und Texten rund tausend Jahre russischer Geschichte.

Diese dokumentierte Vergangenheit schafft notwendige Grundlagen für das Verstehen der weitgreifenden gegenwärtigen Veränderungen und für das Werden der zukünftigen Völkergemeinschaft.

Lebenserfahrung und Familientradition stützen diese Aussage: Schon vor 83 Jahren gelangte ich das erstemal nach Rußland. Als Sohn des Prinzen Wilhelm von Schweden und der Fürstin Maria Pavlovna Romanow – sie war eine Cousine des letzten Zaren, Nikolaus II., und eine Enkelin des Zaren Alexander II., dessen achter Sohn ihr Vater gewesen war – wurde ich am Hofe zu St.Petersburg, im Kreise der großen Familie Romanow, vorgestellt.

Bruchstückhaft setzt meine persönliche Erinnerung 1913 ein: Das glanzvolle Jubiläum 300 Jahre Romanow-Dynastie war Anlaß meiner zweiten Rußland-Reise. Augenblickseindrücke blieben haften: in St.Petersburg die große Treppe im Winterpalast; in Moskau die mächtigen Mauern des Kreml; der hoch aufragende Glockenturm Vejlike Iwan, wo nicht die Glocken bewegt wurden, sondern die Glockenklöppel von vier halbnackten Männern mit Seilen geschwungen wurden; feierliche Prozessionen, während deren der kranke Zarewitsch von seinem riesigen Leibwächter mitgetragen wurde und die Kirchenglocken unaufhörlich dröhnten; schließlich fröhliche Spiele mit den Zarenkindern.

Wer ahnte, daß es sich um die erregenden Zuckungen einer sterbenden Welt handelte, die bald im glühenden Krater blutigen Krieges und gewaltiger Revolution untergehen würde? Symbolisch meine letzte Reiseerinnerung: eine fürchterliche Seekrankheit bei der Heimfahrt über die Ostsee ...

1914 begann nicht nur der schreckliche Erste Weltkrieg, auch die politisch beeinflußte Ehe meiner Eltern wurde damals geschieden; die Fäden in Richtung Rußland rissen, aber mein russisches Blut konnte und wollte ich nie verleugnen.

Zwar verbot meine Abstammung lange einen Besuch; tief in der Seele hegte ich aber doch die Sehnsucht und die Hoffnung, das riesengroße, faszinierende Land meiner Mutter, das mythenumwobene, gastfreundliche «Mütterchen Rußland», wiederzusehen.

Nach 76 Jahren endlich kehrte ich mit meiner ganzen Familie nach Leningrad/ St.Petersburg zurück. Froh hatte ich 1990 die Einladung einer Gruppe russischer Künstler unter der Leitung des Direktors des berühmten Mussorgski-Theaters angenommen, eine große Ausstellung meiner Makrobilder von Blüten und Blättern im Ethnographischen Museum zu zeigen. So verschaffte mir die Liebe zu den Blumen einen neuen Zugang zum Land meiner Mutter – wahrlich, eine neue Zeit begann!

Es bleibt eine gewaltige Aufgabe, die alten Mißverständnisse, Vorurteile, Fehler, Feindbilder, Ausgrenzungen durch sorgfältige, umfassende Information jetzt zu überwinden, damit gesellschaftlicher und wirtschaftlicher Neubeginn tieferes gegenseitiges Verstehen schafft. Der Überwindung des Überholten und der Neugestaltung einer friedlichen, glücklichen Zukunft für alle gilt unsere Hoffnung. Dafür lohnt sich unser gemeinsames intensives Mühen.

Insel Mainau, im August 1992

LENNART BERNADOTTE

Urenkel von Zar Alexander II.
Urururururenkel von Zar Michail III.,
dem ersten Zaren der Romanows
Ururenkel von Jean Baptiste Bernadotte,
später König Karl XIV. Johan von Schweden
Ururenkel von Kaiser Wilhelm I. von Preußen
Urenkel von Großherzog Friedrich I. von Baden
(Zähringen)

Meiner Ehefrau Wera gewidmet

Kaiserkrone des „Großfürsten von ganz Rußland", Wladimir Monomach (980–1015). Byzantinische Arbeit.

Originaltitel: Tsarernas Ryssland

Genehmigte Lizenzausgabe für
Weltbild Verlag GmbH, Augsburg 1999

Ins Deutsche übertragen von Rainer Ursprung
Grafische Gestaltung: Pierre Österholm
Einbandgestaltung: KA • BA factory, Augsburg
Gesamtherstellung: Egedsa S.A., Sabadell
Printed in Spain
ISBN 3-8289-0319-3

Lars Elgklou

DAS RUSSLAND DER ZAREN

Bechtermünz Verlag

INHALTSVERZEICHNIS

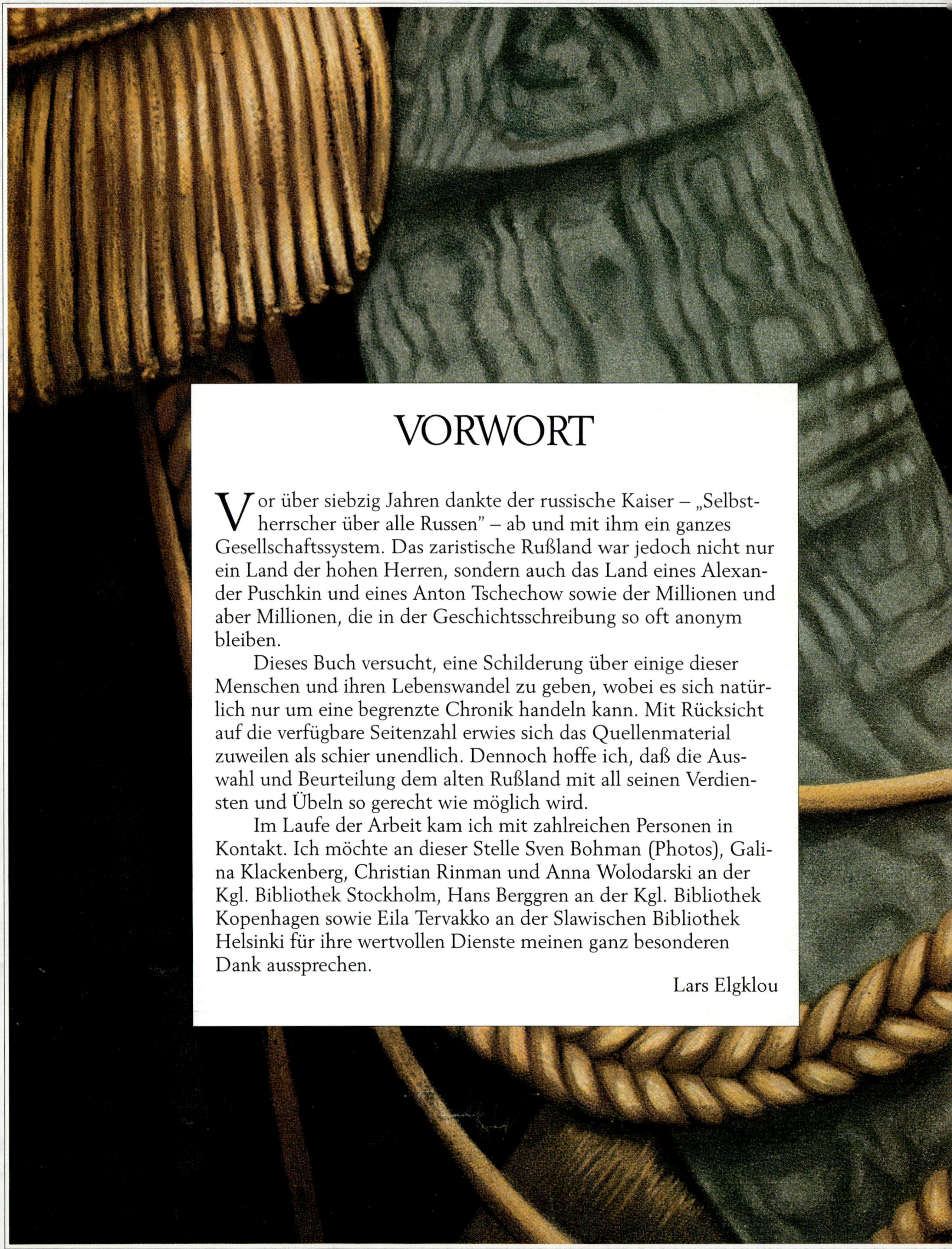

VORWORT

Vor über siebzig Jahren dankte der russische Kaiser – „Selbstherrscher über alle Russen" – ab und mit ihm ein ganzes Gesellschaftssystem. Das zaristische Rußland war jedoch nicht nur ein Land der hohen Herren, sondern auch das Land eines Alexander Puschkin und eines Anton Tschechow sowie der Millionen und aber Millionen, die in der Geschichtsschreibung so oft anonym bleiben.

Dieses Buch versucht, eine Schilderung über einige dieser Menschen und ihren Lebenswandel zu geben, wobei es sich natürlich nur um eine begrenzte Chronik handeln kann. Mit Rücksicht auf die verfügbare Seitenzahl erwies sich das Quellenmaterial zuweilen als schier unendlich. Dennoch hoffe ich, daß die Auswahl und Beurteilung dem alten Rußland mit all seinen Verdiensten und Übeln so gerecht wie möglich wird.

Im Laufe der Arbeit kam ich mit zahlreichen Personen in Kontakt. Ich möchte an dieser Stelle Sven Bohman (Photos), Galina Klackenberg, Christian Rinman und Anna Wolodarski an der Kgl. Bibliothek Stockholm, Hans Berggren an der Kgl. Bibliothek Kopenhagen sowie Eila Tervakko an der Slawischen Bibliothek Helsinki für ihre wertvollen Dienste meinen ganz besonderen Dank aussprechen.

Lars Elgklou

KAPITEL I

VOR DER ZARENZEIT

(bis 1547)

DIE WIKINGERSAGE VON RURIK

Der Wikinger Rurik (gest. 879) „von jenseits des Meeres" wurde laut Überlieferung zusammen mit seinen Brüdern Sineus und Truvor herbeigerufen, um Herrscher über rivalisierende slawische Stämme zu werden und „uns zu regieren und Recht zwischen uns zu schaffen", wie es hieß. Äußere Feinde dieser Stämme waren Nomaden und Reitervölker. 862 wird als das Jahr angegeben, in dem Rurik sein Reich in Nowgorod – oder Holmgård, wie es die Wikinger nannten – gründete. Sein Nachfolger Oleg nahm Kiew ein. Das neue, erweiterte Reich ist in der Geschichte als das Kiewer Reich Rus (*Kiewskaja Rus*) bekannt. Das Wort „Rus" wird in der Geschichtsschreibung auf altnordischen Ursprung zurückgeführt. Die Fürsten im Kiew des 10. Jahrhunderts sollen nordische Namen besessen haben, und die Männer in ihrer Leibgarde waren nordische Wikinger.

Die sog. Normannentheorie in bezug auf Rurik und seine Brüder wird nicht mehr offiziell anerkannt. Der Staat von Kiew soll hingegen ein rein slawisches Produkt gewesen sein, weshalb dem Begriff „Rus" südrussische Herkunft zugeschrieben wird.

Im Laufe der Zeit haben sich jedoch auch viele andere für die unausrottbare Geschichte von Rurik interessiert, darunter die leibhaftige Katharina II., die unter anderem ein Schauspiel über ihn schrieb. 1862 wurde zudem der tausendste Jahrestag der Ankunft Ruriks in Rußland gefeiert.

Manchmal heißt es auch, alte Mythen wetteiferten mit wissenschaftlichen Ergebnissen, die dann unterschiedlich interpretiert würden.

Diese von einem unbekannten Künstler gemalte, ursprünglich byzantinische Ikone aus dem 12. Jh. wurde vom russischen Volk jahrhundertelang als Schutzbild der Nation und oberste religiöse Reliquie betrachtet. Das Heiligenbild, „Mutter der russischen Erde" genannt, befindet sich heute in der Tretjakow-Galerie in Moskau. Die Ikone wurde auf Befehl des Feldmarschalls Kuzow von den Regimentern vor der Schlacht bei Borodino (1812) mitgeführt. Während des Krimkrieges (1855/56) brachte man sie in das belagerte Sewastopol, und im Russisch-Türkischen Krieg (1877/78) begleitete die Ikone die Truppen des Generals Michail Skobelew nach Sijka und Plewna.
Kgl. Bibliothek, Stockholm.

DIE GOTTESMUTTER VON WLADIMIR

Die Nestorchronik (beendet 1110) schildert die Ankunft des Apostels Andreas bei den Slawen in Nowgorod: „Als ich in das Land der Slawen kam, sah ich etwas Wunderliches: Ich sah beheizte Badehäuser aus Holz. Dort ziehen sie sich nackt aus, begießen sich mit einer Art Borkenlauge und peitschen sich selbst mit Reisig. Halb lebend aus diesen Öfen kommend, begießen sie sich mit kaltem Wasser, um wieder zu sich zu kommen. Dies tun sie jeden Tag, ohne daß sie jemand dazu zwingt. Diese Peinigung nennen sie nicht Qual, sondern Waschen." Kgl. Bibliothek, Kopenhagen.

DIE NESTORCHRONIK

In zahlreichen Wikingersagen und Mönchslegenden ist vom Großfürsten von Kiew und von seinen untergebenen Fürsten in den Gebieten zwölf verschiedener Stämme die Rede. Der Kiewer Staat war in vier verschiedene Sozialgruppen aufgeteilt. Die erste Gruppe bestand aus Fürsten und ihren Leibgarden, die zweite aus Kaufleuten und Handwerkern der Städte, die dritte aus Bauern und die vierte aus Leibeigenen.

Falls man eine phantasievolle und unterhaltsame Lektüre über die Entstehung und Frühgeschichte Rußlands vorzieht, empfiehlt sich die mittelalterliche „Chronik vergangener Jahre" oder *Nestorchronik*, wie sie volkstümlich genannt wird. Darin wird das Schicksal der Slawen geschildert, angefangen bei der Sündflut bis hin zum Jahre 1110. Die historischen Angaben sind jedoch mit einem gewissen Vorbehalt zu betrachten. Die Jahreszahlen sind oft völlig irreführend! Als Unterhaltungslektüre mag die Nestorchronik jedoch zweifellos ihre Berechtigung haben. Über den Turm von Babel steht beispielsweise geschrieben, er habe eine Höhe von 5433 Ellen gehabt. Die Chronik erzählt von heidnischen Volksstämmen, von Kiew vor der Zeit der Mongolen und der Erbauung des eigentümlichen Höhlenklosters sowie von den Mönchen und ihren Gesetzen.

DAS CHRISTENTUM

Der Fürst von Kiew, Wladimir der Heilige (980–1015), führte das Christentum in Rußland (988) in der griechisch-orthodoxen, byzantinischen Form ein. In einer Chronik wird berichtet, Wladimir habe die Leute in verschiedene Kirchen geschickt, damit sie sähen und lernten. Die Bulgaren „stehen da in hängenden Kleidern, verbeugen sich, setzen sich nieder und glotzen hin und her wie Verrückte", heißt es. In deutschen Kirchen gab es keine Schönheit. In einem griechischen Tempel jedoch „wußten wir nicht, ob wir im Himmel oder auf Erden waren". Wladimir entschied sich daraufhin für die griechische Kirche.

Der Großfürst Wladimir von Kiew machte das Christentum im Zuge der Christianisierung 988 zur Staatsreligion des alten russischen Reiches. Nach Teilung des Christentums (1054) in einen römischen und einen griechischen Zweig schlossen sich die Russen dem griechischen an. Der Zar wurde daraufhin zwar zum Oberhaupt der orthodoxen Kirche, erreichte jedoch nie dieselbe Stellung wie der Papst innerhalb der römisch-katholischen Kirche. Das Bild, die Reproduktion eines alten Öldrucks, zeigt eine Massentaufe zur Zeit Wladimirs. Slawische Bibliothek, Helsinki.

„Jeder, der sich morgen nicht am Fluß einfindet, ob reich oder arm, Bettler oder Handwerker, wird mein Gegner sein", drohte Wladimir. „Und das Volk ging mit Freuden zum Fluß..., während die Priester die Taufe vollzogen", heißt es weiter.

Die Chronik berichtet auch davon, daß dieser Wladimir mehrere offizielle Frauen und – man höre und staune – achthundert Nebenfrauen hatte. Pelze, Honig und Slawen waren die bedeutendsten Handelswaren, und eine der ältesten Münzeinheiten war *Kuna*, was soviel wie Marderfell bedeutet.

Mit der Christianisierung Rußlands war die heidnische Zeit vorbei, und die Geschichte des Landes trat in eine neue Entwicklungsphase ein. Der Staat von Kiew war ein verhältnismäßig großes Reich mit einer Reihe selbständiger Bezirke oder Provinzen. Diese wurden von Häuptlingen regiert, die sämtlich vom Herrscher in Kiew ernannt worden waren. Mit ihren griechischen Metropoliten und 400 Kirchen war die Stadt auch das unbestrittene religiöse Zentrum. Kiew wurde als „die Mutter der russischen Städte" bezeichnet.

1113 wurde Wladimir Monomach (gest. 1125) regierender Fürst von Kiew. Von ihm sagte man, er besitze „wahre Bruderliebe, er sei ein Freund der Armen und ein guter Märtyrer für Rußland". Es gelang ihm beinahe, die rivalisierenden kleinen Fürstentümer zu einigen. Nach seinem Tode jedoch zersplitterte das Land, und die ständigen und blutigen Fehden gingen weiter.

Im 12. Jh. gelang Wladimir Monomach für kurze Zeit die Einigung eines großen Teils Rußlands. Die Chroniken bezeichnen ihn als „Großfürsten von ganz Rußland", und der byzantinische Kaiser Alexios (1048–1118) soll Wladimir seine Krönungsinsignien geschenkt haben. Fortan ließen die Großfürsten und später die Zaren ähnliche Kronen als Zeichen der Macht und des Erbes von Byzanz anfertigen. Private Sammlung.

1169 eroberte, plünderte und zerstörte Fürst Andrej Bogoljubski von Susdal (gest. 1175) aus dem mittleren Teil des Landes die Stadt Kiew. Dies war das Ende der Blütezeit des Kiewer Staates. Die Stadt Wladimir im Susdalgebiet wurde für eine gewisse Zeit Sitz sowohl des Großfürsten wie auch des Metropoliten.

AN DER WEGSCHEIDE ZWISCHEN OST UND WEST

Im Jahre 1136 wurde die alte Stadt Nowgorod von Kiew abgesondert und zur selbständigen Handelsrepublik erklärt. Ihre Staatsform war in gewisser Hinsicht demokratisch. Das höchste Organ der Republik, die Volksversammlung (*Wetsche*), wählte den Fürsten, den Erzbischof, den Bürgermeister und den Regierungschef. Die Republik Nowgorod umfaßte schließlich das gesamte nördliche Rußland. Die Ostgrenze lag am Ural. Kolonisierungsbestrebungen der Schweden von Finnland aus und des Deutschen Ordens von Livland aus führten dazu, daß Nowgorod in eine Reihe von kriegerischen Handlungen verwickelt wurde. Unter den wehrhaften Fürsten der Republik tat sich insbesondere der kühne und stattliche Alexander Newski (1220–1261) hervor. Er ist später zum Heiligen erklärt worden.

In den 350 Jahren der Selbständigkeit entwickelte sich Nowgorod zu einem der bedeutendsten Handelsplätze Nordeuropas. Man exportierte Leder, Felle, Wachs, Talg und Flachs nach dem Westen. Die Einfuhr bestand aus Metallen, Salz, Wein und Bier. Nowgorods Handelsbeziehungen reichten sogar bis nach Byzanz und zu den Märkten jenseits des Kaspischen Meeres.

Das Verhältnis zwischen Nowgorod und den Fürstentümern Moskau und Twer, welche eine Expansion in Richtung Norden im Auge hatten, war äußerst gespannt.

Den Raubzügen der Tataren entging man jedoch, indem man dem Khan seinen Tribut zollte.

Im 15. Jahrhundert begann der Abstieg Nowgorods. 1478 übernahm der Selbstherrscher in Moskau die Herrschaft. Damit war auch das russische Experiment einer Demokratie gescheitert.

So manches russische Folksepos geht auf das sagenumsponnene Nowgorod zurück. In einer der Erzählungen wird von der Begegnung des Kaufmannes Sadko mit dem Meereskönig berichtet. Diese lieferte den Stoff zur Oper „Sadko“ von Nikolai Andrejewitsch Rimski-Korsakow (1844–1908), die 1898 uraufgeführt wurde.

DIE TATAREN

Am Anfang des 13. Jahrhunderts sahen sich die russischen Kleinstaaten einem neuen, furchtbaren äußeren Feind ausgesetzt. Vom Osten her fielen riesige Scharen mongolischer Eroberer ins Land ein. Ein Versuch, die wilden Eindringlinge mit einem gemeinsamen russischen Heer am Fluß Kalka – nunmehr Kalmius – (1224) zurückzuschlagen, mißlang. Das Blutbad, das zu den schrecklichsten der Weltgeschichte zählt, überlebten nur wenige der russischen Krieger. Der Mongolenhäuptling Temüdschin, dessen Grundsatz lautete: „Eine Sonne am Himmel, ein Herrscher auf Erden“, schien sich zum Herrn über ganz Rußland zu erheben. Wir kennen ihn besser unter dem Namen Dschingis Khan (um 1160–1227). Jedoch kehrten hundert Kilometer vor Kiew, der russischen Wiege, die Horden der Mongolen plötzlich um. Sie kamen aber wieder, und Kiew und andere russische Städte wurden praktisch dem Erdboden gleichgemacht (1237–1240). Der Angriff der Mongolen, einem Erdbeben gleich, erfolgte größtenteils zu Pferde. Sie waren bekannt für ihre hervorragend geplanten Feldzüge, für Beweglichkeit und Überraschungstaktiken, eiserne Disziplin und beispiellose Grausamkeit.

ALEXANDER NEWSKI

Fürst von Nowgorod 1236–1251 und Großfürst von Susdal-Wladimir von 1252 bis zu seinem Tode elf Jahre später. Der namhafte Krieger führte die Verteidigung des nordwestlichen Rus gegen schwedische und deutsche Eindringlinge an. Die erfolgreiche Schlacht an der Newa gegen schwedisch-finnisch-norwegische Kreuzfahrer im Juli 1240 brachte ihm den Beinamen „Newski“ ein. Alexander wurde nach seiner Heiligsprechung zu einem der größten Heiligen der russisch-orthodoxen Kirche.
Private Sammlung.

Im alten Rußland scherte man die meisten zentralasiatischen Völker als „Tataren" über einen Kamm. Der bekannteste, Dschingis Khan, war Herrscher über ein gewaltiges Reich jenseits des Urals. Anfang des 13. Jh. zogen seine Scharen – „Gottes Geißeln" – immer weiter nach Westen. Der weitgereiste Marco Polo (um 1255–1324) schilderte das Tatarenreich mit seinen riesigen Bären, großen schwarzen Füchsen, wilden Eseln und dessen König, der weder Städte noch Burgen besaß. Kgl. Bibliothek, Kopenhagen.

Die Mongolen gründeten die gewaltige Herrschaft der Goldenen Horde mit der Hauptstadt Sarai nahe der Wolgamündung. Die russischen Kleinfürsten wurden zu Vasallen unter dem strengen Zepter des Khans.

In Rußland erhielten die Mongolen gemeinsam mit anderen zentralasiatischen Nomadenvölkern den Namen Tataren. Während der langen Zeit der Besatzung unter den Tataren erfolgte in Rußland eine weitgehende Anpassung an den tatarischen Despotismus. Dies zog sowohl politisch als auch sozial und kulturell unglückliche Folgen

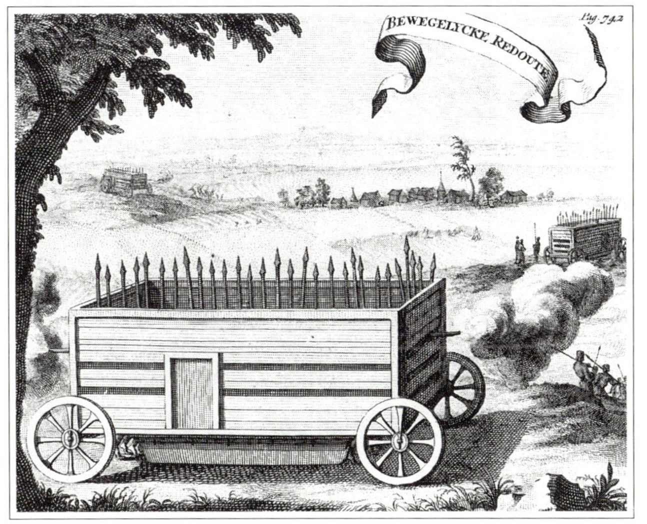

Eine kleinere Festung nannte man früher Redoute. Die Abbildung zeigt eine mobile Redoute. Der große Wagen wurde dabei von den Soldaten, die sich innerhalb der schützenden Wände befanden, wie eine Art Panzer vorangeschoben. Die Redoute sollte die sibirische Landbevölkerung vor den Angriffen der Tataren schützen. Insbesondere zur Erntezeit griffen die Tataren an; sie erbeuteten dabei Getreide und machten Gefangene. Die Illustration ist dem Werk „Noord en oost Tartaryen" des Holländers Nicolas Witsen (1641–1717) entnommen. Private Sammlung.

DIE BERITTENEN TATAREN

führten bei ihren weiträumigen Raubzügen wilde Angriffe zu Pferd durch. Man sagt, die Tataren würden im Sattel geboren und auf dem Rücken der Pferde großgezogen. Mit den klassischen Waffen Pfeil und Bogen, krummen Schwertern und Lanzen sowie mit eiserner Disziplin machten die Tataren den Massenmord zur Untugend. Tapferkeit wurde mit Ausschweifungen belohnt. Das Bild zeigt den Ansturm der Kasantataren. Kgl. Bibliothek, Kopenhagen.

nach sich. Korruption und Terror machten sich breit, unter gleichzeitiger Stärkung der Macht der Fürsten auf Kosten der Volksversammlungen.

Über zwei Jahrhunderte dauerte der Nomadenansturm aus dem Osten an. In dem lyrischen Heldengedicht *Igorlied* heißt es unter anderem: „O Wind! Warum, Herr, bläst du so stark? Warum sendest du auf deinen leichten Flügeln die Pfeile des Khans gegen die Krieger meines Gemahls?" Dieses Klagelied sang Fürst Igors Gemahlin Jaroslawna zu früher Morgenstunde.

MOSKAU

„Diese Stadt soll vor allen anderen Städten Rußlands berühmt werden, die Metropoliten sollen dort leben, sie soll ihre Hände auf die Schultern des Feindes legen, und Gott soll in ihr gepriesen werden, und meine Gebeine sollen in ihr ruhen." So lauteten die Worte des Metropoliten Peter, Oberhaupt der russischen Kirche, als er sich über die Zukunftsstadt Moskau ausließ. Er kam 1326 von Wladimir, wo er seit der Eroberung, Plünderung und Zerstörung des früheren religiösen Zentrums Kiew durch die Mongolen und andere Eindringlinge ansässig gewesen war, nach Moskau.

Die Ankunft Peters in Moskau bedeutete eine Vereinigung der kirchlichen und weltlichen Macht in ein und derselben Stadt des Landes. Dies trug zur Entstehung des Selbstherrschertums bei. Als Peter in Moskau eintraf, saß Iwan Kalita (gest. 1340) – Iwan mit dem Geldbeutel – auf dem Thron. Er war ein Herr mit Vermögen und Macht, obwohl er eigentlich unter der Gnade des Mongolenkhans regierte. Iwan Kalita ist der Nachwelt unter dem Ehrentitel „Sammler der russischen Erde" bekannt, was besagt, daß er durch Erbschaft, Erwerb und Eroberungen sein Fürstentum wesentlich erweiterte. Zu Iwan Kalitas Zeit ist erstmals von der Burg Moskaus, dem *Kreml*, die Rede. „Am 3. Mai 1331 brannte die Burg Kremnik in Moskau ab", heißt es in einer Chronik. Daraufhin wurde mit dem Bau einer neuen Burg aus Eichenstämmen begonnen.

DER GRÜNDER

Lang vor der Zeit des Metropoliten Peter und des Iwan Kalita wird in den Geschichtsblättern der alten *Ipatiewskaja-Chronik* (1147) Moskau erwähnt. Fürst Juri Dolgoruki von Susdal (gest. 1157) wurde die Ehre zuteil, als Gründer der Burg von Moskau – Kreml – genannt zu werden (1156), nachdem er den Grundbesitzer, einen reichen Bojaren mit Namen Stepan Kutschko, ums Leben gebracht hatte. Die Vermählung der hübschen Tochter Kutschkos, Ulita Stepanowa, und des Fürstensohns Andrej Bogoljubski wurde inszeniert, um den Mord zu verschleiern. Soweit die Legende.

Die Stadt, anfangs eine bewaldete Anhöhe, wurde zur Festung von Juris Fürstentum. Das Fort, in strategisch wichtiger Lage auf einem Hügel, der Borowizki-Anhöhe, bestand aus Blockhäusern, die von einer Palisade aus dikken Holzstämmen umgeben waren. Baumaterial war in den dichten Wäldern zur Genüge vorhanden. Somit war das Moskau der ersten Jahrhunderte eine typische Holzstadt.

Um das befestigte „Holzschloß" des Fürsten Dolgoruki herum wuchsen bald weitere Gebäude heran. Der Fürst selbst soll eine hölzerne Kapelle mit dem Namen *Spas na boru* (Der Heiland im Nadelwald) erbaut haben.

1176 wurde die Holzstadt Moskau von ihrer ersten Feuersbrunst heimgesucht. Dies geschah im Zuge der Eroberung der Stadt durch Fürst Gleb von Rjasan. Von da an sollten Eroberungen, Plünderungen und Brandschatzungen ständig wiederkehren mit all den damit einhergehenden Leiden und Entbehrungen für die Bewohner. Daß die Stadt sich dennoch immer wieder aus der Asche erhob, erklärt sich aus der zentralen Lage im Lande. Die Stadt unterhielt ausgezeichnete Handelsverbindungen in alle Richtungen. *Krasnaja ploschtschad* – der Schöne oder Rote Platz – wurde zum Handelsplatz ganz Rußlands.

Man darf jedoch nicht vergessen, daß die tiefen Wälder in der Umgebung der Stadt einen wesentlich besseren Schutz vor den Raubzügen der Angreifer boten als die offene Steppe.

In dieser Phase erhielt Moskau den Beinamen *Matuschka* (Mütterchen).

DER HEILIGE KREML

Iwan Kalitas Enkel, Fürst Dmitri Donskoi (gest. 1389) sicherte seine Festung (Kreml) in Moskau durch eine weiße Stadtmauer, die sich als äußerst effektiv gegen die ständigen Angriffe der Feinde erweisen sollte. Innerhalb der Mauer fanden die Bewohner Moskaus Schutz. Ein weiterer Begriff wurde geprägt, nämlich „Der heilige Kreml". Fürst Dmitri war auch der erste Prinz, der sich mit seiner Armee gegen die Goldene Horde wandte. Im September 1380 kam es auf dem Schnepfenfelde am Oberlauf des Don zu einer blutigen Schlacht, die zwar nicht entscheidend war, aber dennoch zeigte, daß die Tataren nicht unbezwingbar waren. Der Sieg gab den Moskauern ihr Selbstvertrauen zurück und erweckte das russische Nationalgefühl zu neuern Leben. Moskau und sein Fürst nahmen nun und für alle Zukunft die Führungsrolle unter den anderen souveränen Kleinfürsten wahr. Die Machtstellung der Tataren konnte jedoch erst mehr als hundert Jahre später gebrochen werden.

Um den Kreml in die Hände des Feindes gelangen zu lassen, war Hochverrat Vorbedingung. Und der geschah 1382, als Tochtamysch und seine Tataren in den Kreml eindrangen, die Stadt plünderten und niederbrannten. In der Asche blieben 24000 Leichen zurück!

Zur Zeit der Pest wurde Moskau erneut von einer Katastrophe heimgesucht.

„Von 1228, als die Mongolen in Rußland einfielen, bis hin zur Thronbesteigung Iwans III. im Jahre 1462 hatten innerhalb der russischen Grenzen 64 verschiedene Fürstentümer mit 229 regierenden Fürsten existiert. 160 Kriege und 100 innere Aufstände hatten in Rußland gewütet."

Alfred Jensen (1859–1921)

MOSKAU IM 14. JAHRHUNDERT

Das alte Moskau war vollständig aus Holz gebaut. Die Stadt, die Ende des 15. Jh. etwa 40000 Einwohner beherbergte, wurde mehrmals von fremden Eindringlingen niedergebrannt und von Feuersbrünsten heimgesucht (1331 und 1337). Die ersten Steinbauwerke waren Klöster und Kirchen. 1367 ließ Fürst Dmitri Iwanowitsch Donskoi eine weiße Schutzmauer mit Türmen und Pforten um die Burg – den Kreml – herum errichten. Über 2000 Mann waren an dem Bau beteiligt. Die Mauer verlieh der Stadt den Namen Belokamennaja („Schimmernd von weißem Stein").

SCHLACHT AUF DEM KULIKOWER FELD

Nach einer blutigen Schlacht am Don im September 1380 vertrieb der Großfürst Dmitri Iwanowitsch die wilden Tatarenhorden des Khans Mamaj. Beide Seiten erlitten schwere Verluste. Nahezu das gesamte Fußvolk einschließlich fünfzehn Fürsten fiel. Dmitri Iwanowitsch wurde verwundet und erhielt nach der Schlacht den Ehrennamen Donskoi (am Don). Die Hoffnung der Russen, die Macht der Tataren endgültig gebrochen zu haben, erfüllte sich jedoch nicht. Der Khan sollte noch fast weitere 100 Jahre die östlichen Teile Europas beherrschen. Slawische Bibliothek, Helsinki.

Die Stadt wurde nahezu entvölkert. Wie nie zuvor florierte die religiöse Erweckungsbewegung. Es fand eine Massenflucht in die Kirchen statt. Ansehnliche Spenden führten dazu, daß neue Kirchen und Klöster sowohl innerhalb als auch in einem Ring um die Stadt herum aus dem Boden schossen. Zum berühmtesten Kloster wurde das Dreieinigkeitskloster St.Sergej (*Troitsko-Sergejewskaja lavra*), gegründet vom Heiligen Sergej (1337) in der Stadt Sergejew (Sagorsk), 70 km nordöstlich von Moskau.

In Moskau behauptete man, die Stadt habe „vierzig mal vierzig Kirchen". In dem Gewühl von Häusern wurde den Kirchen eine ganz besondere Aufgabe zuteil: Da keine Straßennamen vorhanden waren, wurden die Adressen mit Hilfe der nächstgelegenen Kirche angegeben.

DIE ALTTESTAMENTARISCHE DREIEINIGKEIT

Gemälde des großen mittelalterlichen Ikonenmalers, des Mönchs Andrej Rubljow (um 1360/1370–1427/1430). Sein Werk wird in der Chronik als „Gottes Wunderwerk" bezeichnet und seine Farben und Linien als „göttliche Rhythmen überirdischer Musik". Diese Ikone kam um 1420 zustande und war dem Gründer des Dreieinigkeitsklosters St.Sergej, Sergej Radonet, gewidmet. Das Kloster stellte das geistliche Zentrum Rußlands dar. Bis 1929 befand sich die Ikone im Kloster. Heute gehört sie zur Sammlung der Tretjakow-Galerie in Moskau.

DAS MODERNE MOSKAU

Unter Iwan III. (1440–1505) gelang es endlich, sich vom Joch der Tataren zu befreien. Dazu sei gesagt, daß aufgrund innerer Auseinandersetzungen die Goldene Horde in drei separate Khanate aufgeteilt worden war, in Kasan, Krim und Astrachan. Iwan erweiterte den Moskauer Staat durch eine Reihe von Kriegen gegen andere russische Fürsten, die dazu gezwungen wurden, ihr Gebiet zu übergeben, zu veräußern oder zu vermachen. Iwan war schlau und machtlüstern und bediente sich oft der grausamen Methoden der Tataren, um seine Ziele zu erreichen.

Kolonisierungsabsichten in Richtung Westen oder, wenn man so will, der Kampf um die Ostsee führten zum offenen Konflikt zwischen Iwan und Litauen, Schweden und Livland.

1472 vermählte sich Iwan mit Zoë (Sofija) Paläologos, der Nichte des byzantinischen Kaisers. Iwan betrachtete sich somit als rechtmäßiger Erbe von Byzanz und als Schutzherr der orthodoxen Christen. Mit Iwans Zustimmung wurde nun der byzantinische Doppeladler in das russische Staatswappen integriert.

In seinem Eifer, Moskau zu einem dritten Rom zu machen, holte er italienische Baumeister, die mit der Umgestaltung und Erweiterung des Kreml begannen. Um die Burg herum entstand die über fünfzehn Meter hohe Mauer mit Toren und Türmen. Der Hauptturm wurde als Tor des Erlösers benannt, welches nur mit entblößtem Haupt passiert werden durfte. Unter den übrigen Bauwerken zeichneten sich besonders die Uspenski-Kathedrale (1475–1479) aus, in der zukünftig die Krönung der Zaren stattfinden sollte, sowie der hohe Glockenturm *Iwan Weliki* (der Große Iwan), der auch als Aussichtsturm diente, um nach den gefürchteten Tataren Ausschau zu halten. Der 74 Meter hohe Turm wurde erst zur Zeit Boris Godunows (um 1552–1605) fertiggestellt. In einem Sprichwort heißt es: „Über Moskau – nur der Kreml, über dem Kreml – nur der Himmel!"

Erst während Iwans Regierungszeit erhielt Moskau sein erstes Haus aus Stein, erbaut vom Kaufmann Tarakan (die Schabe) im Jahre 1470.

Bereits damals war Moskau eine große Stadt. Einer Zählung auf Initiative von Wassili III. im Jahre 1520 zufolge gab es 41500 Gebäude in dieser Stadt. Die Einwohnerzahl läßt sich auf weit über 100000 schätzen.

Unter Iwan III. und seinem Nachfolger, Sohn Wassili III., wurden auch russische Botschafter nach Westen entsandt, vor allem ins Heilige Römische Reich Deutscher Nation. Im Westen zeichnete sich ein zunehmendes Interesse an Rußland ab. Als großer Rußlandkenner seiner Zeit tat sich der österreichische Diplomat Siegmund von Herberstein (1486–1566) hervor. Die Eindrücke seiner Rußlandreisen schrieb er in seinem Werk „Rerum Moscoviticarum Commentarii" (1549) nieder.

DIE USPENSKI-KATHEDRALE

Der Italiener Aristotele di Fioravante (um 1420–1486), der von Iwan III. nach Rußland geholt worden war, erbaute 1475–1479 die Kathedrale im Moskauer Kreml. Sie galt als Rußlands höchstes Heiligtum. Hier wurden die Zaren gekrönt. Die weiß gekalkten russischen Kathedralen mit ihren goldenen – manchmal blauen – Kuppeln waren ein Symbol der russischen Orthodoxie, „des heiligen Rußland". Private Sammlung.

DER GLOCKENTURM IWAN WELIKI

ist eines der bekanntesten Bauwerke Moskaus. Der in Moskau geborene Dichter Michail Jurjewitsch Lermontow (1814–1841) schrieb voller Begeisterung: „Wer nie auf der Spitze des Glockenturmes Iwans des Großen gewesen ist, dem ist auch nicht die Gelegenheit zuteil geworden, unsere alte Hauptstadt von einem Ende zum anderen mit einem einzigen schweifenden Blick einzufangen, und wer dieses stolze, schier unüberschaubare Panorama nie bestaunt hat, hat auch keine Vorstellung von Moskau." Private Sammlung.

KAPITEL II

Iwan IV.
(Regent 1533–1584)

Fjodor I.
(Regent 1584–1598)

ANFANG EINER BLUTIGEN REGIERUNG

Im Jahre 1533 verstarb der 55jährige Wassili III. Iwanowitsch, indem „seine Seele in Form einer kleinen Wolke durch den Mund seinen Körper verließ“. Wassilis ältester Sohn, der Thronfolger Iwan, war zu diesem Zeitpunkt drei Jahre alt. Somit nahm die Mutter Helena Wassilewna Glinskaja (gest. 1538) die Regierungsgeschäfte in die Hand. An ihrer Seite stand ihr Geliebter, Fürst Iwan Telepnew Obolenski.

Helenas Fähigkeiten zum Regieren waren zwar beachtenswert, dennoch gerieten sie und ihr intimer Gefährte in die politische Schußlinie. Mächtige Bojarenfamilien mit den Glinskis und Schujskis an der Spitze wollten ein Wörtchen mitreden. Helena scheute sich indessen nicht, Säuberungsaktionen vorzunehmen, ja nicht einmal unter ihren Nächsten, was zu jener Zeit mit Gefangennahme, Folterung und Tod einherging. Nach dem plötzlichen Ableben von Helena – Gerüchten zufolge wurde sie vergiftet – nahm das Machtspiel immer blutigere Formen an. Das gesamte Gesellschaftsgefüge kam ins Wanken, und allgemeine Unzufriedenheit machte sich breit. Es begann aus der Tiefe des Volkes zu grollen.

Für den jungen Iwan hatte die Entwicklung der Geschehnisse fatale Folgen. Er war belesen, besaß rasches Auffassungsvermögen und legte ein aus der Sicht der isolierten und geschlossenen Gesellschaftsstruktur Rußlands sensationelles Interesse für die westliche Welt an den Tag.

IWAN IV.

führte eine aggressive Außenpolitik. Mit der Eroberung der Tatarenkhanate Kasan (1551) und Astrachan (1556) gewann er die Herrschaft über den gesamten Lauf der Wolga und öffnete somit die sog. nasse Seidenstraße nach Persien. Die Eroberungszüge gingen 1582 in den westlichen Teilen Sibiriens weiter. 1558 nahm Iwan den Kampf um die Ostsee auf und verwickelte sich in Kriege mit Polen-Litauen und Schweden. Die russischen Erfolge ließen jedoch auf sich warten. Der polnische König Stefan Bathory (1533–1586) vertrieb 1579 die Russen aus Livland. Im selben Jahr besetzten die Schweden unter Pontus De la Gardie (1520–1585) Ingermanland und die Newamündung. 1581 fiel die bedeutende Seestadt Iwangorod (Narwa) in die Hände der Schweden. Nach der ungünstigen Entwicklung der Ereignisse in der Ostseeregion war man gezwungen, den russischen Handel mit der westlichen Welt über Archangelsk (gegr. 1584) am Weißen Meer abzuwickeln.
Slawische Bibliothek, Helsinki.

Iwan spielte auch Schach, wobei seine Gegner jedoch gewisse Spielregeln zu beachten hatten. Es galt, Iwan gewinnen zu lassen, ohne selbst ausgesprochen schlecht zu spielen, was gewiß nicht einfach war. Iwan war ein empfindlicher Hypochonder, mißtrauisch und sich der Machtposition, die ihm das Schicksal übertragen hatte, wohl bewußt.

Eine richtige Erziehung wurde ihm nie zuteil. Sein Verbündeter, der Geschichtsschreiber Fürst Andrej Michailowitsch Kurbski (1528–1588), schrieb über ihn: „Er scharte gleichaltrige Jünglinge aus dem *Sigklit* (Senat) um sich, ritt mit ihnen umher auf Straßen und Plätzen und schlug und raubte Männer und Frauen. Trotz all des schändlichen Unfugs schmeichelten ihm die Hofleute: *Seht, welch tapferer und tüchtiger Zar aus ihm wird!*"

Zu diesem wenig erfreulichen Bild des jungen Iwan gehört auch sein Hang zu grausamster Tierquälerei. Auch Vogeljagd und Bärenhatz waren bei dem künftigen Zaren sehr beliebt.

Ein anderes, tieferes Interesse Iwans bestand in der Teilnahme an Andachten in Kirchen und Klöstern. Dieses Interesse schien zuweilen seine gesamte Zeit in Anspruch zu nehmen und nahm geradezu selbstquälerische Züge an. Man sagt, Iwan habe, stundenlang auf seinen Knien verweilend, sein Haupt bis zur blutenden Verletzung zu Boden geworfen.

GESCHLECHT DER RURIKIDEN

Einige der bedeutendsten regierenden Fürsten. Die Jahreszahlen in Klammern geben die Regierungsjahre an.

DER KIEWER ZWEIG:
Rurik (862–879)
Igor (912–945)
Swjatoslaw (957–973)
Wladimir der Heilige (980–1015)
Jaroslaw der Weise (1019–1054)
Wsewolod (1078–1093)
Wladimir Monomach (1113–1125).

DER SUSDAL-WLADIMIR-ZWEIG:
Juri Dolgoruki (1154–1157)
Andrej Bogoljubski (1157–1174)
Rotislaw
Mstislaw
Jaroslaw
Alexander Newski (1252–1263).

DER MOSKAUER ZWEIG:
Daniel (erster Fürst von Moskau; 1263–1303)
Juri Danilowitsch (1303–1325)
Iwan (I.) Danilowitsch Kalita (1328–1341) (erster Großfürst von Moskau)
Simeon der Stolze (1340–1353)
Iwan II., der Fromme (1353–1359)
Dmitri Iwanowitsch Donskoi (1359–1389)
Wassili I. (1389–1425)
Wassili II., der Blinde (1425–1462)
Iwan III. („Herr über ganz Rußland"; 1462–1505)
Wassili III. (1505–1533)
Iwan IV., der Schreckliche (ernannte sich 1547 zum Zaren) (1533–1584)
Fjodor (1584–1598)

EINE BRAUT FÜR IWAN

Im Januar 1547 wurde der siebzehnjährige Despot in der Mariä-Himmelfahrts-Kirche in Moskau zum Zaren gekrönt. Mit dem Titel *„Zar"*, einer abgewandelten Form von Caesar, wollte er sich mit aller Kraft über die Großfürsten erheben und die Ehre in Anspruch nehmen, die den großen Tatarenkhanen erwiesen wurde. Im Jahre 1561 bestätigte der Patriarch in Konstantinopel auf Verlangen ein Verwandtschaftsverhältnis Iwans mit dem byzantinischen Kaisergeschlecht und das sich daraus ergebende Recht auf dessen Kaiserkrone. Daß der junge Iwan den Zarentitel annahm, wird dem mächtigen und militanten Makari (1482–1563) – ab 1542 Metropolit von Moskau und aller Russen – zugeschrieben.

Unmittelbar nach der Krönung wählte Iwan seine Zukünftige unter den Jungfrauen, die von allen Seiten des Reiches nach Moskau gesandt worden waren. Die Wahl fiel auf Anastasia Romanowna, Tochter eines weniger bedeutenden Bojaren. Die Hochzeit war nur eine Nebensache in Iwans wildem Leben. Der junge Zar und seine Horde trieben weiterhin ihre gewaltsamen Trink- und Sexorgien mit homosexuellem Einschlag und deutlicher Gewalttätigkeit.

Zu Beginn des Sommers 1547 brach in Moskau eine verheerende Feuersbrunst aus, welche die ganze Stadt einschließlich des Palasts des Zaren in Asche legte. Die Katastrophe wurde als „Der große Brand" bezeichnet und mit dem sog. „Allerheiligenbrand" von 1366 verglichen.

Der Metropolit Makari versuchte den Zorn des Himmels zu beschwichtigen, indem er bis zuletzt in der brennenden Uspenski-Kathedrale seine Gebete verrichtete. Schließlich wurde er mit Gewalt aus den quellenden Rauchwolken herausgezerrt und in bewußtlosem Zustand ins Nowodewitsch-Kloster gebracht. Der Zar und seine Familie flüchteten in das Dorf Worobewo.

Nach dem Brand ereignete sich in Moskau ein gewaltsamer Volksaufstand. Man richtete scharfe Anklagen ge-

DIE WAHRSAGER

Zur Zeit Iwans des Schrecklichen lebte in Moskau ein Bettler namens Wassili Blaschenny, der laut Chronik „das ganze Jahr hindurch nackt wie Adam herumlief und so fromm war, daß er Christi wegen sich weigerte, Vernunft walten zu lassen". Ein „Blaschenny" stand nach dem Volksglauben unter dem Schutz Gottes und nutzte dies aus, um hohen Herren die Wahrheit zu sagen. Nicht einmal der Zar wagte es, diese Wahrsager anzutasten. Die gewaltige Blaschenny-Kathedrale in Moskau wurde nach dem Bettler aus der Zeit Iwans des Schrecklichen benannt.

gen die Verwandtschaft von Iwans Mutter, das verhaßte Bojarengeschlecht Glinski, die Feuersbrunst durch Hexerei und Magie angestiftet zu haben. Fürst Juri Glinski wurde auf der Kirchentreppe ermordet.

Eine Volkssage berichtet davon, der Gottesmann Wassili Blaschenny sei weinend bei der Wosdwischenski-Kirche in Moskau gesehen worden. Die abergläubischen Menschen waren schnell bereit, dies als Warnung vor einem kurz bevorstehenden Unglück auszulegen. Am darauffolgenden Tage brach in der Kirche Feuer aus. Es griff auf die umliegenden Häuser über und legte einen Großteil des Handels-Stadtteils Kitai-Gorod in Asche. Innerhalb von gut zwei Monaten war es dann erneut soweit – diesmal wurden 25000 Häuser zerstört, und 80000 Moskauer verloren ihre Heimstatt.

DIE KIRCHE UND DER SELBSTHERRSCHER

Der wilde Lebenswandel des Zaren ließ die mächtigen Kirchenherren zur Aktion schreiten. Einer der Vertrauten Iwans, der Pope Silvester, drohte sogar mit der Strafe des Himmels für sein „kindlich wildes Temperament".

Hinter der Offensive der Kirche stand der mächtige Metropolit Makari. In einer engeren Bindung zwischen Kirche und Herrscher sah er eine ausgezeichnete Gelegenheit, seine und die Machtstellung der Kirche zu stärken. Gleichzeitig würde man das aus der Sicht des Volkes verhaßte Machtmonopol der Bojaren brechen.

Somit pries Markari die Herrlichkeit der Selbstherrschaft unter gleichzeitiger Heiligsprechung von zwanzig Geistlichen und der Stiftung einer Reihe neuer Feiertage. Die Offensive seitens der Kirche ergab schnell ein Resultat. Vereinzelt wurden Bojaren von tiefer Reue darüber ergriffen, was ihnen zur Last gelegt wurde. Einige entließen sogar ihre Sklaven in Freiheit.

Makari ging jedoch auch gegen die harmlosesten Vergnügungen an. Unter anderem wurde der Gesang der Bauern als „teuflische Spiele" bezeichnet.

Dem Zaren wurde auf ritterliche Art die Vergebung der Kirche angeboten. Gleichzeitig forderte ihn der Metropolit auf, den gedemütigten Bojaren gegenüber Gnade walten zu lassen. Iwan erhielt auch direkte Fingerzeige, wie er sich zukünftig verhalten sollte. Einer seiner Verbündeten trat mit den Worten an ihn heran:

Suche guten und gesunden Rat nicht nur bei den Ratgebern, sondern auch bei den Männern aus dem ganzen Volk.

Der Zar umgab sich nämlich mit einem sog. „Rat der Auserwählten" (*Isbrannaja rada*).

Zur Osterzeit 1550 wurde Rußlands erste Volksversammlung (*Semski sobor*) einberufen, die Rußland ein Reichsgesetz gab. Der reuevolle Iwan nannte die Vertreter „uns von Gott gegebene Männer Gottes". Die Zusammensetzung dieser Versammlung schien „von oben", d.h. vom Metropoliten, diktiert zu sein. Über volkseigene Vertreter ist nichts bekannt.

Ein Jahr später wurde unter anderem vermerkt, daß der Zar die Priester aufforderte, die Kindern lesen zu lehren.

DESPOTEN UND METROPOLITEN

Iwans entsetzliches Morden veranlaßte den Moskauer Metropoliten Philipp, den Zaren um die Auflösung der Opritschnina zu bitten (1566). Iwan weigerte sich und zwang den anmaßenden Prälaten statt dessen zur Unterzeichnung eines Dokuments, in dem er versichern mußte, sich in Zukunft nicht mehr in politische Dinge einzumischen. Zwei Jahre später kam der Zar mit seinen falschen Mönchen zu Philipp, um sich dessen Segen zu holen. Als Philipp sich weigerte, ließ ihn der Zar durch eine Sondersynode absetzen. In der Uspenski-Kathedrale riß man Philipp daraufhin die Priesterkleider vom Leibe, brachte ihn in ein Klostergefängnis und erwürgte ihn.
Kgl. Bibliothek, Stockholm.

Auch wißbegierigen Laien sollte diese Möglichkeit gegeben und zudem Unterricht in Schrift und Kirchengesang erteilt werden. Allmählich wurde ein Handbuch mit dem Namen *Domostroj* (Haushaltslehre) herausgegeben. Es enthielt unter anderem alltägliche Regeln zur Lebensführung. Mehr darüber auf Seite 54.

Iwan zeigte großes Interesse für das gedruckte Wort. Das erste gedruckte Buch Rußlands, „Die Apostelgeschichte", erschien 1564. Ein gewisser Iwan Fjodorowitsch Moskwitin (um 1510–1583) und sein Gehilfe Peter Timofejewitsch Mstislawez wurden zu Pionieren der Druckerkunst im Zarenreich. Moskwitin hatte seine Ausbildung in Italien erhalten. Einige Jahre zuvor (1552) war die erste komplette russische Landkarte fertiggestellt worden.

Ausländische Gelehrte, Kaufleute, Handwerker und Künstler waren von Rußland angezogen. Es war ein kompliziertes Spiel. Sowohl starke orthodoxe Kräfte im Lande als auch Rußlands Feinde, die eine Einwanderung – so geringfügig sie auch war – aus militärpolitischer Sicht beurteilten, versuchten den Zustrom aus dem Ausland zu unterbinden. Bei einer russischen Anwerbungsaktion im Westen hatte man 123 Personen angeheuert.

1560 verschied Iwans Gemahlin Anastasia. Dies brachte den Wendepunkt in seinem unruhigen Leben. Durch zunehmenden Alkoholismus verschlechterte sich Iwans psychischer Zustand mehr und mehr. Er entwickelte sich innerhalb einiger Jahre zu einem kompletten Monster, Mönch und Henker in einer Person. Als Iwans bösen Genius stellte Kurbski einen gewissen Wassian Toporkow im Pesnoschska-Kloster heraus. Dieser flüsterte ihm ins Ohr:

Willst du ein richtiger Selbstherrscher werden, dann befrage nicht Ratgeber, die weiser sind als du!

Er nahm ihn beim Wort. Im weiteren Verlauf entschieden Iwans unberechenbare Launen und Ideen über Leben oder Tod des gewöhnlichen Russen. Daß dieser Wahnsinn Jahr für Jahr weitergehen konnte, war äußerst merkwürdig. Viele haben versucht, eine Erklärung hierfür zu finden. Eine eindeutige Antwort darauf ist jedoch bis heute nicht gefunden worden.

Es liegen Beweise dafür vor, daß Iwan selbst als Mörder auftrat und die Opfer willkürlich ausgewählt wurden. Selbst frühere Günstlinge des Zaren fielen in Ungnade und wurden zu Tode gefoltert. Man sagt, daß Iwan betende Menschen rücklings zu überraschen und sie mit seinem messerscharfen Stab niederzustechen pflegte. Er nahm außerdem aktiv an zahllosen bestialischen Folterexperimenten teil.

Mit seinen sieben Gattinnen übertraf Iwan den englischen König Heinrich VIII. (1491–1547), der bekanntlich sechs Ehefrauen gehabt hatte. Ebenso wie die englischen Königinnen wurden auch die Frauen des Zaren verstoßen oder getötet. Niemand weiß, wie groß die Zahl der Nebenfrauen war und welches Schicksal sie ereilte.

Iwans Günstling, Fürst Andrej Kurbski, Kriegsheld und „liberaler" Woiwode (Statthalter) in Jurjew, entschloß sich, das Feld zu räumen. 1563 trat Kurbski in den Dienst des polnischen Königs Sigismund II. August (1520–1572). Daraufhin bahnte sich ein ungewöhnlicher Briefwechsel zwischen dem Selbstherrscher und seinem ehemaligen Untergebenen an. Kurbski war in der Wahl seiner Worte nicht zimperlich. Er wies auf Fehler hin und überhäufte Iwan mit Fragen. Zuweilen behauptete Kurbski, der in seinen Schreiben den Briefpartner mit Großfürst anredete, daß Iwans Antwortschreiben nichts anderes seien als „Weibergeschwätz". Der Zar schrieb zwar ohne Logik und Finesse, seine Briefe enthielten jedoch so manche Boshaftigkeit, die oft auf Kurbskis schwache Punkte abzielte. Iwan war bekannt dafür, die Schwächen eines Menschen bloßzustellen. In einem Brief versuchte Iwan seine bestialischen Taten mit folgenden Worten zu erklären: „Hättet Ihr mir nicht meine junge Gemahlin entrissen, wären diese Opfer nicht vonnöten gewesen..." Wie Saturnus seine eigenen Kinder verschlang, war ein russischer Zar gezwungen, das Leben seiner Mitbürger zu opfern. Die Ehefrau, von der er sprach, war Anastasia Romanowna.

Iwan stand auch mit den schwedischen Königen Erik XIV. (1533–1577) und Johan III. (1537–1592) in Briefwechsel.

Mit Erik XIV. verhandelte Iwan 1566 um die Hand der Herzogin Katharina Jagellonica (1526–1583). Zur Sache gehört, daß die Begehrenswerte mit Eriks Halbbruder, dem künftigen Johan III., vermählt war. Das Interesse seitens des Zaren gründete sich auf die Tatsache, daß Katharina die Schwester des polnischen Königs war und dieser möglicherweise in russisch-polnischen Angelegenheiten zu Zugeständnissen hätte gezwungen werden können. Der Zar schrieb spöttische Briefe an Johan mit höhnischer Geschichtsschreibung über den Vater der Gebrüder, Gustav Wasa (1496–1560).

Iwan selbst betrachtete seine königlich schwedischen Briefpartner als Emporkömmlinge. Iwan bildete sich ein, römisches Blut in den Adern zu haben. So nahm er eine Fabel über Octavius Augustus (63–29 v.Chr.) vollständig ernst. Darin hieß es, der Bruder des Römers sei nach Litauen ausgewandert und Stammvater von Rurik, Iwans dynastischem Stammvater.

IWANS RUSSLAND

Mitte des 16. Jahrhunderts zeichnete sich in der westlichen Welt ein markanter Anstieg des Interesses an Rußland ab. Der österreichische Freiherr Siegmund von Herberstein, der Rußland mehrmals besuchte, tat sich als bedeutender Berichterstatter hervor. Er reiste zwar in diplomatischer Mission, schilderte jedoch nicht nur die feinen Salons, sondern auch ganz alltägliche Begebenheiten.

Herberstein berichtete unter anderem, daß man in Rußland bereits mit Postkutschen reisen konnte. Die Pferde wurden an besonderen „Posthöfen" entlang des Weges gewechselt. Das Zaumzeug, das der Reisende selbst mitzubringen hatte, wurde ganz einfach frischen Pferden übergeworfen.

Laut Herberstein wurden sämtliche ankommenden Gesandten auf Kosten des Zaren freigehalten. Täglich trafen Rindfleisch, Schweinefleisch, Lammfleisch, ein lebender(!) und ein toter Hase, sechs lebende Hühner, Gemüse und Getreide im Hause des Gastes ein. Auch Fisch, insbesondere getrockneter Stör, gehörte zu den täglichen Lieferungen sowie eine Flasche Branntwein, drei Sorten Met und zwei Sorten Bier. Einmal in der Woche gab es frische Kräuter.

Der Austausch von Gaben und die Rangordnung spielten am Hof des Zaren eine bedeutende Rolle. Auch über die langwierigen und umständlichen Zeremonien am Hofe wußte Herberstein einiges zu erzählen. Selbst wurde er fast unmittelbar vom Zaren empfangen, während ein englischer Diplomat, Sir Thomas Randolphe (1523–1590), siebzehn Wochen auf eine Audienz warten mußte.

Der Zar war allem Anschein nach ein gastfreundlicher Herr, der seinen Gästen im Überfluß auftischte. Als besonderer Leckerbissen galt Schwanenfleisch. Herberstein empfand diese Mahlzeiten jedoch als Greuel, da sie ihn völlig erschöpften. Nicht selten saß der Zar sechs Stunden lang zu Tisch. Er war sehr aufmerksam und servierte seinen Gästen unaufhörlich neue Delikatessen. Dies trieb den Österreicher schier zur Verzweiflung. Das Protokoll schrieb nämlich jedesmal eine Dankesbezeugung mit allen erdenklichen Höflichkeitsfloskeln vor. Und obendrein mußte die Prozedur auch noch im Stehen durchgeführt werden.

Der englische Handelsagent Jérôme Horsey berichtete in bezug auf die Speisekarte am Hof des Zaren von einem Teich in der Nähe von Moskau, in dem der Zar Menschen töten ließ, darunter auch eine seiner Ehefrauen, Maria Dolgoruki. Von dem Teich erzählte man sich: „Er war ein Höllenschlund, ein Todesgrab, in das die Menschen gebettet wurden. Die Fische ernährten sich von den Leichen und galten am Tisch des Zaren als äußerst appetitlich." Die Gedanken schweifen unausweichlich hin zu den Karpfenteichen des Lucullus (106–56 v.Chr.) im alten Rom.

Nach den ausschweifenden Gelagen des Zaren endete der Abend meist bei einem der Angehörigen des Hofes. Ausländer unter den Tisch zu trinken wurde allgemein als Krönung eines gelungenen Abends betrachtet. Man prostete sich gegenseitig zu, leerte das Glas und warf es über den Kopf nach hinten an die Wand, wo es zerbarst. Aus gutem Grunde konnte man von feuchten Festen sprechen.

DIE RUSSISCHE FRAU

Die Situation der russischen Frau bezeichnete Herberstein als „abscheulich". Im Heim der Armen besorgte sie all die schweren Haushaltsarbeiten, während sich die Frau in reichen Familien die Zeit mit Handarbeiten, Baden oder Toilettemachen vertrieb. Eine große Dienerschar kümmerte sich um alles übrige. Diese Luxusdamen durften nur selten das Heim verlassen und sich niemals fremden Männern zeigen. Eine Tochter stand unter Vormundschaft ihres Vaters. Es war Sache der Eltern, einen geeigneten Gemahl für sie auszuwählen. Widerspenstige Mädchen wurden an den Haaren zur Hochzeitszeremonie

Die Frauen und Töchter von Zaren und Bojaren mußten ihr Dasein traditionsgemäß in einer abgeschlossenen Abteilung des Heims („Terem") fristen. Dort verbrachten sie den größten Teil ihrer Zeit mit Nähen, Weben, Spitzenklöppeln und Sticken von Silber- und Goldfäden. Im Freien mußten sie dichte Schleier vor dem Gesicht tragen. Die Halbschwester Peters des Großen, Sofija, brach mit dieser Sitte und verließ den „Terem" für immer. Unter der Regierung Peters verschwand dieser Brauch vollends. Er wollte, daß die Russinnen wie die Frauen im Westen am Gesellschaftsleben teilnehmen können. Was das Tanzen betraf, war dies früher das Vergnügen der niedrigeren Gesellschaftsschichten.
Kgl. Bibliothek, Stockholm.

geschleppt. Nach der arrangierten Trauung wurde der Mann automatisch zum Vormund der Ehefrau. Unter den Hochzeitsgaben war die Peitsche ein typisches Symbol. Ein Landsmann von Herberstein behauptete, daß die russische Frau die Liebe ihres Mannes an den Prügeln messe, die er ihr verabreiche, was natürlich nicht der Wahrheit entsprach.

Herberstein berichtete zudem, daß sich der Russe gern mit Schach und verschiedenen Spielen um Geld amüsiere. Auch Reiten und Bogenschießen erfreuten sich großer Beliebtheit sowie kollektive Faustkämpfe. Herberstein schrieb: „Ein Pfiff ist das Signal zum Sammeln der Kämpferscharen. Sobald sich die beiden Gruppen einander gegenüber aufgestellt haben, beginnt der Faustkampf. Gewöhnlich nimmt dieser Kampf rasch derart heftige Formen an, daß die Kämpfer in gleichem Maße Knie und Füße einsetzen . . ."

Die meisten Besucher Rußlands wußten so manches über die rauhen Sitten und vor allem die weit verbreitete Trunksucht, die überall offen zutage trat, zu erzählen. Nicht selten verpfändeten Durstige dem Wirt alles, was sie am Leibe hatten, und wankten in der Morgendämmerung splitternackt nach Hause.

Die Not war allenthalben sichtbar. Der Engländer Robert Best, der 1554 nach Rußland kam, berichtete, daß die Bewohner von gemahlenem Stroh und Wasser lebten. „Ich glaube nicht, daß es irgendein Volk auf Erden gibt, das unter so elenden Verhältnissen lebt wie die Armen hier", meinte Best. An anderer Stelle heißt es: „Man ernährt sich von Eierschalensuppe."

RUSSISCHE GESANDTSCHAFT IN REGENSBURG 1576

Die Bojaren mit ihren hohen Hauben und prunkvollen Kleidern waren die Großkaufleute des alten Rußland. Hier warten die Gesandten den kaiserlichen römisch-deutschen Gastgebern mit Geschenken auf.
Kgl. Bibliothek, Stockholm.

DIE ENGLÄNDER

Robert Best zählte zu einer Gruppe von Engländern, die im Jahre 1554 als sog. *merchant-adventurers* (Kaufmann-Abenteurer) nach Rußland kamen. Sie hatten die Erlaubnis des Zaren, frei Handel zu treiben. Das Ganze begann damit, daß der Schiffskapitän Richard Chancellor (gest. 1556), der eigentlich auf der Suche nach einem nördlichen Seeweg nach China und Indien war, mit seinem Schiff „Edward Bonaventura" beim Kloster des heiligen Nikolai an der Mündung der Dwina, unweit des Ortes, an dem die Stadt Archangelsk (1584) entstehen sollte, eintraf. Der Engländer ging vor Anker, nicht wenig erstaunt darüber, wo er sich befand. Daß es möglich war, Moskowien auf dem Seeweg zu erreichen, hatte kein Engländer zuvor geglaubt. Chancellor genoß die Gastfreundschaft des Zaren und kehrte schließlich nach England mit dem Angebot zurück, daß Engländer als freie Kaufleute in Rußland willkommen seien. Der Handel, der daraufhin in Gang kam, wurde durch die sog. Moskaukompanie geregelt, die im übrigen zum Vorbild für die Holländische und die Englische Ostindienkompanie wurde.

Zwei Jahre später (1556) traf der erste russische Botschafter, Dosif Nepeja Wologschanin, in London ein, wo er mit Gunstbeweisen überhäuft wurde. Bei seiner Rückkehr führte er Gaben der englischen Königin an Zar Iwan mit sich, bestehend aus Kleidern, einer Rüstung und einem lebenden Löwenpaar.

Chancellor erhielt in seinem Kollegen Anthony Jenkinson (gest. 1611) einen Nachfolger. Er unternahm mehrere lange Reisen im Reich des Zaren und versuchte vergebens, einen Weg nach China zu finden. Nach einer seiner langen Reisen hatte der Engländer mehrere zentralasiatische Gesandte im Schlepptau. In Moskau bot sich nun die Gelegenheit zu Gesprächen mit den Gesandten u.a. über russische Kriegsgefangene, die als Sklaven an asiatische Khane verkauft worden waren. Es zeigte sich, daß man gewillt war, Jagdfalken und Jagdwaffen gegen diese Sklaven einzutauschen. Als daraufhin der Zar die Privilegien der Moskaukompanie einzog und deren Eigentum konfiszierte, wies Jenkinson Rußland zurecht: *Gott hat es auf vielfältige Weise bestraft: erst durch Hungersnot, so daß das Volk Rindenbrot und unreine Dinge essen mußte. Und es wird behauptet, daß sie sich mancherorts gegenseitig verzehrt haben. Auch der Fürst hat unter speziellen Foltermethoden zahlreiche Menschen ums Leben gebracht, insbesondere Adelsleute und wohlhabende Kaufleute. Dazu kam die Pest, denen in diesen Jahren um 300000 Menschen zum Opfer fielen...*

Nach einem massiven Angriff der Tataren auf Moskau (1571), der über zehntausend Moskauern das Leben kostete und bei dem die Stadtteile um den Kreml herum in Asche gelegt wurden, schrieb Jenkinson:

Eine gerechte Strafe für eine erbärmliche Nation!

DIE EROBERUNG SIBIRIENS

Das Vorspiel zur Eroberung des unendlichen Sibiriens begann im 14. Jh. in der Handelsstadt Nowgorod. Dort war ein gewisser Spiridon Stroganow ansässig, ein Mann mit Ideen und Gespür für Geschäfte. Mit hanseatischen Kaufleuten handelte er Felle und Häute, Wachs und Teer. Stroganow importierte begehrte Waren aus dem Westen nach Rußland.

Etwa 200 Jahre später entwickelte sich das nach wie vor existierende Stroganowsche Handelshaus zu einer regelrechten gesellschaftlichen Institution. Die Familie war nach Wytschegda gezogen, um dem mächtigen Handelszentrum Moskau näher zu kommen. Der Fund reicher Salzvorkommen ganz in der Nähe des neuen Wohnortes untermauerte die wirtschaftliche Stellung der Familie um ein weiteres.

Neben dem erfolgreichen Salzhandel gingen die Pelzgeschäfte weiter. Die Expeditionen der Herren Stroganow gen Osten drangen immer weiter in unerforschte Gebiete vor. Bei der Rückkehr berichteten die Teilnehmer vom reichen Mangaseja weit hinter Permien im Osten.

1557 kam ein gewisser Anika Stroganow (1497–1570) mit seinen Söhnen Grigori, Jakob und Semjon (gest. 1609) zu Zar Iwan IV. nach Moskau. Anika hatte große Pläne. Er erklärte, die Familie sei bereit, alles, was jenseits des Urals liege, unter das Zepter des Zaren zu stellen. Es ist wohl kaum anzunehmen, daß Anika dabei an das gesamte Sibirien gedacht hatte. Iwan hörte zu und ließ sich begeistern. Ein Brief des Zaren an den englischen König gab klaren Bescheid. Darin gab Iwan zu verstehen, daß er auch „Herrscher über Sibirien" sei.

Im Jahre nach der Begegnung mit Anika diktierte Iwan einen *Ukas* (Erlaß), in dem die Gebiete um Perm – ein Landstrich von ca. 22000 Quadratkilometern – dem Hause Stroganow zugeschrieben wurden. Dies war jedoch an gewisse Bedingungen geknüpft. Keine geflohenen Bauern, Deserteure oder jungen Bojarensöhne, die sich vom obligatorischen Staatsdienst ferngehalten hatten, durften bei der Erschließung eingesetzt werden.

Gleichzeitig wurde Anika Stroganow vom Zaren beauftragt, die Engländer innerhalb der Moskaukompanie *(Muscovy Company)* zu beaufsichtigen, damit die Russen nicht übervorteilt würden!

HEIMAT DER TATAREN

Die Erschließung der „Gebiete bei Perm" sollte jedoch nicht völlig reibungslos vonstatten gehen. Es gab zwar viel Salz, begehrte Mineralien, unendlich viel Holz und schier unbegrenzte Pelztierbestände. Das Land hatte jedoch auch einen „Grundbesitzer", nämlich den Tatarenkönig Kutjum Khan.

Jenseits des Urals breitete sich das gewaltige Tatarenreich aus – ein Werk des großen Dschingis Khan (um 1160–1227).

Einem gewissen Jermak Timofejewitsch (gest. 1584) aus dem Hause Stroganow wurde die Aufgabe zuteil, die Tataren zu unterwerfen. In seinen Adern floß Kosakenblut, und er hatte angeblich erfolgreich gegen Schweden und Litauer gekämpft. Über diesen Jermak erzählt man sich viele phantastische Geschichten. Man bedenke, daß diese Geschichten ein Jahrhundert nach Jermarks Tod vom ersten sibirischen Erzbischof, Cyprianus, zu Papier gebracht worden sind.

1579 zog Jermak mit einem Heer von achthundert Mann in Richtung Osten. Der Tatarenkönig Kutjum Khan und sein Volk nahmen – zahlenmäßig in der Übermacht – den Kampf auf. Da jedoch Jermaks Soldaten über moderne Feuerwaffen verfügten, waren sie den mit Pfeil und Bogen ausgerüsteten Tataren überlegen.

Als die Tatarenfestung der Tataren Isker (Sibir) in der Nähe des heutigen Tobolsk nach längerer Belagerung schließlich im Oktober 1582 fiel, war die Macht der Tataren gebrochen, und Jermak übernahm die Herrschaft über Sibirien. Im Endgefecht hatte er 107 Mann verloren. Sein kleines Heer war im Laufe der Kämpfe auf fünfhundert Mann geschrumpft.

JERMAK EROBERT SIBIRIEN

Darstellung einer dramatischen Schlachtszene durch den Künstler Wassili Iwanowitsch Surikow (1848–1916). Surikow, selbst in Sibirien geboren, zeigte besonderes Interesse für das Leben im alten Rußland. Er gehörte zu den sog. Wanderern, einer Gruppe von Künstlern, die ihre Motive außerhalb der biblischen und klassischen Tradition suchten. Zu Surikows Bewunderern zählte Paul Michailowitsch Tretjakow (1832–1898), ein berühmter Kunstmäzen und Sammler, der zusammen mit seinem Bruder Sergej (1834–1892) die weltberühmte Tretjakow-Galerie in Moskau gründete, die 1892 verstaatlicht worden ist.
Slawische Bibliothek, Helsinki.

Eine Vorstellung von der enormen Bedeutung der Eroberung erhält man, wenn man bedenkt, daß der Woiwode (Statthalter) Danila Tschulkow aufgefordert wurde, jährlich 200000 Zobel, 10000 Schwarzfüchse und 500000 Eichhörnchen nach Moskau zu liefern. Mit den Fellen wurde schließlich ein Großteil des jährlichen russischen Gesamtimports bezahlt.

Aussagen des englischen Gesandten Giles Fletcher zufolge beschäftigte die Familie Stroganow 10000 Mann. Hinzu kamen 5000 leibeigene Bauern, die das Land bestellten. Die Familie hatte „eigene Ärzte, Chirurgen, Apotheker und alle Arten von Handwerkern sowie Holländer und andere Ausländer" in ihrem Dienst.

Bereits vor der Erschließung Sibiriens durch die Stroganows hatte Iwan der Schreckliche unerwünschte Hofleute und Priester in die unerforschten Gebiete seines gewaltigen Reiches verschickt. Nach Einverleibung der unendlichen Wildnis Sibiriens boten sich neue Möglichkeiten, dem Machtmonopol des Zaren unbequeme Personen auf effektive Weise verschwinden zu lassen. Der ukrainische *Knjas* (Fürst) Samoilow war der nachweisbar erste, der nach Sibirien deportiert wurde (1588). Mit der Zeit sollten Tausende von Menschen zur Abwanderung in Richtung sibirische Taiga gezwungen werden. Nur ein Drittel dieser Deportierten kam lebend am Verbannungsort an. Die Übergriffe seitens der Wächter betrafen bereits von Anfang an die gesamte Palette von menschlicher Unterdrückung und Machtmißbrauch.

Im Laufe der Jahre begann man von Staats wegen das Machtmonopol der Familie Stroganow zu unterhöhlen. Im Jahre 1637 wurde in Moskau ein besonderes Ministerium für Sibirien eingerichtet – *Sibirski prikas*.

MÖRDERISCHE ORGIEN

Vom Jahre 1565 an terrorisierte Iwan fast zwanzig Jahre lang sein eigenes Land mit unfaßbarer Mörderhand. Noch prekärer wurde die Situation nach Aufteilung des Reiches in zwei Teile. Den einen Teil, *Opritschnina* (abgesondert), erklärte der Zar zu seinem persönlichen Eigentum. Der Rest wurde als *Semschtschina* (Landschaft) bezeichnet und unter die Verwaltung des Bojarenrates gestellt. Einmal setzte Iwan sogar einen Tatarenhäuptling – Fürst Sain Bulat Bekbulaowitsch, zum Christentum bekehrt unter dem Namen Simeon – als Herrscher der Semschtschina ein. Der Tatar erhielt den Titel „Großfürst von ganz Rußland".

Für eine Art private Leibgarde *(Opritschniki)* warb Iwan etwa 6000 Mann an, die in über zwanzig Städten stationiert wurden. In Wirklichkeit waren die Opritschniki eine schreckliche Mörderbande, die sich alle Freiheiten nehmen konnte. Den verläßlichsten Männern der Schrekkensgarde wurden Dienstgüter zugeteilt, die den rechtmäßigen Eigentümern entwendet worden waren. Niedrige Abstammung und offen erklärter Haß gegen die Bojaren galten bei der Rekrutierung als besondere Vorzüge.

Die zuverlässigsten Henker der Opritschniki parodierten zudem einen Mönchsorden, in dem der Zar selbst als Abt fungierte. Dort wurden schändliche Andachten in Verbindung mit sexuellen Ritualen und Spielen mit stark sadistischem Einschlag abgehalten.

Die Terrorgarde des Zaren kam auf rabenschwarzen Pferden dahergesprengt. Die Männer trugen goldbestickte Kleider und schwarze Umhänge mit Kapuzen. Ein Erkennungszeichen in Form eines Hundekopfes und eines Kehrbesens sollte die Bereitschaft symbolisieren, die Feinde des Zaren zu vernichten und vor seiner Tür sauberzufegen.

„DIE KNUTE ist zwar kein Engel, aber sie sagt die Wahrheit", lautet ein altes russisches Sprichwort. Im alten Rußland war Auspeitschen die gewöhnlichste offizielle Strafe, ein Erbe der Tataren, behauptet man. Mit der Knute schlug der Peiniger auf den nackten Rücken des Delinquenten ein. Ein gut gezielter Schlag konnte tödlich sein! Bei Auspeitschungen zuzusehen galt als Volksvergnügen. Kgl. Bibliothek, Stockholm.

WASSERTORTUR

Die kleinen Wassertropfen auf dem kahlgeschorenen Schädel werden langsam immer schwerer und unerträglicher. In der Zeit Iwans des Schrecklichen, die in der russischen Geschichte als „äußerste Dunkelheit" („mrak kromeschny") bezeichnet wird, wurden Tausende von Folterexperimenten durchgeführt. Kgl. Bibliothek, Stockholm.

Die Liste über die Verbrechen der Opritschniki war lang und enthielt entsetzliche Einzelheiten. Die Garde tyrannisierte das eigene Land mit unvorstellbarer Grausamkeit. Die Tatsache, daß Iwan selbst ständig neue widerwärtige Foltermethoden ausklügelte, eskalierte dahingehend, daß sämtliche Kader der Opritschniki versuchten, ihren Herrn noch zu übertreffen. Russische Städte wurden reinen Plünderungszügen ausgesetzt. Die Beute wurde, ausländischen Feldzügen gleich, nach Moskau geschleppt. In ganz Rußland herrschte eine gespenstische Atmosphäre. Überall waren Angst und Furcht gegenwärtig, die Verwirrung war total, und man lebte von einem Tag auf den anderen. Die Aktionen der Opritschniki geschahen blindlings, jedermann konnte ihnen nach Gutdünken zum Opfer fallen. Verheiratete Frauen zu vergewaltigen und deren Männer zu Tode zu foltern gehörte zum Alltag. Ganze Fürstengeschlechter wurden ausgerottet, wobei dem Abschlachten fast immer schwerste Folterung der Menschen vorausging.

Das Volk wurde gezwungen, dem blutigen Geschehen an den Hinrichtungsplätzen beizuwohnen. Als sich der Metropolit Philipp erhob, die Geschehnisse freimütig verurteilte und sich gleichzeitig weigerte, Iwan seinen Segen zu geben, wurde der Prälat vor ein Sondergericht gestellt. Philipp wurde ins Gefängnis geworfen, wo er von Iwans berüchtigtem Günstling Maljuta Skuratow erdrosselt wurde.

Nachdem Iwan und seine Opritschniki in einer Reihe kleinerer Städte gewütet und gemordet hatten, hielten sie Anfang des Jahres 1570 Einzug in die vormals freie Handelsstadt Nowgorod. Iwan beschuldigte die Bewohner der Stadt geheimer Pläne, sich mit dem „litauischen König" zu alliieren. Bei der Ankunft in der traditionsreichen Sofija-Kathedrale (erbaut 1045–1052) wurde der Zar vom Metropoliten Pimen empfangen. Iwan küßte ein ihm vorgehaltenes Kreuz, um im nächsten Augenblick zu behaupten, daß es eigentlich eine Mordwaffe sei.

Iwan hatte sich kaum zur Festmahlzeit, die man ihm zu Ehren gab, zu Tisch gesetzt, als er einen gellenden Schrei ausstieß. Dies war das Zeichen für die Henkersknechte, mit dem Plündern und Morden zu beginnen. Man riß den Opfern die Kleider vom Leibe und folterte sie nackt mit den verschiedensten Instrumenten. Der Metropolit wurde auf ein Pferd gebunden, das von Gauklern umringt war. Sämtliche Mönche wurden gefangengenommen. Man versprach, sie nach Zahlung eines Lösegeldes von 20000 Rubeln freizulassen. Als die Summe schließlich aufgetrieben war, wurde nach bestialischer Folterung die Hinrichtung aller Mönche angeordnet.

Nach fünfwöchigen mörderischen Orgien, wobei etwa 60000 Menschen ausgerottet wurden, hatte sogar Iwan genug. In der *Pskowchronik* steht geschrieben, daß Iwan dabei persönlich 1505 Personen erstochen habe. Nowgorod war eine stille Stadt geworden. Man sagt, das Wasser des Wolchowflusses sei aufgrund des warmen Blutes der zahllosen Opfer nicht zu Eis gefroren.

IWAN DER VOLKSWEISEN

Es mag absurd erscheinen, daß der grausame Iwan dennoch eine gewisse Beliebtheit bei den einfachen Russen genoß. Man besang ihn als gewaltigen Herrscher, der äußere und innere Feinde am Boden zerschlage, seine Eroberung von Kasan und Sibirien sowie seinen Krieg gegen

Schweden und Polen. In den Volksweisen wird er sogar als Gründer Moskaus besungen.

Die Popularität ist vielleicht in seinem vulgären Auftreten in der Öffentlichkeit zu suchen, vor allem aber in seinem glühenden Haß gegenüber den Bojaren und ihren Verbündeten. Sie wurden als die wirklichen Quälgeister des Volkes angeprangert. Von zwei Übeln wählte der einfache Russe das kleinere.

ERMORDUNG DES SOHNES

Der Jesuit Antonio Possevino (1533–1611) schrieb: „Einige Jahre vor seinem Tode züchtigte Iwan Grosny (der Schreckliche, der Grausame) seine Schwiegertochter, da sie einfach gekleidet war – simplici veste induta –, als der Zar ihr Gemach betrat.

Der Thronfolger, Zarewitsch Iwan, nahm seine Gemahlin in Schutz. Iwan Grosny erzürnte und schlug mit seinem Spießknauf wie besinnungslos auf den Kopf des Sohnes ein. Nach dieser Tat war der Zar nahe daran, aus Trauer den Verstand zu verlieren. Nachts erhob er sich unter wildem Geheul von seinem Bett und wollte „dem Throne entsagen und ins Kloster gehen".

Die makabre Familientragödie ereignete sich im November 1581. Iwan hatte in einem Tobsuchtsanfall seinen eigenen Sohn umgebracht. Die Version des Mönchs Possevino über die Ursache und den Verlauf des Dramas ist jedoch nicht die einzig existierende. Nach diesem Ereignis wollte Iwan abdanken, und er bat um die Wahl eines neuen Herrschers. Von seinem jüngeren Sohn Fjodor wollte er in diesem Zusammenhang nichts wissen. Zu einer Wahl kam es jedoch nicht. Niemand wagte es, aus Angst vor neuen Repressalien, auch nur ein Wort darüber zu verlieren.

ENDE EINES QUÄLGEISTES

Anfang 1584 erkrankte Iwan. Sein Körper „roch nach Leiche", und „die Eingeweide verfaulten". Obwohl sämtliche Sterndeuter und Zauberer des Landes täglich neue Prophezeiungen brachten, konnten weder Leibärzte noch sonst jemand etwas gegen den Krankheitsverlauf unternehmen. Der englische Botschafter Jérôme Horsey, der Iwan kurz vor seinem Tode besuchte, war davon überzeugt, daß es sich um eine schwere Geschlechtskrankheit gehandelt habe. Mitte März, gerade als Iwan sich etwas besser fühlte und auf eine Partie Schach mit einem guten Freund gesinnt war, ereilte ihn sein Schicksal. Bei seinem Tode war Iwan 54 Jahre alt.

Als letzter der Rurikiden-Dynastie bestieg Iwans Sohn Fjodor (1557–1598) den Thron. Über ihn berichtete der Engländer Giles Fletcher, daß er ein kränklicher armer Teufel sei, der trotz seiner jungen Jahre kaum in der Lage sei, sich auf eigenen Beinen zu halten. Fjodor war zu diesem Zeitpunkt 32 Jahre alt. Der Verstand des Zaren war laut Fletcher gering. Es wird behauptet, die größte Freude im Leben Fjodors sei das Geläute der Kirchenglocken gewesen.

Eine Machtfigur war Fjodor jedenfalls nicht. Die Macht geriet statt dessen in die Hände eines Kronrates, was zu neuen Streitigkeiten führte. Als das tonangebende Mitglied des Kronrates und zugleich Fjodors Onkel Nikita Romanowitsch 1586 starb, erhob sich der Stern von Boris Godunow, Schwager des Zaren, langsam über den politischen Horizont.

DIE ERMORDUNG

Zar Iwan hat seinen Sohn, den Thronfolger Fjodor, ermordet und hält ihn krampfhaft in seinen Armen. Ilja Repin hatte die tragische Szene 1885 mit dem Pinsel festgehalten. Iwans starrer Blick trieb zu Beginn unseres Jahrhunderts einen geistesgestörten Mann dazu, das Gemälde in Stücke zu schneiden. Bei der Nobelpreisträgerin Selma Lagerlöf (1858–1940) soll das Bild noch lange Zeit nach der Betrachtung Angstgefühle hervorgerufen haben. „Iwans Augen sind die eines Werwolfs", meinte sie. Private Sammlung.

KAPITEL III

Boris Godunow
(Regent 1598–1605)

Fjodor II.
(Regent 1605)

Der falsche Dmitri
(Regent 1605–1606)

Wassili IV. Schujski
(Regent 1606–1610)

Wladislaw
(Regent 1610–1612)

TRAGOEDIA MOSCOVITICA

Der schwache Fjodor Iwanowitsch hatte keinen Thronfolger ernannt, obwohl er allem Anschein nach bis zuletzt stark unter Druck gesetzt worden war. Indirekt war in Zar Fjodors eigenem Schwager Boris Godunow, einem Mann mit tatarischem Adelsblut in den Adern, ein Kandidat vorhanden. Um zu verhindern, daß sich die Schwester Boris' in das Machtspiel einmischte, begleitete sie Boris bis ans Tor des Klosters. In der Praxis bedeutete dies lebenslange Internierung.

Boris Godunow, der auf eine Karriere in der gefürchteten Opritschniki zurückblickte, war schlau, machthungrig und gewalttätig. Moral schien ihm fremd zu sein, und man behauptete, er habe „einen Henker in seiner Seele“. Nach diversen Manipulationen ließ sich Boris dazu „überreden“, der neue Zar zu werden. Die Ernennung fand im Kloster Nowodewitsch statt. Sobald sich Boris an einem der Zellenfenster zeigte, fiel die Volksmenge auf die Knie und weinte, heißt es in gewissen Überlieferungen. Dazu sei jedoch erwähnt, daß vielen die Tränen kamen, weil sie ein Stück Zwiebel in der Hand hielten!

Hinter dem gefürchteten Godunow stand die mächtige Kirche und sein Knappe, der Metropolit von Moskau – Job (gest. 1607), der erste russische Patriarch.

Es war beileibe keine blühende Nation, deren Führung der neue Herrscher übernahm. Zahlreiche Kriege und ständige Säuberungsaktionen hatten große Opfer gekostet. Große Flüchtlingsheere zogen im Lande umher. Viele dieser Menschen, die keinen festen Boden unter den Füßen hatten, schlossen sich Räuberbanden an und machten die Wege unsicher. Dazu kam die noch immer vorhandene Bedrohung durch die Tataren. Um die Rechtsprechung war es schlecht bestellt. Korruption und Bestechung waren gang und gäbe. Es gehörte zum guten Ton, einen Richter für einen vorteilhaften Urteilsspruch zu belohnen. Auch sonst ließ die Gesellschaft so manches zu wünschen übrig. Hinzu kam der ständige Mangel an Lebensmitteln, der Revolten auslöste und viele Menschen apathisch machte. Die Jahre nach dem Beginn des 17. Jahrhunderts waren besonders schwer.

BORIS GODUNOW

Dieser denkwürdige, von einem russifizierten Tatarengeschlecht abstammende Mann war der aufgeklärteste Herrscher der moskowitischen Ära. Modest Petrowitsch Mussorgski (1839–1881) verewigte seine Gestalt in dem musikalischen Meisterwerk „Boris Godunow“. Private Sammlung.

Das Volk ernährte sich von Gras, den eigenen Exkrementen und den eigenen Kleinkindern. Auf den Marktplätzen wurde Menschenfleisch versteigert.

Boris Godunow war ständig damit beschäftigt, seine Stellung zu stärken. Als der griechische Patriarch Jeremias II. nach Moskau kam, um für die griechisch-orthodoxe Kirche in Konstantinopel Almosen zu sammeln, machte es sich für Boris Godunow bezahlt, daß er seinen Freund Job zum Patriarchen von Moskau gemacht hatte (1589). Das Patriarchat, das bis zum Jahre 1700 bestehen sollte, verlieh der russischen Kirche gegenüber den übrigen orthodoxen Kirchen eine gleichberechtigte Stellung.

Den niederen Adel, der „mit Pferden, Mannen und Waffen" Kriegsdienste leistete, rettete Boris vor der Verarmung, indem das Recht zum freien Umzug der Bauern aufgehoben wurde. Damit war der einzige noch bestehende Unterschied zwischen Bauern und Leibeigenen verschwunden. Auch entlaufene Bauern konnten jederzeit eingefangen und zurückgebracht werden. Damit wurden die Bauern an die Scholle, gebunden, und sie hatten keine Möglichkeit, der Arbeitspflicht den Grundbesitzern gegenüber und der erdrückenden Steuerlast zu entrinnen.

Man sagt, Boris Godunow habe seine Machtstellung gefestigt, indem er die Bauern dem niederen Adel geopfert und der Kirche das Patriarchat gegeben habe.

Für den Hochadel war der neue Herrscher ein reiner Emporkömmling. Boris Godunow konnte weder lesen noch schreiben.

EIN NEBENBUHLER VERSCHWINDET

Eine Art Joker in diesem Spiel war der jüngste Sohn Iwans des Schrecklichen, Dmitri (1583–1591). Als Lehen hatte er die Stadt Uglitsch erhalten, wo er zusammen mit seiner Mutter lebte. Im Jahre 1591 „verschwand" dieser junge Mann plötzlich. Der Patriarch Job revanchierte sich nun für die Dienste seines Freundes Boris Godunow und erklärte, Dmitri sei auf einen epileptischen Anfall hin gestorben. Es gibt mehrere Versionen über den Tod von Dmitri. Wenn der Zarensohn jedoch auf erklärliche Weise dahingeschieden war, weshalb ließ man dann all diejenigen verschwinden, die sich in seiner Nähe befunden hatten? Sogar Personen außerhalb des Hofes in Uglitsch mußten gehen. Die meisten von ihnen wurden an ferne Orte verbannt und verschwanden meist hinter verschwiegenen Klostermauern.

Der Volkssage zufolge wurde nach dem Mord sogar die Glocke der Kathedrale von Uglitsch des Landes verwiesen, da ihr Geläute am Tag des Mordes die Stadt in Unruhe versetzt hatte und „den Mördern beim Fluchtversuch behilflich war".

Ständige Säuberungsaktionen gehörten in Rußland zum Alltag. Boris Godunow verfolgte stets mehrere Bojarengeschlechter und forderte Leibeigene auf, verdächtige Hausherren zu denunzieren. Einer dieser Verfolgten war ein gewisser Fjodor Nikititsch Romanow (gest. 1633). Er wurde gezwungen, unter dem Namen Filaret Mönch zu werden. Seine Gattin wurde Nonne und als solche unter dem Namen Marfa bekannt. Das Paar hatte einen Sohn, Michail, der als erster der Dynastie Romanow den russischen Thron besteigen sollte!

Trotz alldem hatte Boris Godunow auch eine andere Seite. Er war unter anderem an einem erweiterten Handel mit England und Holland interessiert. Ärzte, Apotheker, Offiziere, Handwerker und andere Spezialisten aus dem Westen wurden angeheuert. Außerdem kommandierte Boris junge Begabungen zu höheren Studien ins Ausland ab. In den Jahren 1601/02 wurden 18 junge Männer entsandt. Indessen sollte nur einer dieser achtzehn zurückkehren.

Im zaristischen Rußland Arzt zu sein war mit ganz besonderen Problemen verbunden. Die Hofärzte waren gezwungen, der Zarentochter, unter einer Decke sitzend, den Puls zu messen. Sämtliche Fensterläden des Raumes mußten zudem dicht geschlossen sein, um nicht die Gesichtszüge der hohen Patientin zu enthüllen. Die Medizin war gekennzeichnet durch Aberglaube und Unkenntnis. Aus diesem Grunde kamen zahlreiche Glücksritter ins Land.

DER ERSTE FALSCHE DMITRI

Die Untat von Uglitsch war fast in Vergessenheit geraten, als plötzlich Gerüchte laut wurden, nach denen der ermordete Dmitri am Leben sei. Eine Person, die sich als Zarensohn ausgab, faszinierte natürlich die Umwelt. Auch Friedrich Schiller (1759–1805) zeigte Interesse an dieser mystischen Erscheinung und arbeitete an seinen letzten Lebenstagen am „Demetrius". Wer diese Person wirklich war, ist eine Streitfrage. Man nimmt an, er sei Mönch mit dem Namen Grischka (Georgi) Otrepew gewesen, ein frecher Abenteurer polnischer Herkunft. Ende Oktober 1604 passierte „der erste falsche Dmitri", wie ihn die Geschichte nennt, die russische Grenze. In seinem Schlepptau hatte er polnische Adelige, Kosaken und moskowitische Flüchtlinge.

Boris Godunow ging unmittelbar zum Angriff über. Mit einer Reihe von Erlassen versuchte er das Volk abzulenken, jedoch ohne Erfolg. Eine Stadt nach der anderen huldigte diesem Dmitri. Bevor es zu einer endgültigen Entscheidung kam, verstarb Boris Godunow plötzlich (April 1605). Es gingen Gerüchte um, er habe sich selbst vergiftet. Boris' sechzehnjähriger Sohn Fjodor Borisowitsch wurde zunächst als neuer Zar – Fjodor II. – gefeiert. Die Entwicklung des Geschehens spielte jedoch erneut Dmitri in die Hände. Als die Armee des Zaren zu Dmitris Scharen überlief, war die Entscheidung praktisch gefallen. Der junge Zar wurde ums Leben gebracht und der Patriarch Job seines Amtes enthoben. Dmitri konnte

„DER ERSTE FALSCHE DMITRI"

Ab Mitte 1601 trat in Polen ein Abenteurer als Dmitri, Sohn Iwans des Schrecklichen, auf. Bereits 1591 war der Zarensohn unter mysteriösen Umständen ums Leben gekommen. Als Zar Boris Godunow und dessen Sohn Boris von der politischen Szene verschwunden waren (1605), gelang es dem Abenteurer, den begehrten Zarenthron zu besteigen. Für die patriotischen Russen war und blieb Dmitri jedoch ein Eindringling und Fremder. Schließlich machte man ihn einen Kopf kürzer und warf seine Leiche zwecks allgemeiner Zurschaustellung auf den Roten Platz. Slawische Bibliothek, Helsinki.

somit Mitte Juni 1605 seinen triumphartigen Einzug in Moskau halten und den Zarenthron besteigen. Es dauerte jedoch nicht lange, bis erneut Streitigkeiten ausbrachen. Dmitri hatte zwar gewisse Ideen, die wohlwollend aufgenommen wurden – er wollte beispielsweise, daß die wilden Kosaken die Krimtataren angreifen sollten –, er war jedoch auch eigenmächtig und willkürlich, und was am schlimmsten war, er hatte westliche Lebensgewohnheiten und vernachlässigte oder verhöhnte alte russische Sitten.

Als Dmitri zudem mit der Kirche in Konflikt geriet, sah er sich gezwungen, eine Räteversammlung einzuberufen. Einer seiner schlimmsten Verleumder, der Bojare Wassili Iwanowitsch Schujski (1552–1612), wurde von der Versammlung zum Tode verurteilt. Schujski hatte Dmitri des Betrugs bezichtigt. Das Todesurteil wurde jedoch nie vollstreckt.

Als sich Dmitri schließlich mit der Katholikin Maria (um 1588–1614), Tochter des Woiwoden Jerzy Mniszek (um 1548–1613), vermählte, war das Maß voll. Das Läuten der Kirchenglocken für das Brautpaar war gleichzeitig das Signal für eine Verschwörung. Die polnischen Hochzeitsgäste wurden niedergemetzelt, Dmitri hingerichtet. Die Braut konnte fliehen, um etwa ein Jahr später als Braut des zweiten falschen Dmitri erneut in Erscheinung zu treten. Dmitris Leiche wurde verbrannt, seine Asche mit einer Kanone in die Richtung geschossen, aus der er gekommen war.

Damit hatten die Bojaren ihre Rache erhalten. Wassili IV. Schujski, der die Verschwörung angeführt hatte, wurde zum neuen Zaren ernannt. Er hatte auch die Untersuchung der Ereignisse in Uglitsch geleitet. Sein Platz auf dem Thron war eigentlich das Werk nahestehender Freunde. Nun brach in Rußland eine Epoche an – „die Zeit der Wirren" (*Smutnoje wremja*) –, in der das Land in einen chaotischen Zustand geriet, der mehrere Jahre andauerte.

Der umstrittene Zar Wassili sah sich unmittelbar schweren Problemen gegenübergestellt. Ein gewisser Iwan Isajewitsch Bolotnikow (gest. 1608) stellte aus alten Anhängern Dmitris eine neue Armee zusammen, die Schrekken und Tod verbreitete. Es war ein Aufruhr mit sozialen Vorzeichen, der als erster großer Bauernaufstand Rußlands (1606/07) bezeichnet wird. Der Bojarenregierung gelang es erst nach großen Schwierigkeiten, den Aufstand niederzuschlagen. Bolotnikow wurde gefangengenommen, geblendet und ertränkt.

In den folgenden drei Jahren betraten zahlreiche angebliche Söhne und Enkel Iwans des Schrecklichen die politische Bühne Rußlands. Den bekanntesten von ihnen nannte man „den zweiten falschen Dmitri“ (gest. 1610). Seine Herkunft war unbekannt. Es gelang ihm, unzufriedene Elemente, die auf seiten des ersten falschen Dmitri und Bolotnikows gestanden hatten, um sich zu scharen. „Der zweite“ drang mit seinen Truppen bis zum Dorf Tuschino kurz vor Moskau vor, wo er einen kleinen Hof einrichtete und sich als Zar huldigen ließ. Plötzlich hatte Rußland zwei Zaren. Maria Mniszek tauchte wieder auf, nun als Braut des Dmitri II. oder, wie es hieß, an der Seite ihres „geretteten Gatten“.

Der von den alten Fürstengeschlechtern Susdals abstammende Fürst Michail Wassilijewitsch Skopin-Schujski (1586–1610) sollte 1610 mit Hilfe schwedischer Söldner Moskau befreien. Karl IX. (1655–1697), der großes handelspolitisches Interesse an Rußland zeigte, befahl Jakob De la Gardie (1583–1652) und seinen Männern, eine „helfende Hand“ zu reichen. Dmitris Heer wurde aus dem Felde geschlagen, und „die Verbündeten“ hielten Einzug in Moskau. Dmitri gelang indessen die Flucht, und er tauchte in den darauffolgenden Monaten mal hier, mal da wie ein unsteter Schatten auf. Er kam mehr oder oder weniger zufällig in Kaluga ums Leben (1610).

Fürst Skopin-Schujski fiel in einem von der Schwägerin des Zaren, Katharina Skuratowa-Schujskaja, inszenierten Komplott dem Gift zum Opfer. In unzähligen Volksweisen wurde der Fürst als Vaterlandsheld besungen.

Die Polen unter König Sigismund III. (1566–1632), die auch dem zweiten Dmitri beigestanden hatten, sahen nun die Zeit gekommen, den Zarenthron in Moskau anzugreifen. Langwierige und erbitterte innere Streitigkeiten hatten Rußland geschwächt. Weder Zar Wassili noch die Bojaren hatten die Lage unter Kontrolle. Sie schienen die eigenen revoltierenden Volksmassen mehr zu fürchten als fremde Heere. Unter dem Druck der Polen wurde im August 1610 der polnische Königssohn Wladislaw (1595–1648) zum neuen Zar gewählt. Dieser wurde jedoch ungewöhnlich schnell entthront und verbrachte den Rest seines Lebens hinter Gittern. Es gab zwar in mehrerer Hinsicht Vorbehalte in bezug auf die Machtbefugnisse des neuen Zaren zugunsten der Bojaren, in der Praxis kam Wladislaw jedoch nicht dazu, sein Amt anzutreten.

Bereits am Anfang der Krise hatten die Polen Worte in Taten umgesetzt, und sie ließen eine polnisch-litauische Garnison nach Moskau marschieren. Der Einzug war indessen alles andere als ein friedlicher Sonntagsspaziergang. Regelrechte Gefechte brachen aus. Aufzeichnungen des Befehlshabers der polnischen Garnison, Alexander Gosiewskis (gest. 1636), zufolge „brannte die Hauptstadt Moskowiens unter gewaltigem Blutvergießen völlig nieder. Der Schaden war kaum zu schätzen. Ich versichere, daß in Moskau kein einziges Haus mehr stand.“

Einer, der während der Kämpfe verwundet wurde, war ein gewisser Fürst Dmitri Michailowitsch Poscharski (1578–1642). Drei Jahre später sollte er seine Revanche bekommen.

In Warschau versuchte eine russische Delegation mit sage und schreibe 1200 Personen mit den Polen zu einer Entschließung über die Zukunft zu kommen. Es kam jedoch zu keinem Ergebnis. Dies war nicht verwunderlich, da Sigismund selbst vorhatte, in einem großpolnischen Reich mit einem russischen Teil den Zarenthron zu besteigen. Während dieser Verhandlungen ergriffen die Schweden die Gelegenheit, Nowgorod zu erobern (Juli 1611). Auch von schwedischer Seite wurde ein Anspruch auf den Thron in Moskau erhoben.

AUFRUHR

Die Anwesenheit der Polen in Moskau wurde von allen patriotischen Russen als rein polnische Besatzung be-

SÖHNE DES SCHWEDISCHEN KÖNIGS

Die Söhne Karls IX., Prinz Gustav Adolf (1584–1632) links und Prinz Karl Philipp (1601–1622), wurden als Anwärter auf den Zarenthron erwähnt. Im Juni 1611 wurde sogar Gustav II. Adolf von einer russischen Gruppe zum neuen Zaren gewählt. Nach seiner Thronbesteigung im Dezember desselben Jahres verfiel seine Kandidatur zugunsten seines jüngeren Bruders, der in dem von den Schweden beherrschten Nowgorod als „russischer Zar“ anerkannt wurde. Der Prinz begab sich nach Rußland. Von schwedischer Seite verlangte man, daß ihm „ganz Rußland“ huldigen müsse. Als dies nicht geschah, kehrte der Prinz nach Hause zurück. Kgl. Bibliothek, Stockholm.

KUSMA MININ

wurde 1611 zum Dorfschulzen von Nischni-Nowgorod gewählt. Er ging zusammen mit Dmitri Poscharski als einer der Anführer des gewaltigen Volksaufgebotes (1612), das die „polnischen Ketzer und die kosakischen Schurken" aus Moskau vertrieb, in die russische Geschichte ein. Bei der Schlacht um die Stadt setzte sich Kusma Minin heldenhaft ein. Er wurde von der Bojarenduma zum Bojaren erhoben (1613).
Kgl. Bibliothek, Kopenhagen.

trachtet. Daraufhin erhob sich in Nischni-Nowgorod (Gorki) ein Fleischer namens Kusma Minin-Suchoruki (gest. 1616) und erklärte mit echtem glühendem Patriotismus, daß es im Interesse sämtlicher Russen liege, die Polen vor die Tür zu setzen. Eine gewaltige Volksarmee wuchs heran, zu deren Befehlshaber Fürst Poscharski gewählt wurde. Ein nach wie vor großes Problem stellten jedoch die wilden Kosaken dar, die weder die Polen noch das Volksaufgebot anerkennen wollten.

Die Kosaken gingen sogar gegen die polnischen Eindringlinge zum Angriff über und konnten gewisse Stadtteile erobern, darunter die Weiße Stadt. Die polnischen Verbände hatten sich hinter den schützenden Mauern der Burg – des Kreml – verschanzt. Bald entstanden Versorgungsschwierigkeiten, und sie sahen sich gezwungen, sich nicht nur vom Fleisch der Pferde zu ernähren, sondern auch von Hunde-, Katzen- und Menschenfleisch.

In dieser Situation entschloß sich der polnische König Sigismund, ein Befreiungsheer mit Verpflegung nach Moskau zu entsenden. Als Poscharski davon erfuhr, führte er die Scharen des Volksheeres in Richtung der Stadt, wo sie etwa zur gleichen Zeit eintrafen wie die polnische Befreiungsarmee. Die Kosaken wurden ausgeschaltet und nach einem erfolgreichen Angriff, der hinterrücks auf die Polen erfolgte, wurde die Entsatzarmee in die Flucht geschlagen. Der enorme Nahrungsmitteltroß fiel in die Hände der Russen.

Ende Oktober 1610 mußten die ausgehungerten, hinter den Kremlmauern eingeschlossenen Polen schließlich aufgeben. Minin und Poscharski hielten am Roten Platz eines Siegesparade ab. Minin hielt eine Rede, die er mit folgenden Worten abschloß:

Diesmal haben wir dem polnischen Wolf den Schwanz

MININ UND DAS VOLK

Kusma Minins glühender Patriotismus beeindruckte das Volk. In einer feurigen Ansprache im Oktober 1611 in seiner Heimatstadt Nischni-Nowgorod sagte er unter anderem: „Rechtgläubige, es ist unsere Pflicht, dem moskowitischen Reich beizustehen. Wir müssen unser Leben geben, wir müssen unsere Höfe verkaufen und dürfen uns nicht scheuen, Frauen und Kinder zu verpfänden, um Geld für Rüstungen zu beschaffen."
Slawische Bibliothek, Helsinki.

gestutzt. Und kommt ein weiterer ungebetener Gast, wird ihm das Fell über die Ohren gezogen.

Kusma Minin zählt zu den größten russischen Volkshelden aller Zeiten. Ein Denkmal auf dem Roten Platz in Moskau erinnert heute noch an Minin und Poscharski. Das im Jahre 1818 enthüllte Denkmal war das erste Monument im Lande über ein einzelnes Ereignis.

DIE BOJAREN

Im Mittelalter wuchs in Rußland ein Adelsgeschlecht oder eine Gutsbesitzerklasse heran, die uns als *Bojaren* bekannt ist. Über einen Zeitraum von 700 Jahren hinweg waren die Bojaren neben den Fürsten und der Kirche die Machtelite.

Der Ursprung des Begriffs Bojar ist umstritten. Bekannt ist, daß bereits zur Zeit des alten Kiewer Reiches im 10. Jahrhundert Bojaren existierten. Die ersten Bojaren waren Großgrundbesitzer und somit mächtige Männer der Gesellschaft. Außerdem bezeichnete man die vertrauenswürdigsten älteren Männer der Fürsten als Bojaren. Sie gehörten dem fürstlichen Gefolge *(Druschina)* an, das häufig unterwegs war und nicht selten aus Tausenden von Männern bestand. Die Chroniken berichten von 30000, 40000, ja sogar bis zu 80000 Mann. Den höchsten Zahlen sollte man jedoch mit einer gewissen Skepsis begegnen. Während dieser Wanderzüge trieben die älteren Bojaren ihre Geschäfte, sie verkauften unter anderem Kriegsgefangene und Vieh.

Im Laufe der Zeit nahm das Umherziehen der fürstlichen Gefolgsleute ein Ende, und sie machten sich seßhaft. Damit erhielt Rußland eine neue Kategorie Grundbesitzer: Dienstbojaren, die bereits hohe militärische Dienstgrade, diplomatische Posten und andere hohe Stellungen bekleideten, erhielten nun Dienstgüter und Lehen.

Ein Dienstgut bedeutete die Verfügungsgewalt über Nutzungsrechte, wobei dem Fürsten als Gegenleistung Kriegsdienst zu leisten war, indem man ihm eine Anzahl Soldaten zur Verfügung zu stellen hatte. Die Freiheit der Bojaren, selbst zu wählen, welchem Fürsten man dienen wollte, gab zu zahlreichen Konflikten Anlaß. Solange ein Dienstbojar seine Dienste aufrechterhielt, besaß er das Recht auf ein Dienstgut. Mit der Zeit kam es jedoch zu einer allmählichen Gleichstellung von Dienstgutbesitz und Erbgrundbesitz.

Bei der Erbteilung wurde das Gut zwischen den Söhnen des Verstorbenen – oder *Bojarensöhnen,* wie man sie nannte – aufgeteilt. Bojarensöhne lassen sich mit dem niederen Adel vergleichen. Die aufgeteilten Großgüter und die zahllosen Dienstgüter waren verhältnismäßig klein, so daß bei Erhöhung von Steuern und Abgaben Rentabilitätsprobleme entstanden. Hinzu kam ein scharfer Konkurrenzkampf um die Bauern zwischen Großgrundbesitzern und den übrigen. Um den Inhabern von Dienstgütern unter die Arme zu greifen, erklärten sich mehrere Fürsten und Zaren dazu bereit, die Freiheit der Bauern einzuschränken. Leibeigenschaft machte sich breit. Ab 1497 durften die Bauern beispielsweise nur an einem bestimmten Tag im Jahr ihren Arbeitgeber wechseln. Nach 1603 und bis zum Jahre 1861 herrschte totales Umzugsverbot.

BOJAREN UND WOIWODEN

Die Herren des alten Rußland, die Großkaufleute, zeigten sich gern in prachtvollen Gewändern. Alexej Tolstoi (1817–1875) schrieb, daß die pelzgekleideten Bojaren, die hochmütigen Fürsten und namhafte Woiwoden nichts anderes täten, als nur in ihren düsteren Gemächern herumzusitzen und über Preise von Hanf, Pottasche, Tran, Getreide und Fellen zu plaudern. Ständig gerieten sie in Auseinandersetzung und Streit.
Bilder aus dem Werk von Adam Olearius „Vermehrte Newe Beschreibung der Muscowitischen und Persischen Reyse" (1656).

„Die Macht der Bojaren erlaubt es ihnen, auf jede vergnügliche Art schlechte Laune zu zeigen." Satire von Gustave Doré (1833–1883) aus "Historie de la Sainte Russie" (1854).
Kgl. Bibliothek, Stockholm.

DIE BOJARENDUMA

Die feudalen Aristokraten waren früh dabei, eine Art Reichsrat – *Bojarskaja duma* – zu bilden. Die Mitglieder des Rates wurden zwar vom Fürsten ernannt, dennoch mußte dieser in allen möglichen wichtigen Angelegenheiten die Empfehlungen des Rates berücksichtigen. Dies galt nicht zuletzt für die Besetzung hoher Staatsposten. Die Bojarenduma war keine ständige Organisation, sondern wurde je nach Bedarf einberufen. Man könnte sagen, daß die Bojarenduma in gewisser Hinsicht die Macht des Selbstherrschers einschränkte, gleichzeitig aber aufgrund ihrer Arbeitsmethoden den Staatsapparat sowohl ineffektiv als auch träge machte. Dies lag zu einem nicht unwesentlichen Teil daran, daß zwischen den Bojarenfamilien eine innere Rangordnung (*Mestnitschestwo*) aufgestellt wurde. Die Folge waren erbitterte Streitigkeiten, nicht zuletzt aufgrund der Tatsache, daß der Rang wichtiger war als die Fähigkeiten.

Die Rangskala wurde erst 1682 aufgehoben. Der Bojarentitel war zur Bezeichnung der höchsten Rangordnung des Bojarenrates geworden. Einige Jahre später hat Peter der Große sowohl den Titel als auch den Rat abgeschafft.

DIKTATORISCH

Im Laufe der Geschichte kam es mehrmals zu Streitigkeiten zwischen Fürsten und Bojaren. Viele Fürsten versuchten sich von der Machtstellung der Bojarenduma zu befreien. Einer von ihnen, Iwan III., richtete eigene Ämter (*Prikase*) ein. Sein Nachfolger, Wassili III., näherte sich im Kampf gegen die Bojaren der Kirche, und unter der Herrschaft seines Sohnes Iwan IV. des Schrecklichen wurde diese Politik weitergeführt.

Der Engländer Giles Fletcher schrieb in den achtziger Jahren des 16. Jahrhunderts, daß das Volk im allgemeinen keine politischen Rechte besitze. In der Volksversammlung (*Semski sobor*), die Zar Iwan der Schreckliche einberufen ließ, waren nur die Priesterschaft und die Bojaren stimmberechtigt. Fletcher schrieb weiterhin, daß der Machtmißbrauch seitens der Bojaren allgemein verbreitet sei. Wenn man dem Engländer Glauben schenken will, dann sollen die Bojaren sich in den Geschäften bedient haben, ohne zu bezahlen. Die armen Kaufleute mußten stets Ausschau halten, ob ein Bojare oder Bojarensohn im Anzug war, damit man schnell den Laden schließen konnte.

KAPITEL IV

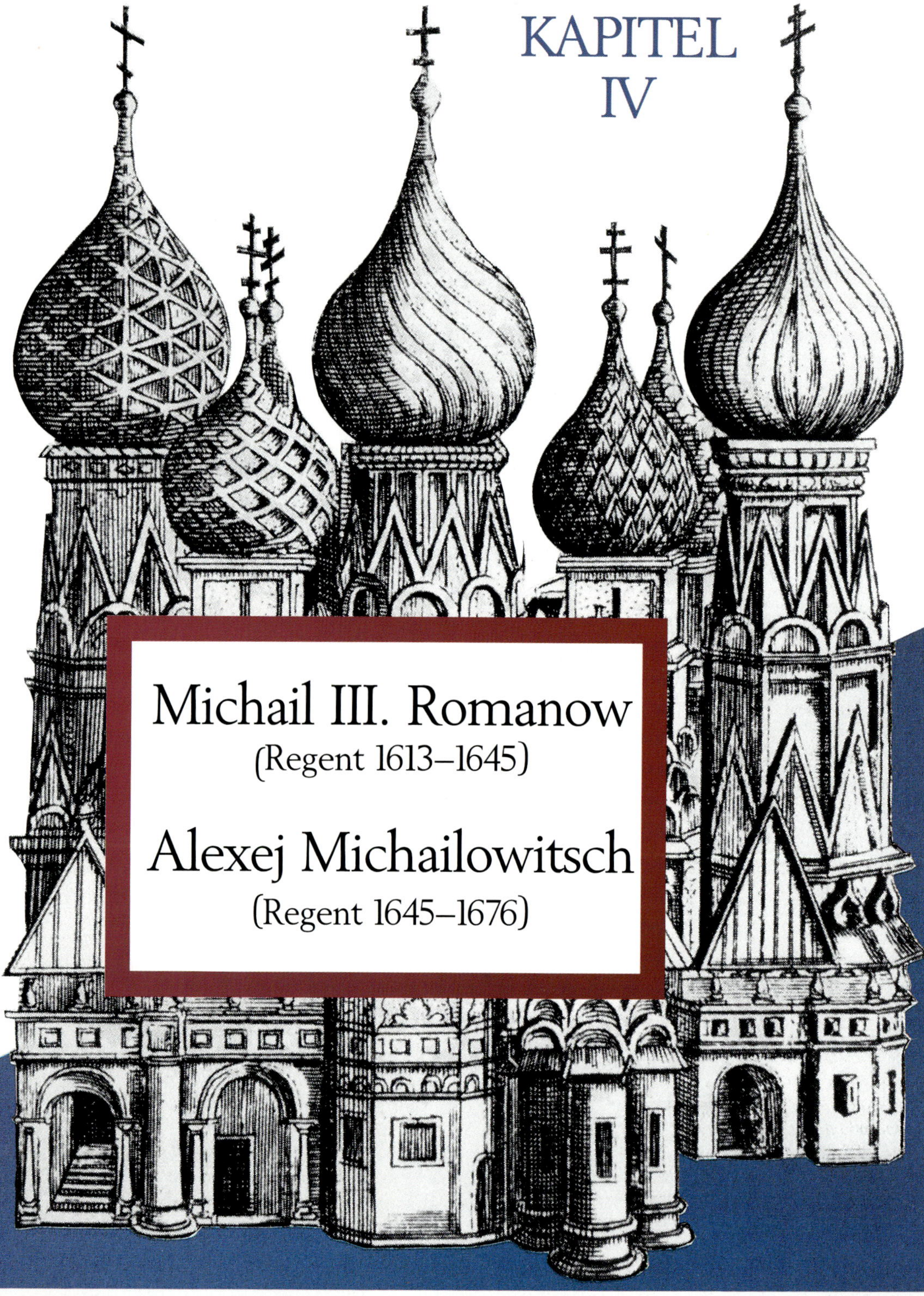

Michail III. Romanow
(Regent 1613–1645)

Alexej Michailowitsch
(Regent 1645–1676)

DIE FAMILIE ROMANOW BESTEIGT DEN THRON

Zu Beginn des Jahres 1613 versammelten sich Delegaten aus allen Ecken und Enden des russischen Reiches, um einen neuen Herrscher zu wählen. Die Zusammenkunft wurde mit dreitägigem Fasten und feierlichen Gottesdiensten eingeleitet, damit Gott den Vertretern Eingebungen verleihe und die bevorstehende Wahl nach seinem Willen geschehe. Offiziell wird die Wahlprozedur als friedliche Veranstaltung dargestellt, wobei jedoch so einiges verschwiegen wird.

Den Delegaten standen mehrere Kandidaten zur Wahl. Der polnische Königssohn Wladislaw war noch immer im Gespräch. Erst 1634 sollte der Pole auf seinen Thronanspruch verzichten. Eine Delegation aus Nowgorod schlug den schwedischen Prinzen Karl Philipp (1601–1621) – jüngsten Sohn von Karl IX. und Bruder von Gustav II. – vor. Der Volksheld Poscharski, der den Befreiungskampf gegen die Polen angeführt hatte und sich nach dem Sieg an die Spitze einer provisorischen Regierung gestellt hatte, geriet ins Hintertreffen, als Gerüchte laut wurden, nach denen er versucht haben sollte, die Delegaten zu bestechen. Auch Fürst Wassili Golizyn, Angehöriger einer der ältesten und geachtetsten Familien Rußlands, kam nicht in Frage, da er in polnischer Gefangenschaft saß. Daß die Wahl schließlich auf einen unbedeutenden Bojarensohn, den sechzehnjährigen Michail Romanow (1596–1645), fiel, beruhte zum einen darauf, daß er „ein Mann der Kirche“ war, zum anderen – was vielleicht am wichtigsten war – daß er mit der Rurikiden-Dynastie verwandt war. Der Vater des jungen Michail war

MICHAIL III.,

Stammvater des Romanowschen Geschlechts, war von schmächtiger Gestalt und geringer Begabung. Als sein dominanter Vater Filaret aus polnischer Gefangenschaft zurückkehrte, war Michail nicht nur Rußlands Herrscher, sondern auch mit der jungen Maria Iwanowna Klopow verlobt. Auf Initiative Filarets hin wurde jedoch die Verlobung gelöst und statt dessen Maria Dolgoruki (gest. 1625) als die zukünftige Gemahlin des Sohnes vorgestellt. Als sie jedoch einige Monate nach der Vermählung starb, wurden auf ausdrücklichen Befehl Filarets hin Emissäre ins Abendland entsandt, um eine geeignete Prinzessin für den jungen Zaren zu finden. Die Suche blieb erfolglos, und Michail wurde mit Eudoxia Strechnew (gest. 1645) verheiratet. Sie schenkte ihrem Herrscher und Ehemann zehn Kinder.
Universitätsbibliothek Helsinki.

der Sohn des Bruders der ersten Gattin Iwans IV., der beliebten Anastasia Romanowna. Die Kandidatur von Michail wurde vom niederen Adel und von den Kosaken befürwortet. Nach der Wahl feierte man Michail III. mit Dankgottesdiensten in sämtlichen Kirchen „unter Glokkengeläute und Tränen. Es herrschte große Freude, als ob die Menschen aus dem Dunkel ins Licht schritten."

Der mächtige Bojare Fjodor Iwanowitsch Scheremetew (gest. 1650), verwandt mit der Familie Romanow, stellte in bezug auf Michail seine eigenen Spekulationen an. In einem Brief schrieb Fjodor: *Mischa Romanow ist nicht trokken hinter den Ohren, besitzt wenig Verstand und wird in unseren Händen gefügig sein.*

Was das Erstgenannte betrifft, sei gesagt, daß es mit der Intelligenz des jungen Zaren nicht allzuweit her war. Auch seine körperliche Verfassung war nicht die beste. Michail konnte sich nur schwer ohne Krücken bewegen. Was jedoch die Gefügigkeit anging, sollte der gute Scheremetew nicht recht behalten. Michail war zwar gezwungen, die Regierungsmacht zu teilen, jedoch nicht mit der Bojarenduma, sondern mit der Reichsversammlung. Der Selbstherrschertitel wurde bis 1625 „auf Eis gelegt".

DER JUGENDLICHE ZAR

Bei seinem Einzug in Moskau im Mai 1613 fand Michail eine schwer verwüstete Stadt vor. Weder zuvor noch später war ein russischer Herrscher unter derart primitiven Verhältnissen in diese Stadt gekommen. An seiner Seite hatte der frisch gebackene Zar seine Mutter, die Nonne Marfa

DIE KRÖNUNG

in der Uspenski-Kathedrale in Moskau im Sommer 1613. Der jugendliche Michail Romanow an der Seite seiner Mutter, der Nonne Marfa, wurde vom mächtigen Patriarchen zu Rußlands neuem Selbstherrscher gesalbt. Gustav II. Adolf war das erste ausländische Oberhaupt, das Michail als rechtmäßigen Herrscher Moskowiens anerkannte. Der schwedische König konnte sich nach dem für die Schweden sehr günstig ausgefallenen Frieden von Stolbowa 1617 diese Geste leisten. Universitätsbibliothek Helsinki.

FILARET

oder Fjodor Nikititsch Romanow, wie er eigentlich hieß, trug wie sein Sohn, Zar Michail III., den Titel Großfürst von Rußland. In jedem Schreiben stand Filarets Name neben dem seines Sohnes, jede ausländische Gesandtschaft wurde von Vater und Sohn gemeinsam empfangen, amtliche Briefe waren stets an beide adressiert. Es gab zwei Höfe. Filarets war mindestens genauso prunkvoll wie Michails. Slawische Bibliothek, Helsinki.

(gest. 1631) oder Axinia Iwanowna, wie sie bürgerlich hieß. Sie stammte von dem bescheidenen Bojarengeschlecht Schestow ab. Der Familienvater saß seit 1611 in polnischer Gefangenschaft. Zar Boris Godunow hatte ihn gezwungen, Mönch zu werden – unter dem Namen Filaret –, obwohl es eigentlich einen militärischen und politischen Hintergrund hatte. Fjodor Nikititsch Romanow (ca. 1554–1634), wie sein vollständiger Name lautete, war unter anderem Oberbefehlshaber der Armee bei einem Feldzug gegen die Schweden im Jahre 1590 gewesen. Da der Familienvater in einem ausländischen Gefängnis saß, übernahmen die Mutter des Zaren und ihre Verwandtschaft das Kommando an der Heimatfront. Im Sommer 1613 wurde dem jungen Michail die Zarenkrone aufgesetzt.

Einer der ersten Beschlüsse, die das neue Regime faßte, war der Wiederaufbau Moskaus. Aus den Provinzen wurden tüchtige Bauarbeiter zwangsrekrutiert. Aus dem Ausland wurde ein Reihe von berühmten Experten angeworben. Der Wiederaufbau sollte lange Zeit in Anspruch nehmen. Aus den Neubauten stach der Bau der Erlöserpforte mit Turmuhr und Schlagwerk hervor. Dies weckte die Begeisterung des jungen Zaren, denn er war Sammler von Uhren aller Art. Michails Sammlung von Wanduhren aus allen Teilen der Welt war äußerst beeindruckend.

Zu jener Zeit war Moskau nicht zusammenhängend bebaut. Die weitläufige Stadt bestand eigentlich aus einer Anhäufung von Dörfern oder Stadtvierteln, die um den Kern der Stadt, den Kreml, verstreut lagen. Die Dörfer oder Viertel hatten eigene Verwaltungsbehörden unter Leitung von Dorfschulzen. In einem dieser Dörfer waren die ausländischen Söldner untergebracht, deren Tapferkeit – zumindest in den Schenken – nie in Frage gestellt wurde. Bei den Moskauern hieß das Söldnerdorf *Nalejka* („Schenk ein"). Der Staat besaß das Monopol für die Herstellung von Spirituosen. Ein wesentlicher Teil der Staatseinkünfte kam aus dem Spirituosenausschank.

DIE DEUTSCHE VORSTADT

In einem anderen „Dorf" – *Nemezkaja sloboda* (eigentlich „die Deutsche Vorstadt") wohnten andere Abendländer, die im Handwerk und Handel tätig waren. Der bekannteste war zur Zeit Michails III. der Holländer Andreas (Andrej) Vinius der Ältere (gest. um 1652), dem das Privileg zuteil wurde, Werkstätten anzulegen, darunter die berühmte Gießerei in Tula (1632). Zwei Landsleute von Vinius, Kamper Lermeet und Roedrik Martis, waren als Samtweber bzw. Erbauer von Ziegeleien tätig.

Das tägliche Leben der Westeuropäer war alles andere als sorglos. Die Geistlichen und die einfachen Russen erregten sich oft über die „Ketzer" und ihre abendländischen Sitten und Gebräuche. Man sagt, daß sich viele Ausländer so russisch wie möglich kleideten, um den Verunglimpfungen zu entgehen, die auf sie niederhagelten, wo immer sie sich zeigten. Vom Jahre 1652 an konnten sie sich nicht mehr im zentralen Teil Moskaus niederlassen, sondern wurden in die Vorstädte verwiesen.

Außer Zweifel stand jedoch, daß die Gegenwart der meisten Ausländer für die Entwicklung der primitiven russischen Gesellschaft von großem Nutzen war.

DOPPELREGENTSCHAFT

Nach Abschluß eines Waffenstillstands mit Polen 1618 konnte der Vater des Zaren, Filaret, aus der Gefangenschaft heimkehren. Man sagt, der Zar sei seinem Vater außerhalb der Stadt entgegenritten. Hoch auf einem prachtvollen Schlitten zog Filaret daraufhin in Moskau ein. Zar Michail war mächtig stolz und führte trotz seiner Gehbehinderung die etwas eigentümliche Equipage an.

Filaret wurde als Nationalheld gefeiert. Die Priesterschaft zögerte nicht, ihn zum Patriarchen zu wählen. Als Filaret zudem an der Seite seines Sohnes unter dem Titel „Großherr" den Thron bestieg, erhielt Rußland eine Doppelherrschaft, die sich zur Vormundschaft der Kirche über den Staat gestaltete.

Über die theologischen Kenntnisse Filarets gibt es nicht viel zu sagen. Kurz und gut, er hatte keine. Unter seiner eisernen Herrschaft stand eine lange Reihe von Ketzerprozessen an, deren bestialische Züge eine ganze Welt erschreckten.

Für Michails Mutter, die Nonne Marfa, bedeutete die Heimkehr des Familienvaters, daß sie und ihre Anverwandten ihre Machtpositionen verloren. Marfa verschwand hinter Klostermauern, wo sie den Rest ihrer Tage als Nonne zubrachte.

Filaret legte eine ungewöhnliche Fähigkeit zur Führung der zerbrechlichen „neuen" Staatsverwaltung an den Tag. Er besaß großes Organisationstalent und hatte zahlreiche weitblickende Ideen. Eine Reihe schwieriger Probleme fanden eine Lösung. Das Steuerwesen wurde reformiert, die Armee aufgerüstet und modernisiert, und wie nie zuvor wurden aus dem Ausland Experten angeheuert. Die Kosaken wurden zum Dank für ihre Hilfe bei der Wahl von Michail mit Wein, Pulver, Waffen und Fahnen bedacht.

Als Filaret 1633 verschied, übernahm Michail selbst die Führung des Reiches. Halbherzige Versuche waren unter-

In Erwartung der Rückkehr von Filaret, dem Vater des Zaren, aus polnischer Gefangenschaft blieb das Patriarchat unbesetzt. So fiel dem Patriarchen von Jerusalem, der nach Moskau gekommen war, um Almosen zu sammeln, die Aufgabe zu, Filaret in die heilige Berufung einzuweihen. Filaret wurde ermahnt, „Helfer und Erbauer des Zarenreiches, Verteidiger der Wehrlosen und Wortführer der Unterdrückten" zu sein.
Filaret – rechts im Bild – begnügte sich nicht damit, ein Mann der Kirche zu sein. Er bestieg neben seinem Sohn – links im Bild – den Thron und war der eigentliche Herrscher Rußlands. Der Zar erwies ihm auf jede erdenkliche Weise seine Hochachtung. Als Filaret von einer Reise heimkehrte, war Michail hoch erfreut darüber, „Euer heiligenschönes und engelhaftes Angesicht zu sehen, Euer oberstpriesterliches Haupt und Hände küssen zu dürfen, mich vor Euren Füßen zu verbeugen und mit der Stirn die Erde zu berühren". Universitätsbibliothek Helsinki.

nommen worden, um die Doppelregentschaft zu stürzen. Trotz Filarets Einsatz bestand kein Zweifel daran, daß die Stellung des Zaren schwächer war als je zuvor. Ganze zehn Mal sah er sich gezwungen, die Reichsversammlung einzuberufen, um in wichtigen Fragen eine Entscheidung treffen zu können.

Das große außenpolitische Ereignis während der Regierungszeit Michails III. trat im Jahre 1634 ein. Der zweite polnische Krieg war mit dem Frieden von Poljanowka zu Ende gegangen, und die Polen erkannten nun Michail als „Zaren über das eigene Rußland" an.

DIE KOSAKEN

Der Ursprung der Kosaken liegt im dunkeln und läßt sich nur bis ins 14. Jh. zurückverfolgen. Der Begriff Kosak – *Kasak* – ist türkischer Herkunft und bedeutet soviel wie Abenteurer oder freier Mann. Gegen Ende des 15. Jh. begann sich das weite Niemandsland zwischen Rußland, Polen und der Türkei mit entlaufenen leibeigenen litauischen, polnischen und ukrainischen Bauern zu „bevölkern". In all den drei Ländern führten die Grundbesitzer ein unmenschliches Regiment. Deshalb war es nicht verwunderlich, daß die geplagten Bauern sich aus dem Staube machten, sobald sich die Möglichkeit hierzu bot, um in den unendlichen Steppen, einem Jedermanns- oder Niemandsland, als freie Männer – *Woljniza* – zu leben. Mit der Zeit gesellten sich Russen und Angehörige anderer Nationalitäten zu den Kosaken. Es kamen jedoch nicht nur entlaufene Leibeigene, sondern auch romantische Abenteurer, entsprungene Häftlinge und Glücksritter jeder Schattierung. Keiner fragte nach der Identität.

Die ersten Kosakensiedlungen – *Stanizen* – wuchsen im Gebiet der heutigen Ukraine und später auch in anderen Gebieten wie Sibirien und am Ural aus dem Boden. Es gab sowohl seßhafte als auch nomadische, militärisch organisierte Kosaken.

Es gingen phantasievolle Erzählungen um über das Land, das auf all diese Menschen wartete. Man brauche nur einmal zu säen, hieß es, um drei, vier, fünf Ernten hintereinander einzubringen. Honig war in solchem Überfluß vorhanden, daß man sich davor in acht nehmen mußte, nicht in einem der „Honigbrunnen" zu ertrinken. Schwäne, Enten und Gänse ließen sich mit der bloßen Hand einfangen.

DIE KOSAKEN

führten ein grausames Regiment. Die Erfolge gegen die Herrscher in Moskau und Konstantinopel brachten die polnischen Gouverneure dazu, die Kosakenhorden mit Waffen und Munition zu versorgen. Gogol behauptete, es sei noch nie vorgekommen, daß ein Kosake mit Selbstachtung an Altersschwäche gestorben sei. Universitätsbibliothek Helsinki.

DIE KOSAKENFRAU

beschrieb ein französischer Reisender als „im allgemeinen hochgewachsen und schön". Von den jungen und unverheirateten hieß es, ihr Busen sei bedeckt mit einem großen Taschentuch und die jungen Mädchen ließen ihr Haar, das in langen Zöpfen geflochten sei, über die Schultern fallen. Charakteristisch für die Kosakinnen waren ihre hohen Hauben.
Kgl. Bibliothek, Kopenhagen.

DIE SCHWARZEN RABEN DER STEPPE

Es entwickelten sich zahlreiche Kosakengruppen, von denen jede ihre eigene Geschichte hatte. Zwei der bekanntesten waren die *Saporoger* in der Ukraine am Mittellauf des Dnjepr und die *Donkosaken* am Don. Die erste Kosakengesellschaft war eine republikanische Bruderschaft einzigartigen Charakters mit eigenen Gesetzen und Verordnungen. Sie erinnerte an die mittelalterlichen Ritterorden. Der Ehrenkodex der Kosaken bestand aus unbedingtem Gehorsam, Gottesfurcht, Keuschheit im Lager und völliger Gleichberechtigung.

Im sozialen Gefüge der Kosaken konnte man ganz und gar unrussische Gesellschaftsideale und Denkarten finden. Die Erde war beispielsweise jedermanns Eigentum und alle Kosaken waren gleichberechtigt. Der Häuptling, Hetman oder Ataman, wurde gewählt, konnte aber auch abgesetzt und bestraft werden. Im Laufe der Zeit zerfiel dieses Muster mehr und mehr.

Ein Saporog-Kosak mit seiner Bandura oder Kobsa, dem ukrainischen Nationalinstrument. Häufig besangen sie Kämpfe gegen die Krimtataren und Türken, den großen Helden Bajda – in Wirklichkeit Dmitri Wischnewizki – und das harte Leben in der Gefangenschaft des Sultans. Beim Tode des legendären Hetmans Chmelnizki sangen die Kosaken: „Es sind nicht das Heulen des Windes und das Ächzen des Waldes, sondern die Seufzer des Volkes, das um Chmelnizki trauert."
Universitätsbibliothek Helsinki.

Die ersten Kosaken ernährten sich von Jagd und Fischfang, die verwegensten unter ihnen von Räuberei. Sie handelten mit Waren wie Tierhäuten, Pelzwerk, Honig – das hauptsächliche Süßungsmittel dieser Zeit –, Wachs und Fisch. Mit der Zeit wurden Räuberei und Krieg zu den Hauptbeschäftigungen.

In den siebziger Jahren des 16. Jh. versuchte der polnische König Stephan Bathory (1533–1586) die immer beschwerlicher werdenden Kosaken zu zügeln und sie gleichzeitig zum gefügigen Werkzeug Polens zu machen, was jedoch im wesentlichen mißlang. Die Kosaken boten zwar dem polnischen König ihre Dienste an, taten jedoch dasselbe gegenüber dem moskowitischen Zaren, dem Krimkhan, dem Sultan und sogar dem römisch-deutschen Kaiser.

Während der Epoche in der russischen Geschichte, die wir als „die Zeit der Wirren" (1604–1612) bezeichnen, wüteten die Kosaken in russischen Provinzen und sogar in Moskau. Der zweite falsche Dmitri, „der Schelm von Tuschino", hatte 35000 Kosaken in seinem Gefolge. Fast genauso viele führte der polnische Feldherr Stanislaw Żółkiewski (ca. 1547–1620) an, als er 1609 Smolensk belagerte. Einige Jahre später fielen die Kosaken über die Besitztümer des Krimkhans und des Sultans – „das Brot des Kosaken" – am Schwarzen Meer her.

Dank guter Miene der Kosaken konnte Michail III. als erster Romanow 1613 zum Zaren gewählt werden. Als Kuriosum sei erwähnt, daß der letzte Zar, Nikolai II., nach seiner Abdankung bei seinem Abschied im Hauptquartier Kosakenkleidung trug.

Unter den Hetmans fanden sich zahlreiche hervorstechende Persönlichkeiten. Fürst Dmitri Wischnewizki, polnischer Statthalter und Gründer der bemerkenswerten Kosakenburg Sitsch, war der unbestrittene Führer der Kosakenheere 1550–1563. Er fiel schließlich den Türken in die Hände, die ihn, wie die Sage erzählt, mit einem Haken, den man ihm zwischen die Rippen stach, aufhängten. Drei Tage lang soll der Hetman ausgeharrt haben, indem er unablässig seine Henker verhöhnte und Muhammed schmähte. Zum Schluß wurde Wischnewizki von irgend jemandem erschossen.

Ein anderer Kosak namens Peter Konaschewitsch Sagajdatschny (gest. 1622) war Hetman der Saporoger. Er stammte aus einer Familie des niederen Adels und zählte zu den großen Feldherren der Epoche. Auch seine kulturellen Einsätze waren bemerkenswert. Er gründete Kirchen und Klöster und richtete Schulen ein. Außerdem befreite er Tausende von Christen, die von den Krimtataren als Sklaven gehalten worden waren.

Die URALKOSAKEN oder Jaizkiekosaken hausten an den Ufern des Ural, der vom südlichen Teil des gleichnamigen Gebirges zum Kaspischen Meer fließt. Die berittenen Kosaken drangen immer weiter nach Osten vor, als die Weiten Sibiriens und die Taiga (Urwald) um 1580 Ziel russischer Expansion wurden. Sie trieben bei der Urbevölkerung Steuern für „den weißen Zaren“ in Moskau ein. Weigerte sich jemand zu zahlen oder war der Tribut unzureichend, brannte man die Dörfer nieder, nahm die Männer als Gefangene mit und teilte die Frauen unter den Kosaken auf.
Kgl. Bibliothek, Kopenhagen.

Der Hetman Bogdan Chmelnizki (um 1595–1657) war ein belesener Mann. Er wurde von Oliver Cromwell (1599–1658) als ungekrönter Monarch betrachtet. Chmelnizki war ständig in Konflikte verwickelt. Eine seiner bedeutendsten militärischen Taten war die Entsendung von 2400 Saporogern quer durch den europäischen Kontinent, um dem Großen Condé (1621–1686) bei der Belagerung von Dünkirchen beizustehen (1646).

In den Jahren 1648–1650 führte Chmelnizki seine Saporoger in einem gewaltigen Aufruhr an. Es war ein Krieg – gegen die Polen –, der mit unvergleichlicher Grausamkeit geführt wurde. Zahllose Gutsbesitzer, katholische Geistliche und Juden wurden getötet. Die Polen wurden zum Rückzug und zu Zugeständnissen gezwungen. Einige Jahre später entflammte der Kampf aufs neue.

Chmelnizki bat nun die Russen um Hilfe. Die Ereignisse entwickelten sich in die Richtung, daß der Ukraine die geforderte Hilfe gewährt wurde unter der Bedingung, das Land unter russisches Protektorat zu stellen (1654). In Kiew wurde ein russischer Statthalter eingesetzt und eine russische Garnison stationiert. Das Ergebnis war der Beginn eines dreizehnjährigen Krieges zwischen Rußland und Polen. Beim Frieden von Andrusowo (1667) wurde

„EINEN SÄBEL OHNE GOTT UND VATERLAND“

nannte man die Kosaken. „Der Kosake betet zwar zu Jesus und der Jungfrau Maria, ist jedoch einem Tataren ähnlicher als einem Christen und scheut sich nicht, den Tempel Gottes zu plündern und zu schänden“, schreibt Adam Kisel, ein polnischer Regierungsvertreter in der Kosakenburg Sitsch in Saporoschje, dem Land jenseits des Don (1636). Die Abbildung zeigt einen Offizier der Saporoger.
Kgl. Bibliothek, Kopenhagen.

die Grenze längs des Dnjepr gezogen, nur Kiew kam zum Zarenreich.

Chmelnizki hatte bei den Verhandlungen mit den Russen Garantien für die künftige freie Stellung der Kosaken gefordert, was jedoch von den Russen ignoriert wurde. Chmelnizki versuchte daraufhin durch ein heimliches internationales Spiel – u.a. mit dem siegreichen schwedischen König Karl X. Gustav (1622–1660) – einen freien ukrainischen Staat mit ausländischen Garantien zu errichten.

Jedoch entwickelten sich die Ereignisse nicht gerade zugunsten Chmelnizkis. Dazu kamen Schwierigkeiten in den eigenen Reihen. Viele Kosaken waren gegen seine Bestrebungen. Nach Chmelnizkis Tod 1657 verlor die Kosakenherrschaft nach und nach an Bedeutung.

STENKA RASIN

In den Jahren 1667 bis 1671 sollte ein weiterer Kosak – nun aus den Reihen der Donkosaken – Geschichte machen. Sein Name war Stenka Rasin oder Stepan Timofewitsch Rasin (gest. 1671), wie er eigentlich hieß. Der anfangs zarentreue Rasin schlug sich, nachdem er mehrere Ungerechtigkeiten hatte hinnehmen müssen, auf die andere Seite und gab sich als „Ataman der Armen" aus. Er spielte die Rolle eines Robin Hood, wenn man so will. Stenka bekämpfte Leibeigenschaft und Unterdrückung durch Behörden und Gutsbesitzer.

Im ganzen riesigen Wolgagebiet im Osten zogen Rasin und seine Gleichgesinnten umher und machten die Gegend unsicher. Man sagt, er habe einen Eid geschworen, sämtliche reichen Adeligen auszurotten und ihre Reichtümer unter den Armen zu verteilen. Diese Proklamation verfehlte ihre Wirkung nicht. Ständig strömten seiner Ar-

STENKA RASIN
wird in zahlreichen Volksweisen als großer Held besungen. Sein Name verbreitete Schrecken und Angst. In einer Schilderung über ihn heißt es: „Im Mai 1670 zog Stepan Rasin mit seiner Räuberbande donaufwärts, schleppte seine Schiffe über das trockene Land zur Wolga und tauchte vor den Mauern Zarizyns auf. Die Einwohner der Stadt ertränkten den Woiwoden des Zaren in der Wolga und öffneten die Tore..."
Universitätsbibliothek Helsinki.

Stenka Rasin wütete 1667 als Seeräuber im Kaspischen Meer mit einer Flotte von 35 Schiffen und 1500 Mann. Der wichtige Seidenhandel mit Persien verlief traditionsgemäß über Astrachan und die Flüsse Wolga, Oka und Moskwa zur russischen Hauptstadt. Als Stenka Rasins Vorstöße beim persischen Schah nicht den gewünschten Erfolg brachten, griff er die persische Flotte an und besiegte sie. Die Tochter des persischen Admirals wurde gefangengenommen und der Wolga geopfert (Bild).
Kgl. Bibliothek, Stockholm.

mee neue Freiwillige zu. Zeitweilig hatte er bis zu 30000 Mann in seinen Reihen.

Das Ganze begann mit dem erfolgreichen Überfall auf einen größeren Gefangenentransport auf der Wolga, der von den *Strelitzen*, einer Elitetruppe des Zaren, eskortiert wurde. Die meisten der befreiten Strafgefangenen waren sofort bereit, sich Stenkas Kosakenheer anzuschließen. In den befreiten Gebieten wurde unverzüglich die Kosakenfreiheit eingeführt.

Im Frühjahr 1668 erreichte die Armee der Aufständischen das Kaspische Meer und ging zu regelrechter Seeräuberei über. Die Tochter des persischen Admirals Prinz Khan Menedin wurde gefangengenommen und der Wolga geopfert.

Der Holländer Jan Struys war einer, der als Augenzeuge über die Person Stenkas berichten konnte. Er war dem Rebellenführer aus Zufall begegnet und beschrieb ihn als hochgewachsen und wohlproportioniert, mutig und von Pockennarben gezeichnet, was ihm laut Struys gar nicht schlecht zu Gesicht stand. Der Holländer konnte des weiteren davon berichten, wie Gewalt und Folter in den Reihen Stenkas wirkten.

Im Jahre 1670 marschierte Rasin mit seinen Kosakenscharen in Richtung Norden, was eine indirekte Bedrohung Moskaus darstellte. Befestigte Städte wie Zarizyn (Wolgograd), Astrachan, Saratow und Samara fielen. In Simbirsk (Uljanowsk) – einer Stadt, in der zweihundert Jahre später ein gewisser Lenin das Licht der Welt erblicken sollte – gelang es der zaristischen Armee, den Ansturm aufzuhalten. Stenka wurde im Gefecht verwundet, konnte jedoch entkommen. Seine Kosakenhorden zerstreuten sich wie die Spreu im Winde.

Im April 1671 gerieten Stenka Rasin und sein Bruder Frol in Gefangenschaft. Beide wurden als Staatsgefangene nach Moskau gebracht. Nach grausamer Folterung mit stählernen Peitschen und glühenden Eisen wurden die Brüder durch Spaltung hingerichtet.

Für die zarentreuen Kosaken waren die Raubzüge Rasins natürlich eine große Belastung. Die loyalen Kosaken eilten nach der Gefangennahme nach Moskau, um dem Zaren Treue und Gehorsam zu beteuern. Gleichzeitig bezeichnete man Stenka Rasin als den Judas Iskariot der Kosaken.

Im Zuge der schweren Folterung und Hinrichtung Stenka Rasins nahm Zar Alexej Michailowitsch gemeinsam mit dem Patriarchen Josef und einem Aufgebot von Prälaten und Bojaren an einer schwarzen Messe teil. Der zum Tode Verurteilte wurde in Gestalt einer Puppe in einer Prozession zur Kirche geführt. Nach einer Reihe von Ritualen durchbohrte ein Priester mit einem Schwert die Puppe, die daraufhin unter Dröhnen der Kirchenglocken auf dem Roten Platz auf einem Scheiterhaufen verbrannt wurde.

Die Raubzüge Stenka Rasins sollen schätzungsweise 100000 Menschen das Leben gekostet haben. Nach seiner Unschädlichmachung stärkten die Besitzenden ihre Macht über die armen Volksmassen. In Volksweisen und -legenden lebt Stenka Rasins Name jedoch weiter.

ZAR ALEXEJ MICHAILOWITSCH

Im Sommer 1645 trat der 16jährige Alexej Michailowitsch die Thronfolge seines verstorbenen Vaters an. Er wurde damit der zweite jugendliche Selbstherrscher innerhalb von 32 Jahren. Als Michail im Sterben lag, war sein letzter Wunsch, daß Alexej sein Nachfolger werden sollte. Dies war eine wichtige Prozedur, da Rußland kein Wahlreich war. In der Realität hatte dies jedoch kaum eine Bedeutung, da kein anderer Thronprätendent vorhanden war.

Der Bojare Boris Iwanowitsch Morosow (1590–1661), der Lehrmeister des jungen Alexej, sollte dem Willen von Zar Michail zufolge als Ratgeber des Sohnes fungieren.

Der junge Alexej wird als stattliche, etwa 180 cm große Erscheinung mit feingeschnittenem, hellbraunem Ange-

Alexej Michailowitschs Leibarzt, der Engländer Samuel Collins, behauptete, der Zar sei eine sympathische und gütige Person. Alexej pflege von der Kirche zu leihen, ohne jedoch zurückzuzahlen, meinte Collins. Dies spielte vielleicht keine so große Rolle, da die Kirche über zwei Drittel der Schätze des Landes verfügte. Im Besitz des Zaren befanden sich Gaststätten und Badehäuser. Dazu besaß er das Monopol für den Handel mit sibirischen Marderfellen und Kaviar. Universitätsbibliothek Helsinki.

sicht, klarblauen Augen und rötlichem Bart beschrieben. Er trug gern Kleidung von deutschem Schnitt und zeigte ein gewisses Interesse an abendländischen Ideen und Denkweisen.

Ansonsten war Alexej sehr „russisch". Er nahm die Religion sehr ernst, und seine täglichen Andachten nahmen manische Züge an. Man sagt, der Zar sei niedergekniet und habe sich vor Heiligenbildern täglich „Tausende von Malen" verbeugt. Ebenso ernst nahm Alexej die vielen Fastenzeiten, in denen er praktisch überhaupt nichts zu sich nahm. Auch sonst war Alexej ein äußerst maßvoller Mensch. Er gab sich mit braunem Roggenbrot, Salz, Gurken, Pilzen und einem Schluck Wein oder Bier zufrieden.

Es wird vielfach von der milden Gesinnung Alexejs berichtet. Dieses Bild bedarf jedoch einer gewissen Korrektur. Seine Art, offizielle Bestrafungen vorzunehmen, stellt einiges klar. Aus der Privatsphäre des Zaren weiß der österreichische Diplomat Baron Augustin de Mayerberg (1688) zu erzählen, daß der Zar auf seinen eigenen Schwiegervater losgegangen sei, und zwar auf eine Art und Weise, die von den Versammelten als anstößig empfunden worden sei: Alexej habe den alten Mann nicht nur an Bart und Haaren gezogen und ihn regelrecht geohrfeigt, sondern ihn zudem mit allen möglichen Schimpfwörtern überhäuft und schließlich hinausgeworfen.

Alexej wurde unter feierlichen Zeremonien gekrönt. Man überreichte ihm das traditionelle Brot und Salz sowie zahlreiche Geschenke in Form von Goldstücken, Silbertüchern, Seidenstoffen, Zobelpelzen und Silberlöffeln. Zum Zeitpunkt der Thronbesteigung war Alexej noch immer unverheiratet. Als er zwei Jahre später aus einer Schar von etwa zweihundert Schönheiten aus allen Teilen des Landes eine Braut auswählte, ereignete sich eine Cause célèbre: Die Auserwählte fiel in Ohnmacht – möglicherweise vor Glück? Wie dem auch sei, dies wurde als Beleidigung des Zaren ausgelegt: Der Vater der Holden wurde gefoltert und anschließend zusammen mit Tochter und Familie nach Sibirien verbannt. Der junge Zar weinte vor Trauer über das Vorgefallene. Er eilte in die Kirche, um zu beten, als er durch Zufall einem anderen Mädchen begegnete. Sie hieß Maria und war die Tochter des Patriarchen Ilja Miloslawski. Einige Zeit später wurde sie in den Palast des Zaren gerufen. Als Alexej sie mit „Zarin" ansprach, war klar, daß sie die neue Auserwählte war. Ratgeber Morosow trieb sein eigenes Machtspiel, indem er sich mit Marias Schwester vermählte und sich somit zum Schwager des Zaren machte.

In Verbindung mit der Hochzeit ernannte der Zar die neuen höheren Beamten des Landes. In der Praxis war es Morosow, der nun die geeigneten Personen einsetzte. Viele der älteren Beamten wurden ermahnt, abzutreten. Im Protestfalle drohte man ihnen mit Richtblock und Konfiskation von Gütern und Anwesen. Die neuen Herren wurden eng an den Zaren gebunden, indem man ihnen, um sie arbeitswillig und zuverlässig loyal zu machen, großzügig Gaben zukommen ließ. Dieser Methode hatte sich bereits Zar Alexejs Großvater Filaret mit Erfolg bedient.

Die Hochzeitsfeierlichkeiten zogen sich hin, da eine große Zahl Gäste geladen war. Erst am vierten Tage wurde die Priesterschaft zu Tisch gebeten. Mit abnehmendem Rang der Gäste schwand auch der Aufwand für die Verköstigung. Der Zar spielte die Gastgeberrolle, ohne seine Gemahlin zur Seite zu haben. Die Zarin war nur an den ersten Tagen der Festlichkeiten zugegen.

Eine wertvolle Schilderung der Zarenhochzeit wurde

HOCHZEIT IM ALTEN RUSSLAND

„Wenn man heimlich oder zu widerrechtlicher Zeit heiratet, muß allerlei häusliches Unglück geschehen; sollte eine Hochzeit Glück bringen, müßten drei Priester und zwölf Kirchendiener zugegen sein." Aus Iwan Pososchkows „Väterlichem Testament" (geschrieben 1720, veröffentlicht 1873).
Kgl. Bibliothek, Kopenhagen.

durch den Sekretär des Außenministeriums, Grigori Kotoschichin (gest. 1667); der Nachwelt überliefert. Er ist später in die Dienste der Schweden getreten und hat am Galgen geendet, da er seinen Hauswirt tötete.

Kotoschichin berichtete, das Brautpaar habe die erste der zwei Hochzeitsnächte in einem speziellen Gemach verbracht. Vor der Tür patrouillierte der Stallmeister des Zaren zu Pferde mit gezogenem Schwert zum Schutz vor Hexen und Zauberei. Am Morgen erschien ein Mann – „der Beschaffer" –, um das Brautpaar zu fragen, ob alles wohlgefalle. Sodann eilte er zu den Hochzeitsgästen, denen es nun erlaubt war, das Brautpaar aufzusuchen, um auf ihr Wohl in Zukunft anzustoßen. Die Jungvermählten verblieben den ganzen Tag im Bette. Es wurde ihnen leichte Kost gereicht, die unter den Blicken der Hochzeitsgäste verzehrt wurde.

Erst nach der zweiten Hochzeitsnacht verließ das Paar das eheliche Bett, um sich separat ins Badehaus zu begeben. Nach dem Bad wurde dem Zaren ein Leinenhemd angelegt, wonach er sein Morgengebet verrichtete. Das gebrauchte Nachthemd wurde von dem besonderen Bettenmacher an geheimer Stelle versteckt.

Die Zarin mußte sich nach dem Bade einer indiskreten Untersuchung durch ihre Mutter und einige andere Anverwandte unterziehen. Zweck der Untersuchung war, festzustellen, ob der Geschlechtsakt auch wirklich vollzogen worden war.

Danach wurde die Zarin angekleidet, und sie konnte zusammen mit dem Zaren die Huldigungen der höheren Beamten entgegennehmen. Beide trugen Kronen auf dem Haupt und nahmen nun die sogenannten Badegeschenke entgegen.

GROSSE FESTLICHKEITEN MIT VIEL WEIN UND WODKA

Kotoschichin berichtete weiter, daß der Zar und die Zarin fortan verschiedene Schlafgemächer bezogen, sog. Ruhekammern. Wünschte der Zar ein Schäferstündchen, ließ er seine Gemahlin zu sich rufen. Danach war es üblich, das Badehaus aufzusuchen. Zuweilen konnte sich das Paar auch „mit Wasser im Schlafgemach waschen". Da der Geschlechtsakt als etwas Unreines galt, war es streng verboten, anschließend in die Kirche zu gehen oder das Kruzifix zu küssen.

Im Badehaus kamen auch die Kinder der Zarenfamilie zur Welt. Die Zarin war dabei von einer Schar älterer Frauen umgeben, mit der Hebamme als wichtigster Person. Der Zar bekam seinen Nachkommen erst zu Gesicht, nachdem ein Priester Mutter und Kind gesegnet und dem Neugeborenen einen Namen gegeben hatte. Spätestens acht Tage nach der Niederkunft sollte der Name des neuen Familienmitglieds in den „Calendrio" eingetragen werden.

Im Zuge der Taufe eines neuen Mitgliedes der Zarenfamilie war es üblich, beim Volk Almosen zu verteilen und gewissen Gefangenen Amnestie zu gewähren. Auch die Soldaten wurden nicht übergangen. Sie durften sich in der Regel mit Met, Bier und Branntwein betrinken. Bei der Taufe fungierte der Patriarch von Moskau als amtierender Pfarrer. Die frohe Botschaft wurde im ganzen Reich verkündet, und in sämtlichen Kirchen wurden Gebete verrichtet. Aufgrund der Größe des Zarenreiches konnte es Monate dauern, bis die Bewohner abgelegener Gebiete von den Ereignissen erfuhren.

KEINE TRINKER ALS LEHRER

Das neugeborene Familienmitglied erhielt unverzüglich eine Amme, die ein Jahr lang bei dem Kind blieb. Nach dieser Zeit pflegte der Zar den Gemahl der Amme zum Oberhaupt einer Provinz zu ernennen und ihn mit freizügigen Geschenken oder Steuerfreiheit, manchmal für alle Zukunft, zu belohnen.

Nach der Amme erhielt das Kind eine Ziehmutter. Dies war stets eine ältere, angesehene Frau. Im Alter von fünf Jahren wurde ihm eine Gouvernante vorgesetzt. Es war wichtig, daß die Nachkommenschaft des Zaren lesen und schreiben konnte. Es wurde verkündet, daß die Lehrer nicht trinken durften. Zu den wichtigsten Sprachen im Unterricht zählten Latein, Griechisch und Deutsch.

Die ersten fünfzehn Lebensjahre verbrachten die Zarenkinder mehr oder weniger in totaler Isolation von der Außenwelt. Erst danach durften sie sich bei Kirchenbesuchen mit ausgewählten Bojarenfamilien der Umwelt nähern. Die Söhne des Zaren durften ihren Vater begleiten, wenn er sich seinen Untertanen zeigte. Die unvermählten Prinzessinnen mußten außerhalb des *Terem* (Frauengemächer) ihr Leben lang Schleier und Umhang tragen.

Geburts- und Namenstage innerhalb der Zarenfamilien hatten einer ganz bestimmten Ordnung zu folgen. Nur eine sehr kleine Schar machte der Familie ihre Aufwartung. Für den gemeinen Russen bedeutete ein derartiger Festtag Arbeitsverbot. Auch Hochzeiten oder Beerdigungen waren an diesem Tag untersagt.

EIN STRENGES REGIMENT

Filaret, Großvater des Zaren Alexej Michailowitsch, hatte „das neue Rußland" als Land konzipiert, in dem jede Gesellschaftsklasse ihren ganz bestimmten Platz einnahm. In der Praxis bedeutete dies, daß das Gros der Bevölkerung – die Bauern – keinerlei Einfluß auf politische Beschlüsse hatte.

Mit der Ratifikation eines Gesetzbuches (*Uloschenije*) 1649 verwirklichte Alexej die Idee seines Großvaters. Damit waren die Bauern endgültig an die Scholle gebunden, sie wurden zu Leibeigenen und waren somit den Großgrundbesitzern völlig ausgeliefert. Leibeigenschaft wurde erblich und übertragbar. Bei Veräußerung von Grundbesitz wurden die Leibeigenen – „Seelen" – als eine Art Inventar mitgeliefert. Der Schwager des Zaren, Morosow, der sich mit 362 persönlichen Bediensteten umgab, soll 55000 Leibeigene besessen haben.

Obwohl Alexej Michailowitsch als gemäßigter Herrscher galt, wurden während seiner Regierungszeit eine Reihe harter Strafen eingeführt. Es existierten zahllose unmenschliche Körperstrafen. Allein für die gefürchtete Knute gab es 140 Varianten. Rasch entwickelte sich eine Praxis, nach welcher der Henker bestimmte, wie viele Peitschenhiebe eine Strafe zu enthalten hatte. Ein gezielter Hieb war oft schon tödlich. Gewöhnlich mußte der Delinquent den Rücken hinhalten. „Knute und Bock" hieß, daß das Opfer, an einen Holzbock gefesselt, ausgepeitscht wurde. Auch Verstümmelung gehörte ins Strafregister. Bürgern mit unbequemen Ansichten schnitt man beispielsweise die Zunge heraus.

FALKNEREI war Alexej Michailowitschs große Passion. Das Bild zeigt ihn stehend, in weißer Kleidung, zusammen mit seinen Jagdgefährten. Bereits im Kindesalter war dieses spezielle Interesse vorhanden. Als Erwachsener sollte Alexej sogar ein Buch über dieses Thema schreiben. Er besaß etwa 300 ausgewählte Jagdfalken, denen er selbst Namen verlieh. Auf seinen Jagdausflügen begleitete ihn oft die Zarin. Die Falken des Zaren unterstanden der wichtigsten Kanzlei – Prikas tainych del –, der Geheimkanzlei des Zaren. Slawische Bibliothek, Helsinki.

In dieser Terrorgesellschaft saß der Zar an der Spitze der Machtpyramide.

Unter sich hatte er einen Staats- und Verwaltungsapparat, der aus 40 *Prikasen* oder Kanzleien bestand. Diese wurden Anfang des 18. Jh. durch Kollegien und danach durch Ministerien ersetzt. Höchste Priorität hatte die Geheimkanzlei des Zaren. Die außenpolitischen Angelegenheiten wurden von etwa 50 Übersetzern und über siebzig Dolmetschern erledigt.

Draußen im Lande wurden die Befehle des Zaren von Woiwoden, einer Art Gouverneure, ausgeführt. Diese Männer wurden ganz nach Gutdünken eingesetzt. Dem Zaren einen Dienst zu erweisen genügte oft, um zum Woiwoden ernannt zu werden, trotz fehlender politischer oder administrativer Erfahrung. Zahlreiche Woiwoden mißbrauchten ihre Stellung, und es liegen unzählige Beispiele dafür vor, wie öffentliche Mittel in privaten Schatzkisten verschwanden.

DER LÄSTIGE SCHWAGER

Der Schwager des Zaren, Boris Morosow, der in Alexej Michailowitschs ersten Regierungsjahren die politische Initiative besaß, sollte seinem Herren einige Unannehmlichkeiten bereiten. Als Morosow eine kräftige Erhöhung der Tabak- und Salzsteuern proklamierte, entstand große Unruhe in der Gesellschaft. Von der Tabaksteuer wurden nur sehr wenige betroffen. Unter Michail III. war der Genuß von Tabak verboten gewesen. War jemand bei der Anwendung von Schnupftabak ertappt worden, hatte man ihm die Nase abgehackt. Tabakrauch wurde als Verunreinigung des Menschen betrachtet, was sich mit der Ansicht der Verbotsapostel in unseren Tagen voll deckt, nur mit dem Unterschied, daß in der damaligen Zeit geistige Verunreinigung gemeint war.

Die Erhöhung der Salzsteuern betraf aber jedermann. Salz befriedigte lebensnotwendige Bedürfnisse, vor allem war es nötig für den Fisch, der täglich auf den Tisch der einfachen Russen kam. 1648 kam es zu einem allgemeinen Aufstand gegen die Salzsteuer. Man steckte die Häuser Morosows und anderer Potentaten in Brand. Morosow selbst konnte sich in den befestigten Palast des Zaren retten. Seiner Frau Anna entriß die aufgebrachte Menge jedoch Kleider und Schmuck. Nur mit knapper Not kam sie mit dem Leben davon. Inmitten des Tumults wurden in der Stadt zahlreiche Brände gelegt. Angesichts der Gefahr, daß ganz Moskau in Asche gelegt werde, beauftragte der Zar seinen Vetter Nikita, sich unter das Volk zu mischen, um einen wahrheitsgetreuen Bericht von der Situation zu erhalten. Nach der Rückkehr und Berichterstattung Nikitas soll der Zar in Tränen ausgebrochen sein. Er war bereit, nachzugeben: Die Salzsteuer wurde gesenkt und das Salzmonopol aufgehoben.

An Tyrannei gewöhnt, schrieb der deutsche Rußland-Chronist Adam Olearius (ca. 1599–1671), *könnten die Moskauer einiges ertragen. Wenn jedoch die Unterdrükkung ein gewisses Maß übersteige, stünden sie auf und seien, erbarmungslos und jede Gefahr verachtend, imstande, die schlimmsten Gewalttaten und scheußlichsten Grausamkeiten zu begehen.* In einer Hinsicht war Zar Alexej jedoch unnachgiebig: Das Volk verlangte die Auslieferung des verhaßten Morosow. Statt dessen sandte ihn der Zar gegen seinen Willen ins Kloster Kirilow-Beloserski. Er kehrte dann zwar nach Moskau zurück und konnte auch weiterhin einen gewissen Einfluß auf die Politik nehmen, seine große Rolle war jedoch ausgespielt.

Bereits von früher Kindheit an hatten Alexej Michailowitsch und seine Geschwister eine nahezu fanatische religiöse Erziehung genossen. Das Interesse an der Religion blieb bestehen, und der Zar war täglich mehrere Stunden lang in Gebet und Andacht versunken.

Auch Wallfahrten zu abgelegenen Klöstern interessierten den Zaren. Hierbei ließ er sich von seiner ganzen Familie begleiten. Unterwegs wohnte man in eleganten Zelten, wobei das prachtvollste von allen, das Zelt des Zaren, mit eingewebten Goldfäden verziert war. Inmitten der Zeltstadt wurde ein besonderes Zelt errichtet, das als provisorische Kirche diente.

Aber nicht nur der Zar pilgerte, sondern auch für den einfachsten Russen gehörte es sich, einmal in seinem Leben eine Wallfahrt nach einem Kloster zu unternehmen. Dort erhielt man vorübergehend Unterkunft und ein paar Mahlzeiten. Falls das Geld reichte, kaufte man ein Amulett oder Heiligenbild, das man als Andenken mit nach Hause nahm.

DER ZAR UND NIKON

Bereits 1646 begegnete Alexej dem hochgewachsenen und kräftigen Abt Nikon (1605–1681) oder Nikita Minow, wie er ursprünglich hieß. Der um 24 Jahre ältere Nikon hatte seine Laufbahn als Dorfpfarrer des unbedeutenden Dorfes Weldemanowo, wo sein Vater Bauer war, begonnen. Der Zar fühlte sich zur Person Nikons und zu dessen Botschaft hingezogen. Innerhalb kürzester Zeit stieg dieser eigentümliche Mann zum „besonderen Freund" und Hausprediger des Zaren auf. Nikon war auf eine Reform der russischen Kirche aus und nutzte die Freundschaft mit dem Zaren, um seine Ideen zu verwirklichen.

Die Kirche war zu einem Staat im Staate geworden. Der Patriarch und die Metropoliten führten ein fürstliches Dasein, während sich die übrige Priesterschaft mit einfachsten Verhältnissen zufriedengeben mußte. Dazwischen standen die Mönche, die unter guten materiellen Bedingungen lebten. Viele Klöster hielten sich eigene Soldaten und Kanonen und glichen militärischen Festungen. Das Dreieinigkeitskloster St.Sergej hielt 16 Monate lang (1608–1609) der Belagerung einer 30000köpfigen polnischen Armee stand.

Weniger gut stand es um die religiöse Botschaft und die Moral. Zahlreiche Kloster waren die reinsten Sexanstalten oder Bordelle, wo begüterte Männer ihre sexuellen Bedürfnisse jeglicher Art befriedigen konnten.

1648 wurde erstmals deutlich, daß Nikon den Segen des Zaren hatte, um mit der Reformarbeit zu beginnen. Er wurde Metropolit in Nowgorod. Nikon erwies sich als äußerst initiativ und aktiv. Während einer Hungersnot verteilte er beispielsweise Brot unter die Hungernden. In seiner Kirche, der Sofija-Kathedrale, führte er den griechischen Gesang ein und lud Kirchensänger aus Kiew zu Auftritten ein. Nikon behauptete auch freimütig, daß ihm prophetische Offenbarungen über seine Zukunft zuteil geworden seien, was lebhafte Debatten hervorrief. Als schließlich der alte Patriarch Josef 1652 aus dem Leben schied, sah Nikon seine Stunde gekommen. Er spielte mit hohem Einsatz, und es gelang ihm als angehendem Patriarchen seinem Freund, dem Zaren, ein Ja zu neuen Reformen abzuringen.

Der mächtige Nikon zwang sogar den Zaren in der Moskauer Himmelfahrtskirche auf die Knie. Daraufhin verlangte Nikon von den Bojaren und dem Volk totalen Gehorsam. „Würden Sie ihm gestatten, die notwendigen Maßnahmen zu ergreifen, um die Ordnung in der Kirche wiederherzustellen?" Nach einstimmiger Bejahung setzte sich Nikon die weiße Mitra aufs Haupt (1652).
Slawische Bibliothek, Helsinki.

RASKOL

Nikons rasche Karriere und Unverfrorenheit, seine mangelhaften theologischen Kenntnisse sowie sein Hang zu Eitelkeit und Luxus erweckten in hochkirchlichen Kreisen Argwohn.

Nikons zahlreiche Gebote und Neuerungen in allen kirchlichen Bereichen wurden jedoch zum Anlaß für einen langen und erbitterten Kampf sowohl innerhalb der eigenen Reihen der Staatskirche als auch zwischen der Staatskirche und einer Reihe abweichender Glaubensrichtungen und „Irrlehren". Die konservativen Verfechter der altslawischen Liturgie erhielten die Bezeichnung Altgläubige (*Raskolniki*).

Oft waren es einfache Dinge, die Anstoß erweckten. Das neue Gebot, das Kreuzzeichen mit drei Fingern auszuführen statt mit zwei, stieß auf Ablehnung genauso wie die Vorschriften für Predigten und die Einführung des monotonen Kirchengesangs. Nikon strebte eine einheitliche russische Kirche an mit einheitlichen Ritualen. Er ging von dem ursprünglichen, dem griechischen Kirchenritual aus und wollte die im Laufe der Jahrhunderte in Rußland hinzugekommenen zahlreichen Zusätze und Änderungen ausmerzen.

Der PATRIARCH NIKON war eine machtlüsterne und umstrittene Figur. Sein erbittertster Gegner, der Protopope Awwakum, behauptete: „Ihr Nikoneaner sucht also Zersplitterung unter den Getreuen Christi wie unter euch selbst, so wollt ihr sie eurem Vater, dem Teufel, opfern. Was ist ein Nikoneaner? Er ist Dreck und Unreinheit, ein räudiger, bissiger Hund!" Universitätsbibliothek Helsinki.

Sogar hinsichtlich der Ikonenmalerei hegte er eine unterschiedliche Auffassung. Die Altgläubigen lehnten sich gegen den Einfluß der abendländischen Malerei auf. Ein breiteres internationales Interesse für Ikonen zeigte sich erst wesentlich später, nämlich in den Jahren vor dem Ersten Weltkrieg. Einer der „Entdecker", der französische Maler Henri Matisse (1869–1954), besuchte 1911 Moskau. Er ließ sich mit großer Begeisterung über die „rührende Einfachheit" der Ikonen aus.

Die Altgläubigen widersetzten sich nicht nur der neuen Gottesdienstordnung und den neuen Aspekten der Ikonenmalerei, sondern für sie war alles Neue sündig. Tabak, Tee, Kaffee, ja sogar die unschuldige Kartoffel wurde als verwerflich betrachtet.

Das ernste Schisma – *Raskol* – sollte das ganze zaristische Rußland erschüttern. Nikons stärkster Gegenspieler und Anführer der Altgläubigen, der Protopope Awwakum Petrowitsch (1620 oder 1621–1682), gewann in den breiten Volksschichten große Beliebtheit. Aber auch in den höheren Gesellschaftsschichten fanden sich Widersacher gegen Nikons Reformen. Dabei tat sich insbesondere die Bojarin Feodosija Prokopewna Morosowa (1632–1675), Gemahlin eines Bruders des abgesetzten Zarengünstlings Morosow, hervor. Sie wurde schließlich wegen ihrer Ansichten ins Verhör gezogen, gefoltert und des Landes verwiesen.

Auch Awwakum wurde mehrmals aus dem Lande verbannt. Soweit die Ereignisse unter Alexej Michailowitsch. Als Awwakum unter der Regierung von Fjodor III. äußerte: „Gott hat entschieden zwischen mir und Alexej Michailowitsch, der in der Hölle sitzt, und das zu Recht!", war er zu weit gegangen. Alexejs Sohn und Nachfolger Zar Fjodor veranlaßte, daß Awwakum zum Tode verurteilt und auf dem Scheiterhaufen verbrannt wurde (1682).

Die Altgläubigen mußten 250 Jahre (bis 1905) auf das gesetzliche Recht zu freier Religionsausübung warten.

Unruhe herrschte zu dieser Zeit aber nicht nur innerhalb der russischen Staatskirche. Eine gewaltige Woge religiöser Bekehrung ging durch das Land. Religiöse Abkehr von der Staatskirche war an sich nichts Neues, der Umfang war jedoch derartig gewaltig, daß man von reiner Massenpsychose sprechen konnte. Sekten entstanden und zerfielen.

Eine der Sekten pries beispielsweise die seligmachende Wirkung der Selbsttötung. Man verkündete, der Antichrist werde kommen und Kirche, Staat und Gesellschaft vernichten. Aber nicht genug damit, auch Wasser, Luft und Erde würden zerstört werden. Deshalb könnten die Menschen nicht länger leben. Tausende wurden dieser Botschaft hörig und begingen Selbstmord. Man fastete sich zu Tode, ertränkte sich oder ließ sich lebend begraben. Der gewöhnlichste Abschied vom Erdenleben ging jedoch über den Scheiterhaufen. Die geifernden Prediger verzögerten aber unter allen möglichen Ausflüchten ihr eigenes Hinscheiden, um sich an den Habseligkeiten der Opfer zu bereichern.

Verschiedene Sekten proklamierten Selbstverstümmelung als das einzig Wahre, andere verkündeten unzeremonielle religiöse Zusammenkünfte. Es gab auch solche, die sich mit ihrer Botschaft in die Wälder zurückzogen und somit irdischer Unterdrückung und hoher Besteuerung entgingen.

Eine der religiösen Strömungen verwarf die Ehe und pries die These, das zehn Matressen besser seien als eine Ehefrau. In der Sekte des Diakons Stephan hausten Mönche und Nonnen in derselben Zelle, ein Zustand, den der heilige Dmitri von Rostock damit verglich, „Holz neben das Feuer zu legen".

Bezeichnend für die meisten dieser Sekten war die Tatsache, daß sie kein Mittel scheuten, um ihre Botschaft an den Mann zu bringen. Den sinnlosen und unfaßbaren Grausamkeiten fielen Tausende Menschen zum Opfer.

In der Mitte der fünfziger Jahre des 17. Jh. war klar, daß der Freund des Zaren, Nikon, auch die weltliche Macht anstrebte. Als Alexej gegen die Polen ins Feld zog (1655/56), war Nikon als eine Art Reichsvorsteher eingesetzt worden. Sein despotisches Auftreten erschreckte jedoch die Vertrauten des Zaren, woraufhin starke Kräfte lebendig wurden, den Patriarchen schnell zu isolieren.

Bei der Rückkehr Alexejs nach Moskau legte Nikon demonstrativ sein Kirchenamt nieder und verließ die Stadt. Hatte er damit gerechnet, daß sich der Zar erweichen lasse und ihn bitten würde, zurückzukommen, hatte er sich gewaltig getäuscht. Das Ergebnis war ein totales klerikales Chaos im Lande. Schließlich wurde die Kirchenversammlung einberufen (1666/67), wobei die Absetzung Nikons offiziell beschlossen wurde. Gleichzeitig wurden viele der in der Kirche eingeführten Neuerungen abgeschafft. Nikon selbst verbrachte den Rest seines Lebens im Kloster, in einer Art „freiwilliger" Internierung.

TOD DER ZARIN

1669 wurde zum großen Trauerjahr im Leben des Zaren Alexej. Seine Gemahlin Maria starb, als sie nach einundzwanzigjähriger Ehe ihr dreizehntes Kind geboren hatte. Der Zar war untröstlich. Er nahm mehrere Monate lang täglich an Trauermessen teil und verteilte Almosen unter die Armen in einem Ausmaß, das ernsthafte Konsequenzen für die Staatsfinanzen nach sich zog.

Als die Trauer um Maria endlich abflaute, wurde der Zar von neuen Schicksalsschlägen heimgesucht. Zwei seiner Söhne, Michail Alexejewitsch (1664–1669) und der Thronfolger Alexej Alexejewitsch (1654–1670), starben innerhalb einiger Monate. Als Söhne blieben ihm noch der von Skorbut halbgelähmte und lungenkranke Fjodor Alexejewitsch (1661–1682) und der halbblinde und geistesgestörte Iwan Alexejewitsch (1666–1696). Das Schicksal wollte es, daß die Söhne des Zaren sämtlich kränklich oder mit körperlichen Makeln behaftet waren, während die Töchter sowohl physisch wie psychisch bei bester Gesundheit waren.

Im engeren Freundeskreis des Zaren befand sich auch der westlich orientierte Diplomat Artamon Sergejewitsch Matwejew (1625–1682). Er war mit der Schottin Mary Hamilton verheiratet, deren Familie Cromwells England verlassen hatte. In ihrem Hause traf Alexej die 17jährige Offizierstochter Natalja Kirilowna Naryschkina (1651–1694). Matwejew war Nataljas Vormund.

DAS RIESENBABY

Es war Liebe auf den ersten Blick. Als jedoch bekannt wurde, daß der 42jährige Zar vorhatte, die junge Natalja zu ehelichen, kam es nicht nur in der eigenen Familie des

Natalja Naryschkina wird von Zeitgenossen als dunkel, hübsch und lebendig beschrieben. Sie war westlich erzogen worden und sollte als Zarin mehr Freiheiten genießen, weshalb der Zar in seinem Lustschloß Kolomenskoje außerhalb Moskaus ausländische Gesandte zu empfangen pflegte, wobei Natalja freier und ungezwungener auftreten konnte.
Slawische Bibliothek, Helsinki.

Zaren, sondern auch in den Reihen der mächtigen Bojaren zu einem Proteststurm. Dennoch heiratete Alexej das junge Mädchen, das ihm ein Jahr später, Mitte 1672, das erste Kind gebar. Der kleine Zarensohn – ein Riesenbaby – wurde nach dem ersten Moskauer Patriarchen Peter benannt. Er sollte im weiteren Verlauf als Peter der Große in die Geschichte eingehen. Der Zarenfamilie wurden außerdem zwei Töchter beschert, Fjodora (1673–1677) und Natalja (1674–1716).

Zar Alexej jubelte über seinen neugeborenen Sohn und ließ einen Dankgottesdienst nach dem andern abhalten. Er gab eine Reihe offizieller Empfänge, die von Luxus und Überfluß geprägt waren. Im Freudenrausch begann der Zar sich sogar fürs Theater zu interessieren. Im Dorf Preobraschenskoje, außerhalb Moskaus, wurde dem lutheranischen Pastor Johann Gottfried Gregori die Aufgabe zuteil, einige Theaterstücke zu inszenieren. Somit fand im Oktober 1672 die erste russische Theatervorstellung am Hofe statt, nämlich die biblische Komödie „Ester" oder „Artaxerxes' Tod", eine zehnstündige Mammutvorstellung ohne Pause.

Für die junge Natalja war die Ehe mit Zar Alexej nicht nur mit Freuden verbunden. Sie wurde zum Spielball einer niederträchtigen politischen Fehde, die in erster Linie zwischen ihrer eigenen Familie Naryschkina und Mitgliedern des großen Miloslawski-Geschlechts ausgetragen wurde. Die Lage spitzte sich weiter zu, als Anfang 1676 der nur 47jährige Zar – vermutlich als Folge einer Nierenerkrankung – plötzlich aus dem Leben schied. Auf dem Totenbett hatte Alexej seinen ältesten Sohn Fjodor zu seinem Nachfolger erklärt. Einem guten Freund flüsterte Alexej zu: „Kümmert euch um Zarewitsch Peter. Hütet ihn wie euren Augapfel!"

Zar Alexej Michailowitsch hinterließ ein wesentlich moderneres Rußland, als er es übernommen hatte. Der große Umbruch, der mit der Machtübernahme Peters des Großen eintreten sollte, hatte eigentlich bereits während Alexejs Regierungszeit begonnen. Es gab bereits Windmühlen zum Mahlen von Getreide, Wasserpumpen, moderne Glasbläsertechnik und vieles andere mehr. Der größte Teil dieser Neuerungen war jedoch nur in den privaten Vierteln der Einwanderer aus dem Westen – der „Deutschen", wie man sie pauschal nannte – außerhalb des Moskauer Stadtkerns konzentriert. Peter der Große sollte sich dafür einsetzen, diese und viele andere neumodischen Dinge dem ganzen Rußland zugänglich zu machen.

„DIE VÄTERLICHEN TESTAMENTE"

In der russischen Literatur finden sich einige interessante Werke moralisierenden Inhalts, die man auch als Handbücher für vernünftige Lebensführung bezeichnen könnte. Der vielfältige Inhalt besteht zum großen Teil aus Mahnungen. Auch an drastischen Beschreibungen der Folgen von Sünde und Verbrechen mangelt es nicht. Dabei ist zu bedenken, daß das Leben im alten Rußland hart und freudlos war.

Ausländer, die den Kreml besuchten, seien erstaunt darüber gewesen, daß der Zarenhof im Gegensatz zu den Schlössern in Paris, Wien, London, Warschau und Stockholm eher einem großen Kaufmannshaus gleiche. Dort habe es keine galanten Vergnügungen, keine Lustbarkeiten, keine Bälle, keine Spielgelegenheiten, keine gehobene musikalische Unterhaltung gegeben..., schreibt Alexej Nikolajewitsch Tolstoi (1883–1945).

SPUCKET NICHT IN DER KIRCHE!

Das älteste Werk – *Domostroi* („Haushaltslehre") – soll

Das Holzschloß in Kolomenskoje außerhalb Moskaus hatte bereits unter Iwan Kalita im 14. Jh. als fürstliche Sommerresidenz gedient. Iwan der Schreckliche feierte hier seine Namens- und Geburtstage. Das Schloß wurde mehrmals von Feuersbrünsten heimgesucht, jedoch immer wieder aufgebaut. „Ein Spielzeugschloß, das man aus einer Kiste hervorgeholt hat", wie es die Ausländer nannten. Nach seiner Blütezeit im späten 17. Jh. wurde es schließlich abgerissen. Kgl. Bibliothek, Stockholm.

teilweise von dem Popen Silvester verfaßt worden sein, d.h. in der zweiten Hälfte des 16. Jahrhunderts. Darin wurde der rituellen Frömmigkeit viel Platz eingeräumt. Verschlafe nicht die Frühmesse! Versäume nicht das Hochamt durch Müßiggang! Ertränke nicht den Abendgesang! lauteten die eindeutigen Gebote.

In langen und zeitweise umständlichen Beschreibungen wird dem Leser nahegelegt, wie Heiligenbilder zu pflegen und Andachten zu gestalten seien. Verbeugungen, Gebete, Wallfahrten und Fastenzeiten, nichts dergleichen fehlt. Dazu wird für jedes Haus und Heim die Einrichtung einer Miniaturkapelle vorgeschlagen.

Die Kirchenbesucher erhielten besondere Information darüber, wie man sich zu verhalten habe.

In die Kirche und ins Kloster soll man Opfer mitbringen, Kerzen, Prosfyra (geweihtes Brot) oder Kutia (gekochten, vom Priester gesegneten Reis) sowie Almosen. Beim Küssen des Kreuzes soll man den Atem anhalten, beim Abendmahl darf niemand nach Knoblauch riechen. Deshalb darf man den Mund nicht zu weit aufsperren oder nicht mit den Lippen kosten. Die Hostie ist mit Vorsicht einzunehmen, denn man darf nicht hineinbeißen wie in ein Stück Brot oder sie nicht kauen, sondern sie ist nur mit den Lippen entgegenzunehmen, wobei darauf zu achten ist, daß keine Krümel zu Boden fallen. In der Kirche sind die Hände stets kreuzweise an die Brust gedrückt zu halten. Man darf mit niemandem sprechen und sich auch nicht umsehen, sich nicht an die Wand oder eine Säule lehnen, auch nicht auf einen Stock stützen oder einen Fuß auf den anderen setzen. Es ist auch verboten, in der Kirche zu spucken; falls man dies dennoch tut, soll man wenigstens den Spuckfleck mit dem Fuß wegwischen.

Auch auf andere Betragensweisen wurde in der Domostroi eingegangen. Maßloses Trinken wurde als verwerflich angesehen, da sich „aus Trunksucht und nächtlichem Zechen Streit und Zank, Kampf und Blutvergießen ergeben". Es war jedoch keineswegs von totalem Verbot die Rede. Mäßigkeit war die Devise. Zu Tisch durfte man nicht über das Essen gebeugt niesen oder husten. Klagen über das Essen machten die Speisen „zu Schmutz"! Derbe Sprache zu Tisch war ebenso unpassend wie schamlose Lieder, „da sonst die Engel durch gottlose Worte aus dem Speisezimmer verscheucht werden wie Bienen vom Rauch".

Über die Beziehung zwischen Mann und Frau stand natürlich einiges in der Domostroi geschrieben. Die Stellung der Frau war alles andere als gleichberechtigt. An einer Stelle hieß es zwar: „Eine gute Ehefrau ist mehr wert als ein Edelstein", aber im weiteren Verlauf steht geschrieben: „Ihr Licht darf nachts nicht erlöschen, und ihr Spinnrad darf nie stehenbleiben."

Die Frau hatte sich dem Mann zu unterwerfen, und „alles, was er ihr befiehlt, soll sie mit Liebe entgegennehmen und mit Gehorsam ausführen". Nicht mal in die Kirche durfte sie gehen, ohne vorher um Erlaubnis zu bitten!

Auch hatte der Mann das Recht, seine Frau „in Liebe und ohne Zorn" zu züchtigen, wenn mündliche Zurechtweisungen keine Früchte getragen hatten. Ebenso durften laut Domostroi Kinder geschlagen werden. „Schlägst du deinen Sohn mit dem Stock, stirbt er nicht, aber sein Körper wird geheilt", hieß es.

Was die Aufgaben der Haushaltsführung betraf, fiel es der Frau zu, zu backen, zu braten, dafür zu sorgen, daß

Der Engländer Samuel Collins (1619–1679) war acht Jahre lang Leibarzt des Zaren und berichtete über den russischen Alltag. Darunter waren auch Schilderungen von Begräbniszeremonien. Eine junge Witwe schrie laut Collins ihren Schmerz heraus: „Warum bist du gestorben? Hattest du denn nicht ein schönes Weib und schöne Kinder und soviel Branntwein, wie du brauchtest?" Kgl. Bibliothek, Kopenhagen.

Seife und Lauge zum Wäschewaschen vorhanden waren, und sie hatte sich auch um das Plätten und Mangeln von Bett-, Tisch- und Halstüchern zu kümmern. Während der Fastenzeit sollte sie besondere Gerichte zubereiten wie Brei, Erbsen, Bohnen, Pilze und Kohl. Sie dürfe nie tatenlos sein, schrieb die Domostroi vor.

Die traditionelle russische Gastfreundschaft wurde als etwas Natürliches erachtet. Bei Gastmählern war es der Frau höchstens erlaubt, Dünnbier zu trinken, und sie durfte sich keinesfalls betrinken. „Ein betrunkener Mann ist schlimm, eine betrunkene Frau jedoch ist in dieser Welt ein Unding“, predigte der Verfasser.

Die Hausherrin hatte das Essen der Dienerschaft abzuschmecken, um zu sehen, daß es ordentlich zubereitet war, und die Bediensteten mußten die Füße abstreifen, bevor Sie eintraten. Eine Vielzahl detaillierter Gebote, wie man sieht. Hinzu kamen Verhaltensregeln für Vorratsräume, Getreidespeicher, Eiskeller, Hühnerhöfe, Scheunen und Werkstätten sowie Ratschläge fürs Räuchern und Einsalzen, Bierbrauen und zur Weinbereitung. Und schließlich Rezepte zur Zubereitung von Speisen – Schwarzsauer vom Schwan, Hechtkopf mit Zwiebeln, Elchzunge, Hasennieren in Milch, Kranichbraten, Kaviar in Milch und vieles andere mehr.

SILHOUETTE MOSKAUS

im 18. Jahrhundert. „Jeder Russe fühlt beim Anblick Moskaus, daß er auf eine Mutter blickt. Und wenn der Fremde dies nicht versteht, so muß ihn dennoch ein starkes Gefühl vom weiblichen Charakter Moskaus ergreifen", schreibt Leo Tolstoi (1828–1910) in „Krieg und Frieden". Auch der Fabeldichter Iwan Iwanowitsch Dmitrijew (1760–1837) machte seiner Begeisterung Luft und rief aus: „Moskau, geliebte Tochter Rußlands! Wo gibt es deinesgleichen?"
Kgl. Bibliothek, Stockholm.

SEINER ZEIT WEIT VORAUS...

Die Domostroi erhielt ein paar interessante Nachfolger. Der Bauer und Autodidakt Iwan Tichonowitsch Pososchkow (um 1652–1726) schrieb mehrere gesellschaftskritische Bücher mit Reformvorschlägen. „Das Buch über Armut und Reichtum" (1724) war jedoch zuviel für Zar Peter. Pososchkow wurde in der Peter-und-Pauls-Festung in St.Petersburg hinter Schloß und Riegel gesetzt und war das erste bedeutendere politische Opfer der Festung. Pososchkows sittliche Regeln des Vaters an den Sohn – „Väterliches Testament" – enthielten eine Reihe von Gedankengängen und Ideen, die ihrer Zeit weit voraus waren. Religiösen Fragen begegnete er indessen mit steifem Formalismus.

Der positive Pososchkow vertrat beispielsweise die Ansicht, daß die Ehe auf Gleichberechtigung gründen müsse. Die Eheleute sollten miteinander beraten. „Eine Jungfrau ist ein Mensch wie du selbst und kein Pferd", schrieb er unter anderem. Auch schwebte ihm die Einführung von Volksschulen und höheren Schulen vor. Er rügte die Faulheit der Ämter und schlug kirchliche Reformen vor. Eine Modernisierung der russischen Zeitrechnung betrachtete er als ebenso notwendig wie die Abschaffung des altertümlichen Alphabets. Viele seiner Visionen sah Pososchkow zwar verwirklicht, trotzdem blieb er seiner Zeit mit neuen Ideen stets einen Schritt voraus.

Die Zukunft liege in der Industrie, prophezeite Pososchkow enthusiastisch. Witwer sollten sich seiner Ansicht nach in ein Mönchsdasein schicken. Von Süßigkeiten in Speisen und Getränken wollte er nichts wissen.

Wesentlich freier von Vorurteilen als seine Vorgänger war der Historiker und Universalist Wassili Nikititsch Tatistew (1686–1750). Er blickte auf eine militärische Vergangenheit in Poltawa (1709) und Prut (1711) zurück. Er war auch einige Jahre in Schweden gewesen, wo er Bergbau und Münzwesen studiert hatte.

Auch Tatistew verfaßte seine Vorstellungen in Form väterlicher Ratschläge an den Sohn. Und so fortschrittlich äußerte sich Tatistew bereits vor über 260 Jahren:

Die Ehefrau ist keine Sklavin, sondern Helferin und Arbeitsgenossin des Mannes; und die Kinder können nicht gezwungen werden, gegen ihren Willen eine eheliche Verbindung einzugehen, auch wenn es angebracht ist, in einer so wichtigen Sache den Rat der Älteren einzuholen.

Was die Wahl einer Gemahlin betraf, erhob Tatistew seinen warnenden Zeigefinger. „Vergeßt nicht", mahnte er sanft, „im schönsten Apfel kann sich ein Wurm verstekken."

Aber auch Tatistew fiel in Ungnade. Sein „Väterliches Testament" entstand im übrigen während eines Gefängnisaufenthalts.

IM ZARISTISCHEN MOSKAU

Der Palast des Zaren im Herzen Moskaus war verhältnismäßig unscheinbar. Er bestand aus mehreren niedrigen Stein- und Holzgebäuden. Als Winterresidenz diente ein dreigeschoßiges Holzhaus. Um die unansehnlichen Palastgebäude herum scharte sich das Wirrwarr der Häuser von Prinzen, führenden Ministern und hohen Beamten. In unmittelbarer Nähe der Wohnstätte des Zaren lagen fünf Klöster und mehrere Magazine mit Waffen und Munition. Um das gesamte Palastgebiet zog sich eine Ziegelmauer, außerhalb der sich weitere Kirchen und Kapellen befanden, die meisten mit vergoldeten Turmkuppeln. So mancher Abendländer wunderte sich über die Zahl der Moskauer Kirchen. Die Stadt hatte über 200 Heiligtümer. Zur Zeit Alexej Michailowitschs wohnten etwa 200000 Menschen in der Stadt. Eine Pestepidemie dezimierte 1654 die Bevölkerung um mehr als die Hälfte. In den ärmsten Gebieten fielen etwa 80 Prozent der Bewohner der Pest zum Opfer.

Der Zar und die vornehmsten Bojarenfamilien waren Rußlands Großkaufleute. Der Zar selbst vermietete Lokale, in denen Monopolwaren wie Wolga-Kaviar, Tabak und Branntwein verkauft wurden. Via Astrachan und Tobolsk kamen Waren aus Persien beziehungsweise China nach Moskau. Tee, das zukünftige Nationalgetränk, gehörte zu

VIERZIG MAL VIERZIG KIRCHEN

ist eine alte Redensart über die Anzahl der Heiligtümer des alten Moskau. 400 dürfte der Wahrheit etwas näher kommen. Im zaristischen Rußland hatte die Kirche eine starke Stellung. Die russische Kirche wurde als eine Kombination von slawischem Aberglauben und griechischem Regelzwang beschrieben.
Slawische Bibliothek, Helsinki.

den Neuerungen, die unter Alexej Michailowitsch eingeführt wurden. Bezüglich des Urteils der Russen über das Getränk schreibt der Reisende Johann Philipp Kilburger folgendes:

Nach Ansicht der Russen stärke Tee die menschlichen Kräfte, wende Krankheit ab, die von schlechter Luft und sonstigem entstehen könne. Insbesondere eigne er sich zur Abwendung von Trunkenheit, indem man ihn vor dem Trinken einnimmt, oder um die Trunkenheit zu vertreiben, die durch das Zechen verursacht worden ist, wenn man ihn nachher zu sich nimmt. Auch die Zarin war geschäftlich aktiv. Sie beschäftigte zahlreiche Frauen mit Näh- und Handarbeiten.

Ein Reisender aus dem Westen geriet auf seiner Reise nach Moskau vom Wege ab und gelangte zu einem riesigen Haus, das gerade fertiggestellt wurde. Auf die neugierige Frage hin, was man denn hier baue, erhielt er zur Antwort, daß nur Gott und der Zar dies wüßten. Später erfuhr man, daß in diesem Gebäude Hanf und Flachs weiterverarbeitet würden. Umherstreunende Landstreicher und Arme wurden als Arbeitskräfte angeheuert.

DAS UNBEKANNTE RUSSLAND

Obwohl während der Zeit des Zaren Alexej Michailowitsch unzählige offizielle Delegationen Moskau besuchten, blieb im Westen dennoch vieles über das Zarenreich im dunkeln. Als der französische König Ludwig XIV. (1638–1715) im Jahre 1657 einen Brief an den russischen

Herrscher sandte, war das Schreiben an Michail III. gerichtet. Dies war ein diplomatischer Schnitzer höchsten Grades, da Michail zu diesem Zeitpunkt bereits seit 12 Jahren tot war.

Westliche Heimkehrer äußerten sich meist negativ und tendenziös in bezug auf das Zarenreich. Man empörte sich über das beinahe krankhafte Mißtrauen der Russen und war entsetzt über Sitten und Gebräuche des Landes.

Eine der bekanntesten westlichen Botschaften stand im 17. Jh. unter der Führung von Sir Charles Howard (1629–1685), dem Earl von Carlisle. Er war von Karl II. (1630–1685) entsandt worden, um in erster Linie handelspolitische Fragen zu erörtern. Über die Erlebnisse des Engländers in Moskau gibt es zahlreiche Berichte.

BARBARISCHE PRACHT

Erst nach mehreren Wochen Wartezeit wurde Sir Charles von Zar Alexej empfangen. Als es endlich soweit war, holten die Leibwächter des Zaren zuerst die obligatorischen Geschenke. Sie bestanden aus goldenen und silbernen Gegenständen, Seide, Tischuhren und Waffen. Der Umfang der Gabensammlung wird erst deutlich, wenn man bedenkt, daß über hundert Mann notwendig waren, um alles herbeizuschaffen. Nachdem die Gaben im Palast eingetroffen waren, fuhr die Goldkarosse des Zaren los, um Sir Charles und seinen Handelssekretär abzuholen. Die schwerfällige Kutsche war innen mit Edelsteinen geschmückt, die mit goldenen Fäden auf Seide befestigt waren. Auf der Fahrt zur *Zargorod* – zur Stadt des Zaren – wurde das Gespann von Hofjunkern, Bläsern und Pagen eskortiert.

Die Audienz fand im sog. Audienzsaal des Kreml statt. Auf dem Boden des kahlen, öde wirkenden Saals war ein gewaltiger Teppich ausgerollt worden. An einer Kurzseite befand sich ein hohes Podest mit dem Thron.

Um zu diesem Saal zu gelangen, mußten die Gäste zahlreiche Gewölbe und Treppengänge passieren. In dichten Reihen standen die Soldaten der Leibgarde Spalier in ihren zobelgefütterten Uniformen mitsamt glitzernden, edelsteinbesetzten Hauben.

Vor dem Audienzsaal hatte sich eine Gruppe von Kaufleuten versammelt, die mit lebhaften Gesten und Gebärden versuchten, mit den Gästen in Kontakt zu kom-

DER ZAR GEWÄHRT AUDIENZ

Auf dem Thron sitzend, mit der Krone auf dem Haupt und dem Zepter in der Hand, empfing Alexej Michailowitsch seine Besucher. Es war üblich, daß der Zar seine Gäste mit Handschlag begrüßte, woraufhin ihm eine spezielle Schüssel gereicht wurde, in der er sich die Hände wusch. Links im Bild sind Wasserkanne und Handtuch für diese Zeremonie zu sehen. Kgl. Bibliothek, Stockholm.

EIN GESCHENK AN DEN ZAREN

Im Sommer 1647 begab sich eine königlich schwedische Gesandtschaft von insgesamt 157 Personen nach Moskau, um unter anderem dem Zaren Alexej Michailowitsch die Glückwünsche der schwedischen Königin Kristina (1626–1689) zur Thronbesteigung zu überbringen. Während der Reise sollte man zudem „Städte und Situationen abzeichnen und die Stimmung der Bevölkerung ermitteln". Die Russen schöpften Argwohn und verdächtigten die Schweden, eigentlich nur gekommen zu sein, um „Wege und Straßen bekannt zu machen", kurz und gut: zu spionieren. Erst nach etlichen protokollarischen Querelen und Disputen konnten die Gaben der schwedischen Königin dem Zaren ausgehändigt werden, dessen einzige Frage lautete: „Wie geht es Königin Kristina?" Unter den Geschenken befand sich dieser 53 cm hohe versilberte Konfektbaum deutschen Ursprungs.
Kgl. Bibliothek, Stockholm.

men. Die Kaufleute trugen elegante Kleidung, die der Zar zu vermieten pflegte(!).

Alexej Michailowitsch hatte – mit der Krone auf dem Haupt und dem Zepter in der einen Hand – bereits auf seinem Thron Platz genommen, als dem Engländer Eintritt gewährt wurde. Des Zaren Kleider glichen denen eines Märchenprinzen, der auffallend hohe Kragen war mit Diamanten und Edelsteinen übersät.

Um den Thron herum standen die Leibwächter in Mänteln aus Hermelinpelz. Die Soldaten trugen kräftige Halsketten aus Gold und Lanzen aus reinem Silber.

Obwohl die Audienz einen privaten Empfang darstellte, waren etwa 200 Personen anwesend. Die meisten von ihnen waren vornehme Bojaren. Sie hatten sich entlang der Kurzseiten des Audienzsaales postiert. Auch sie trugen Kleider von unschätzbarer Pracht mit eingewebten Gold- und Silberfäden und Edelsteinbesatz.

Der Zar begrüßte seine Gäste, indem er sich erhob. Sir Charles antwortete mit drei tiefen Verbeugungen. Daraufhin begann der Engländer, die königliche Botschaft zu verlesen, die mit der Aufzählung sämtlicher Titel des Zaren eingeleitet wurde.

Nach dem Vortragen der Botschaft war die Gelegenheit für informellere Gespräche gegeben. Ganz nach westlicher Gepflogenheit wurden Sir Charles' Antworten mit verfeinerten und umständlichen Umschreibungen ausgeschmückt. Zar Alexej war zweifellos neugierig. Er informierte sich allenthalben.

Die Audienz wurde beendet, indem Sir Charles zum Abschied dem Zaren die Hand küßte. Nach jeder Berührung wusch ein Bojar dem Zaren die Hände. All dies ging sehr langsam und nach einem vorgeschriebenen Ritual vonstatten. Es ließ sich jedoch feststellen, daß am Zarenhof gewisse polnische Hofsitten eingeführt worden waren, eine Art praktischer Vorbereitung auf die Übernahme der polnischen Königskrone, auf die Alexej Anspruch erhob, die er jedoch nie erhalten sollte.

Bei der folgenden Festmahlzeit wurde im Überfluß aufgetischt. Alle ausländischen Gäste erhielten Löffel und Gabel zu ihrem Gedeck, während sich der Zar und die übrigen mit Löffeln begnügten. Unter den zahlreichen Gerichten gab es Kaviar, der als eine Art Salat eingenommen wurde. Besonders vielfältig waren die Fischgerichte, darunter Steinbutt. Unter den Fleischgerichten fanden sich Lammfleisch, gewürzt mit Knoblauch, Safran und Zwiebeln. Safran gehörte zu den Leibgewürzen des Zaren. Die Speisen waren durchgehend stark gewürzt.

Dazu wurde roter und weißer Wein gereicht. Auch Wasser wurde serviert, jedoch mit einem Zusatz, der von den ausländischen Gästen nicht identifiziert werden konnte. Nach unzähligen Trinksprüchen und Ansprachen war es schließlich Zeit zum Aufbruch. Über neun Stunden hatte man zu Tisch gesessen!

DIE ESKAPADEN DES DÄNISCHEN GRAFEN

Der dänische Graf Valdemar Christian (1622–1656), Sohn Christians IV. (1577–1648) und Kirstin Munks (1598–1658), wurde zu einem Spielball der Politik. Der Graf reiste 1641 mit großem Gefolge nach Moskau. Er beabsichtigte, um die Hand der Tochter des Zaren Michail, Irina (1627–1679), anzuhalten. Ein Familienpakt zwischen Rußland und Dänemark gegen den gemeinsamen Feind Schweden war nicht zu verachten. Als der Däne sich jedoch weigerte, zum orthodoxen Glauben überzutreten, mußte er unverrichteter Dinge wieder abreisen.

Im Oktober 1643 begab sich Valdemar Christian erneut nach Moskau. Aber auch diesmal kam man bezüglich seiner religiösen Zugehörigkeit zu keiner Einigung. Als er nach monatelangen, ergebnislosen Verhandlungen endgültig abreisen wollte, wurde er von den Russen daran gehindert. Valdemar Christian versuchte sogar zu fliehen, aber vergebens. Eineinhalb Jahre mußte er unfreiwillig im Zarenreich verbringen, ohne die kleine Irina jemals zu Gesicht zu bekommen. Erst als Michail 1645 plötzlich verstarb, kam die Stunde der Befreiung, und der Graf setzte sich eiligst in Richtung Dänemark ab.

Graf Valdemar Christian (1622–1656)
Kgl. Bibliothek, Kopenhagen.

KAPITEL V

Fjodor III.
(Regent 1676–1682)

Iwan V. und Peter I.
(Regenten 1682–1696)

DIE KECKE SOFIJA ÜBERNIMMT DAS RUDER

Der unerwartete Thronwechsel nach Alexej Michailowitschs plötzlichem Ableben rief große Verwirrung hervor. Der neue Zar – Fjodor III. – war erst vierzehn Jahre alt. Die Familie seiner Mutter, die Miloslawskis, ergriff rasch das Kommando und verdrängte die Familie Naryschkin einschließlich der Stiefmutter des jungen Zaren. Sie wurde zusammen mit ihren kleinen Kindern in das Dorf Preobraschenskoje vor den Toren Moskaus verbannt.

Es war ein denkwürdiges Ereignis, als die Schwester des Zaren Fjodor, Sofija (1657–1704), aus dem Frauengemach (*Terem*) hervortrat. Ihr zur Seite standen fünf Schwestern und drei Tanten. Jahrhundertelang waren die weiblichen Mitglieder der Herrscherfamilie sowie der Bojarenfamilien gezwungen gewesen, ein gleichsam klösterliches Dasein zu führen. Sie hatten ihre Zeit mit Andachten und Nähen verbracht oder sich von Hofnarren und Liliputanern unterhalten lassen.

FJODOR III. war eine gebrechliche und kränkliche Erscheinung. Während der sechs Jahre, in denen Fjodor „regierte", übernahm das Geschlecht Miloslawski mit seiner Schwester Sofija an der Spitze das Kommando. Fjodor wird als rücksichtsvoll, großherzig und relativ begabt bezeichnet. Universitätsbibliothek Helsinki.

Sofijas sensationeller Auszug aus dem Familiengefängnis war das Signal für die Frauen anderer Familien zum Aufruhr gegen das Leben im Terem.

Über Sofija wird berichtet, sie habe Polnisch und Latein gelernt und sei sich der Ereignisse in der westlichen Welt durchaus bewußt gewesen. Ihre äußere Erscheinung hingegen war weniger eindrucksvoll. Ein französischer Beobachter, der Botschafter Ludwigs XIV. (1638–1715), La Neuville, beschrieb Sofija mit folgenden Worten: *...ein plumper Körper, monströs fett, ein übergroßer Kopf mit haarigem Gesicht...*

Sofija kümmerte sich um ihren kränklichen Bruder, den Zaren, und – nicht minder intensiv – um die Regierungsgeschäfte. Zudem gelang es der hilfreichen Schwester, ihm eine Gattin zu beschaffen, Agatha Grujewskija (gest. 1681). Einige Tage nach der Geburt ihres ersten Kindes starben Mutter und Kind. Fjodor versank in tiefe Trauer. Sofija war indessen schnell dabei, den Bruder mit einer neuen Frau zu versehen. Das Los fiel auf die fünfzehnjährige Marta Apraxina (1664–1716). Gut drei Monate später war Marta Witwe. Die dreißig Glocken des Glokkenturms Iwan Weliki verkündeten in langsamem Takt den Tod Fjodors III.

Fjodor hinterließ keine tieferen Spuren in der russischen Geschichte. Zu seinen Interessen zählten Musik und mehrstimmiger Chorgesang. Er versuchte sich auch in Poesie und übersetzte einige Bücher. Im Sterben liegend, soll er die anwesenden Bojaren überrascht haben, indem er einen schlüpfrigen Vers von Ovid von sich gab.

Das Fehlen einer Nachfolgeregelung und die Tatsache,

daß Fjodor keine Kinder hinterließ, führten zu einer Intensivierung des Machtkampfes zwischen den Geschlechtern Miroslawski und Naryschkin. Gerüchte wurden laut, denen zufolge Fjodor von seinem Leibarzt, dem Holländer Daniel Wongad (van Gaden), auf Anraten des Iwan Naryschkina mit einer vergifteten Maulbeertorte ums Leben gebracht worden sei.

Andere Gerüchte sprachen davon, daß Alexej Michailowitschs Sohn Peter ein außereheliches Kind war, und zahlreichen Herren wurde die Vaterschaft zugeschoben. Peter konnte sich nie völlig von diesen Spekulationen befreien.

Als der Patriarch Joachim 1684 seinen Segen gegeben hatte und ihn als den neuen Herrscher des Landes bezeichnete, ging Sofija zum Angriff über. Sie wollte ihren Bruder Iwan und nicht den Halbbruder Peter auf dem Thron sehen.

IWAN V. war der gebrechlichste von sämtlichen Selbstherrschern Rußlands. Er war stark sehbehindert, hatte Sprachschwierigkeiten und litt an epileptischen Krämpfen. Mit hängender Unterlippe und tränenden Augen stand der arme Iwan im Schatten seines sechs Jahre älteren Halbbruders Peter, der sich als physisches Prachtexemplar darbot. Universitätsbibliothek Helsinki.

DIE STRELITZEN

Bereits um 1540 hatte sich eine besondere Garde organisiert, die sich Strelitzengarde (*Strelzy*) nannte. Dabei handelte es sich um eine unabhängige Organisation neben der Armee und den Kosaken. Ihre Mitglieder wurden als eine Art Musketiere bezeichnet. Sie waren einerseits die Ehrenwache des Regenten und dienten andererseits als Straßenpolizei und städtische Feuerwehr. Ihre militärischen Fähigkeiten hatten die Strelitzen bei der Eroberung von Kasan 1552 unter Beweis gestellt. Sie genossen eine Reihe von Vorzügen. Ihr Sold war höher als der gewöhnlicher Soldaten, und der Dienst konnte vom Vater auf den Sohn vererbt werden.

Auch in anderer Hinsicht machten die Strelitzen von sich reden. Sie waren Trunkenbolde und nicht unempfänglich für Korruption und Bestechung. In den achtziger Jahren des 17. Jh. zählten die Strelitzen etwa 55000 Mann, wovon die Hälfte in Moskau stationiert war.

Im Zuge der Spekulationen nach dem Tode Zar Fjodors stellten sich die Strelitzen auf die Seite der Zarentochter Sofija. Gerüchten zufolge sollten die Naryschkins die Ermordung von Fjodors Bruder Iwan beabsichtigt haben. Iwan war zwar schwach und kränklich, wurde aber seitens der Miloslawskis als selbstverständlicher Thronerbe betrachtet.

STRELITZENOFFIZIERE waren allgemein gefürchtet. Sie waren an ihren zobelbesetzten Hauben, bunten Uniformen mit verschiedenen Farben je nach Regiment, roten Gürteln und hohen gelben Stiefeln aus weichem Leder zu erkennen. Ihre Handwaffen bestanden aus Keule und Axt. Kgl. Bibliothek, Stockholm.

DIE DOPPELKRÖNUNG

im Sommer 1682 in der Mariä-Himmelfahrts-Kirche in Moskau, bei der Iwan V. und sein Halbbruder Peter vom Patriarchen Josef zu Rußlands neuen Herrschern gekrönt wurden. Der kränkliche Iwan saß während des feierlichen Aktes unbeweglich mit halboffenem Mund neben dem hochgewachsenen Peter, dem nach den entsetzlichen Erlebnissen einige Monate zuvor noch immer der Schrecken in den Gliedern saß.
Kgl. Bibliothek, Stockholm.

Die Stellungnahme der Strelitzen war der Anfang einer entsetzlichen Säuberungsaktion, die über Moskau hereinbrach und in drei Maitagen des Jahres 1682 ihren Höhepunkt erreichen sollte. In einem verzweifelten Versuch, dem Blutbad ein Ende zu bereiten, zeigten sich die beiden Halbbrüder. Sowohl der Patriarch Joachim als auch Artamon Matwejew versuchten, die grölenden Strelitzenhorden zu besänftigen. Dasselbe tat ein gewisser Michail Jurijewitsch Dolgoruki, Sohn des Leiters der Strelitzenorganisation. Er beleidigte die Blutdürstigen, was sich jedoch als verhängnisvoller Fehler herausstellte. Mitten in der Rede wurde er von einigen Strelitzen ergriffen, die ihn mit ihren Speeren durchbohrten. Dasselbe Schicksal ereilte seinen Vater und seinen Sohn. Auch Artamon Matwejew und Nataljas Bruder gehörten zu denen, die auf offener Straße ermordet wurden. Natalja, Peter und Iwan wurden zu Zeugen des Massakers und konnten ihm nur mit knapper Not entkommen.

Der Streit um den Thron mündete schließlich in eine Art Kompromiß aus. Iwan wurde als „erster Zar", Peter als „zweiter" eingesetzt. Dies bereitete Sofija den Weg zur Regentschaft. An ihrer Seite stand ein einflußreicher Mann, der Günstling Wassilewitsch Golizyn (1643–1714).

„Erschlagt Matwejew!" riefen die Strelitzen auf dem Burghof des Kreml. Owsej Rschow fiel rücklings über Matwejew her. Natalja schlug mit den Armen um sich und klammerte sich an dem Bojaren fest. Der Zarewitsch Iwan wurde zu Boden gestoßen und brach in Tränen aus. Das runde Gesicht des Zarewitschs Peter verzerrte sich – er bekam mit beiden Händen Matwejews graumelierten Bart zu fassen. „Ergreift diesen Hundesohn", schrien die Strelitzen, „werft ihn herab!"

Jemand zog die Zarin beiseite und schleuderte Peter weg wie ein junges Kätzchen. Matwejews mächtiger Körper wurde plötzlich hochgehoben und über die Brüstung geworfen, wobei seine Stiefel leicht gegen das Geländer schlugen.
Er landete auf den ausgestreckten Hellebarden...

Aus „Zar Peter"
von Alexej Konstantinowitsch Tolstoi
(1817–1875)

GOLIZYN

Wassili Golizyn, der den französischen König Ludwig XIV. zum Vorbild hatte, war eine der gebildetsten Personen Rußlands. Er besaß eines der stattlichsten Häuser Moskaus, in dem sich eine hervorragende Bibliothek und zahllose Kleinodien aus Westeuropa und Persien befanden.

Golizyn war ein Mann mit Weitblick. Er skizzierte ein zukünftiges Rußland ohne Leibeigenschaft und mit offenen Grenzen für Menschen aus dem Abendland.

Sein erster Auftritt auf der offiziellen politischen Bühne war eine diplomatische Mission. Als der Befreier von Wien, der polnische König Jan III. Sobieski (1624–1696), im Kampf gegen die Türken um russische Unterstützung bat, nutzte Golizyn die Gelegenheit, einen Friedensvertrag zwischen Rußland und Polen auszuhandeln, den sog. „Ewigen Frieden" (1686). Zuvor hatte ein gebrechliches Waffenstillstandsabkommen bestanden. Kiew wurde russisch. Außerdem trat Moskau der „Heiligen Liga", einem Bund zusammen mit Polen, Österreich und Venedig zum Kampf gegen die Türken, bei.

DIE AUFERSTEHUNGS-KATHEDRALE IM KLOSTER NEUES JERUSALEM

Das Kloster ließ der Patriarch Nikon im 17. Jh. erbauen. Zu dieser Zeit tauchten die ersten russischen Volksschriften auf, und sie waren in jedem russischen Heim zu finden. Allmählich entwickelten sie sich zur „Kunst des einfachen Volkes". Volksbilder (Lubok) waren bis zum Ersten Weltkrieg in Rußland sehr beliebt.
Kgl. Bibliothek, Stockholm.

Das russische Interesse richtete sich dabei auf den ewigen Störenfried, die Krimtataren, welche die Gebiete der Halbinsel Krim am Schwarzen Meer bewohnten und deren Herren die Türken waren. Die Krimtataren unternahmen ständig Plünderungszüge gegen russische Siedlungen. Dabei waren die Tataren nicht nur an materieller Beute interessiert. Gefangengenommene Russen wurden zu Zehntausenden auf türkischen Sklavenmärkten verkauft. Tiefe religiöse Gegensätze zwischen Türken und Russen verstärkten das russische Engagement um ein weiteres.

Aufgrund der diplomatischen Erfolge ihres Günstlings ernannte Sofija Golizyn zum Oberbefehlshaber des Feldzuges gegen die Krimtataren. Zu seiner Verfügung hatte Golizyn den schottischen General Patrick Gordon (1635–1699). Im Mai 1687 machte sich die Armee, die sich aus etwa 100000 Mann zusammensetzte, auf den Weg.

Wo immer sich fortan die Russen zeigten, legten die Tataren Steppenbrände an. Zu einem großen Gefecht kam es nie. Der Taktik der verbrannten Erde erinnerten sich die Russen in späteren Geschichtsphasen bei der Abwehr von Eindringlingen wie Karl XII., Napoleon und Hitler.

Der Feldzug entwickelte sich zu einem Fiasko für Golizyn. Er besaß ganz einfach nicht die erforderlichen militärischen Qualifikationen und reagierte zudem auf die Ratschläge, die er erhielt, mit Unentschlossenheit. Dennoch ließ Sofija ihn bei seiner Rückkehr nach Moskau als Kriegshelden feiern. Als er zwei Jahre später erneut gegen die Krimtataren zu Felde zog, ereilte ihn dasselbe Mißgeschick, wobei 35000 Russen in den südlichen Steppen zurückblieben – tot, verwundet oder gefangengenommen. Und wiederum wurden Golizyn die Huldigungen Sofijas zuteil. Inmitten des gekünstelten Freudentaumels mußte er jedoch feststellen, daß an der Seite der Zarentochter ein Nebenbuhler Platz genommen hatte, nämlich Fjodor Schaklowiti, Anführer der Strelitzen.

SOFIJAS VERSUCH, DIE ALLEINHERRSCHAFT AN SICH ZU REISSEN

Einer, der Sofijas böses Machtspiel nicht mitmachte, war Zar Peter. Sein politisches Engagement wuchs, und seine Beliebtheit nahm ständig zu. Sogar der schwer behinderte Halbbruder Iwan, der die meiste Zeit ans Bett gefesselt war, begann sich gegen Sofija aufzulehnen. Die Tatsache, daß sich Peter seiner Volljährigkeit näherte, löste bei Sofija Nervosität und Bedrängnis aus. Der Machtkampf zwischen den Geschlechtern Miloslawski und Naryschkin sollte nun seinen Höhepunkt erreichen.

Im August 1689 veranlaßten Sofija und Fjodor Schaklowiti die Mobilisierung der Strelitzen für einen geheimen Plan zur Liquidation Peters, dessen Mutter und einflußreicher Personen im Kreise der Familie Naryschkin.

Einer der Verbündeten Peters konnte jedoch die Verschwörung in letzter Stunde aufdecken. Peter begab sich eiligst zum Dreieinigkeitskloster St.Sergej, das mit seinen neun Türmen und hohen Mauern einer militärischen Festung glich. Der Bruch zwischen Peter und Sofija war nun total.

Die Zeitumstände waren auf Peters Seite. Mehrere einflußreiche Männer – darunter der Patriarch Joachim, der eine versöhnliche Botschaft Sofijas mitführte – schlugen sich auf seine Seite. Ein Abkommen mit der Halbschwester kam jedoch nicht in Frage.

Für Golizyn und seine Familie schien die Zeit reif zu sein, um das Feld des Intrigenspiels in der Hauptstadt zu räumen. Als die endgültige Bilanz gezogen wurde, kam Golizyn zwar mit dem Leben davon, er wurde jedoch zusammen mit seiner Familie an einen abgelegenen Ort im Norden verbannt, wo er dreißig Jahre lang lebte. Sofijas Günstling Schaklowiti kam nicht so glimpflich davon. Er wurde hingerichtet.

Auch der völlig passive Zar Iwan hatte damit seine Rolle ausgespielt. Er wurde ganz einfach ausgeschaltet.

Sofija unternahm erneut vergebliche Versuche, mit Peter zu einer Einigung zu kommen. Dieser weigerte sich jedoch, sie überhaupt zu empfangen. Statt dessen wurde sie ins Nowodewitsch-Kloster (Jungfrauenkloster) verbannt, wo eine einfache Zelle auf sie wartete. Gleichzeitig wurde unter den Strelitzen aufgeräumt.

Im Oktober 1689 hielt der 17jährige Zar Peter seinen Einzug in Moskau unter dem Geläute der Kirchenglocken und dem Jubel der Menschen. Den Weg säumten aber auch kniende und reuevolle Strelitzen. Die Zukunft sollte jedoch zeigen, daß die hartgesottenen Schergen auf Rache sannen.

Dennoch hatte Sofija in ihren sieben Regierungsjahren einiges zustande gebracht. Sie hatte mit den Polen Frieden geschlossen und die „Wiege der orthodoxen Lehre", Kiew, gewonnen. Sie hatte Botschafter in elf europäische Hauptstädte entsandt, um die Verbindungen nach Westen auszuweiten. Im August 1689 hatte Sofija das sogenannten Nertschin-Abkommen mit China zur Regelung von Handel und territorialen Verhältnissen unterzeichnet. Es war der erste Handelsvertrag gewesen, der zwischen einer europäischen Macht und dem kaiserlichen China abgeschlossen worden war.

Rußland hatte unter der Regentschaft Sofijas seine erste höhere Schule erhalten (1687), und auf Veranlassung Golizyns war die alte Rang- und Audienzordnung – *Mestnitschestwo* – aufgehoben (1682) worden. Zu den privaten Interessen dieser Frau sei gesagt, daß sie viel las, ausländische Schriften übersetzte und eigene Theaterstücke schrieb. Von den Übersetzungen sei Molières „Le Médecin malgré lui" (Arzt wider Willen), ein Stück aus dem Jahre 1666, erwähnt.

DIE ABGESETZTE ZARENTOCHTER

Sofija im Nowodewitsch-Kloster (Jungfrauenkloster), wo sie nach dem abrupten Ende ihrer politischen Laufbahn eingesperrt wurde. Hinter dem Fenster ist flüchtig einer der Strelitzen zu erkennen, die den Säuberungsaktionen 1698 zum Opfer fielen. Vermutlich hatte Sofija bei dem mißlungenen Putschversuch eine passive Rolle gespielt. Außer Zweifel stand jedoch, daß sie bei den Strelitzen hoch favorisiert war. Ilja Repin hat Sofija in der Klosterzelle gemalt (1879).
Kgl. Bibliothek, Stockholm.

KAPITEL VI

Peter der Große

(Regent 1682, 1689–1725)

DEM JUNGEN PETER

wurde bereits bei seiner Geburt eine glänzende Zukunft vorausgesagt. Den Astrologen zufolge hatte sich sein Stern in der Nähe des Planeten Mars gezeigt. Auch die Tatsache, daß die Armee Ludwigs XIV. unter Condé und Turenne am selben Tag, an dem Peter das Licht der Welt erblickte, den Rhein überschritten hatte, wurde als positives Omen ausgelegt. Universitätsbibliothek Helsinki.

MILITÄRISCHES SPIEL WIRD ZUR WIRKLICHKEIT

Dem Zaren Alexej Michailowitsch waren nur vier glückliche Ehejahre mit seiner zweiten Gemahlin Natalja gegönnt. Dennoch gingen aus dieser Verbindung drei Kinder hervor, darunter Peter, der spätere Peter der Große.

Der kleine Peter war ein lebhafter, neugieriger und verspielter Junge. Zu seinen ersten Besitztümern gehörten ein Spielhäuschen aus Holz und ein Bilderbuch mit Illustrationen von sechs verschiedenen Ikonenmalern aus Kostroma, dem Heimatort der Familie Romanow.

Als Elfjähriger tauschte Peter seine Spielsachen gegen handfestere Dinge ein: Er schoß mit Pistolen, Karabinern und Musketen und exerzierte mit richtigen Männern. Zu Beginn verfügte er über 300 Mann. Diese Schar sollte jedoch zu regelrechten Regimentern heranwachsen, von denen zwei ganz besonders von sich reden machten, nämlich das *Preobraschenski-Regiment* mit seinen flaschengrünen Uniformen und das *Semjonowski-Regiment* in tiefem Blau. Beide Regimenter zählten während der gesamten Kaiserzeit zur engsten Leibgarde des Herrschers.

Peter war aber nicht nur an militärischen Dingen interessiert. Insgesamt sollte sich der Zar insgesamt in vierzehn verschiedenen Berufen versucht haben, darunter auch als Arzt und Zahnarzt. Auf seiner ersten Reise in den Westen beschaffte er sich ein Etui mit Skalpellen und anderen medizinischen Instrumenten, das er ständig bei sich trug. Aus verständlichen Gründen ergriff so manchen ein Schaudern bei dem Gedanken, daß der hilfsbereite Zar von etwaigen Wehwehchen Wind bekommen könnte.

Mit den theoretischen Interessen Peters war es nicht sehr weit her, eine Tatsache, die der Zar im Erwachsenenalter bitter bereute. Erst als Sechzehnjähriger lernte er mühselig lesen und schreiben. Auch was die Sprachkenntnisse betraf, ließ er einiges zu wünschen übrig. Peter lernte zwar ein wenig Deutsch und Holländisch, aber auch hier fehlten ihm die nötigen Grundlagen.

Unter den Erwachsenen, mit denen der junge Peter in Kontakt kam, befanden sich die Holländer Franz Timmermann und Karsten Brandt. Timmermann unterwies den neugierigen Peter in Navigation und Schiffsbau. Aus Zufall tauchte in einem Schuppen ein kleines, in England gebautes Boot auf. Nachdem es von Brandt ausgerüstet worden war, segelte Peter damit auf der Jausa, einem kleinen Nebenfluß der Moskwa.

Es schien, als sei Peter bereits in einer frühen Phase von dem heimlichen Wunsch erfüllt gewesen, aufs offene Meer hinauszusegeln. Er war fest entschlossen, Rußland zu einer großen Seefahrernation zu machen, und ging mit gewaltigem Ehrgeiz ans Werk. Obwohl keine Schiffsbauer verfügbar waren, befahl der junge Zar, ein Schiff zu bauen; ein Unternehmen, das zum Scheitern verurteilt war. Erst nachdem Fachkräfte und Schiffsbaumaterial aus dem Ausland – insbesondere den Niederlanden – herbeigeschafft worden waren, nahm Peters Schiffsbauerei akzeptable Formen an.

Zweimal – 1693 und 1694 – reiste der junge Enthusiast mit großem Gefolge nach Archangelsk am Weißen Meer. Die Stadt mit Rußlands einzigem großem Import- und Exporthafen, war vier Monate im Jahr eisfrei. Dort konnte Peter auf Schiffen, die man aus dem Westen bestellt hatte, „auf offener See" segeln. Neue Träume wurden in ihm wach. Rußland brauchte Ostseehäfen, um sich dem westlichen Europa öffnen zu können.

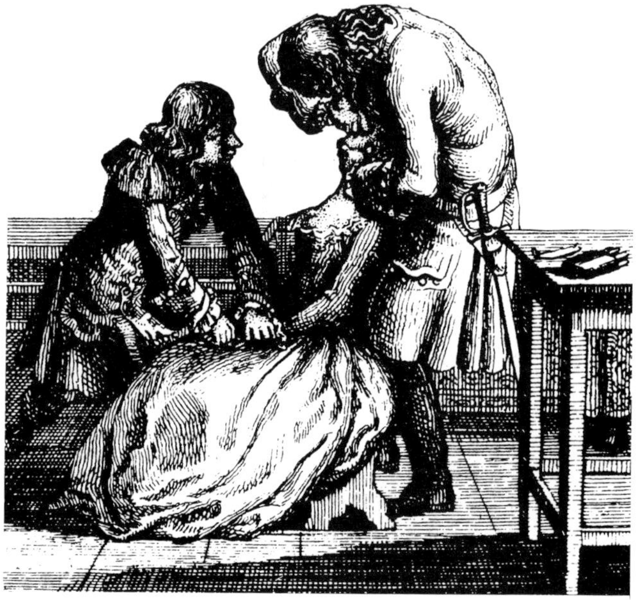

Während des Besuchs in den Niederlanden 1697 erwarb Peter eine komplette Instrumentenschatulle, von der er sich nie trennte. Peter betrachtete jeden, der sich in seiner Nähe befand, als präsumptiven Patienten. Die geringsten Anzeichen von Schmerz ließen ihn handeln, insbesondere Zahnschmerzen. Er zog gern Zähne, zuweilen unnötig, manchmal samt Zahnfleisch. Geschrei und Gezeter des Opfers schienen den Zaren in seiner „Hilfsbereitschaft" noch zu ermutigen.
Private Sammlung.

Neben realistischen Kriegsspielen gehörte Segeln zu Peters Lieblingsbeschäftigungen. Von einigen Holländern ließ er sich beibringen, wie man mit einem Sextanten umgeht, wie man Segel refft und andere Seemannskünste. Ein altes Boot, das man in einer Scheune im Dorf Ismailow gefunden hatte, wurde repariert und feierlich zu Wasser gelassen (Bild). Seine ersten Segeltörns unternahm der Zar auf dem Fluß Jausa. Peter träumte jedoch davon, mit stolzen russischen Schiffen auf offener See zu segeln.
Universitätsbibliothek Helsinki.

EINE UNGLÜCKLICHE EHE

Im Januar 1690 wurde der aktive Peter mit der drei Jahre älteren, aus einer konservativen Moskauer Familie stammenden Jewdokija Lopuchina (1670–1731) verheiratet. Trotz der Schönheit Jewdokijas zeigte Peter wenig Begeisterung. Er war ganz einfach noch nicht reif für eine eheliche Bindung. Auch die Geburt von drei Kindern, den Söhnen Alexej (1690–1718), Alexander (1691–1692) und Paul (geb. und gest. 1693), konnte nicht darüber hinwegtäuschen, daß es sich um eine unglückliche Verbindung handelte.

Peter war also bereits in sehr jungen Jahren mit der westlichen Welt in Berührung gekommen. Der Schotte Patrick Gordon und der Schweizer François Lefort gehörten seinem engsten Freundeskreis an. Der um 37 Jahre ältere Gordon, der nach einer bewegten militärischen Laufbahn schließlich in Rußland Fuß faßte, wurde zum Lehrer und Ratgeber Peters. „Er war der einzige, der mir treu war", sagte Peter in aufrichtiger Trauer an Gordons Grab.

Eine ganz andere Rolle im Leben des Zaren spielte dagegen Lefort. Im Hause des gastfreundlichen Schweizers in der Deutschen Vorstadt außerhalb Moskaus vergnügte sich Peter – oft mehrere Tage hintereinander – mit lebenslustigen Damen bei heißen Tänzen und sündigen Gelagen. Wein und Wodka flossen dabei in Strömen, und dichte Schwaden von Tabakrauch lagen in der Luft. Die schöne Anna Mons trat als Geliebte sowohl des Zaren als auch des Gastgebers auf! Peter konnte mehr vertragen als die meisten anderen. Er nützte dies, indem er den Gästen eifrig nachschenkte, um sie offenherzig zu machen. Nicht selten artete ein solches Gelage in regelrechte Schlägereien aus, wobei es bisweilen so wild zuging, daß der eine oder andere dabei zu Tode kam.

Zur Weihnachtszeit gab sich der Zar seltsamen Vergnügungen hin. Er hatte seine abartige Freude daran, nackte Personen in einen mit rohen Eiern gefüllten Trog tauchen zu lassen oder extrem Korpulente gewaltsam durch die Rückenlehne von Stühlen zu pressen. Ein Fürst namens Wolonski mußte mit einer brennenden Kerze im Gesäß unter dem Gelächter des Zaren und der übrigen Gäste vor dem Altar eine Messe halten. Derart schändliche Übergriffe auf die Kirche veranlaßten zahlreiche Gläubige, Peter insgeheim als Antichristen zu bezeichnen.

Anfang des Jahres 1696 starb Peters kränklicher Bruder, Iwan V., und Peter wurde Alleinherrscher auf dem Zarenthron. Ihm wurden zwar offizielle Huldigungen zuteil, aber ohne Zweifel sahen zahlreiche Bojarenfamilien in ihm einen Emporkömmling.

Peter strahlte enormes Selbstvertrauen und Willenskraft aus. Dieser Eindruck wurde durch seine hochgewachsene Gestalt – er war 205 cm groß – noch weiter verstärkt. Seine Gemütsart zeigte jedoch labile Züge. Sobald ihm etwas gegen den Strich ging, steigerte er sich in cholerische Wutanfälle. Dazu kam ein von den schrecklichen Erlebnissen des Strelitzenaufstandes 1684 herrührendes nervöses Leiden, das sich in Zuckungen der Augenpartie äußerte. Man sagt, Peter habe versucht, den Defekt zu beseitigen, indem er Naturmedizin einnahm, die aus den Flügeln und dem Magen von Elstern zubereitet war. Der erwartete Erfolg blieb jedoch aus.

Irgend jemand hat einmal den Zaren als eine Mischung von Despot, Gaukler, Hyäne und Affen bezeichnet. Sein Despotismus war das Ergebnis von Umwelt und Erziehung. Er lernte schon in frühen Jahren, Befehle zu erteilen und war sich der Tatsache voll bewußt, daß man sich ihm zu unterwerfen hatte. Außerdem konnte er jeden, der sich gegen ihn auflehnte, nach Gutdünken bestrafen. Manchmal wurden sogar kollektive Bestrafungen vorgenommen. Beispielsweise war es verboten, lange Bärte zu tragen, da der Zar selbst nur einen schwachen Bartwuchs hatte. Auch Kartenspielen, das Peter verabscheute, war nicht erlaubt.

Die Hyäne in ihm fürchteten alle. Man brauche nur ein wenig an der polierten Oberfläche zu kratzen, dann trete der Tatar zutage, hieß es. Peter verurteilte die Menschen kaltblütig zu Folter oder Galgen und sah bei der Vollstreckung seiner Urteile auch noch gern zu. Nebenbei sei erwähnt, daß er einen Abscheu vor Schaben hatte. Dieses Ungeziefer konnten ihn zum Zittern bringen! Der Affe in ihm offenbarte sich schließlich in seinem maßlosen und blinden Hang zur Nachahmung.

Peter war kein besonders begabter Feldherr. Wenn er einmal selbst Befehle erteilte, beging er schwerwiegende Fehler und Fehleinschätzungen. Während der Kriegsspiele bei Preobraschenskoje – die sein Freund Gordon als „Kriegsballett" bezeichnete – hätte sich der Zar beinahe selbst verbrannt. Peter liebte das Feuerwerk. Die Geburt seines Sohnes Alexej wurde mit einem nahezu fünfstündigen Feuerwerk gefeiert!

ZWEIMAL ASOW

Aus alter Zeit besaßen die Türken starke Festungen in den Mündungsgebieten der russischen Ströme Dnjepr und Don. Das Schwarze Meer und das Asowsche Meer waren damit Binnenmeere innerhalb des Türkenreiches. Auch die beiden Feldzüge des Fürsten Wassili Golizyn hatten an dieser Situation nichts geändert. Die kriegerischen Aktivitäten in diesem Gebiet ebbten nach dem zweiten Feldzug 1689 ab. Peter versuchte ein Friedensabkommen zustande zu bringen, doch die Türken wollten davon nichts wissen.

Zu Beginn des Jahres 1695 schickte sich Peter an, ein für allemal mit den Türken abzurechnen, mit dem Ziel, die Kontrolle über die Flußmündungen und damit den Zugang zum „offenen Meer", d.h. zum Schwarzen Meer und Asowschen Meer, zu gewinnen. Die Vorbereitungen zu dieser Aktion waren mit großer Geheimhaltung verbunden. Als die Russen schließlich zur Aktion schritten, zielte

ein erster Vorstoß gegen die Dnjeprmündung und ein zweiter – die Hauptaktion – gegen die Festung Asow.

Während des Angriffs gegen die wichtige Flußmündung kam eine Armee von 120000 Mann unter der Führung von Boris Petrowitsch Scheremetew (1652–1719) zum Einsatz. Er wurde zeitweilig als Schöpfer der modernen russischen Armee bezeichnet und erzielte großen Erfolg in Poltawa (1709).

Unter den 30000 Mann, die auf Asow zumarschierten, befand sich ein gewisser Peter Alexejew, Führer eines Preobraschenski-Regiments. Es war der Zar selbst, der sich hinter diesem Pseudonym verbarg. Ein Oberbefehlshaber war nicht ernannt worden. Die höchste Befehlsgewalt lag bei einer Dreiergruppe, bestehend aus Peters Freunden Lefort, Gordon und Golowin. Alle drei besaßen denselben Rang, führten jedoch verschiedene Einheiten an. Dies war zwar eine originelle, aber wenig erfolgreiche Konstellation, die sowohl Zank als auch Passivität und Ineffizienz hervorrief.

DIE RUSSISCHE FLOTTE BEI ASOW 1696

Peter zog als Führer der vierten Kompanie ins Feld und diente zugleich als Kapitän auf einer der Galeeren. Als der Sieg errungen war, setzte er sich mit den übrigen Befehlshabern zu Tisch, wobei an „Getränken und Pulver" beileibe nicht gespart wurde.
Kgl. Bibliothek, Stockholm.

Den Vorratslisten der Trosse zufolge führte man 20000 gesalzene Störe, 10000 Hechte und Zander und ebenso viele Brachsen mit sich. Dazu kamen 45000 Eimer Wein und 15000 Eimer gewürztes Honigwasser.

Anfang Juli 1695 gelang es der russischen Armee schließlich, die Festung einzuschließen. Kompaniechef Alexejew leitete persönlich die Eröffnung des Feuers. Der Erfolg ließ jedoch auf sich warten, und Tage wurden zu Wochen.

Nach 14 Wochen Belagerung und zahlreichen Mißgeschicken sowie zwei mißglückten Sturmangriffen war der Zar gezwungen, zum Rückzug zu blasen. Die Verluste waren schwer. Als Hauptgründe des Fiaskos wurde das Fehlen eines tatkräftigen Oberbefehlshabers und einer effektiven Flotte angegeben. Die Türken konnten während der gesamten Belagerung Verstärkung und Verpflegung auf dem Seeweg in die Festung einschleusen.

Der Armee Scheremetews gelang es indessen, die Dnjeprmündung einzunehmen. Dieser Prestigegewinn war für den weiteren Verlauf der Geschehnisse von großer Bedeutung.

Bei der Rückkehr nach Moskau ließ Peter eine Festsinfonie aufführen. Obwohl er nicht über das Kriegsabenteuer sprach, waren die zahlreichen Mißtöne nicht zu überhören. Der Feldzug gegen die Türken bei Asow war und blieb ein Mißerfolg.

Die letzten, schwer dezimierten Verbände waren noch nicht von Asow zurückgekehrt, als Peter bereits einen zweiten Feldzug gegen die türkische Festung plante. Diesmal beabsichtigte er, mit einer mächtigen Transport- und Kriegsflotte zu Werke zu gehen. Asow sollte auch von See her belagert werden.

Zehntausende von Russen wurden für die Rüstungsarbeiten zwangsrekrutiert. Der Schwerpunkt lag auf dem Schiffsbau. Als Hauptarbeitsplatz wurde die Stadt Woronesch gewählt. Allein für die Holzarbeiten waren 20000 Mann erforderlich. Peter beteiligte sich als Zimmermann an der Arbeit. Er war auch beim Bau der Galeere „Principium“ nach holländischem Vorbild mit dabei. Hinzu kamen zwei Segelschlachtschiffe, die mit je 36 Kanonen bestückt wurden. Bereits im Mai 1696 war die Flotte zum Auslaufen bereit. Sie bestand aus 1400 Einheiten, größtenteils kleineren Schiffen.

Diesmal war mit Alexej Semenowitsch Schejn (1662–1700) ein Oberbefehlshaber vorhanden. Der Zar begnügte sich gewohnheitsgemäß mit einer Nebenrolle, nun als Schiffskapitän. Der Hauptteil der Armee begab sich auf dem Landwege nach Asow, während etwa 4000 Mann der Preobraschenski- und Semjonowski-Regimenter eine Art Marinekorps bildeten. Es waren unerfahrene Streitkräfte, die in ihren aus rohen Baumstämmen grob gezimmerten Schiffen in See stachen. Geübte Flußpiraten aus den Reihen der Kosaken lotsten die enorme Flotte südwärts. Zu Beginn der Belagerung von Asow waren etwa 75000 russische Soldaten zugegen.

Eine dramatisierte und romantisierte Darstellung des schwer mitgenommenen Zaren nach dem ersten mißglückten Asow-Feldzug.
Nationalbibliothek Warschau.

In den Niederlanden trat der Zar zunächst als „Meister Peterbas, Zimmermann von Zaandam“ auf. Er wollte alles über Schiffe und Schiffsbau erlernen, sowohl theoretisch als auch praktisch. Er unternahm auch Segelfahrten und vergnügte sich mit willigen Bauersfrauen.
Nationalbibliothek Wien.

DER SIEG ÜBER DIE TÜRKEN

Diesmal sollte den Russen mehr Erfolg beschieden sein. Die Türken hatten anscheinend nicht mit einem Angriff der Russen gerechnet. Nach einigen türkischen Verlusten auf See stand einer effektiven russischen Belagerung nichts mehr im Wege. Auch zu Lande nahm die Aktion einen erfolgreichen Verlauf, nicht zuletzt deshalb, weil man die russischen Reihen mit angeheuerten österreichischen Pionieroffizieren verstärkt hatte. Das Ergebnis ließ nicht lange auf sich warten. Nach zweimonatiger Belagerung ergaben sich die Türken. Der Zar gewährte ihnen freien Abzug.

Der Sieg in Asow war für Peters Selbstvertrauen von immenser Bedeutung. Da die Einsätze auf See entscheidend gewesen waren, befahl er unverzüglich den Bau einer starken Hochseeflotte. In Taganrog, direkt bei Asow, entstand der erste russische Flottenstützpunkt, dessen Bau erst 1711 abgeschlossen worden ist.

Nach Abschluß der zehnmonatigen Friedensverhandlungen mit den Türken übernahmen die Russen das Kommando über Asow. Die Türken mußten außerdem versprechen, die Raubzüge ihrer Vasallen, der Krimtataren, gegen russische Siedlungen einzustellen.

Aber nach wie vor war Zar Peter im Asowschen Meer eingeschlossen. Asow war nur eine der Türkenfestungen in diesem Gebiet. Peters Traum vom „offenen Meer" blieb ein Traum. Auf seiten der Türken hieß es, der Sultan „schütze das Schwarze Meer wie eine unschuldige Jungfrau, und niemand solle es wagen, sich ihr zu nähern". Vielleicht war dies der Zeitpunkt, an dem Peter begann, die Möglichkeit des „offenen Meeres" im Raum der Ostsee zu suchen. Und das hieß Krieg gegen die Schweden!

Peter ließ eine Schar junger Russen in den Westen reisen, die sich in Schiffsbau und Navigation ausbilden sollten. In dieser Phase lief die gewaltige Metallproduktion im Ural an. Andrej Winius der Jüngere (1641–1714), dessen Großvater die erste russische Eisenhütte errichtet hatte, wird als der Vater der russischen Rüstungsindustrie bezeichnet. Gegen Ende der Regierungszeit von Zar Peter konnte praktisch all das, was für Armee und Flotte notwendig war, in Rußland hergestellt werden. In einem Ukas erhielten 1721 die Fabriksbesitzer das Recht, leibeigene Bauern als Arbeitskräfte einzusetzen. Da die Bevölkerung zu 95 Prozent aus Leibeigenen bestand, war von Mangel an Arbeitskräften keine Rede.

DIE GROSSE GESANDTSCHAFT

Einige Monate, nachdem die Feier des Sieges bei Asow beendet worden war, wurde bekanntgegeben, daß der Zar eine „große Gesandtschaft" nach Westeuropa zu entsenden gedenke, um das christliche Bewußtsein hinsichtlich einer erfolgreichen Bekämpfung des Sultans zu stärken, Fachleute anzuwerben und Waffen nebst anderem militärischen Material einzukaufen. François Lefort (1655–1699), Fjodor Alexejewitsch Golowin (1650–1706) und Prokopi Bogdanowitsch Wosnizyn (offizielle Daten unbekannt) erhielten offiziellen Status. Insgesamt sollten 250 Personen auf die Reise geschickt werden.

Ein scheinbar anonymer Teilnehmer mit Namen Peter Michailowitsch entpuppte sich nach einiger Zeit als der leibhaftige Zar. Peter rechnete damit, mehr zu lernen und sich ungestörter umsehen zu können, wenn er inkognito reise. Gleichzeitig brach er so mit einer heiligen moskowitischen Tradition: Kein russischer Herrscher hatte es seit der Zeit des Fürsten Isiaslaw von Kiew (1025–1078), der im Jahre 1073 dem römisch-deutschen Kaiser Heinrich IV. (1050–1125) einen Besuch abgestattet hatte, gewagt, die Grenzen seines Landes zu überschreiten.

Während seiner Abwesenheit legte er die Regierungsgeschäfte in die Hände einer Troika, bestehend aus dem Onkel Leo Naryschkin, seinem ehemaligen Lehrmeister Fürst Boris Alexejewitsch Golizyn (1654–1714) und Fürst Peter Prosorowski. Dem Fürsten Fjodor Romodanowski wurde der wichtige Posten des Kommandanten von Moskau übertragen und damit weitgehende Machtbefugnisse zuerkannt.

Kurz vor der Abreise wurde eine Verschwörung gegen den Zaren aufgedeckt. Drei Strelitzen wurden festgenommen und nach einem höchst vereinfachten Verfahren zum Tode verurteilt. Zur Warnung und um ein Exempel zu statuieren, ließ Peter die sterblichen Überreste des Iwan Miloslawski ausgraben. Miloslawski war vierzehn Jahre zuvor als einer der Anführer des Strelitzenaufstandes hingerichtet worden. Sein Sarg wurde aufgebrochen und unter den Galgen am Hinrichtungsplatz gelegt, so daß das warme Blut der verstümmelten hingerichteten Strelitzen auf die vermoderten Leichenreste herabtropfte.

Die lange Reise begann im März 1697. Der erste Besuch galt Riga in dem von den Schweden beherrschten Livland. Den Russen wurde seitens der Schweden ein kühler Empfang bereitet. Peters offensichtliches Interesse für Wallgräben und Festungsanlagen irritierte den Gouverneur Erik Dahlbergh (1625–1703), der es ablehnte, dem Zaren Audienz zu gewähren. Als einige Jahre später (1710) Riga von den Russen eingenommen worden ist, soll Peter folgenden Spruch geäußert haben: *So verzeihe uns Gott, daß wir uns an diesem verdammten Orte rächen.*

Der anschließende Besuch beim Herzog Friedrich Kasimir von Kurland (1650–1698) fiel freundlicher aus. Nun bot sich Peter zum erstenmal die Gelegenheit, die Gewässer der Ostsee zu befahren.

Beim künftigen preußischen König Friedrich I. (1657–1713) in Königsberg (Kaliningrad) wurde der Zar derart freundlich aufgenommen, daß es zur Unterzeichnung eines Freundschaftsvertrages kam. Peters launisches Gemüt war jedoch nicht zu zügeln. Bei der Abreise warf er einigen dem Gastgeber nahestehenden Personen grobe Schimpfwörter an den Kopf.

Als die große Gesandtschaft Berlin erreichte, saß Peter zusammengekauert in seinem großen Wagen. Zu einem Aufenthalt kam es nicht. Hingegen besuchte man die Höfe in Brandenburg und Hannover. Hierbei konstatierten die Beobachter, daß der russische Herrscher keine Tischmanieren besitze, ständig die Etikette verletze, jedoch „treuherzig und kindlich froh" sei. Als der Zar beim Tanz die aus Walknochen bestehenden Korsettstäbe der Damen zu spüren bekam, rief er unbekümmert aus, daß die deutschen Frauen „verdammt harte Knochen" hätten.

PETER DER GROSSE

Dieses Porträt in Öl wird dem holländischen Geschichts- und Porträtmaler Aert de Gelder (1645–1727) zugeschrieben. Reichsmuseum, Amsterdam.

EINIGE WICHTIGE EREIGNISSE IM RUSSLAND PETERS DES GROSSEN

1700 Einführung des Julianischen Kalenders. Neujahr wird vom 1. September in den Januar verlegt.

1701 Gründung einer „Navigationsschule" in Moskau, die später nach St.Petersburg verlegt und zur Marineakademie umgebildet worden ist.
In Moskau wird eine Artillerieschule eröffnet.

1702 Am 27. Dezember gibt der Zar Rußlands erste Zeitung – *Wedomosti* («Neuigkeiten») – heraus.

1703 Am 27. Mai gründet Zar Peter die Peter-und-Pauls-Festung im späteren St.Petersburg. Der Bau der Festung dauert bis 1740.

1704 Der Bau des Flottenstützpunktes Kronstadt wird eingeleitet. In St.Petersburg beginnt die Errichtung der Admiralitätswerft. Das erste Schiff wird zwei Jahre später zu Wasser gelassen.

1707 Im Moskauer Hospital entsteht die erste medizinische Schule.

1710 St.Petersburg wird zur Residenzstadt des Zaren. Die Stadt hat 6000 Einwohner. 40000 Saisonarbeiter sind zwangsweise dorthin abkommandiert.
Beginn des Baus des Menschikow-Palasts, des ersten Steingebäudes in St.Petersburg.

1711 Beginn des Baus des ersten Winterpalastes.

1712 St.Petersburg wird neue Hauptstadt. Die wichtigsten Beamten werden aufgefordert, in die neue Hauptstadt zu ziehen, wo man mit der Projektierung des Alexander-Newski-Klosters und der Paradestraße Newski Prospekt beginnt. In Moskau wird eine Ingenieurschule eröffnet.

1714 „Ziffernschulen" werden in allen Gouvernements eingerichtet.
Einrichtung eines regulären Postverkehrs zwischen St.Petersburg und Moskau.
Beginn des Baus der Peter-und-Paul-Kathedrale in der neuen Hauptstadt und des Lustschlosses Peterhof am Finnischen Meerbusen.
Beginn des Baus der Kunstkammer in St.Petersburg. Zehn Jahre später werden dort ein Museum, eine allgemeine Bibliothek, ein Observatorium und Abteilungen der Russischen Akademie der Wissenschaften eingeweiht.

1719 Beginn des Baus des zweiten Winterpalastes.

1725 Es liegen weit entwickelte Pläne für die Gründung einer Russischen Akademie der Wissenschaften vor, die 1726, im Jahr nach Peters Tod, zustande kommt.

ENDLICH – DIE NIEDERLANDE

Im August erreichte Peter die Niederlande, eines der Hauptziele der Reise. Der Bürgermeister von Amsterdam hieß den Zaren willkommen, worauf der weitgereiste Gast erwiderte: „Ich bin ein Lehrjunge auf der Suche nach Lehrmeistern." Der Zar drängte auf die Weiterfahrt zu der kleinen Stadt Zaandam außerhalb Amsterdams. Peter hatte viel von der dortigen Werft gehört, und es dauerte nicht lange, bis man ihn als einfachen Zimmermann unter den Schiffsbauern finden konnte.

Da dort jedoch die Gefahr bestand, von den Menschenmassen, die gekommen waren, um den Zaren zu sehen, niedergetrampelt zu werden, zog es Peter vor, sich zur eingezäunten Werft der Ostindischen Kompanie in Oostenburg in Amsterdam zu begeben.

Nichts schien Peters Neugierde zu entgehen. Er machte Bekanntschaft mit den neuesten Erfindungen wie Feuerspritze, Mikroskop und Kompaß sowie mit der Kunst des Ätzens und Gravierens. Auch umfangreiche Einkäufe von Waffen, Segeltüchern, Instrumenten, Kork, Marmor und ausgefallenen Dingen wie einem ausgestopften Krokodil wurden getätigt. Es kamen schließlich 260 große Kisten zusammen, die, mit der Aufschrift „P M" versehen, nach Moskau geschickt wurden.

Der Zar konnte außerdem eine Reihe berühmter Wissenschaftler kennenlernen wie den Anatomen und Arzt Hermannus Boerhaave (1668–1738), den Erfinder des Miskroskops und Naturforscher Antonie van Leuwenhoek (1632–1723), den großen Festungsbaumeister Menno van Coehoorn (1641–1704) und den namhaften Anatomieprofessor Frederik Ruysch (1638–1731).

Nach mehr als viermonatigem Aufenthalt in Holland stand England auf dem Programm. Die Nordsee zeigte sich bei der Überfahrt von ihrer stürmischen Seite. Dennoch verweilte Peter, Wind und Wetter zum Trotz, die meiste Zeit an Deck.

Auch den Englandaufenthalt füllte der Zar mit den verschiedensten Aktivitäten aus. Er praktizierte als Zimmermann auf der königlichen Werft in Deptford, besuchte die Universität in Oxford – wo ihm der Ehrendoktor verliehen wurde! –, besichtigte in der Nähe der Isle of Wight die Vorführung einer stattlichen Flotte, sah sich in einem Krankenhaus für invalide Seemänner in Greenwich um und – unerschrocken, wie er war – traf sich mit Quäkern. Auf Vorschlag des Königs William III. (1650–1702) stand er dem Porträtisten Godfrey Kneller (1646–1723) Modell.

Peter beteiligte sich aktiv an der Anwerbung tüchtiger Ingenieure, Mechaniker, Mathematiker, Soldaten und Seeleute. Schließlich ließen sich 640 Personen von den Russen anheuern. Der Marquis von Caermarthen, Sir Thomas Osborne (1631–1712), den der englische König dem Zaren für die Zeit seines Aufenthaltes quasi als rechte Hand – und zugleich als Zechgenossen – zur Verfügung

In dem kleinen Holzhaus des Guerrit Kist an einem Kanal der holländischen Stadt Zaandam bezog der Zar Quartier. Kist, der früher als Schmied in Woronesch dabeigewesen war, als Peter die erste Asow-Flotte aufgebaute hatte, stellte „Mäster Peter" zwei Zimmer und eine Küche zur Verfügung. Der Zar zog es vor, sich als einfacher Mann zu geben, und zeigte sich gern in der Kleidung der holländischen Prahmschiffer: in rotem Pullover, kragenloser Jacke, weiten Hosen und Filzhut. Das Haus in Zaandam, das heute von einem schützenden Ziegelgebäude umgeben wird, ist und war schon immer eine Sehenswürdigkeit. Private Sammlung.

gestellt hatte, wurde seiner Aufgabe in solcher Perfektion gerecht, daß ihm der Tribut einer größeren Partie Tabak zugesichert wurde, die Peter nach Rußland bringen wollte. Als der Zar, ein eingefleischter Pfeifenraucher, daran erinnert wurde, daß der Patriarch den Tabak in der Heimat verboten hatte, winkte er ab mit den Worten: *Nach diesem Tag besitzt ein Priester dort, wo Tabak geraucht wird, keinen Zutritt.*

Die Einstellung der Engländer gegenüber dem Besucher gestaltete sich unterschiedlich. Laut Bischof Gilbert Burnet von Salisbury (1643–1715) war Peter mehr zum Zimmermann als zu einem „großen Prinzen" befähigt. Burnet warf dem Zaren seine Brutalität und Leidenschaftlichkeit vor und stellte in Frage, ob es denn die Vorsehung wollte, daß ihm all die Macht über so viele Untertanen gegeben sei. Der kaiserlich österreichische Minister in London, Hoffmann, berichtete in seine Heimat, daß Gerüchte umgingen, denen zufolge der Zar beabsichtige, „seine Untertanen zu zivilisieren", und daß er ebenso „menschenscheu abgereist sei, wie er angekommen war".

PETER IN DEPTFORD

Eine späte Rekonstruktion, wie sich der Zar zusammen mit seinen Vertrauten dem Studium der Schiffsbaukunst in Deptford widmet. Peter ließ sich nicht nur beraten und arbeitete nicht nur als Zimmermann, er besprach auch Einzelheiten und Problemlösungen mit qualifizierten Ingenieuren. Bei den abgehärteten Seeleuten holte sich der Zar Auskünfte über den Alltag an Bord. Nach getaner Arbeit widmete sich Peter seiner russischen Reisegesellschaft, und er gab sich Ausschweifungen hin, die die Umgebung erbleichen ließen. Bei ihrer Abreise aus Deptford hinterließen die Russen Sachschäden, die der Gastgeber, ein Admiral John Evelyn, auf 350 Pfund – zu dieser Zeit eine Menge Geld – schätzte. Man mußte feststellen, daß erlesene Möbel kaputtgeschlagen, Gemälde zerschnitten und Mengen von unersetzlichem Porzellan sowie etliche Fensterscheiben zerbrochen waren. Dazu kam eine nahezu unvorstellbare Verschmutzung durch Speisereste und anderen Unrat. Private Sammlung.

NACH OSTEN

Von England aus begab sich Peter mit seinem Gefolge wieder nach Holland und von dort nach Osten, in Richtung Wien. Die Karawane bestand aus 36 großen Wagen. Unterwegs war der Zar selbst einer der Aktivsten der Reisegesellschaft. Zuweilen schwang er sich auf den Kutschbock, um eine bessere Aussicht auf die Landschaft zu haben, manchmal befahl er höchstes Tempo bis zum nächsten Wirtshaus, um den Durst zu löschen.

Der Aufenthalt des russischen Besuchs in Dresden – Gastfreundschaft gewährte Fürst Wilhelm Egon von Fürstenberg – wurde anscheinend als anstrengend empfunden. Unter Seufzern behauptete der Fürst, daß „mit dem anspruchsvollen Herrn zwar alles gut abgelaufen" sei, daß er aber froh sei, „einen so kostbaren Gast wieder los zu sein".

Im kaiserlichen Wien wurde der Zar mit paradierenden Soldaten empfangen, was Peter in einen Tobsuchtsanfall ausbrechen ließ. Der Gastgeber, der alte Kaiser Leopold I. (1605–1705), sah sich gezwungen, zuzusehen, wie der Zar während des ganzen Aufenthaltes die Rolle des „einfachen Volontärs" spielte. Als Peter dem Kaiser seinen Vorschlag über einen gemeinsamen militärischen Plan für einen Feldzug gegen die Türken vorlegte, erhielt er eine entschiedene Absage. Auch bei den anderen königlichen Gastgebern war der Zar in dieser Sache auf taube Ohren gestoßen.

Da ereignete sich plötzlich etwas Unvorhergesehenes: Ein Kurier aus Moskau erschien mit einer alarmierenden Botschaft. Man bedenke, daß der Kurier einen Monat unterwegs war, um Wien zu erreichen, was die Angelegenheit nicht minder dramatisch machte.

Fürst Romodanowski ließ dem Zaren mitteilen, daß vier Strelitzenregimenter meuterten. Peter entschloß sich umgehend, seinen Wien-Besuch abzubrechen, auf die geplante Reise nach Venedig zu verzichten und unmittelbar die Heimreise via Polen anzutreten.

Als unterwegs beruhigende Nachrichten eintrafen, verlangsamte der Zar das Reisetempo unverzüglich, und er legte sogar einen Besuch beim neuen polnischen König August II. (1670–1733) – besser bekannt unter dem Namen „der Starke" – ein. Ende Juli, Anfang August trafen sich die beiden Herrscher in dem kleinen Dorf Rawa und verbrachten drei stürmische Tage. Die beiden lebensfrohen Herren verstanden sich sofort. Am üppig gedeckten Tisch und vor stets vollen Gläsern unterhielten sie sich über Großmachtpolitik und Frauen.

Gemeinsame außenpolitische Interessen hatte man ja. Die schwedischen Besitzungen an den Stränden der Ostsee hinderten die Russen daran, das „offene Meer" zu erreichen. Und die Polen betrachteten Schweden von jeher als Erzfeind. Aus russisch-polnischer Sicht nicht uninteressant war auch die Tatsache, daß einige Monate zuvor ein unerfahrener Jugendlicher, Karl XII. (1682–1718), den schwedischen Thron bestiegen hatte.

Unmittelbare Kriegsunternehmungen kamen trotz allem nicht in Frage. Peter mußte erst in der eigenen Heimat die aufständischen Strelitzen unter Kontrolle bringen. Ende August kam Peter nach seiner 18monatigen Reise nach Moskau zurück.

SÄUBERUNGSAKTIONEN

Kaum hatte man auf die Rückkehr angestoßen, als Peter mit der Umstrukturierung des russischen Feudalsystems begann. Die unzähligen Eindrücke von der langen Reise sollten nun im eigenen Lande in die Tat umgesetzt wer-

AUGUST DER STARKE

und Zar Peter fanden einander bereits bei ihrer ersten Begegnung in Rawa 1698 sympathisch. Sie hatten viel gemeinsam: Beide waren Trunkenbolde und hatten dieselbe Vorliebe für burlesken Humor und erotische Ausschweifungen. In politischer Hinsicht erwies sich August jedoch als unzuverlässig. Er wurde 1704 abgesetzt, dankte 1706 ab, bestieg aber 1709, nach Zar Peters Sieg über Karl XII. bei Poltawa, erneut den Thron.
Kgl. Bibliothek, Stockholm.

In seinem Eifer, abendländische Sitten und Gebräuche in Rußland einzuführen, wollte Peter unter anderem seine Untertanen glattrasiert und in moderner westlicher Kleidung sehen. Der traditionelle lange Kaftan wurde deshalb kürzer gemacht, und jedem, der Bart trug, wurde eine besondere Steuer abverlangt. Die Bartsteuer betrug 100 Rubel im Jahr für Adelige, 60 Rubel für die Bediensteten des Hofes und für Gewerbetreibende, 30 Rubel für Lakaien und Kutscher sowie einen halben Rubel für Bauern. Als Quittung diente eine kleine Marke aus Bronze mit der Aufschrift „Steuer bezahlt". Gewissen Gesellschaftsgruppen war das Tragen eines Bartes verboten. Für die Staatsbeamten behielt dieses Verbot bis zur Thronbesteigung Alexanders II. (1855), für Offiziere und gemeine Soldaten bis 1875 Gültigkeit. Während der gesamten Zarenzeit durften die Mitglieder der kaiserlichen Leibgarde keinen Bart tragen.
Kgl. Bibliothek, Stockholm.

den. Sein Vorgehen gegen die langen Bärte mag äußerlich betrachtet kleinlich erscheinen. Dabei darf man jedoch nicht vergessen, daß seit jeher einem langen und wallenden Bart mit Ehrfurcht, um nicht zu sagen: mit religiöser Fürsorge begegnet wurde. Der Bart galt also nicht nur als männliches Symbol, sondern wurde auch direkt mit der Bibel in Verbindung gebracht – Christus trug schließlich auch einen Bart.

Das Bartstutzen bereitete Peter offensichtlich Vergnügen. Die Narren und Liliputaner des Hofes gingen mit ihren Scheren unverzüglich ans Werk. Die Opfer wagten es nach außen hin nicht, diesen Einfall des Zaren in Frage zu stellen. Innerlich waren sie jedoch von Zorn und Entrüstung ergriffen.

Ein wesentlich größeres Problem für den Zaren waren indessen die Strelitzen, die während der Abwesenheit Peters revoltiert hatten und nun in verschiedenen Gefängnissen auf ihre Urteile warteten.

Die vier Strelitzenregimenter hatten geplant, Moskau zu besetzen, die Deutsche Vorstadt niederzubrennen, die Bojaren zu töten und die abgesetzte Zarentochter Sofija als Regentin einzusetzen. Daraufhin hätte das Gerücht in Umlauf gebracht werden sollen, Zar Peter sei im Westen ums Leben gekommen.

Bereits in jungen Jahren hatte Peter Abscheu gegen die Strelitzen empfunden. Ihr bestialisches Verhalten nach dem Tod von Fjodor III. und das Doppelspiel mit seiner Halbschwester Sofija war ihm nur allzu deutlich in Erinnerung geblieben. Nicht umsonst mußten die Strelitzen immer den Feind verkörpern, wenn Peter mit seiner Scheinarmee Krieg spielte.

Nun war aus dem Spiel Ernst geworden. Peter sah die Zeit gekommen, ein für allemal mit diesen unzuverlässigen und eigensinnigen Musketenschützen abzurechnen. In Preobraschenskoje wurden in Windeseile vierzehn Folterkammern mit allen erdenklichen Folterinstrumenten eingerichtet. Dreißig Scheiterhaufen wurden angezündet und brannten Tag und Nacht.

An Sofijas Namenstag, Ende September, begann man

mit den Vernehmungen, die sich täglich über sechs bis acht Stunden hinzogen. Nur an Sonntagen legte man eine Pause ein. Wurde nicht sofort oder unzureichend geantwortet, setzte unmittelbar die Folterung ein. Die Auspeitscher standen bereit, ohne Erbarmen zuzuschlagen. Die harten Lederbänder der Knute rissen tiefe Fleischwunden in den nackten Rücken. Zwischendurch wurde die Knute beiseite gelegt, um die blutigen Wunden mit Feuer zu behandeln. Dabei verlor das Opfer nicht selten das Bewußtsein, worauf ein Arzt herbeigerufen wurde, um den armen Teufel in die Wirklichkeit zurückzuholen, damit das grausame Spiel fortgesetzt werden konnte. Unter anderem steckte man den Opfern glühende Kohlen in die Ohren, oder man renkte ihnen Arme oder Beine aus.

Die Schreie, das Jammern, das viele Blut und das Todesröcheln wurden selbst den abgehärtetsten Richtern und Anwälten zuviel. Peter, der fast ununterbrochen den Prozessen beiwohnte, schien jedoch Genugtuung an dem grausigen Spiel zu finden.

Die Abrechnung mit den Strelitzen wurde 1698 zu einem entsetzlichen Schauspiel. Peter befahl allen, die ihm nahestanden, an den Folterungen und Hinrichtungen teilzunehmen. Die einzigen, die es wagten, sich zu weigern, waren die Ausländer. Sie verwiesen dabei auf die Sitten und Gebräuche ihrer Heimatländer. Zwei Günstlinge des Zaren, Fürst Fjodor Romodanowski und der junge Alexander Menschikow, taten sich bei dem grausigen Handwerk besonders hervor. Erstgenannter „übertraf in seiner Grausamkeit die anderen", da er zweifellos den Tag der Rache gekommen sah – die Strelitzen hatten 1682 seinen Vater ermordet. Die gemarterten Leichen der Hingerichteten mußten auf ausdrücklichen Befehl des Zaren fünf Monate lang öffentlich hängen bleiben. Die aufgespießten Köpfe wurden zu Krähenfutter. Aus Johann Georg Korbs „Diarium Itineris in Moscoviam", Wien 1698.

TORTUR BIS ZUM LETZTEN ATEMZUG

Diejenigen Strelitzen, die stark genug waren, die Folterungen zu überleben, wurden zum Hinrichtungsplatz gebracht. Zu zweit, Rücken an Rücken, mit brennenden Kerzen in den Händen, wurden sie, begleitet von den Verzweiflungsschreien ihrer Frauen, Kinder und Verwandten, zum Schafott gebracht. Um die Opfer noch mehr zu quälen, war es nicht ungewöhnlich, ihnen Hände und Füße abzuhacken, bevor man sie schließlich köpfte.

Die Hinrichtungen zogen sich hin, Tag für Tag. In einer zweiten Phase wurden dann die Ehefrauen und Bediensteten ins Verhör gezogen – und gefoltert. So manche Frau gebar ihr Kind unter den Schmerzen der Tortur. Den Zaren und die Gerichte schien es völlig unberührt zu lassen, daß man schwangere Frauen derartiger Folterung aussetzte. Mehrere der verurteilten Frauen wurden lebendig begraben.

An dieser Stelle sollte man jedoch nicht vergessen, daß man zu jener Zeit nicht nur in Rußland solche Grausamkeiten erlebte. In Frankreich ließ man den Mörder Heinrichs IV., François Ravaillac (1578–1610), auf der Place de l'Hôtel de Ville in Paris von vier Pferden in vier Stücke reißen. In der englischen Flotte wurden Disziplinarvergehen mit der „neunschwänzigen Katze" bestraft, einem Folterwerkzeug, das durchaus tödlich sein konnte und erst 1881 abgeschafft wurde. Andere Delinquenten wurden langsam erdrückt, indem man ihnen eine Planke auf die Brust legte und sie so lange mit Gewichten beschwerte, bis der darunterliegende Körper regelrecht zerquetscht wurde. Auch das Herz und andere Organe schnitt man den Opfern aus dem Leibe, um sie der jubelnden Menge zu zeigen! In anderen Ländern konnte man ähnliche Folter- und Hinrichtungsmethoden vorfinden.

Welche Rolle Peter in den Marterkammern und an den Schafotten gespielt hat, ist heute umstritten. Vielfach heißt es, der Zar habe aktiv an dem grausigen Spiel teilgenommen und sei vor nichts zurückgeschreckt. Der glühende Haß des Zaren gegenüber den Strelitzen und seine Gewohnheit, verschiedene Handwerksberufe selbst auszuprobieren, sprechen dafür.

Ein großer Teil der Beschreibungen gründet sich auf die Schilderungen von Johann Georg Korb, dem Sekretär des österreichischen Botschafters. Er war etwa ein halbes Jahr nach der Hinrichtungswoge nach Rußland gekommen. Ein Augenzeuge war der Österreicher also nicht, obwohl er behauptete, Peter habe selbst fünf Strelitzen in den Tod befördert. Andere Quellen sprechen von mehreren hundert!

Unbestritten ist jedoch, daß Peter seine nächsten Freunde dazu aufforderte, an den Exekutionen teilzunehmen. Sein guter Freund Menschikow prahlte damit, selbst zwanzig Strelitzen getötet zu haben.

In der Zeit vom September 1698 bis Februar 1699 wurden 1182 Strelitzen hingerichtet sowie 601 schwer gefoltert und anschließend des Landes verwiesen. Im Februar 1699 schrieb François Lefort an einen Freund, daß die Hinrichtung der letzten 300 bevorstehe... „Seine Majestät hat befohlen, daß sich sämtliche Ausländer einzufinden haben, um der Hinrichtung beizuwohnen. Dies sind die letzten..." Die Hexenjagd auf Strelitzen ging jedoch weiter bis zum Jahre 1707. Der Zar vernichtete durch die blutige Säuberungsaktion die Strelitzenorganisation.

ALEXANDER MENSCHIKOW war Zar Peters erklärter Günstling und St.Petersburgs ungekrönter Fetenkönig. Puschkin nannte Menschikow „diesen nahezu souveränen Potentaten". Von Menschikow sagt man, er habe in jungen Jahren auf Moskaus Straßen Pirogen verkauft. Er kam daraufhin zu Peters Jungenarmee und machte rasch Karriere. Es wurde behauptet, er sei der Prototyp des Russen, den Peter schaffen wolle. Menschikow führte das „fliegende Heer", d.h. die berittenen Truppen, an und zeichnete sich bei Lesna (1708) und Poltawa (1709) aus. Nach der letztgenannten Schlacht wurde der Zarengünstling zum Generalfeldmarschall befördert. Der englische Minister Charles Whitworth behauptete, er habe aus zuverlässigen Kreisen erfahren, daß Menschikow weder des Schreibens noch des Lesens mächtig gewesen sei. Als Menschikow immer stärkere Tendenzen zu Gier und Machthunger zeigte, fiel er beim Zaren mehrmals in Ungnade. Nach Peters Tod ergriff Menschikow die Macht und war für eine kurze Zeit tatsächlich Herrscher über Rußland. Aus eigener Schuld zu Fall gekommen, wurde er verbannt, und er starb in sehr einfachen Verhältnissen. Kgl. Bibliothek, Stockholm.

PRIVATSPHÄRE DER ZARENFAMILIE

Bald nach der Rückkehr von seiner langen Reise (1698) befreite sich Peter von seiner Ehefrau Jewdokija, indem er sie ganz einfach ins Kloster der Fürbitterinnen der Heiligen Jungfrau in Susdal steckte, wo die Zarin fortan als Nonne Helena ihr Dasein fristete. Zugleich wurde der Thronfolger Alexej seiner Tante Natalja anvertraut.

Dies weckte zwar Verstimmung beim Patriarchen Adrian und in den Reihen der Bojaren, aber niemand war imstande, etwas dagegen zu unternehmen. Peter konnte sich somit als „Geschiedener" seinen Gelegenheitsbekanntschaften widmen, womit er bereits allenthalben im Gerede war.

Eine besonders intime Freundschaft hatte sich zwischen dem Zaren und Anna Mons, einer Lebedame aus der Deutschen Vorstadt, entwickelt. Sie wurde unter anderem als „Nymphe des Baches von Kokuj" bezeichnet. Dies mag vielleicht romantisch klingen, wenn man davon absieht, daß die Moskauer nicht nur die Deutsche Vor-

Das Schicksal Katharinas ist die Erzählung des einfachen livländischen Bauernmädchens, das zur russischen Kaiserin aufstieg. Über ihre Herkunft und ihre Jugend gibt es zahllose Schilderungen. Daß der unruhige Peter sie an seiner Seite behielt, wird oft auf ihr handfestes und mutiges Auftreten, auf ihren Bauernverstand und ihre Toleranz zurückgeführt. Außerdem war sie seine Zechgefährtin und lachte über dieselben burlesken Scherze. Peter tolerierte Katharinas Schwäche für Luxus und Eitelkeit, Eigenschaften, für die er sonst nicht viel übrig hatte. Peter schrieb in einem Brief (1709): „Ich langweile mich ohne Dich, und ich glaube, Dir ergeht es ebenso..."
Kgl. Bibliothek, Stockholm.

DIE ZARENFAMILIE

Eine romantisierte Darstellung der Zarenfamilie mit Peter, Katharina und dreien ihrer Kinder. Im Hintergrund das Thronfolgerpaar Alexej Petrowitsch und Charlotte. In Wirklichkeit störten große und kleine Alltagsprobleme und Konflikte das Familienidyll. Katharina versuchte eine Vermittlerrolle zu spielen, was ihr jedoch hinsichtlich des bitteren und tragischen Streites zwischen Peter und Alexej, der mit der Hinrichtung Alexejs endete, nicht gelang.
Private Sammlung.

stadt als Kokuj bezeichneten, sondern auch die Bordellviertel der Stadt.

Im Palast des Günstlings Menschikow lernte Peter eines Tages eine junge Dame mit Namen Marfa Skawronskaja kennen. Sie galt als die Geliebte des Hausherrn, was jedoch den Zaren nicht daran hinderte, ihr den Hof zu machen. Marfa war nicht bildschön, jedoch einfühlsam, sinnlich und voller Charme. Dazu war sie warmherzig und heiter.

Peter war hingerissen, und so kam es, daß sie trotz ständiger Reibereien für den Rest ihres Lebens an seiner Seite blieb. 1707 heiratete das Paar insgeheim. Erst fünf Jahre später kam es zur offiziellen Vermählung, und aus Marfa wurde Katharina. Sie brachte zwölf Kinder zur Welt, sechs Jungen und sechs Mädchen. Das Schicksal wollte es, daß keiner der Söhne das Erwachsenenalter erreichte.

Mit Katharina hatte sich der Zar zudem eine Zechgenossin von Format beschafft. Sie konnte so einiges vertragen und legte, was das Feiern betraf, wie ihr Gemahl eine erstaunliche Ausdauer an den Tag. Außerdem war Katharina die einzige, die den Zaren in seinen cholerischen Ausbrüchen zu zügeln vermochte. Man sagte, sie sei Mutter, Freundin und Geliebte in einer Person gewesen.

Am Hofe von Peter und Katharina herrschte ein rauher und unkultivierter Ton. Gäste, die sich anders benahmen, erhielten unverzüglich ihre Strafe, indem sie sich stehenden Fußes unter dem Gejohle der übrigen Gäste total betrinken mußten.

Eine der großen Schwächen des Zaren war seine Vorliebe für Liliputaner. Als sich seine Nichte Anna Iwanowna (1693–1740), die spätere Kaiserin, mit dem Herzog Friedrich Wilhelm von Kurland (1692–1711) vermählte, wurden sämtliche Liliputaner in Rußland aufgefordert, sich zur Hochzeitsfeier einzufinden. Zu Peters großer Freude folgten ganze 62 Liliputaner seinem Aufruf. Die Feierlichkeiten zogen sich lange hin, Wein und Schnaps flossen wie immer in Strömen. Dieses unmäßige Zechgelage sollte für den Bräutigam tragische Folgen haben: Zwei Monate nach der Trauung war der Herzog tot.

Zu den ständigen Belustigungen am Tisch des Zaren gehörte eine Art grotesker Happenings. Peter liebte es, die Kirche mit all ihren Zeremonien zu verspotten. Zum Beispiel wurden ältere, gebrechliche Mitglieder des Hofes, die einst hohe Ämter bekleidet hatten, in einem höhnischen Spektakel miteinander getraut, umringt von Tieren verschiedenster Art, Liliputanern und Hofnarren. Dazu spielte oder besser gesagt „lärmte" eine Kapelle, wobei der Zar selbst als Trommler agierte. Mit Gläsern, die als Cunnus und Penis geformt waren, stieß man daraufhin auf das Wohl des Paares an.

Zar Peter war eine merkwürdig zwiespältige Natur: Einerseits vergnügte er sich selbst auf wenig nachahmenswerte und unkultivierte Weise, andererseits versuchte er ein beispielhaftes russisches Gesellschaftsleben zu formen. Zu diesem Zwecke erhielt Katharina ein eigenes Orchester und ein in Dunkelgrün und Rot gekleidetes Pagenkorps.

Zar und Zarin – links im Bild – vergnügen sich bei allerlei Darbietungen. Liliputaner, Riesen, Hofnarren und Menschen mit Gebrechen und Defekten spielten bei der Unterhaltung des Zaren eine hervorragende Rolle. Der hochgewachsene Peter hatte eine besondere Vorliebe für Liliputaner, die bei der Festtafel oft in Torten und Pasteten versteckt waren. Auf ein Zeichen hin kamen sie – nicht selten splitternackt – zum Vorschein! Nicholas Bourgeois aus Calais, ein Riese von 226 Zentimetern Länge – zwanzig Zentimeter größer als der Zar selbst – diente als eine Art Speziallakai. Unter den Pagen befand sich auch ein Schwarzer, Abram Petrowitsch Hannibal, den der Zar als Geschenk erhalten hatte. Hannibal war der Urgroßvater des Dichters Puschkin. Universitätsbibliothek Uppsala.

ALEXEJ PETROWITSCH

war die Zukunftshoffnung der oppositionellen Kräfte, nicht zuletzt der Erzorthodoxen, deren Haß Peter auf sich gezogen hatte. Er hatte sie des Patriarchats beraubt und mit seinem ständigen Spott gegen Kirche und Religion ihren Zorn geweckt. Alexej war jedoch schwach und nicht in der Lage, Kräfte zu sammeln. Er war schmächtig, unvorsichtig und ohne taktisches Geschick. Er war ganz einfach der ihm zugedachten Rolle nicht gewachsen.
Kgl. Bibliothek, Stockholm.

DER ZARENSOHN

Eines der besonderen persönlichen Probleme des Zaren war das Verhältnis zu seinem Sohn Alexej. Vater und Sohn waren zwei grundverschiedene Charaktere. Peter war kräftig gebaut und praktisch veranlagt, im Gegensatz zu Alexejs zartem, kränklichem und intellektuellem Wesen. Der Zarensohn verabscheute körperliche Anstrengung.

Die Lehrer des jungen Alexej bescheinigten ihrem Schüler die besten Fähigkeiten. Der Deutsche Heinrich von Huyssen bezeichnete ihn als „frühreif und intelligent". Das Studienprogramm enthielt eine große Zahl von Fächern. Die Bibel, sagt man, habe der Zarensohn ganze sechs Mal von der ersten bis zur letzten Seite studiert.

Die gesamten Jugendjahre Alexejs waren vom Intrigenspiel um seine Person geprägt. Um ihn herum scharte sich eine stark orthodoxe Gruppe mit altkirchlichen Idealvorstellungen. All das, was Peter verkörperte, insbesondere dessen Schwäche für Westeuropa, empfanden Alexej und seine Freunde als abstoßend.

Die religiöse Attitüde hinderte jedoch Alexejs Freundeskreis in keiner Weise, sich feuchtfröhlichen Vergnügungen mit zweifelhaften Damen hinzugeben. In dieser Junta sah der Zar eine politische Gefahr, die es zu bekämpfen galt.

Peter glaubte, aus seinem Sohn einen Soldaten machen zu können, woraufhin Alexej von einem Posten zum anderen kommandiert wurde. Sogar zum Kommandaten von Moskau wurde er ernannt. Die erwarteten Erfolge blieben jedoch aus. Alexej wollte sich ganz einfach nicht umkrempeln lassen. Das ständige Trinken machte ihn schließlich zum Alkoholiker.

Er wurde nach Dresden geschickt, um seine Studien zu beenden. Peter veranlaßte außerdem die Vermählung seines Sohnes mit der deutschen Prinzessin Charlotte (1694–1715) aus dem unbedeutenden Fürstenhaus Braunschweig-Wolfenbüttel.

Diese eheliche Verbindung entwickelte sich indessen äußerst negativ. Aufgrund der zahlreichen Abkommandierungen Alexejs war Charlotte stets allein. Auch im Lebenswandel des Zarensohnes war keine Besserung in Sicht. Vom Alkohol verwirrt, verschrie er seine Gattin als

CHARLOTTE, SCHWIEGERTOCHTER DES ZAREN

Die deutschgebürtige Prinzessin hatte warme Augen, soll jedoch sonst nicht gerade mit Schönheitsattributen ausgestattet gewesen sein. Nach ihrem Tod befahl der Zar ihre Obduktion, an der er selbst aktiv teilnahm. Am selben Tag wurde der von Charlotte zehn Tage zuvor geborene Sohn Peter – der zukünftige Peter II. – getauft. Zwei Tage später erblickte ein weiterer Sohn das Licht der Welt, nämlich das Kind des Zaren und Katharinas. Auch er erhielt den Namen Peter. Der kleine Zarensohn wurde offizieller Thronfolger, starb jedoch 1719.
Universitätsbibliothek Uppsala.

„Weibsteufel". „Nur die Wände sehen ihre Tränen", schrieb ein Gesandter in St.Petersburg voller Mitleid. Ende 1714 präsentierte Alexej offen eine neue Geliebte mit Namen Jewrosinija, Tochter eines Leibeigenen.

Charlotte, die zu dieser Zeit ihr erstes Kind gebar, war diesem bösen Spiel machtlos ausgeliefert. Im Jahr darauf wurde sie erneut Mutter. In einem Brief, der der Nachwelt erhalten blieb, steht geschrieben, daß die Prinzessin des Lebens müde sei und so schnell wie möglich sterben wolle. Kurz darauf, vier Jahre und sechs Tage nach ihrer Hochzeit, ging dieser Wunsch in Erfüllung.

DIE FLUCHT DES THRONFOLGERS

Der langjährige Konflikt zwischen Peter und Alexej nahm ein dramatisches, um nicht zu sagen makabres Ende. Kurz nach Charlottes Tod stellte der Zar seinem Sohn ein Ultimatum: „Mach dich der Thronfolge würdig, oder werde Mönch." Alexej war entsetzt. Er eilte zu seinen Ratgebern, die ihm rieten: „Werde Mönch, vergiß aber nicht, daß die Kutte nicht am Kopfe festgenagelt ist."

Alexej ließ sich überzeugen und teilte seinem Vater mit, daß er bereit sei, die Mönchskutte anzuziehen. Der Zar, inmitten der Vorbereitungen für eine neue Reise gen Westen, bat seinen Sohn, sich diesen Beschluß noch einmal genau zu überlegen.

Unmittelbar nach der Abreise des Zaren begann Alexej Pläne zu schmieden, um seinem Dasein zu entfliehen. Unter dem Vorwand, seinen Vater zu besuchen, brach Alexej aus St.Petersburg auf. Er reiste inkognito als russischer Offizier in Begleitung der als Page verkleideten Jewrosinija.

Nach einiger Zeit erreichte das Paar die Kaiserstadt Wien. Alexejs Schwager, Kaiser Karl VI. (1685–1740), war trotz des damit verbundenen politischen Risikos bereit, den beiden zu helfen. Sie versteckten sich zunächst auf Schloß Ehrenburg in Tirol und schließlich in der Burg San Elmo in Neapel.

Auf russischer Seite wurde bald erkannt, daß mit der Reise Alexejs etwas nicht stimmte, und eine umfangreiche Detektivarbeit setzte ein. Eines schönen Tages stand der schlaue Graf Peter Andrejewitsch Tolstoi (1645–1729) – ein Vorfahre des Verfassers – vor Alexej und überreichte ihm ein Angebot des Zaren: Wenn Alexej zurückkehre und auf seinen Thronanspruch verzichte, dürfe er Jewrosinija heiraten und als Privatmann in Rußland leben. Alexej nahm das verlockende Angebot an und machte sich allein auf den Weg nach Moskau, wo er im Februar 1711 eintraf.

Die Fortsetzung der Geschichte sollte sich weniger romantisch gestalten. Zar Peter bezichtigte seinen Sohn, dessen Mutter und Freunde der Verschwörung gegen den Staat. Erneut wurden die Knuten hervorgeholt und Verhöre eingeleitet, die meist von bestialischer Folterung begleitet waren. Das Gerichtsurteil „Langsamer Tod" hieß soviel wie maximale Peinigung, bis das Lebenslicht erlosch. Geköpft zu werden wurde als große Gnade empfunden.

Alexejs Mutter, die Exzarin Jewdokija, entging der Strafe. Ihr Geliebter, Stepan Glebow, hingegen wurde ausgepeitscht, gebrannt und schließlich auf ein paar Planken genagelt. Als er, immer noch am Leben, zu gestehen sich weigerte, wurde ihm ein messerscharfer Stör durch den After in den Körper gestoßen.

Auch die kleine Leibeigene Jewrosinija wurde zurück nach Rußland gelockt. In ihrer Naivität verriet sie Details, die den Zaren davon überzeugten, daß sein Sohn gegen ihn konspirierte.

Alexej wurde gefaßt und einem weltlichen und kirchlichen Spezialgericht zugeführt. Zwischen intensiven Vernehmungen wurde er mit der Knute geschlagen. Schließlich brachten ihn die Qualen dazu, zu gestehen, was immer man von ihm verlangte.

Nach einer Reihe von Einwendungen des Sondergerichtes wurde der Zarensohn zum Tode verurteilt. Auf

DER ENDGÜLTIGE BRUCH zwischen Vater und Sohn hatte entsetzliche Folgen. Peter empfand Alexejs Antworten als derart aufreizend, daß er ihn in die Folterkammer bringen ließ. Im Gefängnis starb der zerfleischte Zarensohn. Bereits am selben Tag, als die Nachricht vom Tode Alexejs bekannt wurde, setzten Spekulationen über die Todesursache ein. Auch die Freunde Alexejs wurden Verhören und schweren Folterungen ausgesetzt. Die Prozesse zogen sich mehrere Monate hin, und zahlreiche Todesurteile wurden gefällt. Der Künstler Nikolai Nikolajewitsch Gay (1831–1894) malte Vater und Sohn.
Slawische Bibliothek, Helsinki.

welche Weise er ums Leben kam, ist nicht geklärt. Offiziell wurde Schlaganfall als Todesursache angegeben. Nach Aussage von Gewährsleuten habe der Zar selbst Alexej zu Tode gepeitscht. Andere behaupten, man habe ihn nach der schweren Folterung verbluten lassen. Am Tag nach Alexejs Tod feierte man den Jahrestag des Sieges bei Poltawa mit Festmahl und Feuerwerk.

Beim Begräbnis war keine Trauer angesagt, keine Diplomaten wurden geladen. Niemand sprach mehr von Alexej, während die Prozesse gegen seine Vertrauten noch lange Zeit weiterliefen.

DOMINUM MARIS BALTICI
EIN HEISSER HERBST

Das ganze Frühjahr des Jahres 1700 hindurch wartete Peter ungeduldig auf ein Friedensabkommen mit den Türken. Er wollte den Rücken frei haben, wenn er gegen die schwedischen Besitzungen an der Ostsee zu Felde zog. Seit seiner Jugend hatte er von Häfen und vom „Zugang zum offenen Meer" geträumt. Er sprach auch davon, „ein Fenster nach Europa hin zu öffnen".

Peter spielte mit zwei Trümpfen in der Hinterhand, nämlich einerseits mit dem alten Freund und Wüstling von Rawa 1698, dem Polen August, und andererseits mit dem dänischen König Frederik IV. (1671–1730). Diese Herren erhoben Anspruch auf Gebiete, die unter schwedischer Herrschaft standen. Nun schien die Zeit für eine gemeinsame Aktion reif zu sein. Auf dem Stockholmer Thron hatte ein neuer, junger König, Karl XII., Platz genommen. Karl war im Jahre 1700 mit seinen 18 Jahren ein unbeschriebenes Blatt.

Das russisch-polnisch-dänische Intrigenspiel trieb die Schweden dazu, sich nach Westen zu orientieren und mit Holländern und Engländern eine Allianz zu suchen.

Einen Tag nach Eintreffen eines russischen Kuriers aus Konstantinopel in Moskau mit dem Bescheid, daß mit den Türken ein Waffenstillstand abgeschlossen worden sei, kam Peters Kriegserklärung an die Schweden. Unverzüglich setzte sich seine Armee nach Westen in Bewegung. Damit nahm der Nordische Krieg seinen Anfang, der zu einem außerordentlichen Kräftemessen zwischen Rußland und Schweden werden und sich bis 1721 hinziehen sollte. Die Einleitungsphase gestaltete sich indessen für die Russen alles andere als erfolgreich. Der Zar richtete seinen ersten Ansturm gegen Festung und Stadt Narwa am Finnischen Meerbusen in der Nähe von Ingermanland. Bereits beim Aufmarsch erreichte Peter die düstere Botschaft, daß einer seiner Alliierten, der dänische König, gezwungen worden war, Frieden zu schließen, da Karl XII. mit seinen Karolinern Kopenhagen bedroht hatte. Die Schweden waren bei ihren Operationen von einer holländisch-englischen Flotteneinheit unterstützt worden.

In Livland war die Situation anders: August hatte die schwedische Festung Riga belagert.

Anfang November 1700 war die russische Artillerie bereit, Narwa unter Beschuß zu nehmen. Ein von August entliehener Pionieroffizier, Ludwig von Hallart (1659–1727), hatte den Bau der Belagerungsgräben geleitet. Nach den ersten Salven der Russen zeigte sich jedoch, daß Kanonenrohre, Lafetten, Kugeln und Pulver in miserablem Zustand waren. Für den Zaren, der als einfacher Artillerieoffizier auftrat, war dies natürlich sehr frustrierend.

KARL UND SEINE KAROLINER

Bald stieß der Zar auf ein weiteres Problem: Er erhielt die Mitteilung, daß der schwedische König in Livland an Land gegangen sei und sich im Anmarsch auf Narwa befinde. Etwa zur gleichen Zeit hatte zudem August die Belagerung Rigas abgeblasen und sich ins Winterlager zurückgezogen.

Peter übergab nun das höchste russische Kommando dem Herzog Charles-Eugène von Croy (1651–1702), einem österreichischen Feldmarschall, der bereits 1675–1679 gegen die Schweden gekämpft hatte. Unglücklicherweise hatte Croy keine nähere Beziehung zu seiner Armee, er konnte ja nicht Russisch. Dennoch begab sich Peter nach Nowgorod, um mit August über die zukünftige gemeinsame Strategie zu konferieren. Peters plötzliche Abreise wurde von vielen als Feigheit ausgelegt. Auch die Historiker sind sich über das Motiv des raschen Aufbruchs bis heute nicht einig.

Für Croy nahmen die Ereignisse einen ungünstigen Verlauf. Mit „Schnee im Rücken und dem Feind im Angesicht" ging Karl zum Angriff über. Obwohl auf vier Russen ein Schwede kam, war der schwedische Triumph total. „Die Russen fliehen wie aufgescheuchte Tiere", schrieb Hallart. Ihm zufolge hatten die russischen Soldaten „genausoviel Courage wie ein Frosch Haare auf dem Bauch". Als sich der Pulverdampf verzogen hatte, zeigte sich, daß sowohl Croy als auch Hallart in schwedische Gefangenschaft geraten waren.

Die Niederlage erfüllte Peter mit Bitterkeit und Hoffnungslosigkeit. In den Ländern der westlichen Welt versuchten russische Diplomaten das Fiasko als Ergebnis von Hochverrat seitens der ausländischen Befehlshaber, die sich in russischem Dienst befanden, herabzuspielen. So leicht ließ man sich im Westen jedoch nicht täuschen. Der junge Karl wurde allseits als Komet betrachtet, als ein neuer Gustav II. Adolf.

Eine entscheidende Lehre zog Peter aus der Niederlage von Narwa: Fortan sollte keinem Ausländer mehr das Oberkommando über die russische Armee in die Hände gegeben werden.

Der totale Sieg der Schweden machte den Weg frei nach Pskow, Nowgorod und Moskau. Auch ein schwedisch-türkischer Pakt hinsichtlich weiterer gemeinsamer Aktionen war nicht ausgeschlossen. Für den Zaren kam es deshalb als ein Geschenk des Himmels, als Karl in Rich-

KARL XII.

war Hauptgegner des Zaren im Nordischen Krieg bis zu seinem Tod im Jahre 1718. Der schwedische König war zehn Jahre jünger als der Zar. „Karls Hemd und Ärmelbündchen sind meist schmutzig..., er hat hellbraunes, fettiges und kurzes Haar..., sitzt nie länger als eine Viertelstunde zu Tisch..., hat weder Laken noch Betthimmel", vermerkte der englische Gesandte Stepney. Die Erfolge des Königs lagen in der langgezogenen Einleitungsphase des Krieges begründet. Mit der Schlacht bei Poltawa kam die Wende (1709). Alexander Puschkin schreibt über diese Schlacht: „Die Stunde des Sieges ist nahe. Hurra! Der Durchbruch gelingt, die schwedischen Reihen geben nach. Der Ehrenglanz auf ihren Fahnen erlischt, und das gottgegebene Kriegsglück besiegelt jeden unserer Schritte."
Kgl. Bibliothek, Stockholm.

KARL XII. NACH DER SCHLACHT BEI NARWA

Der schwedische Sieg war total. Die Kriegsbeute umfaßte unter anderem 160 Fahnen und Standarten. Für die Russen war bei Narwa alles schiefgelaufen. Peter schrieb: „Man kann mit einem Worte sagen: Die ganze Angelegenheit war Spiel von kleinen Kindern, und die Kunst war noch geringer, als das Ergebnis Anschein gibt. Warum sollte es deshalb verwundern, daß ein so altes, erfahrenes Heer über ein derart unerfahrenes siegen konnte?"
Kgl. Bibliothek, Stockholm.

tung Süden abzog, um mit den Polen abzurechnen.

Wie nach dem ersten mißlungenen Feldzug gegen Asow faßte Peter rasch neuen Mut. Mit ungeheurer Energie stürzte er sich in die Aufrüstung. Waffen wurden aus dem Ausland bezogen, ein Viertel der russischen Kirchenglocken fiel den Kanonengießereien zum Opfer, Tausende von Rekruten wurden angeworben und gedrillt. Neu in der russischen Armee waren Bajonette und die Artillerie zu Pferde.

Bereits Anfang 1701 griff der Zar erneut die Schweden an,und er konnte sich der ersten Siege in einer Reihe kleinerer Schlachten erfreuen. Die Kriegsgunst schien sich auf russische Seite geschlagen zu haben mit all ihren moralischen und psychologischen Auswirkungen. Peter selbst sprach von einem nationalen russischen Erwachen.

Trotz russischer Hilfe entwickelte sich das Geschehen in Polen nicht gerade zugunsten des polnischen Königs August. Peter mußte zusehen, wie sein alter Zechgenosse mit König Karl einen Separatfrieden schloß und der Schwedenkönig obendrein seinen eigenen Vasallenkönig, Stanislaw Leszczyński (1677–1766), auf den polnischen Thron setzte.

Der Zar konnte indes neue Erfolge im Norden verzeichnen. Die kleinen, aber wichtigen Festungen Nöteborg – das spätere Schlüsselburg – am Ausfluß des Ladogasees in die Newa und Nyenschanz im Gebiet der Newamündung fielen in russische Hand. Dazu kam der erste Sieg der russischen Flotte.

Die Erfolge führten dazu, daß Peter voller Stolz die Peter-und-Pauls-Festung im künftigen St.Petersburg errichten ließ. Im Juli 1703 tauchte der Name zum erstenmal auf, und zwar in der holländischen Form Sankt Pitersburg. Peter hatte sein Fenster nach Europa hin aufgestoßen! Sein Traum – und der vieler alter Russen – war damit in Erfüllung gegangen.

Die kriegerischen Verwicklungen zwischen Russen und Schweden lassen sich bis in die Wikingerzeit zurückverfolgen. Zu jener Zeit existierte eigentlich kein russisches Reich. Verschiedene Meinungen über die Lage der Grenzen zwischen Rußland und Finnland sowie bezüglich der Herrschaft über Estland und Livland sollten über Jahrhunderte hinweg Anlaß zu langwierigen kriegerischen Auseinandersetzungen zwischen den beiden Ländern geben. Durch den Frieden von Stolbowa (1617) wurde Rußland von der Ostsee abgeschnitten. Versuche von russischer Seite, das offene Meer zu erreichen (1656–1661), scheiterten schließlich nach anfänglichen Erfolgen. Im Frieden von Kardis 1661 wurde der Friedensvertrag von Stolbowa bestätigt.

INNERE SCHWIERIGKEITEN

Aber nicht nur Karl XII. und die Schweden bereiteten Zar Peter Kopfzerbrechen. In Moskau herrschte nach wie vor allgemeine Unzufriedenheit. Der Bau von St.Petersburg und die damit verbundenen enormen wirtschaftlichen Opfer ließen Moskau ins Hintertreffen geraten. Es gab auch entscheidende religiöse Bedenken. Seit jeher sprach man mit Recht von Moskau als Rußlands religiösem Zentrum – dem heiligen Moskau.

Auch an anderen Orten des Landes begann es zu brodeln. Ein weiteres Mal versuchten Strelitzen ihr Intrigenspiel, und der Zar konterte mit erneuten blutigen Säuberungsaktionen. Im Südosten und Südwesten des Landes herrschte spürbare Unruhe in den Reihen der Kosaken und Tataren. Die Baschkiren (ein türkischer Tatarenstamm) in Kasan und in der Ufa-Region sowie der Donkosak Kondratii Afanasewitsch Bulawin (um 1660–1708) mit seinen Heerscharen im Süden revoltierten offen.

Die Unruhe im Lande lag zum großen Teil an der hohen Steuerlast. Über 90 Prozent der Staatseinkünfte schluckte die Rüstung. Radikale Maßnahmen wurden ergriffen, um genug Geld einzutreiben. Gewisse Waren und Dienstleistungen wurden monopolisiert, der Steuerdruck wurde erhöht, und die staatlichen Pachtverträge wurden noch weiter vermehrt. Dünne Notmünzen traten an die Stelle der alten prachtvollen Metallmünzen.

Der Zar bemühte sich unermüdlich um die Verstärkung der Befestigungen von Moskau und St.Petersburg. Angesichts des erwarteten Angriffs der Schweden befahl Peter die Errichtung einer Verteidigungslinie von Kiew im Süden bis Pskow im Norden. Es war eine Kombination aus aktiver und passiver Verteidigung. Die passive Verteidigung bestand darin, daß der Feind bei einem Angriff auf das Land keine Beute für seine Versorgung vorfinden sollte. Die Bevölkerung in diesen Regionen wurde in Massen umgesiedelt, und ihre Höfe wurden niedergebrannt.

Die Bemühungen Karls XII., mit dem polnischen König August ein Abkommen zu erzielen, verschafften Peter einen zeitlichen Spielraum, sich auf die entscheidende Auseinandersetzung mit dem Schwedenkönig vorzubereiten. Das Engagement der schwedischen Hauptarmee in Polen hatte katastrophale Folgen für die schwedischen Gebiete der Ostseeprovinzen. Der englische Minister Charles Whitworth (1675–1725) meinte, *Gott habe dem Zaren zwanzigmal mehr zu tun gegeben als anderen Menschen.*

Im Juni 1708 überschritt Karl XII. mit seinen Karolinern den Grenzfluß Beresina und marschierte mit seiner gut gedrillten, modernen Armee in Richtung Moskau. Langsam, aber sicher kamen die schwedischen Eindringlinge voran. Karl konnte zwar gewisse Etappenerfolge erzielen, die Russen vermieden jedoch eine Hauptkonfrontation. Statt deren verwirklichte man die Taktik der verbrannten Erde, so daß sich bei den Schweden bald Mangel an Proviant und Futter bemerkbar machte.

Karl befahl Nachschub aus Livland. Der Tross mit 7000 Wagen kam jedoch nicht bis zur Hauptarmee durch. Ein russischer Angriff bei Lesna in Weißrußland dezimierte nach harten Kämpfen die schwedischen Reihen um die Hälfte. Kanonen und Munition, Futter und Proviant, alles fiel in die Hände der Russen. 6000 ausgemergelten Schweden gelang es schließlich, sich mit letzter Kraft bis zur Hauptarmee durchzuschlagen.

Zar Peter bezeichnete den Sieg als „erste Soldatenprüfung". Er sollte für die weiteren Aktionen von entscheidender Bedeutung werden. Dazu kamen weitere Erfolge für den Zaren im nördlichen Ingermanland.

MAZEPA

Karl hingegen mußte sich mit der Freundschaft des Hetmans Mazepa begnügen. Dieser eigenartige Kosake träumte von einer unabhängigen Ukraine. Mit Hilfe des nordischen Königs und aufgrund der allgemeinen Unzufriedenheit mit der russischen Zentralmacht glaubte er, diesen Traum verwirklichen zu können.

Mazepa ergriff somit die Gelegenheit, sich mit Karl XII. zu liieren und versprach 40000 loyale Kosaken als Verstärkung. Wie sich später herausgestellt hat, waren es nur ein paar tausend. Dem kleinen Heer Mazepas schlossen sich indessen 6000 Saporoger an. Die Situation der Schweden war kritisch, als man sich 1708/09 in der Ukraine ins Winterlager zurückzog. Mit Nachschub aus dem fernen Schweden war auch nicht zu rechnen, weshalb Karl Verhandlungen mit den Türken und Krimtataren einleitete, die jedoch ergebnislos verliefen.

Die Entscheidung fiel 1709 in Poltawa. Nach einigen anfänglichen Geplänkeln kam es am 28. Juni 1709 zur entscheidenden Schlacht. Der Zar verfügte über eine Armee von 42000 Mann und eine Artillerie mit 72 Kanonen. Auf der Gegenseite stand Karl XII. mit 19000 Mann und einigen wenigen Kanonen, für die kaum Munition vorhanden war.

Von seiner gelbbraunen arabischen Stute (Finette) aus gab Peter seine Befehle. Gleichzeitig verfluchte, bedrohte und ermunterte er seine Knechte. Karl, der sich während einer Erkundung den Fuß verletzt hatte, war gezwungen, auf einer Bahre liegend, den Oberbefehl zu übergeben.

Für die Schweden wurde die Schlacht zur Katastrophe. Der König und die Reste der schwedischen Armee, etwa 15000 Mann, traten den Rückzug an. Karl ließ sich dazu überreden, seine Karoliner zu verlassen und sich mit Mazepa auf türkisches Territorium zu begeben. Für die Karoliner endete das russische Kriegsabenteuer mit der Kapi-

IWAN MAZEPA

wurde 1687 Hetman der Saporoger. Er begann seine Laufbahn als Page des polnischen Königs. Mazepa sprach fließend Latein und gilt als der gebildetste Kosak aller Zeiten. Er träumte von einer Führerrolle in einer selbständigen Ukraine, völlig unabhängig vom Zaren, weshalb er auf die Freundschaft Karls XII. spekulierte. Mazepa und Karl begegneten einander im Herbst 1708. Nach der Niederlage der Schweden bei Poltawa im darauffolgenden Jahr mußte er in die Türkei flüchten, wo er starb. Universitätsbibliothek Uppsala.

POLTAWA 1709

Der Bildtext lautet: „Die russische Infanterie, geordnet vor dem Lager in zwei Reihen. Die vordere Reihe haben die Schweden zurückgedrängt. Im Vordergrund galoppiert der Zar mit dem Säbel in der Hand, gefolgt von einer Kavallerie-Eskorte, die sich ihren Weg durch eine Schar schwedischer Reiter schlägt.“ Ausschnitt aus einem Kupferstich von Charles Simonneau (1645–1728). Peter wurde von drei Kugeln getroffen. Eine Musketenkugel schoß ihm den Hut vom Kopf, eine zweite bohrte sich in seinen Säbel, eine dritte traf ihn an der Brust und wurde von dem Silberkreuz, das er um den Hals trug, abgelenkt. In einem beliebten Soldatenlied – „Drei Kugeln“ – hieß es: „Kugeln flogen wie ein Hagel, wie in Strömen floß das Blut, als sich eine Feindeskugel bohrte in des Zaren Hut.“ Kgl. Bibliothek, Stockholm.

Kgl. Bibliothek, Stockholm.

tulation in Perewolotschna (1. Juli 1709). Der russische Sieg war total.

Es entstand die Redensart „sterben wie ein Schwede bei Poltawa", wenn jemand überraschend stirbt.

GÜTER UND GOLD

Der Zar überhäufte seine Befehlshaber mit Auszeichnungen und Belohnungen. Generalfeldmarschall Boris Scheremetew, der die zentralen Streitkräfte in Poltawa angeführt hatte, erhielt großen Grundbesitz, der alte Günstling Alexander Menschikow, Befehlshaber der linken Flanke, wurde zum zweiten Feldmarschall ernannt, und Karl Edvald Rönne, Führer des rechten Flügels, erhielt den Rang eines befehlhabenden Generals. Zwei weiteren Vertrauten des Zaren wurden bedeutende Ämter übertragen: Gawril Iwanowitsch Golwokin (1660–1734) wurde zum ersten russischen Kanzler ernannt, der „kleine Jude", der Diplomat Peter Pawlowitsch Schafirow (1669–1739), zum Vizekanzler.

Während Zar Peter und ganz Rußland den Sieg feierten, begann sich in Europa eine neue Einstellung gegenüber dem Zaren und seinem Imperium breitzumachen. Die westeuropäischen Großmächte, mit Ausnahme Englands und der Niederlande, suchten enge diplomatische Kontakte zu Peter. Ein Friede mit den Schweden sollte jedoch auf sich warten lassen. Die siegreichen russischen Truppen wurden von Poltawa abgezogen und für neue Operationen in die Ostseeregion verlegt.

Peter befürchtete einen Zweifrontenkrieg, gegen die Schweden im Norden und die Türken im Süden. Die Anwesenheit von Karl XII. und Mazepa auf türkischem Hoheitsgebiet wirkte sich natürlich negativ auf die russisch-türkischen Beziehungen aus. Nach etlichen diplomatischen Schachzügen zog der Sultan Achmed III. (1673–1746) im November 1710 offen in den Krieg.

Peter feuerte seine Truppen an im Glauben, leichte Erfolge erzielen zu können. Religiöse Schlagworte wie „im Namen Jesu Christi und des Christentums" sollten bei den Soldaten die Vorstellung hervorrufen, daß es darum gehe, die Feinde des Christentums zu vernichten. Zuversichtlich zog der Zar zusammen mit seiner Gemahlin Katharina ins Feld. Da geschah das Unerwartete: In Nowa Stanilesti am Fluß Prut wurde die russische Armee von den Türken eingeschlossen. Da die Vorräte an Verpflegung und Munition auf russischer Seite äußerst knapp waren, blieb dem Zaren angesichts einer demütigenden Kapitulation und schmachvollen Gefangenschaft nichts anderes übrig, als zu verhandeln. Einer nicht auszumerzenden Geschichte zufolge soll Katharina dem Sultan ihren gesamten Schmuck als Opfergabe angeboten haben. Wie dem auch sei, man kam schließlich zu einer Vereinbarung: Als Gegenleistung für freien Abzug mußten die Russen Asow zurückgeben, die Festungen in Taganrog räumen, sich dazu verpflichten, sich nicht in polnische Angelegen-

VATER DER RUSSISCHEN ARMEE

pflegt man den Generalfeldmarschall Boris Petrowitsch Scheremetew auch zu nennen. Er kam 1671 an den Hof des Zaren, wo er einige militärische Aufträge erhielt, u.a. gegen die Krimtataren. Scheremetew, der zu Zar Peters engstem Kreis gehörte, nahm an beiden Feldzügen nach Asow teil (1695 und 1696). Neben seinen militärischen Kommandos wurden ihm auch diplomatische Aufgaben übertragen. Bei der erfolgreichen Schlacht bei Poltawa (1709) führte Scheremetew den russischen Haupttrupp an. Er war bei Prut (1711) mit dabei und rundete seine lange Karriere als Oberbefehlshaber in Pommern und Mecklenburg 1715 bzw. 1717 ab.
Kgl. Bibliothek, Stockholm.

heiten zu mischen und dem schwedischen König freien Durchzug vom Exil in Bender in der Türkei bis auf schwedisches Territorium zu gewähren. Karl XII. hatte vergeblich auf größere Zugeständnisse gehofft, unter anderem auf Rückgabe der schwedischen Gebiete um die Ostsee.

„...Der Herrgott ließ mich von diesem Ort ausziehen wie Adam aus dem Paradies." Mit diesen Worten begab sich der Zar zur Kur nach Karlsbad. Auf seiner Rückreise verheiratete er den Thronfolger mit einer deutschen Prinzessin; eine direkte Folge der neuen Einstellung Westeuropas gegenüber Rußland nach Poltawa.

Auf einen Frieden mit den Türken mußte der Zar indessen bis 1713 (Adrianopel) warten.

GEGEN DIE PERSER

Als 1721 endlich Friede mit den Schweden zustande gekommen war, richtete sich das Interesse des Zaren unmittelbar auf die Perser in den Küstenländern des Kaspischen Meeres.

Offiziell hieß es, daß Seine zaristische Majestät die kaukasischen Räuberbanden bestrafen wollte, um den ständigen Raubzügen gegen russische Siedlungen ein Ende zu machen. Der Feldzug ging anfangs reibungslos vonstatten. Als sich vor seinen Männer nördlich Derbant die gewalti-

Romantisierte Darstellung von Prut. Katharina betritt das Zelt des betrübten Peter. Beide waren nahe daran, in türkische Gefangenschaft zu geraten. Die fatale Niederlage war ein Faktum. Peters Traum von russischen Schiffen auf dem Schwarzen Meer zerschlug sich. Inmitten allen Elends hatte er einen Einfall. Er schrieb seinem vertrauten Freund Admiral Fjodor Matwejewitsch Apraxin (1661–1728), „daß wir gerade aufgrund dieses Verlustes unsere Kräfte auf der anderen Seite, die für uns von unvergleichlich größerer Bedeutung ist, verstärken müssen", und meinte damit die Ostsee.
Kgl. Bibliothek, Stockholm.

ge Mauer erhob – die laut Legende von Alexander dem Großen errichtet worden war –, erschütterte plötzlich ein Erdbeben die Landschaft, und der Zar rief: „Die Natur selbst heißt mich willkommen!"

Dann kamen die Rückschläge. Der Proviant ging zu Ende, und schwere Krankheiten dezimierten die russischen Reihen. An einem einzigen Tag verlor man 1700 Pferde. Der Feldzug mußte abgebrochen werden.

In russische Hände fiel jedoch Baku, in dessen Tempel das geheimnisvolle Erdöl – Naphtha – brannte. Der Zar zögerte nicht, das „schwarze Gold" zu besteuern. Ein wenig zugespitzt könnte man diese Abgaben als erste „Mineralölsteuer" bezeichnen.

Im Herbst 1723 kam der Friede. Schah Mahmud I. (1696–1754) mußte Derbant, Baku, Gilan, Masanderan und Astrerabad an den Zaren abtreten. Ein Jahr später wurde ein Demarkationsabkommen geschlossen, das die kaukasischen und persischen Grenzen zwischen Rußland und der Türkei regelte.

Im Frieden von Nystad erhielt 1721 Rußland Estland, Livland, Ingermanland, einen Teil Kareliens mit Viborg sowie die Inseln Ösel und Dagö. Als Höhepunkt der Siegesfeier „flehte" der Kanzler Nikolai Fjodorowitsch Golowin (1695–1745) im Namen des Senats den Zaren an, den Titel „Peter der Große, Vater des Vaterlandes, Kaiser über ganz Rußland..." anzunehmen. Peter gab sich verblüfft, ließ sich jedoch gern dazu überreden. Kgl. Bibliothek, Stockholm.

DAS NEUE RUSSLAND ST.PETERSBURG

Zur Entstehungsgeschichte dieser Stadt gibt es mehrere Legenden. Eine Schilderung erzählt davon, daß die Stadt erst in der Luft geschaffen und daraufhin langsam auf die Erde gesenkt worden sei, um nicht im Sumpf zu versinken. In einer anderen Legende heißt es, Peter habe sich von einem Soldaten eine Muskete geben lassen. Mit dem Lauf habe er ein Kreuz in die Erde geritzt und erklärt, daß an dieser Stelle, an der Mündung der Newa in den Finnischen Meerbusen, eine Stadt errichtet werden solle.

Peter hatte sich ein gottverlassenes Sumpfgebiet für seine neue Stadt ausgesucht, was man seiner Launenhaftig-

Der Frieden im finnischen Nystad brachte 1721 das Ende eines 21-jährigen Krieges zwischen Rußland und Schweden. Peter feierte die russischen Erfolge auf vielfältige Weise. Wodka und Wein flossen in Strömen, Maskenfeste lösten einander ab, und Karnevalszüge zogen durch die Straßen (Bild). Der Himmel wurde von einem Feuerwerk nach dem anderen erleuchtet. Nach einer Woche ununterbrochener Festlichkeiten nahm der Zar den Kaisertitel an. Kgl. Bibliothek, Stockholm.

keit zuschrieb. „Baumeister aus Inspiration" wurde er einmal genannt.

Dieses Gebiet war seit jeher ein Grenzland gewesen, in dem zahllose russisch-schwedische Schlachten ausgetragen worden waren. 1702 fielen zwei kleinere schwedische Festungen, Nyenschanz und Nöteborg, in die Hände der Russen. Der Zar hatte sich dabei in der Rolle eines einfachen Soldaten im Hintergrund gehalten. „Es war eine harte Nuß, aber schließlich haben wir sie geknackt", schrieb er anschließend in einem Brief. Die Nuß war Nöteborg, die daraufhin in Schlüsselburg – Schlüssel zur Ostsee – umbenannt wurde.

Am 27. Mai 1703 wurde der Grundstein zu St.Petersburg gelegt. Als erstes sollte eine Festung errichtet werden, die Peter-und-Pauls-Festung. Alles andere wurde gemäß einheitlicher Planung angelegt.

Kriegsgefangene und andere Häftlinge wurden zum Bau der Stadt abkommandiert. Dazu wurden Arbeiter aus den verschiedensten Teilen des Landes zwangsweise rekrutiert. Sie arbeiteten alle unter dem Joch der Peitschen. Der Zar selbst ging umher und züchtigte Säumige mit seinem Stab (*Dubina*). Wie viele Menschen dabei umkamen, ist nicht geklärt, vielleicht 100000, vielleicht doppelt so viele. St.Petersburg oder Piter, wie die Stadt auch genannt wird, ist „eine Stadt, gebaut auf den Gebeinen der Toten".

Für Peter war es „das Paradies", trotz der vielen Probleme. Die Bodenverhältnisse waren wegen der schlammigen Erde extrem schwierig. Transporte und Versorgung litten darunter, daß die Zufahrtswege lange Zeit unpassierbar waren, wodurch ständig Mangel an Baumaterial und anderen Bedarfsgütern herrschte. Unter den riesigen Arbeiterscharen verbreiteten sich schwere Krankheiten, denen viele Menschen zum Opfer fielen. Es war zudem schwierig, Fachleute zu finden.

Wenn nicht gerade die Newa über ihre Ufer trat und Überschwemmungen verursachte, geriet irgendwo eine Scheune in Brand. Man begann sich zu fragen, ob Peter mit dem Bau dieser Stadt nicht einen gewaltigen Fehler begangen habe. Sogar die Halbschwester des Zaren, Maria (1660–1723), war davon überzeugt, daß die Stadt nicht bestehenbleibe. Peter ließ sich jedoch nicht beirren.

DER ZAR AUF DER HASENINSEL
an der Mündung der Newa am Finnischen Meerbusen, wo die Peter-und-Pauls-Festung zum Schutz gegen eventuelle neue schwedische Angriffe errichtet wurde. Dies war die Einleitung zum Bau von St.Petersburg. Universitätsbibliothek Helsinki.

NACH POLTAWA

Nach dem Sieg über die Schweden bei Poltawa (1709) wurde die Bautätigkeit in St.Petersburg beschleunigt. Bereits im darauffolgenden Jahr begann die Umsiedlung der ersten Ämter von Moskau nach St.Petersburg. Zugleich befahl der Zar den Adeligen, sich mit ihren Familien in St.Petersburg niederzulassen, was die Errichtung zahlreicher Paläste nach sich zog. 1712 geschah der Umzug der zentralen Verwaltungsämter. Damit war St.Petersburg zur russischen Hauptstadt geworden. Ein Jahr später betrug die Einwohnerzahl 34500, nach zehn Jahren das Doppelte.

Die Moskauer beklagten sich über die Bevorzugung der neuen Stadt: „Hier müssen wir in Bastschuhen gehen, während man in St.Petersburg goldene Schuhe trägt." Die meisten, die zwangsweise versetzt wurden, empfanden dies als regelrechte Verbannung. Die Reise von Moskau nach St.Petersburg nahm zu dieser Zeit 24 Tage in Anspruch. Man hatte also viel Zeit, sich eine Meinung zu bilden.

Die Altgläubigen in Moskau bezeichneten das, was in den finnischen Sümpfen aus dem Boden wuchs, als „Blendwerk des Teufels". Bereits von Anfang an war also eine Rivalität der beiden Städte vorhanden, und es entwickelten sich zwei verschiedene Lebensstile. St.Petersburg war und blieb eine relativ offene Stadt. Der Kritiker Wassarion Grigorewitsch Belinski (1811–1848) verglich St.Petersburg mit „einer groben und mächtigen Eiche, die die gesamte Lebenskraft Rußlands in sich birgt".

Die Gegensätze sollten sich insbesondere im Zuge der literarischen und philosophischen Fehden des 19. Jh. verschärfen.

Der Zar beauftragte nun eine Reihe ausländischer Architekten, seinem Werk Glanz zu verleihen, darunter Domenico Trezzini (um 1670–1734) und Jean-Baptiste Le Blond (1679–1719). Letzterer war der Schöpfer der Paradestraße Newski Prospekt, des Sommergartens und des Lustschlosses Peterhof.

Der berühmteste Palast von St.Petersburg lag auf der Insel Wassiljew und gehörte dem Zarengünstling Fürst Alexander Menschikow, einem skrupellosen Herrn, der seinen Herrscher gern zu luxuriösen Festen einlud, bei denen das Menü oft aus zweihundert Gerichten bestand und die Gäste von goldenen Tellern aßen. Bei einer dieser Festlichkeiten lernte Peter Katharina kennen, was nicht verwunderlich war, da sie als die Geliebte des Fürsten galt.

Ansonsten war der Zar kein Freund von Prunk und Pracht. Er lebte in Einfachheit in einem kleinen Haus am Peterskai, von dem aus er das Treiben in der Stadt beobachten konnte. Dieses Haus, heute das älteste der

PETERHOF

1710 begann die Projektierung des kaiserlichen Lustschlosses Peterhof, etwa 30 Kilometer vor St.Petersburg in wunderschöner Lage am Finnischen Meerbusen. Es ist umgeben von riesigen Parkanlagen, prächtigen Springbrunnen und mehreren kleineren Pavillons. Vor dem Großen Palast liegt die sog. Große Kaskade mit Statuen, Basreliefs und vierundsechzig Springbrunnen. Einer der Springbrunnen – die Simson-Fontäne – symbolisiert den Sieg des Zaren über die schwedische Flotte am Simson-Tag. Den bekanntesten Pavillon – Monplaisir – hatte Peter selbst entworfen.
Im Zweiten Weltkrieg wurde Peterhof schwer beschädigt, jedoch wieder aufgebaut und mit Ehrfurcht restauriert.

Von einem Besuch im neu erbauten Schloß weiß ein Gesandter zu berichten: „Wir kamen an mit gutem Wind und wurden zu Tisch, obgleich sich Seine Majestät selbst schonte, so reichlich mit altem ungarischem Wein verpflegt, daß wir beim Verlassen des Tisches nicht richtig auf den Beinen stehen konnten. Nachdem wir aus der Hand der Zarin einen weiteren Pokal entgegengenommen und geleert hatten, verloren wir vollends die Besinnung und wurden in diesem Zustand weggetragen, wobei der eine im Garten, der andere im Walde und die übrigen hier und dort auf dem Boden liegenblieben."
Lilla Bukowski, Stockholm

PETERS PAVILLON. Anfang des 19. Jh. baute ein gewisser Medlandt diesen Pavillon in der russischen Hauptstadt auf der Petersburger Seite. Stich aus privater Sammlung.

Stadt, wurde 1974 originalgetreu wiederhergestellt. Nicht weit davon entfernt liegen der Sommergarten und Peters Sommerresidenz. In den vierzehn Zimmern beanspruchten der Zar und die Zarin je eine Wohnung für sich, wobei Katharinas unvergleichlich prächtiger ausgestattet war, unter anderem mit venezianischen Spiegeln und wunderschönen Gobelins.

Peter erbaute nicht nur eine neue Hauptstadt, aus seiner Kanzlei strömten auch unaufhörlich neue Gesetze und Verordnungen. Viele davon waren überstürzt und wenig durchdacht. Der Zar forderte totalen Gehorsam und bestrafte erbarmungslos jeden, der nicht dem Staat diente.

Auch die Staatsverwaltung wurde einer gründlichen Reform unterzogen. Bereits 1708 ließ Peter das Land in acht Bezirke einteilen, die jeweils einem Gouverneur unterstellt wurden. Elf Jahre danach sind die Bezirke in Provinzen und Distrikte aufgeteilt worden.

1711 wurde der Senat zum höchsten Staatsorgan Rußlands erklärt. Seine Aufgabe bestand in der Kontrolle der zentralen und örtlichen Verwaltung. Dort saßen die engsten Mitarbeiter des Zaren, was diesen jedoch nicht daran hinderte, vertraute Gardeoffiziere mit der Bewachung der Senatsmitglieder zu beauftragen. Die alten Verwaltungskanzleien wurden abgeschafft und durch sog. Kollegien ersetzt. Jedes Kollegium stand unter der Leitung eines Präsidenten.

Unter Peter dem Großen erhielten Bürgerliche das Recht, Beamte und Offiziere zu werden. Eine neue Rangordnung mit 14 militärischen und zivilen Dienstgraden

Der SOMMERPALAST in St.Petersburg entstand in den Jahren 1710–1714 in der Nähe des Sommergartens. Peter zog ein, bevor das Haus fertig war. Jeden Sommer, bis hin zu seinem Tod, bewohnte er den kleinen Palast. Der Architekt, Domenico Trezzini, verlieh dem Haus seine einfachen und straffen Linien: ein typischer Zug der frühen Architektur St.Petersburgs. Seit 1934 ist der Sommerpalast historisches Museum.
Private Sammlung.

wurde eingeführt. Der achte Grad führte gleichzeitig zur Adelung.

Als im Jahre 1700 der Patriarch Adrian verstarb, setzte der Zar keinen Nachfolger ein. Zwanzig Jahre später ist das Patriarchat offiziell abgeschafft worden. Die Führung der Kirche wurde statt dessen einem von der Regierung eingesetzten Organ, der Heiligen Synode mit einem Oberprokurator (einer Art Kirchenminister) an der Spitze, übertragen. Durch Auflösung des Patriarchats verschwand auch die offene Kritik gegen den Staat, was während der gesamten Zarenzeit so bleiben sollte.

Die vielen Kriegsunternehmungen kosteten den Staat erhebliche Summen. 1710 errechnete man, daß Armee und Flotte vier Fünftel des Staatshaushaltes in Anspruch nahmen. Die nahezu chaotische Wirtschaft führte dazu, daß die Gehälter der Staatsbeamten je nach Liquidität der Staatskasse stiegen oder sanken. Zuweilen wurden Gehälter in Naturalien gezahlt. Der ständige Mangel an Bargeld führte zu einer intensiven Jagd nach Steuereinkünften. Alles, was sich auch nur im geringsten dazu eignete, wurde mit Steuern belegt. Dazu kamen Schutzzölle und Stempelgebühren.

Die großen Verlierer dieser Steuerpolitik waren die Bauern, die nicht nur Soldaten auf Lebenszeit liefern mußten, sondern auch die neu eingeführten Kopfsteuern zu entrichten hatten. Die Unzufriedenheit im Lande wuchs, eine Massenflucht der Bauern zu den Kosaken setzte ein. Mehrere ernsthafte Aufstände wurden mit äußerster Brutalität niedergeschlagen.

Die Machtstellung des Adels und der Kaufleute wurde hingegen gefestigt. Obendrein erhielten diese Gruppen außerordentliche Privilegien vom Zaren.

RANGTABELLE

Peter der Große stellte in einem Ukas 1722 eine Rangtabelle mit 14 Klassen, eine Art Karriereleiter für Staatsbeamte, auf. Der Tabelle wurde nicht die Abstammung, sondern der Dienstgrad zugrunde gelegt. Ein Vordringen bis zur achten Klasse – was in der Praxis mit erheblichen Schwierigkeiten verbunden war – bedeutete Eintritt in den Erbadel.

ZIVILGRAD

RANGKLASSE	
	1 – Kanzler (dem Außenminister vorbehalten)
	2 – Wirklicher Geheimrat
	3 – Geheimrat
	4 – Wirklicher Staatsrat
	5 – Staatsrat
	6 – Kollegienrat
	7 – Hofrat
	8 – Kollegienassessor
	9 – Titularrat
	10 – Kollegiensekretär
	11 – Schiffssekretär
	12 – Bezirkssekretär
	13 – Provinzsekretär
	14 – Kollegienregistrator

Bei einer feierlichen Zeremonie in der Moskauer Uspenski-Kathedrale 1724 setzte Peter selbst seiner Gemahlin Katharina die Kaiserkrone aufs Haupt. Die Krone, die in Paris angefertigt worden war, war mit 2564 Perlen und Edelsteinen besetzt und stellte eine Kopie der alten byzantinischen Kaiserkrone dar. In orthodoxen Kreisen nannte man die Krönung eine unverzeihliche Handlung und Demonstration. „Es geschehen merkwürdige Dinge in unserer Zeit", seufzte der englische Minister in einem Brief und fuhr fort: „Der Zar hat sich mit seiner Geliebten vermählt und sie zur Kaiserin erklärt."
Private Sammlung.

Mit dem Bau von St.Petersburg setzte Zar Peter seinen Jugendtraum vom „offenen Meer“ in die Tat um. Innerhalb kurzer Zeit wuchs die Stadt zu einer wichtigen Hafenstadt heran. Der russische Handel mit dem Westen war früher über Archangelsk im Norden des Landes abgewickelt worden. Von 1722 an war jedoch St.Petersburg Rußlands größte Hafenstadt, von der aus drei Viertel des gesamten Exports – mit England als Hauptabnehmer – verschifft wurden.
Kgl. Bibliothek, Stockholm.

Von Beginn an galt St.Petersburg als Hafenstadt und Industriezentrum. Ein Großteil des gesamten russischen Außenhandels auf dem Seeweg wurde hier umgeschlagen. Der Zar mußte feststellen, daß diese Güter auf ausländischen Schiffen transportiert wurden. Seine Bestrebungen, eine starke russische Handelsflotte auf die Beine zu stellen, hatten jedoch wenig Erfolg. Für diese Zeit typische russische Exportgüter waren Teer, Flachs, Hanf, Pottasche, Holz, Kaviar und Leder.

Was den Handel betraf, so ließ der in Deutschland geborene russische Graf und Vizekanzler Andrej Iwanowitsch Ostermann (1686–1747) folgende Bemerkung fallen:...*Wir haben nicht einen einzigen Mann, der auch nur das Geringste vom Handel versteht.*

Peter strebte nach Rußlands Unabhängigkeit vom Import aus westlichen Ländern. Er ließ über 200 Handelshäuser und größere Fabriken errichten. In St.Petersburg entstanden Schiffswerften, Ziegeleien, Waffenfabriken, Pulverfabriken und andere Industriebetriebe. Im übrigen Lande war man aus internationaler Sicht besonders in der Metallindustrie erfolgreich, die um die Mitte des 18. Jh. als marktführend in Europa galt.

Im Bereich der Landwirtschaft wurden Experimente und Verbesserungen innerhalb der Viehzucht vorgenommen.

Der energische Zar versuchte praktisch das ganze Rußland umzugestalten. Den alten Kaftan wollte er gegen abendländische Kleidung tauschen. An den Stadttoren ließ er Modelle der neuen Kleidermode aushängen. Während die Männer diesen neuen Signalen mit Argwohn begegneten, zeigten die Frauen mehr Verständnis, und sie warfen erwartungsvolle Blicke in Richtung Versailles. Die

STEUERSTEMPEL

Im Zuge der Jagd nach Steuern, die unter Zar Peter immer größeres Ausmaß annahm, wurden verschiedene Steuerstempel eingeführt. Die Abbildung zeigt einen Stempel von 1724 für 10 Kopeken.
Kgl. Bibl. Sthlm.

Frauen wurden nun aufgefordert, ebenfalls am Gesellschaftsleben teilzunehmen. Dazu war es erforderlich, die richtigen Umgangsformen zu beherrschen. Ein Buch mit dem Titel „Ehrenspiegel der Jugend“ gab hierzu willkommene Hilfestellung. Es gab Anweisungen für Umgangsformen, Tischmanieren, Zahnhygiene und Kaffeetrinken.

Auch die Bartfrage gewann neue Aktualität. Der Zar, der eigentlich jedes russische Kinn vom Barte befreien wollte, mußte sich mit einem Kompromiß begnügen, nämlich der Einführung einer progressiven Bartsteuer. Einen Bauern kostete der Bart ½ Kopeke, ein Adeliger mußte ganze 100 Rubel auf den Tisch des Herrn legen.

UNZÄHLIGE NEUERUNGEN

Um die Zeitwende zum 18. Jh. ging Rußland von der byzantinischen Zeitrechnung, nach der die Welt 5508 v.Chr. geschaffen worden war, zum Julianischen Kalender über. Das Jahr 7208 wurde durch das Jahr 1700 ersetzt. Der Julianische Kalender wurde während der gesamten Zarenzeit beibehalten und erst am 1. Februar 1918 von der Gregorianischen Zeitrechnung abgelöst.

1704 wurde das russische Münzsystem reformiert. Ein Rubel wurde in 100 Kopeken aufgeteilt. Gleichzeitig wurde die Einführung des Dezimalsystems für Maße und Ge-

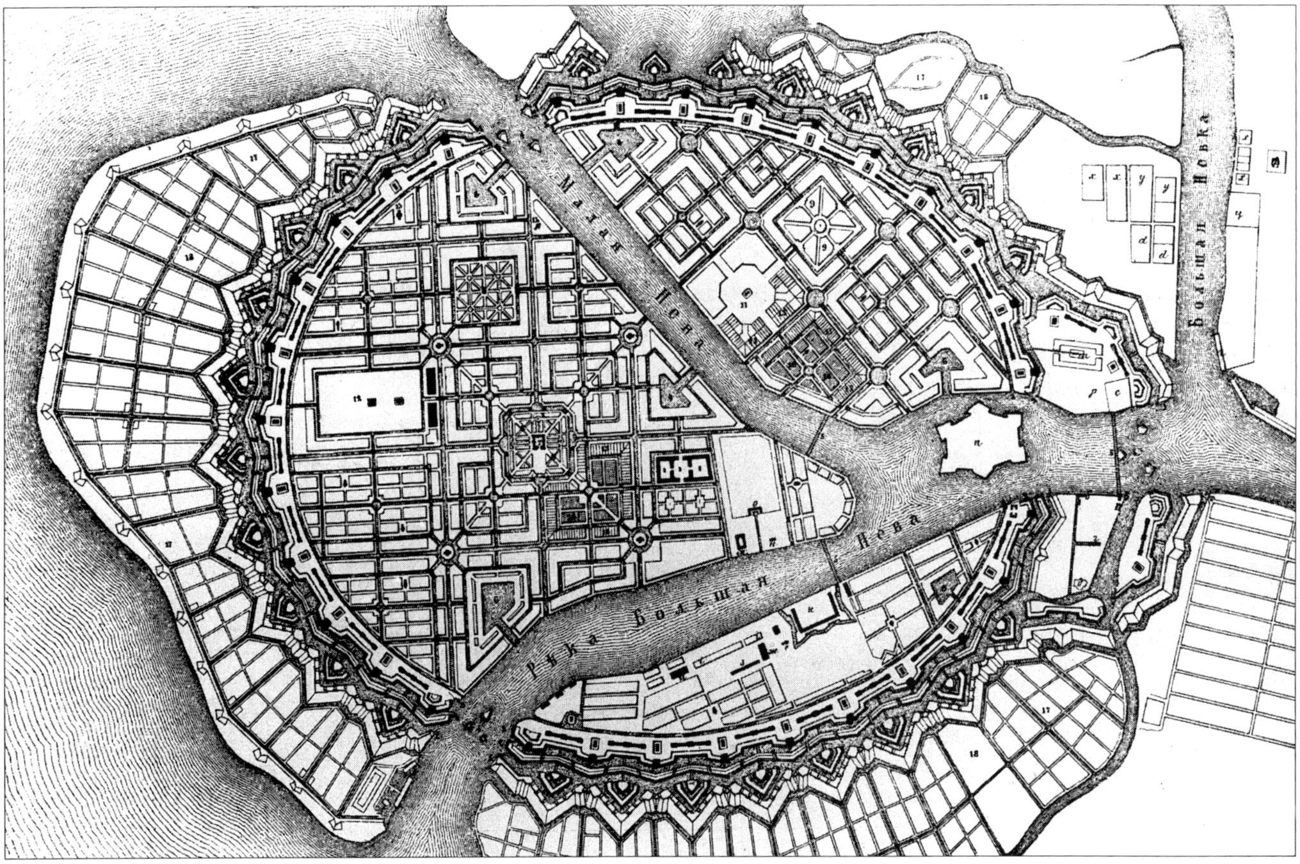

STADTPLAN VON ST.PETERSBURG 1717

Der Franzose Alexander Le Blond, Generalarchitekt Peters des Großen, hatte sich diesen Stadtplan für St.Petersburg ausgedacht. Es war vorgesehen, die Wassiliinsel, benannt nach einem Steuermann eines der Schiffe des Zaren, zum administrativen Zentrum zu machen (linker Teil zwischen den beiden Mündungsarmen der Newa). Die Idee konnte aufgrund des Fehlens von Brückenverbindungen zu den übrigen Stadtteilen nicht verwirklicht werden. Das Treibeis und der wechselnde Wasserstand der Newa stellten schwer zu lösende Probleme dar. Im Laufe der Zeit entwickelte sich die Wassiliinsel zu einem kulturellen und wissenschaftlichen Zentrum. Die erste Brücke über die Newa wurde erst im Jahre 1850 fertiggestellt. Nordöstlich (rechts) der Wassiliinsel liegt die Haseninsel oder Petersburger Seite mit der Peter-und-Pauls-Festung auf einer eigenen kleinen Insel, die nach Aushebung eines Kanals entstand. Zu einer Verwirklichung des Stadtplans Le Blonds kam es nicht.
Kgl. Bibliothek, Stockholm.

wicht angeordnet. In der Praxis blieb diesbezüglich jedoch noch für lange Zeit alles beim alten.

Peter der Große gab Rußland eine nationale Flagge mit drei vertikalen Feldern: Weiß, Blau und Rot. Auf den Schlachtschiffen wehte dieselbe Flagge, mit einem zusätzlichen blauen Andreaskreuz versehen, das später allein auf weißem Grund bei der Marine zu finden gewesen ist.

Reformen von großer kultureller Tragweite wurden vorgenommen. Ein bürgerliches Alphabet ersetzte das slawische Kirchenalphabet. Zahlreiche Schulen wurden errichtet.

Ende 1702 erschien Rußlands erste Zeitung *Wedomosti* („Neuigkeiten"), die der Zar selbst redigierte. Sie vermittelte allgemeine Nachrichten. Die staatlichen Druckereien brachten in erster Linie staatliche Mitteilungen zu Papier. Zu einem wichtigen Produktionszweig entwickelte sich indessen der Wandkalender, der neben einem Jahreskalender auch Informationen über astronomische Begebenheiten, Krieg und Ernte enthielt.

Die Reformbegeisterung, die der Zar an den Tag legte, teilten jedoch bei weitem nicht alle Landsleute. Die stärksten Reformgegner fanden sich in den höheren Bojarenkreisen und im orthodoxen Klerus. Insgeheim versuchte man alles Neue durch Intrigen und Verschwörungen soweit wie möglich zu sabotieren. Auch Gerüchte wurden in Umlauf gesetzt, nach denen der Zar beabsichtige, die Moskauer zu Sklaven der Deutschen (Ausländer) zu machen und Moskau in *Tschertograd* (Stadt des Teufels) umzutaufen. Derartige Angriffe zeitigten jedoch nur geringen Erfolg.

Zar Peter befreite nicht nur die Frauen der Bojaren vom isolierten Terem-Dasein, sondern veranlaßte auch ihre Teilnahme am höfischen Treiben und Gesellschaftsleben, wie es im Westen der Fall war. In einem besonderen Ukas wurden den Russinen aufgetragen, in westlichem Stil gekleidet Empfänge zu geben – „jours fixes". Diesen neuen Moden begegneten die meisten der Betroffenen mit Widerwillen. Jeder, der sich den Regeln des Zaren widersetzte, mußte „den großen Adler", einen Becher, der mit mehr als zwei Flaschen Branntwein gefüllt war, in einem Zuge leeren.
Slawische Bibliothek, Helsinki.

DAS ENDE

Ein spontaner Einsatz zur Rettung einiger Soldaten aus eiskaltem Wasser wurde dem Zaren zum Verhängnis. Der 52jährige Herrscher wurde von Fieber und Schüttelfrost heimgesucht und klagte zudem über Bauchschmerzen. Zur Weihnachtszeit konnte er sich wieder vom Krankenbett erheben und im Kreise von Freunden an einem der lautstarken und ausschweifenden Feste teilnehmen. Wie üblich mangelte es nicht an Wein und Schnaps. Das Menü bestand aus Bären-, Wolfs-, Fuchs-, Katzen- und Rattenfleisch.

Kurz danach war Peter erneut ans Bett gefesselt. Sein Krankheitsbild war nun so kompliziert und unklar, daß ein Kurier in den Westen entsandt wurde, um ärztliche Experten zu konsultieren. Der Zar litt an zunehmender Darm- und Blasenentzündung. Man befürchtete zudem das Hinzukommen einer Nekrose. Peter, der zwischendurch seinen Schmerz herausschrie, begann, seine Sünden zu bekennen.

Um ihn herum und um Katharina, die stets an seinem Bette saß, scharten sich zahlreiche Personen. Wenn sich der Zar dann und wann besser fühlte, versuchte er, seiner normalen Arbeit nachzugehen. Er war besonders daran interessiert, einen gewissen Kapitän Bering auf die Reise zu schicken, um den „großen nördlichen Seeweg" nach Indien zu finden. Als Peter sein Testament zu Papier bringen wollte, kam er nur bis zu den Worten O*tdajte wse...*" („Gebt alles..."). Dann glitt ihm die Feder aus der Hand. Der Versuch, ihn doch noch zum Diktieren seines Letzten Willens zu bewegen, scheiterte. Peter fiel in tiefes Koma, aus dem er nicht wieder erwachte.

Am Morgen des 8. Februar 1725 weckte das Geläute der Kirchenglocken die Bewohner der Hauptstadt und verkündete, daß der Zar tot war.

Bereits zu Lebzeiten sprach man von Zar Peter als „dem

Großen". „Er ist dein, Gott, er war dein Gott, Rußland!" rief der Dichter Michail Wassiljewitsch Lomonossow (1711–1765) pathetisch aus. Lomonossow gilt als der „Vater der russischen Literatur". Beim einfachen Volk war indessen die Rede von „einer Katze, die von Ratten begraben wird". Bei weitem nicht jeder schenkte dem Zaren seine Bewunderung.

François Voltaire (1694–1778) gehörte jedoch zu den Verehrern des Zaren und behauptete, Peter I. habe Rußland geschaffen, während Jean-Jacques Rousseau (1712–1778) ihn beschuldigte, die russische Seele verraten zu haben. Der Gesellschaftskritiker Alexander Herzen (1812–1870) bezeichnete Peter I. als „Schreckensregenten und Reformator".

DIE THRONFOLGE

Keiner der Söhne aus Peters und Katharinas Verbindung war beim Tode des Zaren noch am Leben. Dadurch eröffneten sich mehrere Möglichkeiten. Einflußreiche Kreise mit dem Senator Dmitri Michailowitsch Golizyn (1665–1737) an der Spitze entwarfen einen Plan, demzufolge Peters Enkel Peter Alexejewitsch als Kaiser eingesetzt werden sollte, während Katharina als Regentin zusammen mit dem Senat das Land führen sollte. Sicherlich gab es viele, die noch gern einen Schritt weiter gegangen wären, um all das, was mit Peter in Verbindung stand, auszumerzen. Als jedoch die Gardesoldaten mit den Waffen klirrten und äußerten: „Unser Vater ist tot, aber unsere Mutter lebt noch", war jedem klar, daß die neue Regentin Katharina hieß.

Der alte Fjodor Apraxin händigte der 42jährigen Zarenwitwe die Krone aus, damit sie mit „allen Privilegien ihres dahingeschiedenen Gemahls" regiere. Der Bescheid, daß Katharina zur regierenden Kaiserin ernannt worden war, ließ die Gardesoldaten in Hurrarufe ausbrechen.

Katharina nahm sich auch des einfachen Volkes an in der Hoffnung, ihrem Ruf, warmherzig und großzügig zu sein, gerecht zu werden.

Michail Lomonossow, auch „Vater der russischen Literatur" genannt, war bekannt für sein hitziges Temperament, seine typisch russische Selbstüberschätzung und seine Vorliebe, oft ein Glas zuviel zu heben. Er war außerdem Sprachforscher und Naturwissenschaftler. Seinem großen Idol, Peter dem Großen, widmete er so manches Gedicht.
Private Sammlung.

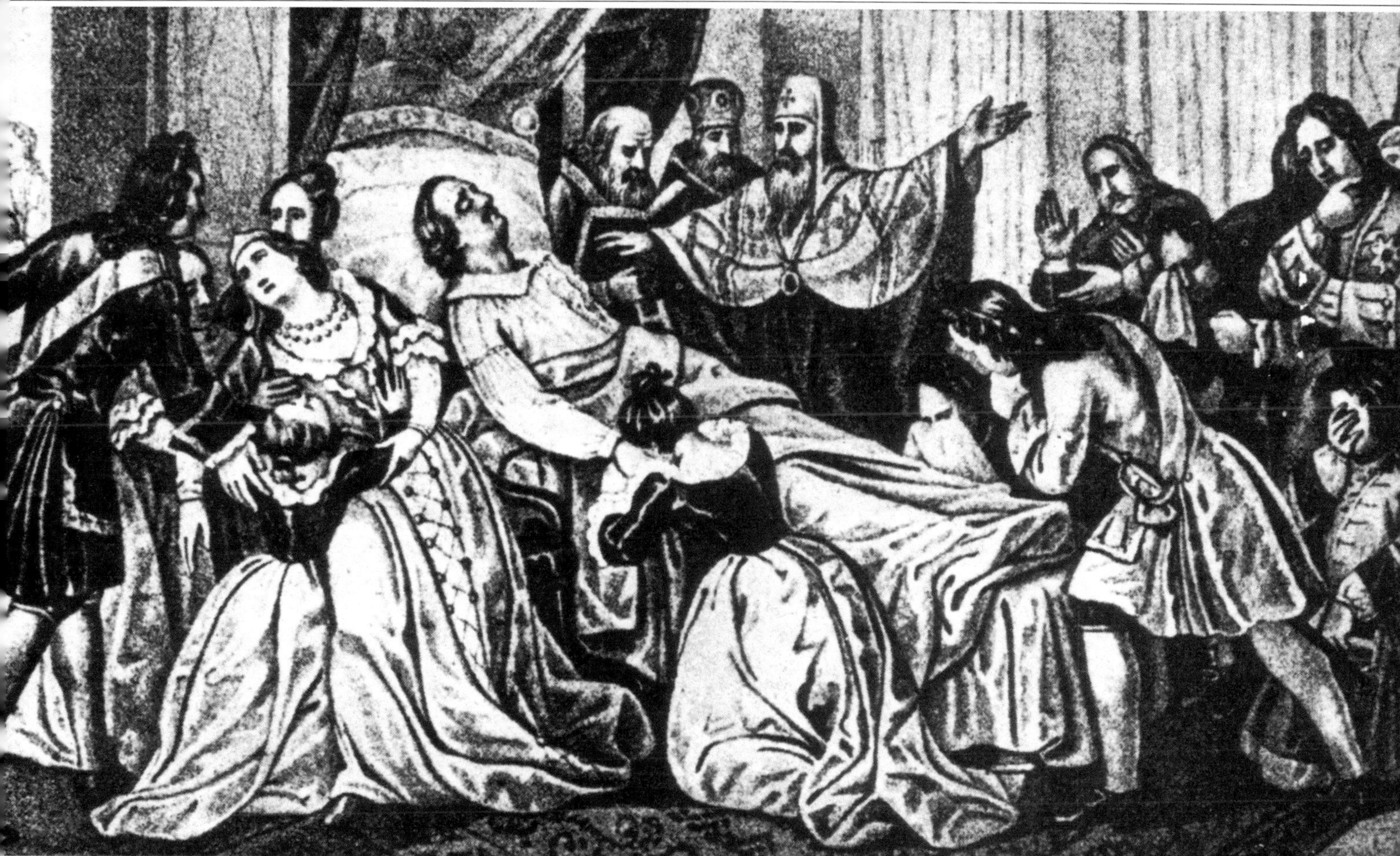

DAS STERBEBETT

Der Zar liegt im Sterben. Um ihn herum drängen sich Freunde und Vertraute, um ihm Lebewohl zu sagen. Der Erzbischof Feofan Prokopowitsch (1681–1736) verabreichte dem Zaren zweimal die Letzte Ölung. Peter war reuevoll und bekannte seine Sünden in der Hoffnung, daß Gott ihm vergeben möge „für das Gute, das ich für mein Volk auszurichten versuchte". Nach seinem Ableben wurde der Leichnam Peters in scharlachroten Kleidern, mit dem blauen Band des St.Andreas-Ordens geschmückt, öffentlich aufgebahrt. Fünf Wochen später starb die Zarentochter Natalja (1718–1725). Der Zar war immer noch nicht beigesetzt, und sein Körper begann sich bereits dunkel zu verfärben. Schließlich kam es zu einem Doppelbegräbnis von Vater und Tochter.
Kgl. Bibliothek, Stockholm.

KAPITEL VII

Katharina I.
(Regentin 1725–1727)

Peter II.
(Regent 1727–1730)

Anna
(Regentin 1730–1740)

Iwan VI.
(Regent 1740–1741)

KAISERIN KATHARINA

Mit Kaiserin Katharina brach in Rußland ein neues Zeitalter – die Epoche der Frauenherrschaft – an. Drei der insgesamt sechs Regenten bis hin zum Jahre 1763 waren weiblichen Geschlechts. Diese drei Kaiserinnen hatten 34 der 38 Jahre dieses Zeitabschnittes die Thronherrschaft inne. Sie zeigten jedoch alle schwache Fähigkeiten zum Regieren, was sich lähmend auf den Staatsapparat auswirkte. Alles schien stillzustehen. Es kamen weder bedeutende Reformen zustande, noch wurden Reformen abgeschafft, die Peter der Große eingeführt hatte. Die wirkliche politische Macht lag bei den Günstlingen und Liebhabern. Da war es nicht verwunderlich, daß Offiziersgruppen mit Unterstützung der Garderegimenter eine Reihe von Staatsstreichen unternahmen.

Katharina hatte oft ihren Gemahl bei Feldzügen begleitet, um ihm in Freud und Leid zur Seite zu stehen. Dies hatte ihr bei den Soldaten große Beliebtheit eingebracht. Das Zeug zu einer Regentin hatte sie jedoch nicht. Katharina hatte zwar bei ihrer Thronübernahme versprochen, Peters Reformpolitik weiterzuführen, doch fehlten ihr das nötige Interesse, der Ehrgeiz und die Fähigkeiten, dieses Versprechen einzulösen.

Katharina übertrug die Regierungsverantwortung ihrem alten Wohltäter Alexander Menschikow und wurde somit zu dessen Marionette. Ein Jahr nach der Thronbesteigung wurde der „Oberste Geheime Rat" an der Seite Menschikows eingerichtet, eine kleine Gruppe Auserwählter, die unverzüglich die Machtbefugnisse des Senats übernahm. Der Rat verschärfte den Machtkampf gegen die alten Aristokraten, in erster Linie vertreten durch die Geschlechter Dolgoruki und Golizyn. Diese Adelsfamilien strebten nach einer Rückkehr zu den Verhältnissen, die vor der Zeit Peters des Großen im Lande geherrscht hatten.

Trotz alledem konnten dem Obersten Geheimen Rat gewisse positive Leistungen nicht bestritten werden: Er milderte das Los der Altgläubigen, senkte die Kopfsteuern und gründete die Akademie der Wissenschaften.

Katharina setzte sich für die Soldaten ein, die nun unter anderem von dem obligatorischen und harten Arbeitsdienst beim Bau des Ladogakanals befreit wurden. Man behauptete sogar, die Kaiserin habe selbst in den Offiziersmessen die Becher zu füllen und eifrig mitzuzechen gepflegt.

Auch sonst war die Kaiserin nicht gerade enthaltsam. Ihrer Vorliebe für Glanz und Luxus waren nun, da sie alleinige Herrscherin war, keine Grenzen gesetzt. Sie ließ Bälle, Maskenfeste und Festmahle veranstalten. Katharinas Ausschweifungen führten zu einer Verdreifachung der höfischen Ausgaben.

Auch ihre alten, armen Anverwandten gingen nicht leer

KAISERIN KATHARINA

Katharina verdankte es zum großen Teil der Unterstützung durch die Gardesoldaten, daß sie zur regierenden Herrscherin aufsteigen konnte. Als Gegenleistung gewährte sie so manche Vergünstigung. Ansonsten war sie wenig an den Regierungsgeschäften interessiert. „Die Politik der Kaiserin bestand darin, alles in dem Zustand zu halten, den (Peter der Große) hinterlassen hat…", vermerkte der sächsische Botschafter. Rußlands wirklicher Regent war Fürst Alexander Menschikow, Vorsitzender des „Obersten Geheimen Rates", der ins Leben gerufen worden war, um, wie es hieß, „Ihre Majestät von der schweren Regierungsbürde zu entlasten".
Universitätsbibliothek Helsinki.

aus. Sie wurden zu Grafen gemacht und kamen in den Genuß freizügiger Zuschüsse.

Auch den einen oder anderen Scherz konnte sie sich nicht verkneifen. Als sie jedoch am 1. April 1725 befahl, die Kirchenglocken der Stadt zu läuten, war das Volk entrüstet. Der Aprilscherz kam beim Volk nicht an. Glockengeläute war nämlich das übliche Alarmsignal bei Brandkatastrophen oder bevorstehender Überschwemmung. Und damit treibt man keine Scherze.

Im vergnüglichen Treiben verirrte sich so mancher Herr ins Damengemach der Kaiserin. Bereits zu Lebzeiten Peters gingen Gerüchte um über Katharinas Seitensprünge. Ihre Liebesaffäre mit Wilhelm Mons, dem Bruder von Peters großer Jugendliebe, ist unbestritten. Als Peter davon Wind bekam, wurde Wilhelm gefaßt und schrecklichsten Folterungen ausgesetzt. Dennoch kam kein Geständnis über seine Lippen. Schließlich machte man ihn um einen Kopf kürzer. Auf Befehl des Zaren wurde der Kaiserin der abgehackte Kopf auf einem Tablett auf dem Nachttisch serviert.

ANNA PETROWNA, die zukünftige Mutter Peters III., war die Lieblingstochter Peters des Großen. Friedrich Wilhelm Bergholz (1699–1765) vom holsteinischen Hof beschrieb die Zarentochter als „brünett und süß wie ein Engel mit bezaubernder Figur, dem Vater ähnlich und für ein Mädchen ziemlich hochgewachsen." Universitätsbibliothek Helsinki.

KARL FRIEDRICH, Herzog von Holstein-Gottorp, war Neffe des kinderlosen Karl XII. Er kam, nachdem sein Vater 1702 bei Klisow gefallen war, nach Schweden, wo er von einer Tante erzogen wurde. Der Allmächtige des Herzogtums, der abenteuerliche Georg Heinrich Görtz (1668–1719), der an einem schwedischen Galgen geendet hat, verkündete den Herzog als Thronprätendenten sowohl in Schweden als auch in Rußland. Karl Friedrich mußte sich mit seinem Herzogstitel begnügen, während sein Sohn, der ebenfalls als schwedischer und russischer Thronanwärter auftrat, als zukünftiger Zar Peter III. den Thron besteigen sollte. Kgl. Bibliothek, Stockholm.

Im Frühjahr 1725 verheiratete Katharina ihre Tochter Anna (1708–1728) mit einem ihrer Günstlinge, dem Herzog Karl Friedrich von Holstein-Gottorp (1700–1739). Das Hochzeitsmahl wurde nach alter Tradition mit überschwenglichem Luxus, im Überfluß gedeckten Tischen, Orchestern und Böllerschüssen gefeiert. Auch Liliputaner fehlten nicht – ein Liliputanerpaar kroch aus einer Riesenpastete hervor. Katharina war allem Anschein nach mit der Verbindung zufrieden. Was Anlaß zur Sorge gab, war indessen ihr Gesundheitszustand. Sie klagte hin und wieder über Herzbeschwerden.

Dies beunruhigte den Obersten Geheimen Rat, der sich ständig mit der Frage der Thronfolge befaßte. Ein selbstverständlicher Thronfolger war nicht vorhanden. Sämtliche Söhne Katharinas und Peters des Großen waren nicht mehr am Leben. Aus der ersten Ehe Peters war jedoch ein Sohn hervorgegangen, Alexej, dessen Sohn Peter Alexejewitsch plötzlich zum Schoßkind Menschikows wurde. Menschikow hatte da einen Hintergedanken.

Als Katharina im Sterben lag, drängte Menschikow darauf, daß sie den elfjährigen Peter Alexejewitsch als den alleinigen Thronerben anerkennen sollte. Und nicht genug damit: Der junge Peter sollte zudem mit Menschikows Tochter Maria verlobt werden. Somit würde Menschikow zum Schwiegervater des angehenden Kaisers werden. Als Gegenleistung war Menschikow bereit, Katharinas Töchtern Anna und Elisabeth einen Platz in dem Rat einzuräumen, der das Land bis zur Volljährigkeit Peters regieren sollte. Katharina gab zu alledem ihre Einwilligung. Nach schwerem Leiden mit ständigem Nasenbluten und hohem Fieber starb sie Mitte Mai 1727.

Über Katharina und ihre Regierungszeit wußte unter anderem der sächsische Gesandte Lefort zu berichten. Ihm zufolge lag während dieser Zeit jegliche Regierungsarbeit nieder. Abschließend bemerkte er: *Niemand will irgendeine Verantwortung auf sich nehmen... Ich verfüge nicht über die erforderlichen Farben zur Schilderung dieses Chaos...*

DER MINDERJÄHRIGE ZAR

Mit Peter II. erhielt Rußland erneut einen jugendlichen Selbstherrscher. Er wird als wohlgestalteter junger Mann beschrieben, kräftig und ungewöhnlich hoch gewachsen. Eine Lernbegabung war er dagegen nicht gerade. Seine einzigen Interessen schienen Jagen und Reiten zu sein. In seiner nächsten Umgebung befanden sich sein Kindheitsfreund Fürst Iwan Alexejewitsch Dolgoruki (1708–1771) – offiziell als Oberkammerherr –, Peters Schwester Natalja und die lebensfrohe Tante Elisabeth.

PETER II., jugendlicher Zar und Enkel Peters des Großen, wurde 1727 auf dem russischen Thron installiert. Er regierte jedoch nur dreiunddreißig Monate. Der junge Peter war sich seiner Machtstellung bewußt. „Er toleriert keinen Einwand und macht, was er will, auch wenn er sich hat beraten lassen", schrieb ein Diplomat. „Aufgrund seiner extremen Jugend ist es schwer, den Charakters Peters II. zu beschreiben", meint ein anderer Beobachter und fährt fort: „Es ist jedoch allgemein bekannt, daß er ein gutes Herz hat, eine große Portion Beweglichkeit und Scharfsinn sowie ein hervorragendes Gedächtnis besitzt..."
Slawische Bibliothek, Helsinki.

Die Tatsache, daß der Enkel Peters des Großen zum neuen Herrscher ernannt worden war, scheuchte das Establishment auf. Einer der am härtesten von der Neuordnung Betroffenen war Graf Peter Tolstoi. Er hatte einst den Vater des neuen Kaisers von Italien nach St.Petersburg gelockt, wo der Richtblock auf ihn wartete. Und das mußte Tolstoi jetzt büßen. Er wurde auf eine Insel im Weißen Meer verbannt, wo er nach zwei Jahren in Kälte und Schnee im Alter von 84 Jahren aus dem Leben schied.

In den ersten Monaten der Regentschaft Peters hielt sein zukünftiger Schwiegervater Menschikow das Heft in der Hand. Dies ging so weit, daß er sogar dem Zaren Befehle erteilte. Aber wie man zu sagen pflegt: Hochmut kommt vor dem Fall.

Menschikow erkrankte, und während der Krankheit glitt ihm die Macht aus den Händen. Angehörige der Familie Dolgoruki, angeführt von dem schlauen Alexej, Vater von Peters Jugendfreund, halfen dem jungen Kaiser dabei, den machtlüsternen und unsympathischen Menschikow loszuwerden.

Er wurde abgesetzt, Titel, Güter und Gold wurden ihm aberkannt, und schließlich verbannte man ihn zusammen mit seiner Familie – einschließlich der Verlobten des Zaren. Die Familie verließ St.Petersburg in vier sechsspännigen goldenen Kutschen. In sechzig weiteren Wagen war das Gepäck verstaut. Fortan sollte sich jedoch ihr Dasein wesentlich einfacher gestalten. Das Schicksal der Familie vollendete sich in einem verlassenen sibirischen Dorf. Dort starben der 56jährige Menschikow und seine Tochter Maria. Menschikows Gattin hatte die Reise nicht lebend überstanden. Mit den Dolgorukis an den Toren der Macht wiederholte sich die mißglückte Familienpolitik Menschikows. 1729 wurde die Verlobung der Katharina Alexejewna Dolgoruki (1711–1745) mit Peter bekanntgegeben.

Es schien, als wenn Moskau eine Renaissance erlebte. Bereits als Peter der Große mit der Erbauung von St.Petersburg begonnen hatte, war Moskau ins Hintertreffen

1727 wurde der mächtigste Mann Rußlands, Alexander Menschikow, gestürzt. Der Versuch, seine Tochter Maria mit Peter II. zu vermählen, war ein verhängnisvoller Fehler gewesen. Menschikow und seine gesamte Familie mußten ins Exil. Unterwegs starb seine Frau. Menschikow und seine Kinder erreichten ohne Gepäck und Bedienstete den sibirischen Verbannungsort, wo der Fürst 1729 starb.
Das Gemälde von Wassili Surikow zeigt den verzweifelten Menschikow mit seinen Kindern in der einfachen Behausung.
Kgl. Bibliothek, Stockholm.

ORANIENBAUM

Etwa 40 Kilometer von der Hauptstadt entfernt, am südlichen Ufer des Finnischen Meerbusens, ließ Fürst Alexander Menschikow 1710–1725 gegenüber dem Flottenstützpunkt Kronstadt das Schloß Oranienbaum errichten. Um das Schloß herum entstanden phantastische Parkanlagen, die internationale Berühmtheit erlangten. Nach Menschikows Fall 1727 wurde das Schloß konfisziert und in eine kaiserliche Residenz verwandelt.
Lilla Bukowski, Stockholm.

geraten. Mit der Krönung Peters II. im Januar 1727 blühte die alte Hauptstadt erneut auf. Das ganze offizielle Rußland begab sich nach Moskau. Als der frisch gekrönte Zar sich schließlich weigerte, nach St.Petersburg zurückzukehren, und sich abfällig über das Werk seines Großvaters und „dessen Salzgewässer" ausließ, glaubte so mancher, daß Moskau zur offiziellen Hauptstadt erklärt würde. Moskau mit seinem halbasiatischen Aussehen und altmoskowitischen Wertmaßstäben erschien den westlich orientierten Personen im Gefolge des Zaren aber als eine Kulisse aus vergangenen Zeiten. Sie bebten vor dem Gedanken, daß die Stadt ihren Status als Hauptstadt zurückerhalten könnte. Ein ganz besonderer Krönungsgast war die Großmutter des Zaren, Jewdokija, die aus ihrer dreißigjährigen Verbannung hinter Mauern und Gittern befreit worden war. Sie begegnete einer Welt, die ihr Achtung und Verehrung schenkte. Sie war jedoch dem Kontakt mit der Außenwelt nicht mehr gewachsen und zog sich deshalb freiwillig wieder in ihr Klosterdasein zurück.

ZAR PETERS JAGDAUSFLÜGE

Umgeben von seiner Jagdhundeschar – zuweilen bis zu 620 Hunde! –, begab sich der Zar auf die Jagd. Bei einem achtwöchigen Jagdausflug wurden einmal drei Bären, fünf Wölfe, fünfzig Füchse, viertausend Hasen und unzählige Vögel erlegt. Nach dem Treiben in Wald und Flur vergnügte man sich bei grandiosen Gelagen, Tanz und Unterhaltung in den mitgeführten riesigen Zelten. Nicht selten waren für den mobilen Hof bis zu fünfhundert Wagen nötig.

Im Schlepptau der zaristischen Jagdkarawane befanden sich Kaufleute, welche die Teilnehmer mit entsprechenden Luxusartikeln versorgten. Am Hofe des Zaren wurden häufig neue Bekanntschaften geknüpft. Gewöhnlich mündeten derartige Feste in regelrechte Sexorgien aus.

Stets inmitten des Geschehens konnte man die lebensfrohe Tante Elisabeth finden. Sie tanzte gern und hatte zahlreiche Verehrer. Der spanische Botschafter bezeichnete sie als eines der herrlichsten Wesen, denen er je begegnet sei. Es gingen sogar Gerüchte um, Elisabeth sei Peters Geliebte gewesen.

Am Anfang des Jahres 1730 erkrankte Peter. Nach drei Tagen kam die Diagnose – Pocken. Die Krankheit nahm einen raschen Verlauf. Nach wenigen Wochen war der Zar tot. Der geplante Hochzeitstag wurde statt dessen zum Todestag.

Innerhalb der Familie Dolgoruki machte sich Panik breit. Es wird behauptet, man habe in den letzten Lebenstagen des Zaren versucht, ein Schäferstündchen zwischen Katharina und Peter zustande zu bringen in der Absicht, Katharina zu schwängern. Der sterbende Zar sei jedoch nicht mehr in Lage gewesen, in dieser Hinsicht eine Leistung zu erbringen. Seinem alten Freund Ostermann flüsterte er zu, er solle „den Schlitten bereithalten für eine

Reise zu meiner Schwester". Die ältere Schwester des Zaren, Natalja,war 1727 verschieden. Mit Peter ging die männliche Stammesfolge der Romanows zu Ende. Peter II. hatte zwei Jahre und neun Monate lang regiert. Diese Zeit sollte insofern zur friedlichsten Epoche des gesamten 18. Jh. werden, als kein Krieg geführt wurde, keine Militärdienstpflicht herrschte und das Land von innerer Ruhe geprägt war. Indessen gab es andere Dinge, die zu Unruhe Anlaß gaben.

ZEIT DER VERWIRRUNG

Die guten Sitten sind zum Untergang verurteilt. Man hat aufgehört, Dünnbier zu trinken, zündet zur vorgeschriebenen Gebetsstunde keine Kerzen mehr an und ißt kein gesalzenes Fleisch mehr.

Diese Worte stammen von Fürst Antioch Dmitrijewitsch Kantemir (1708–1744). Man bezeichnet ihn als ersten modernen Schriftsteller und Satiriker Rußlands. Mit Empörung betrachtete Kantemir die Erscheinungen der Zeit.

1729 schrieb er: „Wer über seinem Schreibtisch verfault, während er in Bücher starrt, erwirbt keinen großen Palast oder marmorgeschmückte Gärten und erweitert die Herde der Väter nicht um ein einziges Schaf."

Kantemir gab auch seiner Einstellung gegenüber den Modegrillen dieser Zeit Ausdruck:

Mit Perücken – des Teufels Erfindung – auf Schädel und Haar
Geht man in deutschen Kleidern, Manschetten sogar,
Die Sünde des Schnupfens und Rauchens ist groß,
Da man sich berauscht bis zum Wahnsinn bloß.

Ab 1732 war Kantemir russischer Gesandter, erst in London und später in Paris. Während seiner diplomatischen Mission wurde er von den Damen am Hof in St.Petersburg ständig mit der Beschaffung von Seidenstrümpfen, Tabac rapé (feinem Schnupftabak) und anderen Luxusartikeln beauftragt, was ja nicht gerade mit seinen früheren Äußerungen über die Verhältnisse im Heimatland zu vereinen war.

ANNA VON KURLAND

Es war dem Obersten Geheimen Rat beim Tode von Zar Peter II. nicht gelungen, sich auf einen Thronfolger zu einigen. Es standen mehrere Anwärter zur Debatte. Die 36-jährige Witwe Anna von Kurland zeigte sich jedoch als die beste Lösung. Sie war Tochter des Zaren Iwan V. und der Zarin Praskowja, mit anderen Worten Nichte Peters des Großen. Nach einer kurzen und kinderlosen Ehe hatte sich Anna in Kurland, der Heimat ihres Gatten, niedergelassen.

Der Rat war indessen nicht bereit, Anna die absolute Macht in die Hände zu geben. Das Angebot der Krone war mit einer Reihe von Einschränkungen verbunden. Es war ihr beispielsweise nicht erlaubt, sich ohne Zustimmung des Rates erneut zu vermählen, einen Thronfolger zu ernennen oder Krieg zu erklären.

Anna zögerte nicht lange. Es war die Chance ihres Lebens: Sie unterzeichnete das Angebot des Obersten Geheimen Rates, akzeptierte angeblich alle Einschränkungen und begab sich nach Moskau. Dort gewann sie fraglos die volle Unterstützung der Garderegimenter, was sie dazu veranlaßte, auf eigene Faust zu handeln.

Mit äußerster Selbstsicherheit trat Anna in Erscheinung, zerriß das Angebot des Rates mit sämtlichen Vorbehalten, die sie angeblich eine Woche zuvor akzeptiert hatte und erklärte mit fester Stimme, daß sie allein das Land regieren werde. Sie ging sogar noch einen Schritt weiter: Der Oberste Geheime Rat wurde zugunsten des Senats abgeschafft, dem ein neu gebildetes überwachendes Kabinett zur Seite gestellt wurde. Dieses Kabinett wurde zum Fötus der späteren gefürchteten „Dritten Abteilung

KAISERIN ANNA wurde als stattliche, etwas übergewichtige Person mit schönen Augen und anmutigen Händen beschrieben. Sie hatte, wie es hieß, echt russische Züge an sich. Ihr Gemütszustand konnte rasch umschlagen. Anna konnte die Liebenswürdigkeit in Person sein, aber im nächsten Augenblick blitzartig in alle negativen Eigenschaften des Despotismus verfallen. Sie liebte Luxus und Prunk, Gesang und Musik sowie allerlei wilde Streiche. Universitätsbibliothek Helsinki.

EINE UNUMSTRITTENE HERRSCHERIN

Mit den Worten: „Diese Schriften sind nicht notwendig!" ergriff Anna das Dokument, das ihre Macht begrenzen sollte und welches sie zuvor unterzeichnet hatte, und zerriß es vor den Augen der hohen Herren des Reiches. Sie erklärte, daß Rußland nie von jemand anderem als von einer Herrschergestalt regiert worden sei. Anna versprach, mit milder Hand zu regieren. Am Tag nach dem ungewöhnlichen Staatsstreich verfärbte sich der Abendhimmel blutrot, schrieb der General Christoph Hermann von Manstein (1711–1757), was vom Volk als böses Omen aufgefaßt wurde. Kgl. Bibliothek, Stockholm.

der besonderen Kanzlei Seiner Majestät", nämlich der eigenen kaiserlichen Sicherheitspolizei.

Anna von Kurland begann ihre Laufbahn also mit einem Staatsstreich ungewöhnlicher Art. Sie handelte in der Gewißheit, in ihrer Kandidatur von den Gardesoldaten unterstützt zu werden. Der Grund für die Huldigungen seitens der Truppen lag darin, daß sie mit Peter dem Großen, dem Idol der Gardesoldaten, verwandt war.

Anna stand jedoch nicht allein auf der politischen Bühne. Hinter sich hatte sie den baltendeutschen Grafen Ernst Johann von Bühren (1690–1772), den sie zu ihrem Oberkammerherrn machte sowie mit Gütern und Geld überhäufte. In den Geschichtsbüchern taucht dieser Mann unter dem Namen Biron auf. Er hatte viele Jahre hindurch in Kurland mit Frau und Kindern in Annas Nähe gelebt. Nun wurde er zu Annas politischem Werkzeug. Wenn Anna zu einer persönlichen Besprechung mit ihm erschien, zog sich Birons Gattin mit den Kindern stets diskret zurück. Darüber, wer die Mutter dieser Kinder war, gingen die Meinungen auseinander.

Die Führung Rußlands übernahm nun eine Troika deutschstämmiger Herren mit Biron an der Spitze. Dazu gehörten neben dem speziellen Freund der Kaiserin der alte und schlaue Ostermann und der kriegserfahrene Graf Burkhard Christoph von Münnich (1683–1767). Münnich wurde 1732 zum Generalfeldmarschall ernannt und war an einer Reihe von Schlachten gegen die Türken 1736–1739 beteiligt. Zur Zeit Peters des Großen war Münnich mit dem Bau des Ladogakanals beauftragt gewesen.

ERNST JOHANN von BÜHREN war Rußlands wirklicher Herrscher während der zehnjährigen Regierungszeit der Kaiserin Anna (1730–1740). Die Geschichte kennt diese harte und rücksichtslose Figur als Biron. Sein unmenschliches Vorgehen und sein demonstrativ westlicher Lebensstil erweckten den Haß und Zorn der Altrussen. Unter dem harten Druck der Russen wurde Biron 1737 zum Herzog von Kurland gewählt, nachdem das Kettlersche Geschlecht ausgestorben war. Während der kurzen Regierungsperiode der Anna Leopoldowna wurde er abgesetzt. Im weiteren Verlauf spielte Biron eine untergeordnete Rolle, bis er von Katharina II. 1762 erneut als Herzog von Kurland eingesetzt worden ist.
Kgl. Bibliothek, Stockholm.

Unter Kaiserin Anna begann nun eine mit eiserner Hand geführte Herrschaft. Die Epoche wurde auch als *Bironowschtschina* bezeichnet, nach dem rücksichtslosesten Mitglied der Dreiergruppe, dem barschen Biron.

Unverzüglich ging Anna ans Werk, um in den Korridoren der Macht aufzuräumen. Gegner wurden zu dienstlichen Aufträgen an abgelegene Orte geschickt, andere auf Lebenszeit des Landes verwiesen oder gefoltert, ins Gefängnis geworfen oder hingerichtet.

Eine der Leidtragenden war Natalja Borisowna Dolgoruki. Drei Tage nach ihrer Vermählung folgte sie freiwillig ihrem Gemahl Iwan ins Exil. In ihren Memoiren *Sapiski* (1767) hinterließ sie der Nachwelt eine Beschreibung der Tragödie. „Für 26 glückliche Tage muß ich 40 Jahre leiden", schrieb sie.

Der französische Diplomat Marquis Jaques-Joachim de La Chétardie (1708–1754) behauptete, daß unter Annas zehnjähriger Herrschaft 7002 Menschen hingerichtet worden seien, das heißt täglich zwei. 30000 wurden nach Sibirien verbannt.

Kaiserin Anna verlegte Anfang 1732 den Hof wieder nach St.Petersburg. Nachdem Peter II. die neue Hauptstadt seines Großvaters Hals über Kopf verlassen hatte, stagnierte dort jegliche Aktivität. Die Menschen wanderten in Massen ab, und die meisten hofften, daß man St.Petersburg abreißen oder niederbrennen würde. Die Kaiserin befahl nun in einem Ukas, nicht nur den Hof und die Kanzleien nach St.Petersburg zurückzuverlegen, sondern

Die Russische Akademie der Wissenschaften gab zur Thronbesteigung der Kaiserin Anna (1730) eine Medaille mit der folgenden offiziellen Beschreibung heraus: „Ihre kaiserliche Majestät mit einem Diadem auf dem Haupt vor einem Fürstenstuhl. Vor ihr sind die Gesandten des Reiches zu sehen, von denen der erste das Zepter überreicht. Die Inschrift lautet: Hereditas Imperii collata. Übergabe der Erbmittel des Reiches. Mitaw XXV. Jan MD CCXXX. Mietau, den 25. Januar 1730." Kgl. Bibliothek, Stockholm.

IDYLLISCHES ST.PETERSBURG um 1830. Ganz rechts im Bild die Zitadelle und der Turm der Peter-und-Pauls-Kathedrale. Die drei anschließenden Häuser gehörten Fürst Kantemir, Herzogin Anna Leopoldowna sowie der Zarentochter – und künftigen Kaiserin – Elisabeth. Kgl. Bibliothek, Stockholm.

auch allen Handwerkern und Kaufleuten, die die Stadt verlassen hatten, unverzüglich mit Frauen und Kindern zurückzukehren. Andernfalls sei mit der Beschlagnahme sämtlicher Güter und der Verbannung nach Sibirien zu rechnen.

In St.Petersburg erhob sich nun der Winterpalast zu Rußlands neuem Machtzentrum. Dort wohnte die Kaiserin, und dort hatten Verwaltung und Militär ihr Hauptquartier. Hier lag die Befehlsgewalt über das ganze Imperium. Der Schriftsteller Alexander Herzen verglich den Winterpalast mit einem schaukelnden Schiff, „das den Bewohnern des Ozeans gegenüber keine andere Aufgabe hatte, als sie zu verschlingen".

Anna hatte sich vorgenommen, ihren Hof zu dem prachtvollsten Europas zu machen. Den Memoiren des Generals Christoph Hermann Manstein (1711–1757) zufolge schien jedoch der Wille in dieser Beziehung größer zu sein als die Fähigkeit. Es wurden zwar die vornehmsten und teuersten Stoffe eingekauft, die für Geld zu kriegen waren, der Zuschnitt und die sonstige Verarbeitung waren jedoch miserabel. „Auf eine wohlgekleidete Dame kamen zehn schlecht gekleidete...", behauptete Manstein und wies zudem auf die schmutzigen und ungepflegten Perücken hin. Ähnlich verhielt es sich mit den im Ausland erworbenen, in gediegenem Handwerk gefertigten Kutschen, die man gut und gern als rollende Kunstwerke hätte bezeichnen können. Sie wurden gezogen von Kleppern mit krummen Rücken, die kaum in der Lage waren, sich auf den Beinen zu halten.

Die Jagd nach Luxus und Prunk führte unzählige Menschen in den Ruin. Schlaue Geschäftsleute konnten sich mit den rechten Waren in wenigen Monaten ein Vermögen verschaffen.

HOFTHEATER UND NARRENSPIEL

Das originelle Krönungsgeschenk des polnischen Königs August bestand in einer Sammlung von Darbietungen einer italienischen Komödiantentruppe. Der stürmische Erfolg der Italiener bildete den Auftakt zu einem außerordentlich fröhlichen höfischen Treiben in den folgenden Jahren.

1734 tauchte der neapolitanische Komponist Francesco Araja (1709–1762) mit Gefolge in St.Petersburg auf. Nach Aufführung mehrerer Singspiele und Opern ernannte sich Araia selbst zum „Maestro di cappella Ihrer Majestät und aller Russen". Ein Jahr nach Araia traf der französische Tänzer und Choreograph Jean-Baptiste Landé (gest. 1746 oder 1748) ein. 1738 wurde eine kaiserliche Tanz- und Ballettschule mit Landé als Hauptlehrer eingerichtet. Die Schüler wurden von der Kaiserin persönlich ausgewählt, und am Hofe wurden laufend Vorstellungen gegeben.

Italienische und deutsche Komödien kamen regelmäßig zur Aufführung. Schließlich gelang es, die in ganz Westeuropa gefeierte Primadonna Friederike Karoline Neuber (1697–1760) nach Rußland zu locken. Das Gastspiel wurde zu einem großen Erfolg. Nach Annas Tod mußten die Neuber und ihre Truppe jedoch in aller Hast das Land verlassen, da sich ein extremer Haß gegen die Deutschen in Rußland breitmachte.

Auch für Gaukler und Narrenspiele hatte Anna eine besondere Vorliebe. Liliputaner und Riesen, Behinderte und Greise agierten in burlesken Streichen mit handfesten und herausfordernden Scherzen – genau wie zur Zeit Peters des Großen.

Unter den Hofnarren nahm der alte Fürst Golizyn einen

Obszöne, perverse und oft handgreifliche Scherze gehörten dazu, wenn sich der russische Hof vergnügte. Die Stimmung war herzlos und rauh. Die Abbildung zeigt Liliputaner, Narren und Personen mit diversen körperlichen Defekten, die für das ungleiche Brautpaar in dem berühmten Eishaus in St.Petersburg tanzen (1740). Nicht selten schenkten skrupellose Gestalten der Kaiserin „geeignete Menschen" mit allen möglichen Körperdefekten zur „Unterhaltung" des Hofes, um sich bei ihr einzuschmeicheln. Slawische Bibliothek, Helsinki.

DAS EISHAUS

Das Narrenspiel während der Regierungszeit der Kaiserin Anna erreichte im strengen Winter 1740 mit der Errichtung eines Hauses aus Eis in St.Petersburg seinen Höhepunkt. Sowohl außen wie innen bestand das Haus völlig aus Eis. Auf Befehl der Kaiserin wurde eine Hochzeit zwischen dem Hofnarren, dem alten Fürsten Golizyn, und einer der „Fußkitzlerinnen" Annas arrangiert. Das Paar wurde gezwungen, die Hochzeitsnacht im Eishaus zu verbringen. Zur Einweihung des Hauses wurde Wassili Kirillowitsch Tredjakowski (1703–1768) beauftragt, ein Huldigungsgedicht zu schreiben. Erst weigerte er sich. Nachdem er einer Prügelstrafe ausgesetzt und in Arrest gesteckt worden war, brachte er schließlich ein paar Zeilen zu Papier. Tredjakowski zählte nicht zu den großen russischen Dichtern. In einer späteren Phase schrieb er eine Version des Aufklärungsromans „Télémaque" von Fénelon (1651–1715). Von einem anderen Werk Tredjakowskis, „Télémachiade" (1766), sagt man, Katharina II. habe es nachlässigen Personen verordnet, indem sie sechs Zeilen davon zu einem Glas Wasser hätten ablesen müssen. Bei schwereren Vergehen mußte die betreffende Person die Zeilen auswendig lernen. Kgl. Bibliothek, Stockholm.

ganz besonderen Platz ein. Als Strafe dafür, daß er sich nach dem Tode seiner Frau hatte bekehren lassen und eine einfache Italienerin geheiratet hatte, zwang ihn die Kaiserin in die Rolle eines Hofnarren.

In dem bitterkalten Winter 1740 befahl Anna die Errichtung eines Eishauses auf der Newa. Aus großen Eisblöcken wurden Bausteine und Balken gehauen. Andere Teile entstanden in Spezialanfertigung. Die Fensterscheiben des Hauses bestanden beispielsweise aus dünnstem Eis. Schwache Öllampen erleuchteten das Innere. Als das Haus schließlich fertig war, befahl die Kaiserin die Vermählung des Fürsten Golizyn mit einer ihrer ältesten „Fußkitzlerinnen". Deren Aufgabe bestand darin, ihrer Herrscherin Massage zu verabreichen und dazu Lieder zu singen und Geschichten zu erzählen, die meist von schlüpfrigem und unanständigem Inhalt waren.

Die Vermählung wurde zu einem beispiellosen Narrenspiel. Nach der Trauung wurde das Paar in einen Käfig auf dem Rücken eines Elefanten gesteckt und unter dem Gejohle der Gefolgschaft zum Eishaus gebracht. Dort schloß man beide in das Schlafgemach ein, wo sie nackt und eng umschlungen die Hochzeitsnacht verbringen mußten. Am darauffolgenden Tag fand man sie stark unterkühlt, aber lebendig vor.

DER SÄUGLINGS-ZAR AUF DEM THRON – AUFRUHR IN DER MACHTTROIKA

Ende 1740 starb Kaiserin Anna. Die Krone wurde wie geplant dem zwei Monate alten Iwan, Sohn der Nichte der Kaiserin Anna Leopoldowna (1718–1746), übertragen. Auf dem Sterbebett hatte Anna ihren Verbündeten, den mächtigen Biron, zum Regenten während der Minderjährigkeit des Zaren ernannt. Die Tochter Peters des Großen, Elisabeth, wurde hierbei bewußt übergangen.

Die gespannte Lage an der Spitze der Machtpyramide sollte sich nun zu einem intensiven Machtspiel entwickeln. Als erster war Biron an der Reihe. Er wurde von allen gefürchtet. Biron scheute nicht einmal davor zurück, unbequeme Minister und Generäle auf die Folterbank, ins Arbeitslager oder nach Sibirien zu schicken. Zu seinen erbitterten Feinden gehörten auch Anna Leopoldowna und Marschall Münnich.

Durch Zufall hatte Anna Leopoldowna erfahren, daß Münnich und sein Adjutant dazu bereit waren, Biron zu stürzen, und sie gab ihr Interesse zu erkennen, an dem gefährlichen Spiel teilzunehmen. Münnich hatte so manchen Trumpf in der Hand. Er war bei den Gardisten der Hauptstadt sehr beliebt. „Wenn es unter diesen einen einzigen loyalen Offizier oder Soldaten gegeben hätte, wären

ANNA LEOPOLDOWNA

bekam eine eigentümliche Rolle in der russischen Geschichte zu spielen. Bereits 1731 hatte Kaiserin Anna den zukünftigen Sohn der Anna Lepoldowna als ihren Thronfolger ausersehen. Zu diesem Zeitpunkt hieß Anna Leopoldowna noch Elisabeth Katharina und war Prinzessin von Mecklenburg. Sie war dreizehn Jahre alt und Nichte der Kaiserin. 1739 heiratete die junge Prinzessin den Herzog Anton Ulrich von Braunschweig-Bevern (1714–1774) und brachte ein Jahr danach den „bestellten Thronfolger" zur Welt, der auf den Namen Iwan getauft wurde.
Universitätsbibliothek Helsinki.

DER BABY-ZAR

Der Poet Michail Lemonossow schrieb mehrere untertänige Oden an die Herrscherinnen auf dem Zarenthron. Ganze elf Gedichte waren Kaiserin Elisabeth gewidmet. Auch zu Ehren des kleinen Iwan VI. entstand ein Epos, in dem der Baby-Zar mit Achilles verglichen wird, „der schon in der Wiege die Schlange erwürgt". Die wirkliche Welt des Iwan war eigentlich genau das Gegenteil.
Nationalbibliothek Wien.

wir alle verloren gewesen", schrieb Manstein in seinen Memoiren.

Die Entmachtung Birons wurde eines Nachts in seinem Haus vorgenommen. Er setzte sich zwar zur Wehr, konnte jedoch entwaffnet und gefangengenommen werden. Nach einiger Zeit in der Festung Schlüsselburg wurde er nach Sibirien verbannt. Der Staatsstreich war ein voller Erfolg, ohne daß ein Tropfen Blut vergossen worden war.

Unter dem Titel Großherzogin (!) von Rußland ließ Anna sich nun als Regentin des Landes feiern. Münnich wurde zum Vorsitzenden des Konzils ernannt, und der alte Ostermann wurde Großadmiral. Andere Sympathisanten wurden ebenfalls mit feinen Titeln und Bargeld belohnt.

Ein Jahr später kam der nächste Streich, dem ein hochpolitisches Spiel vorausgegangen war. Eine russisch-österreichische Allianz, die Anna Leopoldowna mit der Kaiserin Maria Theresia (1717–1780) von Österreich eingegangen war, weckte den lauten Protest der Franzosen. Ein neuer französischer Botschafter, der schöne und elegante sowie geistreiche Marquis de La Chétardie wurde nach St.Petersburg entsandt, um sich in das politische Spiel einzumischen. Er hatte den Befehl in der Tasche, Elisabeth zu verführen – was ihm auch gelang –, sie auf den Thron zu bringen und sie für die Politik Ludwigs XV. zu gewinnen. Zusammen mit einem weiteren Liebhaber Elisabeths, dem deutschstämmigen Feldscherer Hermann Lestocq (1692–1767), wurde nun ein hinterhältiges Spiel getrieben. Bereits 1730 hatte Lestocq versucht, seinen Schützling Elisabeth auf den Thron zu bringen. Nun, zehn Jahre später, schien die Zeit gekommen, einen neuen Versuch zu wagen. Elisabeth selbst war allem Anschein nach mit von der Partie.

DIE GETÄUSCHTEN SCHWEDEN

La Chétardie griff Lestocq mit Geld unter die Arme und nahm Verbindung mit der schwedischen „Hattparti", einer politischen Partei mit rußlandfeindlichem Programm, auf. Die Mitglieder dieser Partei sannen auf eine Revanche für die schwere Niederlage, die man unter Peter dem Großen hatte hinnehmen müssen. La Chétardie lockte die Schweden mit Hilfsgeldern, wenn sie Rußland angriffen. Verhalf man Elisabeth auf den russischen Thron, würde man die früher verlorenen schwedischen Provinzen zurückerhalten. Schließlich erlagen die Schweden der Versuchung und ließen sich im Sommer 1741 zu einer Kriegserklärung hinreißen. Auf schwedischer Seite erwartete man eine Reihe leicht errungener Siege. In Wirklichkeit erlitt man schmähliche Niederlagen. Das Waffengeklirr, einen Tagesmarsch von St.Petersburg entfernt, erzeugte dennoch eine gewisse Unruhe in der Stadt, was den Putschisten nur gelegen kam.

DIE TOCHTER PETERS DES GROSSEN

In der Nacht auf den 6. Dezember 1741 war es dann soweit: Elegant gekleidet und mit den breiten Bändern des St.-Katharina-Ordens auf einem glänzenden Harnisch, trat Elisabeth vor die Leibgardekompanie des Preobraschenski-Regiments. Die 364 Soldaten, sämtlich bestochen und mit Wodka und Wein gefügig gemacht, brachen unvermittelt in Hurrarufe aus, als sich die üppige Tochter Peters des Großen zeigte. Voller Enthusiasmus riefen sie aus, daß sie jeden erdrosseln würden, wenn sie nur den Befehl dazu gebe.

In einem Manifest, das verlesen wurde, erklärte man Ostermann zum Sündenbock dafür, daß Kaiserin Anna und ihre Verwandtschaft auf den Zarenthron gelangen konnten. „Krach und Unordnung im Reich" wurden ebenfalls Ostermann in die Schuhe geschoben, nicht zuletzt die Tatsache, daß die russische Wirtschaft am Boden lag. Anna Leopoldowna, ihr Gemahl und ihr kleiner Sohn sollten „wieder in die väterliche Heimat zurückgeführt werden".

Die Festnahme der älteren Familienmitglieder konnte in der dunklen Winternacht ohne Blutvergießen vonstatten gehen. Man wartete sogar mit der Abführung, bis der kleine Kaiser wach geworden war.

Der zweite unblutige Staatsstreich war somit ein Faktum. Die Tochter Peters des Großen, Elisabeth, stieg zur regierenden Kaiserin auf. Gleichzeitig wurde die gesamte alte Staatsführung einschließlich Münnichs abgesetzt.

Für Anna Leopoldowna und ihre Familie führte dies zu einer Tragödie. Aus der versprochenen Heimreise wurde russische Gefangenschaft. Anna starb 1746 im Wochenbett. Zehn Jahre später ist Iwan nach Schlüsselburg übergeführt worden, wo er im dunklen, schmutzigen und kalten Kerker bis zum Juli 1764 dahinvegetiert hat und schließlich – schwer geistesgestört – bei einem Befreiungsversuch getötet worden ist.

KAPITEL VIII

Elisabeth I.

(Regentin 1741–1762)

Peter III.

(Regent Januar–Juli 1762)

DIE TOCHTER PETERS DES GROSSEN

Die neue, 32jährige Kaiserin zögerte nicht, ihren Mithelfern großzügige Vergünstigungen in Form von Geld, Titeln und Gütern zukommen zu lassen. Lestocq wurde beispielsweise zum Staatsrat und Ersten Leibarzt befördert.

Ihren Haß ließ Elisabeth in erster Linie über den alten Ostermann ergehen, und sie verurteilte ihn zusammen mit seinen Verbündeten Münnich, Löwenwolde und Golowkin zum Tode. Die Urteile wurden indessen in Verbannung umgewandelt. Ihr Besitz wurde beschlagnahmt.

Biron, der Elisabeth stets mit Wohlwollen behandelt hatte, profitierte davon, indem die Verbannung, zu der er früher verurteilt worden war, in eine Art Hausarrest in der Stadt Jaroslaw gemildert wurde. Unterwegs begegneten sich Biron und Münnich auf einer in der Wolga vor Anker gegangenen Flotte. Biron war auf dem Wege zu einem besseren Dasein, während sein alter Feind Münnich in Ketten gelegt auf seine Deportation nach Sibirien wartete.

Bei ihrer Thronbesteigung versprach Elisabeth, die Todesstrafe abzuschaffen. In einem Ukas von 1753 wurde tatsächlich angeordnet, die Strafe aus dem Gesetzbuch zu streichen. In der Praxis war dies jedoch von untergeordneter Bedeutung, da die harten Folter- und Verbannungsstrafen, die allenthalben verhängt wurden, oft den Tod des Delinquenten nach sich zogen. Während ihrer siebenjährigen Regierungszeit schickte die Tochter Peters des Großen etwa 20000 Menschen nach Sibirien.

Man könnte den Versuch, dem Hofe Elisabeths einen

ELISABETH I., die Tochter Peters des Großen, war bei den Gardesoldaten der Hauptstadt sehr beliebt. Sie pflegte in der Uniform eines Hauptmanns aufzutreten und mit den Offizieren der Leibgarde anzustoßen. Sie unternahm auch Wallfahrten zu entlegenen Klöstern. Die Hofdame Elisabeth hingegen tanzte Menuett und Quadrille, zeigte sich in Männerkleidern und suchte sich aus der abkommandierten Wachtruppe ihre nächtlichen Bettgefährten aus. Obwohl sie eine Vorliebe für Männerkleidung hatte, besaß sie eine ansehnliche Kollektion elegantester Kleider. Sie trug ein Kleidungsstück nie öfter als einmal, und nicht selten zog sie sich drei-, viermal an einem Abend um. Bei einem Brand im Jahre 1753 fielen 4000 Kleider den Flammen zum Opfer. Nach ihrem Tod kamen aus den kaiserlichen Kleiderkammern 15000 Kleidungsstücke zum Vorschein. Universitätsbibliothek Helsinki.

französischen Anstrich zu geben, als primitive Fälschung durch eine grausame Tatarenherrschaft bezeichnen.

NACHT ZUM TAG, TAG ZUR NACHT

In jungen Jahren zeigte Elisabeth die Charakterzüge ihres Vaters. Sie war voller Kraft, Passion und Vitalität. Sie verbrachte ihre Zeit mit Reiten, Jagen, Schlittschuhlaufen, wilden Wagen- und Schlittenfahrten. Sie hatte jedoch keinerlei intellektuelle Interessen. Elisabeth glaubte beispielsweise, daß England mit dem übrigen Europa geographisch verbunden sei.

Mit der Zeit wurde die Zarin immer bequemer und passiver. Sie begab sich zwar weiterhin auf Ausflüge zu abgelegenen Klöstern, hielt Fastenregeln ein und verbrachte zuweilen Stunden vor den Ikonen; die Äbte der Klöster waren sich jedoch der Vorliebe der Kaiserin für Luxus und weltliche Vergnügungen voll bewußt und taten ihr Bestes, um dem hohen Gast zu behagen. Man gab reihenweise Theatervorstellungen – oft mit burleskem Einschlag – und tischte Speisen und Getränke im Übermaß auf. Nicht selten arteten Elisabeths Klosterbesuche in regelrechte Trinkgelage aus.

Ohne Übertreibung kann man sagen, daß Elisabeth und ihr Hof den Tag zur Nacht und die Nacht zum Tage machten. Es wird behauptet, daß Elisabeth Angst davor hatte, nachts zu schlafen und demselben Schicksal entgegenzugehen wie Anna Leopoldowna.

So gesehen kann man Elisabeths nahezu passioniertes Interesse an Bällen und Maskeraden verstehen. Zweimal in der Woche wurden ein paar hundert Gäste in den kaiserlichen Palast geladen. Dabei war es üblich, daß Elisa-

DAS PETERSBURG DER KAISERIN ELISABETH

Die Newa mit der alten Admiralitätswerft (rechts) und dem Winterpalast. Auf dem Fluß schwimmt ein typischer Holzprahm. Drei Viertel des russischen Außenhandels wurden über die großen russischen Ostseehäfen St.Petersburg und Riga abgewickelt. Die Schiffsbauindustrie in England war Großimporteur von Flachs und Hanf sowie der berühmten Riga-Masten. Aus England importierten die Russen hauptsächlich Textilien. Dies führte zu einem gewaltigen Handelsüberschuß, der zu einem großen Teil zum Aufbau der russischen Industrie beitrug. Zur Zeit Peters des Großen gab es im Lande nur 98 Fabriken, beim Tode Katharinas (1796) ganze 984, in denen etwa 200000 Menschen beschäftigt waren.
Private Sammlung.

beth sowie die geladenen Damen in Herrenkleidung auftraten, während die Herren gefälligst in Damengewändern zu erscheinen hatten. Daß sich beim Eintreten der Herren in gepuderten Damenperücken und weiten Reifröcken die komischsten Szenen abgespielt haben müssen, kann man sich gut vorstellen. Man sagt, der Grund für diesen Rollentausch habe darin gelegen, daß Elisabeth hierdurch die Möglichkeit hatte, ihre wohlgeformten Beine zur allgemeinen Bewunderung – auch seitens der Frauen – zur Schau zu stellen. Bei Maskenbällen trat die Kaiserin deshalb gern als französischer Musketier, holländischer Matrose oder ukrainischer Kosakenhäuptling auf.

Ansonsten war Elisabeth sehr darauf bedacht, daß sie und keine andere die neueste Frisur trug und ihr Kleid vom neuesten Schnitt war. Die Modistin Mademoiselle Tardier wurde dabei ertappt, daß sie einige importierte Modeneuheiten anderen Kunden reservierte. Sie wurde ins Gefängnis geworfen und gefoltert. Elisabeth war stets mit den Neuheiten der Modewelt – den sog. Nouveautés – der großen europäischen Städte vertraut. Der englische Botschafter John Carmichel Lord Hyndford (1701–1767) sowie sein französischer Kollege versorgten die Kaiserin mit den letzten Schöpfungen aus London bzw. Paris.

Elisabeths Temperament war äußerst wechselhaft. Zeigte sie sich impulsiv und empfindlich, konnte sie im nächsten Augenblick in Wutanfälle ausbrechen. Dabei teilte die erregte Kaiserin schallende Ohrfeigen aus. Genau wie ihr Vater konnte sie nachlässige Personen mit harten Stockhieben schlagen, bis den Opfern das Blut herablief.

Die Schönste des Hofes und schärfste Rivalin der Kaiserin war Natalja Lopuchina, die Frau eines Generalmajors. Eines Tages erschien Natalja in derselben Frisur und mit demselben Haarschmuck wie die Kaiserin. Elisabeth schnitt ihr daraufhin kurzerhand Locken und Haarschmuck ab.

Einige Zeit später ging die schöne Natalja einem schrecklichen Schicksal entgegen: Sie wurde zusammen mit ihrem Gemahl und ihrem Sohn in die sog. Botta-Affäre, eine Verschwörung mit außenpolitischen Vorzeichen, hineingezogen. Die rasende Elisabeth ließ die Rivalin samt Familie und Freundeskreis in Gewahrsam nehmen und foltern. Die Endphase spielte sich 1743 auf dem Schafott vor einem blutdürstigen und grölenden Pöbel ab. Der Henker riß Natalja die Kleider vom Leibe, drückte ihr die Kehle zu und riß ihr die Zunge heraus. Daraufhin schrie er über die Menge hinweg: *Einen Rubel für Lopuchinas Zunge! Wer zahlt einen Rubel für die Zunge der schönen Lopuchina?*

SCHAUSPIEL, BALLETT UND MÄRCHEN

Kaiserin Elisabeth hegte ein besonderes Interesse für Theater und Ballett. Sie war selbst eine begeisterte und ausgezeichnete Tänzerin. Bei den Krönungsfeierlichkeiten in Moskau im Frühjahr 1742 wurden in einem besonderen Theater mit Platz für Tausende von Zuschauern zahlreiche Aufführungen und Ballettvorstellungen veranstaltet, unter anderem Johann Adolf Hasses (1699–1783) „La clemenza di Tito". Elisabeths Tanzlehrer, der Ballettmeister Antonio Renaldo-Fusano, feierte große Erfolge.

Zu den verschiedenen Bühnenveranstaltungen im Palast waren stets zahlreiche Gäste geladen. Wer der Einladung nicht nachkam, wurde mit 50 Rubeln Bußgeld bestraft. Die Vorstellungen begannen in der Regel um elf Uhr abends. Die Schauspieler wurden unter Studenten und Kadetten ausgewählt. Einer der größten Dramatiker war Alexander Petrowitsch Sumarokow (1717–1777). Er schrieb nach klassisch französischem Muster und wurde als „Rußlands erster moderner Dramatiker" bezeichnet.

Im Winter 1752 erfuhr Elisabeth von der Existenz eines gewissen Fjodor Grigorewitsch Wolkow (1729–1763) und seiner vierzehnköpfigen Theatertruppe in der Stadt Jaroslaw an der Wolga. Elisabeth wurde neugierig und beorderte die Gruppe nach St.Petersburg. Dem Debüt am Hof war kein großer Erfolg beschieden. Wolkow kam jedoch wieder.

Wie ihr Vater, Peter der Große, war auch Kaiserin Elisabeth bekannt für ihre ungestümen Wagen- und Schlittenfahrten. Das kaiserliche Gefährt brachte die ca. 600 Kilometer lange Strecke zwischen Petersburg und Moskau in 48 Stunden hinter sich. Unzählige zu Tode gehetzte Pferde säumten den Weg. Universitätsbibliothek Helsinki.

Als Elisabeth 1756 ein kaiserliches russisches Theater in der Hauptstadt gründete, wurde Sumarokow die Leitung übertragen und Wolkow selbstverständlich als Premierenakteur eingesetzt. 1761 übernahm Wolkow die Leitung des Theaters. Daraufhin erhielt Wolkow von dem Kritiker Belinski den Ehrennamen „Vater des russischen Theaters".

Nach den Theatervorstellungen pflegte sich die Kaiserin an einem überreichlich gedeckten Tisch niederzulassen und meist bis zum Morgengrauen zu schlemmern. Diese ständigen nächtlichen Gelage mit unmäßigem Essen und Trinken führten dazu, daß Elisabeth immer korpulenter und bequemer wurde.

Dennoch war es üblich, daß sie sich beim Aufbruch von der Tafel stets einen Liebhaber mitnahm. Wie viele im Laufe der Zeit zusammenkamen, weiß man nicht; daß es sich um eine ansehnliche Zahl handelte, steht jedoch außer Zweifel. Elisabeth umgab sich in ihrer privaten Suite auch mit Fußkitzlerinnen und Märchenerzählerinnen. Sie ließ sich vor dem Einschlafen gern Märchen und Geschichten erzählen. Unzählige Male lauschte sie der Erzählung von der Hexe Baba-Jaga, von Märchenprinzen, versteinerten Menschen und dem Feuervogel Schar Ptiza, dessen kleinste Feder – selbst für die Zaren – begehrenswert war.

Peter der Große hätte seine Tochter gern als die Zukünftige des französischen Königs Ludwig XV. gesehen. Statt dessen wurde sie mit dem jungen Prinzen Karl August (1706–1727) aus dem kleinen Fürstenhaus Holstein-Gottorp verlobt. Kurz nach der Verlobung starb der Prinz jedoch an den Pocken. Elisabeth soll ihrem Verlobten schwer nachgetrauert haben. Sie hat nie geheiratet.

Elisabeth hielt die guten Verbindungen zur Familie ihres verstorbenen Verlobten aufrecht, da ihre Schwester Anna in die Familie eingeheiratet hatte. Nach dem geglückten Staatsstreich 1741 ließ die Kaiserin Annas Sohn, Prinz Karl Peter Ulrich von Holstein-Gottorp (1728–1762), nach Rußland kommen, und sie erklärte ihn zum Thronfolger. Der Prinz trat pflichtbewußt zum orthodoxen Glauben über, erhielt den Namen Peter Fjodorowitsch und den Titel Großfürst von Rußland. Über den Neffen Elisabeths, den „Jungen aus Kiel", steht in den Geschichtsbüchern jedoch nicht allzuviel Positives geschrieben. Er war klein, häßlich und schmächtig. Was den Intellekt betraf, war er eine Null. Zu seinen Interessen gehörten Exerzieren und Jagen. Er quälte seine Umgebung mit Geigenspielen, wobei das Gehör die Spielfertigkeit um ein Vielfaches überstieg.

Mit der aktiven Hilfe des preußischen Königs Friedrich II. (1712–1786) gelang es der Kaiserin, eine Gemahlin für den jungen Peter ausfindig zu machen. Die Auserwählte – die als Katharina II. in die Geschichte einging – hieß Sophia Auguste Friederike (1729–1796) und kam aus dem unbedeutenden – und armen – Fürstenhaus Anhalt-Zerbst in Stettin.

Die Prinzessin war in strenger Pietät erzogen worden. Sie war alles andere als eine Schönheit – was ihr voll bewußt war –, war jedoch kerngesund und legte großen Ehrgeiz zum Lernen und Studieren an den Tag.

Im August 1745 wurde das Paar getraut. Bereits bei der Verlobung war die deutsche Prinzessin zur orthodoxen Lehre übergetreten und zur Großfürstin Katharina Alexejewna ernannt worden.

„Nie haben wohl zwei Seelen so wenig zueinandergepaßt wie die unseren", seufzte sie.

Kaiserin Elisabeth setzte ihren Neffen, Prinz Karl Peter Ulrich von Holstein-Gottorp, als Thronerben ein. Die Geschichte kennt ihn als Zaren Peter III. Vor seiner russischen Karriere war der Prinz als schwedischer Thronanwärter aufgetreten. Er war nämlich ein Enkel der Schwester Karls XII., der Prinzessin Hedvig Sofia (1681–1708). Im Zuge des komplizierten Spiels um den russischen Thron Ende 1740 hatten die Schweden Rußland angegriffen und eine schmähliche Niederlage erlitten. Dennoch kamen die Schweden zu einem billigen Frieden. Finnland „rettete" man durch Annahme des Vorschlags seitens der Kaiserin Elisabeth, Peters Cousin Adolf Friedrich – fürstlichen Bischof von Lübeck – zum schwedischen Thronfolger zu machen. Kgl. Bibliothek, Stockholm.

ELISABETHS GÜNSTLINGE

Elisabeth heiratete zwar nie, aber dennoch spielten in ihrem bewegten Leben zahlreiche Männer der verschiedensten Kategorien eine große Rolle. Die zeitlich längste Beziehung hatte sie zu einem gleichaltrigen ehemaligen Chorknaben aus der Ukraine mit Namen Alexej Grigorewitsch Rasumowski (1709–1771). Er wird als stattliche Erscheinung mit ungewöhnlich melodischer Stimme und liebenswürdigem Benehmen beschrieben. Elisabeth versah ihren „Prinzgemahl" mit Geld und Gütern. Es gingen sogar Gerüchte um, das Paar habe sich heimlich vermählt, was jedoch nie belegt werden konnte.

Auch der neunzehn Jahre jüngere Bruder Rasumowskis, Kirill Grigorewitsch (1728–1803) sollte eine gewisse Rolle in der Geschichte spielen. Kirill wurde nach Auslandsstudien umstrittener Präsident der Wissenschaftsakademie (1746–1765). Elisabeth machte ihn außerdem zum Hetman (Gouverneur) der Ukraine. Er war aktiv am Putsch beteiligt, bei dem Peter III. ermordet wurde. Die neue russische Kaiserin, Katharina II., die diesem Rasumowski gegenüber eigentlich in einer Dankbarkeitsschuld stand, behandelte ihn auffallend ablehnend. Das einträgliche Amt des Hetman, das Rasumowski erblich machen wollte, wurde 1764 von Katharina abgeschafft.

Auf ihre alten Tage machte Elisabeth den Fürsten Iwan Iwanowitsch Schuwalow (1727–1797) zu ihrem besonderen Favoriten. Er wurde zum Generaladjutanten und Mitglied der „Konferenz" (Staatsrat) ernannt. Mit Iwan an der Spitze hielten auch andere Schuwalows Einzug in die Korridore der Macht. Iwans Onkel Alexander wurde beispielsweise Chef der gefürchteten Geheimpolizei. Iwan Schuwalow stand mit Voltaire im Briefwechsel und soll den Franzosen dazu angeregt haben, das Werk über Peter den Großen zu schreiben.

Zusammen mit Lomonossow gilt Schuwalow als Gründer der Moskauer Universität im Jahre 1756. Zwei Jahre später entstand die kaiserlich russische Kunstakademie und ein Jahr danach ein Gymnasium in Kasan.

Allmählich kam der Unterricht in diesen höheren Schulen Rußlands in Gang. Der Mangel an Grundschulen trug dazu bei, daß die Studentenzahl anfangs äußerst ge-

ALEXEJ RASUMOWSKI, ein einfacher ukrainischer Bauer, verdankte seine Karriere einer guten Singstimme und einem vorteilhaften Äußeren. Als Kaiserin Elisabeth ihn in einem Kosakenchor singen hörte, entschloß sie sich, ihn zu ihrem Geliebten zu machen. Am Hofe genoß Rasumowski den Beinamen „Nachtkaiser". Als wirkliche Expertise kann die Beschreibung seitens Katharinas II. aufgefaßt werden: „Er war einer der schönsten Männer, die ich in meinem Leben gesehen habe." Elisabeth verlieh ihrem Freund den Titel eines Grafen (1744) und überhäufte ihn mit Gold und Gütern. Kgl. Bibliothek, Stockholm.

IWAN SCHUWALOW schwärmte für den französischen Lebensstil. 1742 tauchte er erstmals am Hofe auf und wurde sieben Jahre später zum Kammerjunker (der niedrigste Grad am Hofe) befördert. Kaiserin Elisabeth machte ihn zu ihrem Günstling. Schuwalow befürwortete den Plan Lomonossows zur Errichtung einer Universität in Moskau (1756). Schuwalow wurde zum ersten Kurator der Universität. Auf seine Initiative hin entstand ein Jahr danach die kaiserlich russische Kunstakademie. Kgl. Bibliothek, Stockholm.

ring war. Außerdem waren nur wenige kompetente Lehrkräfte verfügbar.

Es war eine merkwürdige Gesellschaft, die man im Rußland der Kaiserin Elisabeth vorfand. Chevalier de Corberon schrieb nieder, daß er in ein und demselben Land zwei Nationen zu sehen schien, „ein vierzehntes und ein achtzehntes Jahrhundert, ein Volk gekleideter Wilder, die hübsche Manschetten tragen, aber keine Seelen haben", fuhr er fort.

Eine Mischung aus Prunk und Armut war aber nicht nur in der Gesellschaft erkennbar, sondern auch am Hofe und in den gehobenen Schichten. Juwelenbehangene Damen in eleganten Kleidern konnten in Häusern leben, die eher verfallenen Hütten glichen. Katharina schrieb in ihren Memoiren, wie sie sich während einer Reise „in der Nähe des Ofens ankleidete, in dem Brot gebacken wurde". Ein andermal entdeckte sie, „daß in dem Zelt, in dem mein Bett aufgestellt war, knöcheltief das Wasser stand". Tiefer als bis hierhin drang jedoch Katharina in ihren Memoiren nicht vor. Wer nach Kommentaren über die Armut und das Elend des russischen *Volkes* sucht, der sucht vergebens.

Kaiserin Elisabeth mit Pagen und sonstigem Gefolge nimmt an einem sog. Karussell teil, einer Art Turnierspiel zu Pferde, das im 18. Jh. an den meisten Höfen Europas zur Mode wurde. Die Kaiserin galt als tüchtige Reiterin.
Kgl. Bibliothek, Stockholm.

Die Nachahmung des französischen Lebensstils am Hof und in den gehobenen Kreisen hielt während des größten Teils der Regierungszeit Elisabeths an. Man trug gepuderte Perücken, schnupfte gesittet, kleidete sich nach der französischen Mode und tanzte Menuett wie in Paris und Wien. Der Champagner hielt erfolgreich Einzug, was dem französischen Gesandten und Marquis de La Chétardie zu verdanken war. Man sagt, er habe 16800 Flaschen Champagner mit sich geführt, als er nach St.Petersburg kam, um seinen Dienst anzutreten.

Die französische Welle brachte jedoch auch zahlreiche praktische Probleme mit sich. Das meiste schien affektiert und unnatürlich, und nur wenige wußten, wie man sich zu verhalten hatte. Der französische Abenteurer Charles D'Eon de Beaumont (1728–1810), der in geheimer Mission nach St.Petersburg gereist war, meinte in einem bissigen Kommentar: „Nur sieben oder zehn Personen kann man wirklich zivilisiert nennen." Von der Kaiserin behauptete er: „Ihre Majestät hat eine ausgesprochene Vorliebe für starke Getränke und kann zuweilen derart unpäßlich werden, daß sie der Ohnmacht nahe ist und man ihr sowohl Kleid als auch Korsett aufschneiden muß."

KATHARINA LERNTE FÜR DIE ZUKUNFT

Katharina II. berichtet in ihren Memoiren davon, wie am Hofe der Kaiserin Elisabeth ständig Gerüchte im Umlauf waren, das Intrigenspiel bis zum Äußersten getrieben wurde und rivalisierende Gruppen sich ständig gegenseitig Fallen stellten. Die junge deutsche Prinzessin konnte all dies aus unmittelbarer Nähe beobachten – und daraus Lehren für die Zukunft ziehen.

Schonungslos wurde der Machtkampf geführt. 1748 verschwand der Günstling der Kaiserin und zugleich Katharinas Freund, der Graf Lestocq, aus seiner Position. Seine Feinde konnten ihn in eine politische Briefaffäre verwickeln. Lestocq landete im Gefängnis und wurde gefoltert, ohne jedoch zu gestehen. Die Kaiserin rührte keinen Finger, um ihn zu rehabilitieren oder zu retten. Statt dessen wurde der Graf des Landes verwiesen. Seinen Platz nahm sein Erzfeind Graf Alexej Petrowitsch Bestuschew-Rjumin (1693–1766) ein.

Während des Siebenjährigen Krieges konnte Katharina erneut von erbitterten Machtkämpfen berichten. Russische Erfolge und Niederlagen auf den Schlachtfeldern gaben ständig zu neuen Intrigen Anlaß. Peter liebäugelte mit den Preußen – einem Feind Rußlands –, während Katharina sich den Verbündeten des Landes, den Engländern, zuwandte.

Im Juli (1757) erfuhren wir, daß sich Klaipeda laut Abkommen vom 24. Juni 1757 den russischen Truppen ergeben hatte. Im August erreichte uns die Nachricht von der Schlacht bei Groß-Jägerndorf, in der die russische Armee am 19. August siegte ...Ich ließ an diesem Tage für die Maurer und Arbeiter auf Oranienbaum einen Ochsen braten.

Aus den Memoiren Katharinas II. (1756–1758)

Es ist behauptet worden, daß die zukünftige Kaiserin Katharina II. in Wirklichkeit Tochter des preußischen Königs Friedrich des Großen gewesen sei. Anderen Gerüchten zufolge sollen ein gewisser Graf Iwan Iwanowitsch Bezkoi (1704–1795), Schwager des Landgrafen von Hessen, und ein schwedisches Fräulein namens Sparre die Eltern Katharinas gewesen sein. Keine dieser Annahmen konnte unter Beweis gestellt werden, die sich auf die Hypothese gründeten, daß eine Gestalt von Katharinas Format unmöglich von derart mittelmäßigen Eltern wie Christian August von Anhalt-Zerbst (1690–1747) und Johanna Elisabeth von Holstein-Gottorp (1712–1760), Schwester des schwedischen Königs Adolf Friedrich (1710–1771), habe abstammen können. Universitätsbibliothek Uppsala.

Die Ehe zwischen Katharina und Peter ging bereits von Anfang an in die Brüche. Der Großfürst war bei seiner Vermählung erst siebzehn Jahre alt und denkbar unreif. Er spielte nach wie vor mit Holzspielsachen, Miniaturkanonen und Festungsmodellen. Dazu dressierte er Hunde auf ziemlich brutale Weise und mißhandelte seine Geige. Als eine Ratte einen seiner Spielzeugsoldaten aufgefressen hatte, wurde das Tier unter juristischen Formalitäten hingerichtet. Seine Gemahlin ließ Peter indessen ganz einfach links liegen.

Katharina hat selbst niedergeschrieben, daß sie nach der Hochzeit am liebsten wieder nach Hause gereist wäre. Überall sah die Großfürstin schließlich „Augen und Ohren“, die „spähten und horchten“.

Die ungeduldige Kaiserin wurde immer aggressiver, nicht zuletzt deshalb, weil aus der Verbindung des ungleichen Paares keine Kinder hervorgingen. Als sich Katharina im Laufe der Zeit immer intensiverer Verfolgung seitens Elisabeths ausgesetzt sah, setzte sie alles auf eine Karte und stellte die Kaiserin zur Rede. Was bei dieser Unterredung erörtert wurde, ist nicht bekannt. Katharina schien sich jedoch einigen Respekt verschafft zu haben.

In dieser schweren Zeit begann Katharina intensiv zu lesen. Nach eigenen Aussagen war „Tiran le Blanc“ das erste Buch.

Der Don Juan am Hofe der Kaiserin Elisabeth war Kammerherr SERGEJ SALTYKOW. 1752 wurde er Katharinas Liebhaber. Aus dieser Verbindung ging – aller Wahrscheinlichkeit nach – der Sohn Pawlowitsch hervor. Auch am Hofe glaubte niemand an die Legitimität des Kindes. Sogar Katharina machte in ihren Memoiren diesbezügliche Andeutungen, die bei der Veröffentlichung der Memoiren im Jahre 1907 die Russische Akademie der Wissenschaften veranlaßten, einige Seiten des Originalmanuskriptes wegzulassen. Als regierende Kaiserin machte Katharina Saltykow zu ihrem Botschafter in Paris. Dort machte er bald als Verschwender und Don Juan von sich reden. „Er wird immer das fünfte Rad am Wagen sein“, meinte Katharina. Kgl. Bibliothek, Stockholm.

DIE UNVOLLZOGENE EHE

Acht Jahre ließ der ersehnte Thronfolger auf sich warten. Daß sich die „Hochzeitsnacht“ derart verspätete, hatte einen besonderen Grund: Peter litt an einer Phimose und war anfangs nicht bereit, eine Operation vornehmen zu lassen. Als Katharina schließlich ihren Erstgeborenen zur Welt brachte, glaubte niemand daran, daß Peter der Vater des Kindes sei. Ebenso verhielt es sich mit den übrigen Kindern, die Katharina gebar. „Gott allein weiß, woher die Schwangerschaften meiner Gemahlin kommen“, ließ der Großfürst einmal verlauten.

Der Pole STANISLAW PONIATOWSKI kam als Botschafter seines Landes nach St. Petersburg. Er war eine elegante Erscheinung mit guten Manieren, bereist, sprachkundig und belesen. Die Großfürstin Katharina machte ihn zu ihrem Liebhaber. Poniatowski zeigte sich nicht abgeneigt, obwohl er sich „der sibirischen Gefahr voll bewußt“ war. 1759 wurde er indessen ausgewiesen, aber Katharina konnte ihn nicht vergessen. Auf starken russischen Druck hin wurde Poniatowski 1764 unter dem Namen Stanislaw II. zum polnischen König gewählt. Er war der letzte Herrscher des unabhängigen Polen. Universitätsbibliothek Uppsala.

Es war nun einmal so, daß beide besser mit anderen Partnern zurechtkamen. Katharina unterhielt intime Beziehungen zu dem hübschen Grafen und Kammerherrn Sergej Wassilewitsch Saltykow (geb. 1726), der auch allgemein als Vater des Sohnes galt, dem Katharina 1754 das Leben schenkte – dem zukünftigen Paul I. (1754–1801).

Die Kaiserin nahm sich unmittelbar nach der Geburt des kleinen Paul an und betrachtete ihn als ihr eigenes Kind. Erst bei der kirchlichen Aufnahme vierzig Tage später bekam Katharina ihren Sprößling einen Augenblick zu Gesicht. „Es freute mich ein wenig, ihn zu sehen“, sagte sie lakonisch.

Nach Saltykow übernahm der blonde polnische Diplomat Stanislaw Poniatowski (1732–1798) die Rolle des Geliebten Katharinas. Nach ihm kam der athletische Draufgänger Grigori Grigorewitsch Orlow (1734–1783). Orlow und seinen Brüdern sollte im weiteren Verlauf der Ereignisse eine wichtige Rolle zufallen.

Katharina versuchte in keiner Weise, ihre Eroberungen geheimzuhalten. Sie schrieb darüber frank und frei in ihren Memoiren.

PETER UND ELISABETH

Auch Großfürst Peter hatte seine außerehelichen Abenteuer. Seine große Favoritin hieß Elisabeth Romanowna Woronzowa (1739–1792). Sie wird als hitzig, schielend und pockennarbig bezeichnet. Bei der Thronbesteigung 1762 behandelte Peter seine Geliebte, als sei sie seine zukünftige Gemahlin, und so manches deutete darauf hin, daß er sie tatsächlich zur Kaiserin zu machen gedachte.

An diesem wilden Liebeskarussell war in höchstem Maße auch die Kaiserin selbst beteiligt. Die Gräfin von Anhalt behauptete, daß Elisabeths „dreihundert Grenadiere ihre Liebhaber" seien. Die Kaiserin soll sich ihren Bettgefährten herausgepickt haben, indem sie die Soldaten nackt an sich vorbeiparadieren ließ. Wie dem auch sei, ihre letzte große Liebe war der achtzehn Jahre jüngere Graf Iwan Schuwalow.

Über lange Zeit war Elisabeth anfällig und kränklich. Die Unpäßlichkeiten wurden damit erklärt, daß sie an Hysterie leide, wie man sagte. Es war jedoch auch von ständigen Ohnmachtsanfällen, Krämpfen und Nervenschmerzen die Rede. Mit den Jahren wurde die verlebte Kaiserin außerdem immer korpulenter, und sie verfiel mehr und mehr dem Alkohol. Das Gehen fiel ihr schwer, so daß sie sich in ihren letzten Jahren tragen lassen mußte.

Ende 1761 verschlechterte sich Elisabeths Gesundheitszustand zusehends. Aufgedunsen und aufgeschwollen, ständig verschwitzt und mit großen Atembeschwerden war sie ans Bett gefesselt. Zu Neujahr 1762 lag sie im Sterben und verlangte die Letzte Ölung. Einige Tage später war sie tot. Elisabeths Seelsorger Nikita Trubezkoj kam aus dem Gemach der Kaiserin und teilte den Anwesenden mit, daß „Ihre Majestät ihnen anbefohlen habe, länger zu leben". Aus Tradition wurde in Rußland in dieser Umschreibung das Ableben einer Person bekanntgegeben, egal, ob Selbstherrscher oder einfacher Bauer.

Nikita Trubezkoj verkündete zudem, daß Peter III. den russischen Thron bestiegen habe. Und somit war Katharina neue Kaiserin im Lande. Sie befand sich jedoch in einer prekären Situation. Sie trug nämlich das Kind ihres neuesten Liebhabers, des Grafen Orlow, unter ihrem Herzen!

Der Gesundheitszustand der Kaiserin ist äußerst schwach, sie leidet an Husten und Atemnot, sie hat geschwollene Knie und Wassersucht. Aber sie tanzte Menuett mit mir.

Sir Charles Hanburry Williams (1708–1759), britischer Botschafter in St.Petersburg 1755–1757

ELISABETH WORONZOWA war die Geliebte Peters III. Ihre Schwester Katharina Daschkowa war selbsternannte Freundin der Kaiserin. Der Onkel der Schwestern, Großkanzler Michail Illioronowitsch Woronzow (1714–1767), eine Art politisches Chamäleon, brachte das Kunststück zuwege, im Laufe seiner Karriere drei verschiedenen Selbstherrschern zu dienen. Bei seiner Thronbesteigung 1762 hatte Peter III. ernsthafte Pläne, seine Geliebte zu ehelichen. Elisabeth hatte nicht den besten Ruf. „Sie erinnert an eine Hausmagd schlimmster Sorte", urteilte der französische Botschafter Louis-Auguste de Breteuil (1730–1807). Kgl. Bibliothek, Stockholm.

PETER MACHT SICH UNBELIEBT

Bei der Thronbesteigung des 34jährigen Peters III. mußten Katharina und der kleine Thronfolger unter den gewöhnlichen Zuschauern sitzen. Ihre Namen fielen nicht einmal bei den öffentlichen Deklarationen. Peter ließ keine Gelegenheit ungenutzt, seine Gattin zu provozieren. Demonstrativ hatte er zuvor seiner Geliebten Elisabeth Woronzowa den St.Katharina-Orden verliehen, der nach den Statuten ausschließlich den weiblichen Mitgliedern des Kaiserhauses vorbehalten war.

Die erste außenpolitische Aktion Peters sollte große Enttäuschung hervorrufen, insbesondere in den Reihen der Soldaten: In aller Eile wurde ein Kurier entsandt mit der Botschaft, daß jegliche Feindseligkeit gegen die Preußen unverzüglich zu beenden sei. Die nach fünfjährigem Krieg eroberten Gebiete Ostpreußens und Hinterpommerns sollten zurückgegeben und sämtliche Kriegsgefangenen freigelassen werden. Peter schloß nicht nur Frieden mit seinem Vorbild Friedrich dem Großen, er schloß sich außerdem zusammen mit dem ehemaligen Feind einem Verbund an.

Einer Anzahl Verbannter – Biron, Münnich, Lestocq

und den jungen Herren Ostermann – gab Peter die Freiheit zurück.

Einer der Erlasse Peters wurde positiv aufgenommen: Er beschloß die Aufhebung des obligatorischen Staatsdienstes der Adeligen in Friedenszeiten.

Die mächtige orthodoxe Kirche wurde besonders hart von den Ukasen des neuen Zaren mit weitgehendem Eigentumsentzug zugunsten des Staates betroffen. Das Ergebnis ließ nicht lange auf sich warten: Von praktisch jedem russischen Predigtstuhl aus wurde der Kaiser als Handlanger des Antichrist, Ketzer und verhaßter Lutheraner beschimpft.

Bereits beim Begräbnis der Kaiserin Elisabeth hatte Peter scharfe Kritik auf sich gezogen. Er war dabei als Narr aufgetreten, war grimassenschneidend hinter dem Sarg hergelaufen und hatte während des Beisetzungsaktes mehrmals lautes Gelächter von sich gegeben. Katharina

PETER III.
konnte dank seiner Tante, der Kaiserin Elisabeth, den russischen Thron besteigen. 1745 war Peter, der eigentlich Karl Peter Ulrich hieß, regierender Herzog von Holstein-Gottorp geworden. Sein ganzes bewegtes Leben hindurch ist er innerlich deutsch geblieben, ein fanatischer Verehrer Friedrichs des Großen. Umgeben von holsteinischen Offizieren, drillte Peter auf den Ländereien des Schlosses Oranienbaum speziell aus seinem deutschen Herzogtum abkommandierte Soldaten. Er war dabei, einen Angriff auf Dänemark vorzubereiten, als er endgültig aus dem Weg geräumt wurde. Es war der Herzog von Gottorp, der begraben wurde. Der Name Zar Peter III. wurde nicht erwähnt. Auch die Witwe war an der Totenbahre nicht zu sehen. Auf untertänigstes Anraten des Senats wurde Katharina angehalten, „aus Liebe zum russischen Vaterland und für ihre wahrhaft treuen Untertanen ihre Gesundheit zu schonen“.
Universitätsbibliothek Helsinki.

war klüger: Sie war täglich während der sechs Wochen, in denen Elisabeth aufgebahrt lag, in scheinbar tiefer Trauer am Sarg zu sehen. Von echten Gefühlen war zwar nicht die Rede, ihr Verhalten brachte ihr jedoch Pluspunkte für die Zukunft ein.

Peters Verachtung der Kirche und der griechisch-orthodoxen Religion sowie seine übertriebene Ehrfurcht vor Friedrich dem Großen führten zu einem dramatischen Machtkampf mit Katharina. Peter wußte nichts von den engen Kontakten seiner Gemahlin zu den Grafen Orlow, die sich bei den Gardesoldaten großer Beliebtheit erfreuten.

Der letzte Akt des Dramas begann bei den Feierlichkeiten zur russisch-englisch-preußischen Allianz. Katharina weigerte sich, sich zu erheben, als auf die kaiserliche Familie angestoßen werden sollte, und stellte die Frage: „Gilt das nicht für alle in der Familie?" Woraufhin der Zar sie öffentlich beschimpfte.

Einige Tage später ging das Gerücht um, Peter wolle Katharina festnehmen lassen. Nun schritten ihre Verbündeten zur Tat. Katharina zeigte sich außerhalb der Hauptstadt vor den Abteilungen des Ismailowski-Regiments, das unter dem Kommando ihres Vertrauten Kirill Rasumowski stand. In Trauerkleidung hielt Katharina eine kurze Ansprache und wies darauf hin, daß ihr Leben und das des Thronfolgers bedroht seien. Die betrunkenen Knechte huldigten ihr unvermittelt als der rechtmäßigen Herrscherin des Landes und schworen ihr Treue und Gehorsam.

In Begleitung der Grafen Orlow und Rasumowski begab sich Katharina daraufhin nach St.Petersburg. Unterwegs wurden neue Gardisten angeheuert. Katharina betonte ständig, daß sie die „alte griechisch-orthodoxe Kirche" verteidige und daß „das ruhmreiche Rußland" um seinen Sieg gegen die Preußen betrogen worden sei. Die einzige Garde, die einen Moment lang zögerte, sich Katharina anzuschließen, war die legendäre Preobraschenski-Garde.

Das Finale dieses denkwürdigen Tages im Juli 1762 spielte sich in der alten Kasan-Kathedrale ab, als Katharina den Eid der regierenden Kaiserin ablegte. Der siebenjährige Thronfolger Paul kam in Begleitung seines Gouverneurs, Graf Nikita Iwanowitsch Panin (1718–1783). Später zeigten sich Mutter und Sohn auf einem der Balkone des Winterpalastes der jubelnden Menschenmenge.

Als Zar Peter, der sich im Lustschloß Oranienbaum befand, von den Geschehnissen erfuhr, machte er einen plumpen Versuch, seine kaiserliche Stellung zu behaupten, wurde jedoch ins Lustschloß zurückgebracht, wo er widerspruchslos, ohne das Dokument durchzulesen, seinen Thronverzicht unterzeichnete. Sein großes Vorbild, Friedrich II., meinte später dazu, der Zar habe sich verhalten „wie ein Kind, das man ins Bett schickt".

Peter bat um eine Aussprache mit Katharina, was ihm jedoch verwehrt wurde. Statt dessen wurde er in einem geschlossenen Wagen als Staatsgefangener nach Ropscha gebracht, einem laut Katharina „ziemlich entlegenen, aber angenehmen Wohnort", 27 Werst von der Hauptstadt entfernt.

DER MORD

Einige Tage nach ihrer Vereidigung erhielt Katharina ein paar undeutlich beschriebene Zettel von Orlow. Darauf stand geschrieben, daß Peter III. tot sei, erwürgt oder erstickt: *...zu Tisch geriet er (Peter) mit Fürst Fjodor (Bariatinski) in Streit, und bevor wir eingreifen konnten, war es aus mit ihm.* Über den Verlauf dieser Ereignisse und die Einzelheiten gibt es eine Menge verschiedener Versionen.

Am darauffolgenden Tag ließ Katharina verkünden, ihr Gemahl sei an einer „hämorrhoidalen Kolik in Verbindung mit einer Gehirnblutung" gestorben. Niemand in Europa glaubte nur im geringsten diese Todesursache. Katharina wurde statt dessen mehr oder weniger der Mitschuld an dem Verbrechen bezichtigt. Einer der Gebrüder Orlow, Graf Alexej Grigorewitsch (1737–1807), wurde als der eigentliche Zarenmörder herausgestellt. Mehrere Zeugen berichteten, der Graf habe schrecklich ausgesehen, und seine Kleider seien zerrissen gewesen.

Der alte Bluthund Biron äußerte sich mit folgenden Worten: *Wenn Peter III. den Mut gehabt hätte, Leute zu hängen, zu köpfen und zu rädern, hätte er seinen Thron behalten.*

ALEXEJ ORLOW wurde der Mord an Peter III. zugeschoben. Der hitzige Orlow, dem ein Schmiß an der linken Backe den Spitznamen „Narbe" eingebracht hatte, war ein Mann der Tat. Man nimmt an, daß er zusammen mit anderen Gardeoffizieren, denen Peter III. verhaßt war, bereits zur Zeit Kaiserin Elisabeths eine Art Staatsstreich vorbereitet hatte. Private Sammlung.

KAPITEL IX

Katharina II.

(Regentin 1762 – 1796)

DIE HERRSCHERFIGUR

Eine Meute von Oligarchen, Fremdlingen, Panduren und Hofgünstlingen holte nachts eine unbekannte Frau – eine Deutsche – hervor, setzte sie auf den Thron, betete sie an und verteilte in ihrem Auftrag Stockhiebe unter denen, die Einwände vorbrachten."

Mit diesen Worten beschrieb der Schriftsteller Alexander Herzen Katharina II. und den Thronwechsel 1762.

Katharina war eine bemerkenswerte Frau. Unter ihrer Herrschaft veränderte sich die Führung und Verwaltung des gesamten russischen Reiches. Seit Peter dem Großen, also 36 Jahre lang, hatten sich die Herrscher kaum um die Staatsangelegenheiten gekümmert. Elisabeth, die zwar notdürftig schreiben und lesen konnte, hatte nie die Staatspapiere, die man ihr zur Unterzeichnung vorgelegt hatte, durchgelesen.

KATHARINA II.

berichtet in ihren Memoiren über ihre Erlebnisse zu Pferde. 1745 vermerkte sie: „In Moskau saß ich zwar oft im Sattel, war aber keine Reiterin." Einige Jahre später, 1756, hat sie geschrieben: „Sobald ich begonnen hatte, regelmäßig Reitunterricht zu nehmen, widmete ich mich diesem Vergnügen mit voller Hingabe. Morgens um sechs Uhr stand ich auf, kleidete mich in Männerkleider und begab mich hinaus in den Garten, wo ich mir eine Reitbahn hatte errichten lassen."
Private Sammlung.

Die deutschgebürtige Katharina ging mit enormer Energie zu Werke. Um „so russisch wie möglich" zu werden, lernte sie, fehlerfrei Russisch zu sprechen und ganz passabel zu schreiben. Sie studierte russische Geschichte und Archäologie, gab eine Sammlung russischer Sprichwörter heraus und zeigte ganz besonderes Interesse für den reichen Schatz an russischen Volksweisen. Sie erwies sich als großer Mäzen und stand in regem Briefwechsel sowohl mit Europas Fürsten und geistig Hochstehenden als auch mit ihren eigenen militärischen Befehlshabern. Siege auf den Schlachtfeldern wurden mit pompösen Siegesfesten in St.Petersburg gefeiert.

Katharina war in vieler Hinsicht ihre eigene Außenministerin. Sie trat unter anderem als „Schiedsrichter" in einem Streit um Bayern zwischen Österreich und Preußen auf und weigerte sich, hinsichtlich der Befreiung Nordamerikas weder für England einerseits noch für Frankreich und Spanien andererseits Partei zu ergreifen. Katharina stellte sogar eine Neutralitätserklärung für nichtkriegführende Flotten auf den Meeren auf. Diese Initiative wurde von den meisten Ländern als Meisterwerk der Gerechtigkeit bewertet. Die Engländer waren natürlich anderer Meinung.

Zeitweilig wurde Katharina von einer „regelrechten Gesetzesstiftungsmanie" gepackt, wie sie selbst sagte. Leider kam es während ihrer Regierungszeit zu einer Verschärfung der sozialen Gegensätze im Lande. Die Leibeigenschaft schlug tiefere Wurzeln. Der großen Masse des russischen Volkes kam Katharina jedoch nie näher. Auch sie selbst bemühte sich in keiner Weise, dies zu ändern. In ihren Memoiren wird an keiner Stelle Rußland und sein Volk erwähnt.

Man sagt, Katharina habe ihre Freunde mit gewisser Zurückhaltung und ihre Feinde mild behandelt. Vielleicht lag darin die Erklärung dafür, daß ihre Machtstellung während ihrer Regentschaft nie gefährdet war.

AUFRÄUMEN IN PETERS HINTERLASSENSCHAFT

Katharina schob die Krönung nicht auf die lange Bank. Zwei Monate nach Peters Tod war sie Rußlands Herrscherin. Eine gesetzliche Grundlage für Katharinas Selbstherrschaft fehlte jedoch.

Die politisch bewußte Kaiserin leitete ihre Regierungsperiode damit ein, daß sie jeden bis hinab zum unbedeutendsten Unteroffizier, der an dem Putsch beteiligt gewesen war, belohnte. Die Gebrüder Orlow, denen Katharina Grafentitel verliehen hatte, wurden zudem – wie viele andere – mit zahlreichen Orden behängt sowie mit Gütern und Gold überhäuft.

Die mächtige Kirche wurde beschwichtigt, indem die Konfiskation ihrer Güter aufgehoben wurde. Katharina nahm sich auch Zeit für Wallfahrten und versank oft vor den Ikonen in tiefes Gebet.

DIE KRÖNUNGZEREMONIE

Am Tag der offiziellen Bekanntgabe des Todes Peters III. teilte Katharina ihren Entschluß mit, sich in Moskau krönen zu lassen. Zwei Monate später fanden die Krönungsfeierlichkeiten in der Mariä-Verkündungs-Kirche im Kreml statt. Die 33jährige Katharina erschien mit einer neuen Kaiserkrone. Das Krönungskleid war übersät mit kostbaren Edelsteinen, und für ihren Mantel waren viertausend Hermelinpelze erforderlich gewesen. 600000 Rubel opferte Katharina, die sie „in Gnade" auf die Volksmenge herabregnen ließ. Universitätsbibliothek Helsinki.

Ein Krieg gegen die Dänen, den Zar Peter geplant hatte, kam nicht zustande. Die verhaßte Allianz mit Preußen wurde für nichtig erklärt und in eine neutrale russische Position umgewandelt. Katharinas Blicke richteten sich auch auf Frankreich und Österreich.

Bereits in den Tagen nach der Krönung war von Komplotten gegen Katharina die Rede. Mit einer Verschwörung war beabsichtigt, den inhaftierten Iwan VI. – oder Iwanuschka (der kleine Iwan), wie er genannt wurde – auf den Thron zu setzen. Der nun 22jährige Iwan war bereits hinter Schloß und Riegel gesetzt worden, als er noch in der Wiege gelegen hatte. Eine andere Verschwörung sollte darauf hinauslaufen, die Gebrüder Orlow aus dem Wege zu räumen. Damit würde man auch eine eventuelle Heirat zwischen Katharina und Grigori Orlow, dessen Beliebtheit ständig abnahm, unmöglich machen. Beide Affären wurden von Katharina vertuscht und die Verschwörer an entlegene Orte verbannt.

Wesentlich ernster wurde es zwei Jahre später: Während sich Katharina in Kurland befand, sah ein armer vierundzwanzigjähriger Leutnant namens Wassili Jakowlewitsch Mirowitsch (1740–1764) die Zeit gekommen, seinen Plan in die Tat umzusetzen. Er wollte ganz einfach den „Gefangenen Nummer eins" (Iwan VI.) befreien und auf den Thron setzen. Der Leutnant, Befehlshaber über die Wachtruppe der Festung Schlüsselburg, wo Iwan gefangengehalten wurde, brach in dessen Zelle ein. Er fand aber Iwan tot vor. Seine besonderen Wächter hatten ihre Instruktionen befolgt, nämlich den Gefangenen bei einem eventuellen Befreiungsversuch zu töten.

Obwohl Mirowitsch nie jemand ermordet hatte, reichte dieses Vorhaben aus, ihn auf das Schafott zu schicken. Der Dichter Gawrill Romanowitsch Derschawin (1743–1816) wohnte der Hinrichtung bei und schrieb, es sei ein Raunen durch die Zuschauermenge gegangen, als Mirowitschs Kopf gefallen sei. Der sächsische Botschafter in St.Petersburg schrieb:

Das Volk bildet sich ein, daß diese Vorstellung nur gegeben wurde, um Fürst Iwan auf diskrete Weise verschwinden zu lassen.

Katharina hatte seit ihrer Ankunft in Rußland eine lange und harte Schule hinter sich. Sie hatte erlebt, daß scheinbar herzliche Freunde im Handumdrehen zu Todfeinden werden konnten. Eine denkwürdige Rolle hatte eine gewisse Katharina Romanowna Daschkowa (1743–1810), Schwester der Geliebten Peters III., Elisabeth Woronzowa, gespielt. Sie war eine ebenso ergebene wie aufdringliche Verehrerin Katharinas.

Am Hofe galt die Daschkowa als hochgradige Intrigantin und schwärmerische Idealistin ohne Schwächen für Geld oder Macht. In ihren Memoiren behauptet die Daschkowa, das Gehirn hinter dem Staatsstreich von 1762 gewesen zu sein, was jedoch von der Kaiserin zurückgewiesen wurde.

Katharina hielt es für das beste, „ihre Freundin" nach Moskau zu verweisen. Später begab sich die Daschkowa dann ins Ausland und pflegte nahen Kontakt zu Größen wie Voltaire, Diderot und Adam Smith (1723–1790). Erst 1783 konnte die Daschkowa nach Rußland zurückkehren. Sie gründete daraufhin die Russische Akademie und wurde ihre erster Präsidentin. Thema ihrer Festansprache war „Gefahr der Bestechlichkeit". Als Katharina – erschreckt von den Ideen der Französischen Revolution – die Zensur in Rußland verschärfte, zog es die Daschkowa vor, sich zurückzuziehen.

„LA MOUCHE DU COCHE" nannte Friedrich der Große die russische Hofdame Katharina Daschkowa und spielte damit auf Jean de La Fontaines (1621–1695) Fabel „La coche et la mouche" (Der Wagen und die Fliege) an. Sie handelt von der Fliege, welche die Pferde sticht und sie somit zu schnelleren Lauf anstachelt, worauf sich die Fliege einbildet, selbst die ganze Equipage zu ziehen. Die Kaiserin war sich der überschwenglichen Freundschaft Daschkowas nie richtig sicher. Die Daschkowa galt als die schlimmste Intrigantin am Hofe und fiel mehrfach bei der Kaiserin in Ungnade. Kgl. Bibliothek, Stockholm.

DIE GENERALADJUTANTEN

Grigori Orlow wurde mit der Zeit eine ständig wachsende Belastung für Katharina. Er benahm sich indiskret und ungeschlacht und legte sich die unangenehmen Manieren eines Parvenüs zu. Das Paar hatte zwölf Jahre lang in eheähnlichen Verhältnissen gelebt. Nun hatte Katharina genug: Sie gab ihrem Unmut Ausdruck, indem sie sich einfach einen neuen Liebhaber zulegte, als Orlow auf einer längeren Reise war. Bis zuletzt hatte er auf eine Eheschließung gehofft, möglicherweise sogar auf eine Rolle als offizieller Prinzgemahl.

DER SCHÖNE ATHLET

Der temperamentvolle und passionierte Grigori Orlow vertrieb den schwachen Poniatowski aus Katharinas Armen. Das Paar setzte einen Sohn in die Welt, Alexej Grigorewitsch Bobrinski (1762–1787), aber dennoch erlosch die Liebesglut, und schließlich erhielt Orlow den Laufpaß. Er sollte den Befehl über die russische Flotte im Mittelmeer führen (1769) und wurde als Sieger bei Navarina und Cesme (1770) gefeiert.
Kgl. Bibliothek, Stockholm.

Der französische Diplomat J. Castéra erstellte folgende Tabelle darüber, was der amouröse Lebenswandel Katharinas die russische Nation kostete:

die fünf Gebrüder Orlow	17 000 000 Rubel
Wysozki	300 000 Rubel
Wassiltschikow	1 110 000 Rubel
Potemkin	50 000 000 Rubel
Sawadowski	1 380 000 Rubel
Soritsch	1 420 000 Rubel
Rimski-Korsakow	920 000 Rubel
Lanskoi	7 260 000 Rubel
Jermolow	550 000 Rubel
Mamonoff	880 000 Rubel
die Gebrüder Subow	3 500 000 Rubel
Laufende Ausgaben der Günstlinge seit Regierungsanfang	8 500 000 Rubel
Summe	92 820 000 Rubel

In einem Versuch, die Beziehung zu retten, schenkte Orlow seiner Kaiserin einen blauschimmernden persischen Diamanten, den Großen Mogul – den berühmten Orlow-Diamanten. Zu jener Zeit war er 460000 Rubel wert. Das gewünschte Ergebnis blieb jedoch aus. Grigori Orlow starb 1782 im Alter von 46 Jahren, nachdem er in seinen letzten Jahren an Geistesschwäche gelitten hatte. Er hinterließ fünf Millionen Rubel und 30000 Leibeigene.

Unglücklich in seiner Verbannung war der alte Liebhaber Katharinas, der schöne Pole Stanislaw Poniatowski, der am liebsten aus Polen weg wollte, um einen Platz in Katharinas Nähe zu finden.

Katharina nutzte die Situation und zwang den polnischen Reichstag in Warschau unter Waffengeklirr, Stanislaw zum neuen polnischen König zu wählen, als August III. (1696–1763), Sohn Augusts des Starken, aus dem Leben geschieden war. Als König von Polen war Katharinas ehemaliger Herzensfreund schwach und untauglich.

Die Polen verachteten ihn. Nach drei Teilungen zwischen Rußland, Preußen und Österreich verschwand das souveräne Polen von der Landkarte.

Während einer Reise in die Ukraine und auf die Halbinsel Krim traf 1787 Katharina nach 28 Jahren Stanislaw wieder. Diese letzte Begegnung zwischen den beiden spielte sich völlig undramatisch ab. Die Liebesglut war sein langem erloschen, und sie traten einander als Fremde gegenüber.

Ihr leichter Lebenswandel hatte Katharina II. ständig ins Gerede gebracht. Bereits vor dem Tod ihres Gemahls hatte sie sich offen und ungeniert Liebhaber gehalten. Daran änderte sich auch nichts, als sie regierende Kaiserin war. Ihre Auserwählten holte sie sich in erster Linie aus den Kreisen des niederen Adels, wobei die meisten ihrer Liebhaber wesentlich jünger waren als sie selbst.

Die Diplomaten in St.Petersburg berichteten ständig vom Liebesleben der Kaiserin. Im Februar 1779 schrieb beispielsweise der britische Botschafter James Harris (1746–1820):

Die Kaiserin hat ihre Absicht bekanntgegeben, den Günstling zu wechseln, woraufhin eine große Zahl Spekulanten auftauchten.

In ihren zahllosen Briefen an ihren Brieffreund Melchior Grimm in Paris gab Katharina selbst ausführliche Schilderungen über diese Männer ab, die sie zu ihren sogenannten „Generaladjutanten" machte. Ganze zwanzig sind namentlich bekannt.

GRIGORI POTEMKIN

war der mächtigste der „Generaladjutanten" Katharinas und Todfeind der Gebrüder Orlow. Seit einer Schlägerei mit Alexej Orlow war er auf einem Auge blind. Als „Trostpflaster" gewann Potemkin die Freundschaft Katharinas. Sie überschüttete ihn mit Geld, Leibeigenen(!), Orden, Titeln, Gütern und Gold. Von 1774 bis 1779 lebten Potemkin und Katharina in einem eheähnlichen Verhältnis. Keiner der Günstlinge hatte so starken Einfluß auf die Kaiserin – und den Staatsapparat – wie Potemkin. Kein anderer kostete die Staatskasse derart viel Geld. Man beschreibt ihn als Genie und Zyniker zugleich mit einer seltenen Mischung aus europäischer Kultur und asiatischer Barbarei. Als Potemkin – mit Suworows Hilfe – die Krim eroberte, erhielt er den Ehrentitel Taurier nach dem vorzeitlichen Namen der Halbinsel. In St.Petersburg residierte Potemkin in einem eigenen Palast, dem Taurischen Palast, einem Bauwerk mit ganzen 65000 Quadratmetern. Kgl. Bibliothek, Stockholm.

Als Generaladjutant anerkannt zu werden bedeutete Macht und vor allem Geld. Katharina ging diesbezüglich ungemein großzügig mit Geld um und zeigte sich ihren abgelegten Bettgefährten gegenüber nie nachtragend.

Nach der langen Affäre mit Grigori Orlow nahm sich die Kaiserin plötzlich einen schönen, anmutigen jungen Mann namens Alexander Simeonowitsch Wassiltschikow (1744–1803). Es war jedoch nur ein kurzes Zwischenspiel, da der junge Mann „den Kopf voll von Sägespänen" hatte, wie Katharina bei seiner Verabschiedung bemerkte.

Als nächster kam der zehn Jahre jüngere, hünenhafte Grigori Alexandrowitsch Potemkin (1739–1791), ein roher und ehrgeiziger junger Mann. Er hielt sich von 1774 bis 1779 auf dem Sonderposten. Als er schließlich in Ungnade fiel, raunte er: „Ich war nichts anderes als ein bezahlter Beischläfer!"

Es ist nicht auszuschließen, daß Katharina und Potemkin insgeheim geheiratet haben. In einem Brief heißt es unter anderem: „Habe ich dich nicht vor zwei Jahren mit den heiligsten Banden an mich gebunden...?" Obwohl das Verhältnis in die Brüche ging, bestand die Freundschaft zwischen Katharina und Potemkin, dem mit Abstand teuersten Abenteuer, weiter.

Indessen standen neue Anwärter ungeduldig vor der Tür. Ein Husarenoffizier namens Simeon Gawrilowitsch Soritsch (1745–1799) wurde abgelöst von dem Husarenfeldwebel Iwan Nikolajewitsch Rimski-Korsakow (1754–1831), der seinerseits dem vielleicht elegantesten von al-

Gawril Romanowitsch Derschawin (1743–1816), u.a. Hofpoet, wurde 1802 zu Rußlands erstem Justizminister ernannt. Er war ein großer Verehrer der kaiserlichen Institution. Nach Potemkins Tod in der Bessarabischen Steppe 1791 verfaßte er folgendes Gedicht:

Dein Lager – die Erde, welch ein Hohn!
Der Palast – die Steppenwildnis!
Ist das des Glückes, der Ehre Sohn?
Der berühmte Fürst von Tauris?
Du stürztest herab vom Gipfel der Macht
In die Tiefe des Abgrunds der Wüstennacht.

IWAN NIKOLAJEWITSCH RIMSKI-KORSAKOW

1

KATHARINA II.

2

ALEXANDER DMITRIJEWITSCH LANSKOI

3

4

ALEXANDER DMITRIJEWITSCH MAMONOFF

5

PLATON ALEXANDROWITSCH SUBOW

len, dem wohlgestalteten und schüchternen (!) Alexander Dmitrijewitsch Lanskoi (1758–1782), weichen mußte. Dieser war 25, Katharina 49 Jahre alt. Er war seinerzeit zusammen mit Katharinas und Grigori Orlows außerehelichem Sohn Alexej Bobrinski (1762–1813) erzogen worden. Nach dem plötzlichen Ableben Lanskois kamen Alexander Petrowitsch Jermolow (1754–1834) und ein gewisser Alexander Dmitrijewitsch Mamonow (1758–1803).

Der letzte in der Reihe von Katharinas Generaladjutanten war der skrupellose Platon Alexandrowitsch Subow (1767–1823). Auch er wurde einst zusammen mit Alexej Bobrinski erzogen und sollte fünf Jahre nach Katharinas Tod bei der Ermordung ihres Sohnes Paul I. eine besondere Rolle spielen.

...WECKT KEINE LEIDENSCHAFT...

Folgende Schilderung der liebestollen Kaiserin stammt von dem französischen Geheimagenten Jean-Louis Favier (1711–1784):

Man kann nicht behaupten, daß sie eine Schönheit ist. Sie hat eine schlanke und zarte Figur, jedoch ohne Geschmeidigkeit. Ihre Haltung ist nobel, ihre Art, zu gehen, erscheint jedoch affektiert und wenig anmutig. Sie hat kleine Brüste und ein lang-schmales Gesicht, insbesondere das Kinn, stets lächelnde Lippen, einen eingesunkenen Mund, einen leichten Hang zur Adlernase, kleine Augen, einen eher hübschen als häßlichen Mund, wenn auch nicht von der Art, die Leidenschaften erweckt...

Was die Schar der „Generaladjutanten" dazu zu sagen hatte, bleibt natürlich ein Geheimnis. Bevor die jungen Männer ihren Sonderdienst bei Katharina antraten, hatten sie sich einer gründlichen ärztlichen Untersuchung unterziehen müssen. Auch deutet einiges darauf hin, daß sie eine Probezeit bei speziellen Damen am Hofe – der Gräfin P.A. Bruce (1729–1796) und Anna Protasoff (1745–1826) – über sich ergehen lassen mußten. Wenn das daraufhin ausgestellte „Eignungszeugnis" von Katharina anerkannt wurde, konnte der junge Mann Einzug ins kaiserliche Boudoir halten.

---

1 *IWAN NIKOLAJEWITSCH RIMSKI-KORSAKOW*

begann seinen fünfzehnmonatigen „Sonderdienst" bei der Kaiserin als vierundzwanzigjähriger Feldwebel der Husarengarde. Die verliebte 49jährige Katharina vertraute ihrem Brieffreund Grimm an: „Jede seiner Gesten, jede Bewegung ist edel und schön. Er strahlt wie die Sonne, er verbreitet seinen Glanz, er ist völlig harmonisch. Eine üppige, verschwenderische Natur hat hier ein einziges Menschenexemplar mit all ihren Gaben bedacht..."
Kgl. Bibliothek, Stockholm.

2 *KATHARINA II.*

Messalina des Nordens war einer der Beinamen, welche die Mitwelt der liebestollen Katharina verlieh. Der Franzose Charles-François-Philibert Masson (1762–1807) gehörte nicht zu den Verehrern der alternden Kaiserin. Er schrieb: „Für jeden Kniff und jede Kunst, um unter der Asche einen Funken zu erzeugen, war sie dankbar. Dick, atem- und zahnlos versuchte sie bis zuletzt die Illusion zu bewahren, von einem willigen Partner umarmt zu werden..."
Universitätsbibliothek Helsinki.

3 *ALEXANDER DMITRIJEWITSCH LANSKOI*

galt in der Zeit von 1780 bis Juli 1782 als Katharinas Liebhaber. Der schwache Lanskoi sprach den Mutterinstinkt der Kaiserin an; sie nannte ihn „das Kind". Als Lanskoi plötzlich und unerwartet starb, schrieb sich Katharina in einem Brief an Grimm die Trauer von der Seele: „Mein bester Freund lebt nicht mehr, ich hoffte auf ihn als Stütze meines Alters... Eine bösartige Fieberkrankheit (Scharlach) hat ihn ins Grab gebracht..."
Kgl. Bibliothek, Stockholm

4 *ALEXANDER DMITRIJEWITSCH MAMONOFF*

galt als begabt, aufgeweckt und wohlgebaut. Er diente von 1786 bis 1789 als „Generaladjutant" der Kaiserin. Katharina nannte ihn „Monsieur Rotrock" nach der Farbe seiner Offiziersuniform. Grimm erfuhr von seiner kaiserlichen Briefpartnerin: „Dieser rote Rock umhüllt ein Geschöpf mit bestem Herzen in Verbindung mit einem großen Schatz an Ehrenhaftigkeit... Er ist gewandt und beherrscht all das, was dem Intellekt Glanz verleiht."
Kgl. Bibliothek, Stockholm.

5 *PLATON ALEXANDROWITSCH SUBOW*

Der gewandte, drahtige und gut gebaute Gardeleutnant war der bedauernswerteste aller „Generaladjutanten" Katharinas. Er war 22, sie 60 Jahre alt, als er zum kaiserlichen Liebesdienst berufen wurde. Katharina schrieb anfangs Jubelbriefe an Potemkin: „Gleich einer vor Kälte erstarrten Fliege bin ich wieder ins Leben zurückgekehrt."
Kgl. Bibliothek, Stockholm.

Der Botschafter Harris behauptete, daß die hemmungslosen erotischen Ausschweifungen der Kaiserin den gesamten Hof mit sich rissen. Harris sprach von einem „Schauplatz der Sittenverderbnis und der Unmoral..." und einem „Sündenpfuhl".

Der freimütige Nikolai Iwanowitsch Saltykow (1736–1816), Gouverneur der Enkel Katharinas, Alexander und Konstantin, erdreistete sich, die Kaiserin über ihren leichten Lebenswandel zu befragen. Saltykow erhielt zur Antwort: „Ich erweise dem Lande einen Dienst, indem ich begabte junge Männer erziehe."

Bastard oder nicht, der Großfürst Paul war der offizielle Thronfolger. In den ersten acht Lebensjahren war er von Kaiserin Elisabeth erzogen worden. Erst nach deren Tod bot sich Katharina die Möglichkeit zu einem Mutter-Sohn-Verhältnis.

Den üblichen Regeln zufolge wäre nach dem Tode Peters III. der Selbstherrschertitel dem jungen Großfürsten Paul zugefallen. Katharina hatte jedoch das Kommando übernommen und sich zur regierenden Kaiserin ausgerufen. Zum Zeitpunkt des Thronwechsels litt Paul an einer ernsthaften Krankheit. Katharina versprach der Priesterschaft ein neues Krankenhaus, wenn Gott ihren Sohn verschone. Am achten Krankheitstag setzte die Besserung ein. Katharina hielt ihr Versprechen, und die Priester bekamen ihr Krankenhaus. Sie liebte ihren Sohn auf ihre eigene Weise: in erster Linie als Kaiserin und in zweiter Linie als Mutter.
Kgl. Bibliothek, Stockholm.

Paul erhielt eine gute Ausbildung. Auch an Begabung fehlte es nicht. Was jedoch von der Umwelt als beunruhigend empfunden wurde, war seine anscheinend angeborene Reizbarkeit und Nervosität. Außerdem war Pauls Gesundheitszustand alles andere als stabil.

In jungen Jahren trat der plattnasige Thronfolger als gebieterische, hochmütige und verwöhnte Person auf. Mit der Zeit wuchs auch der Trotz gegen Katharina. Ihr gegenüber benahm er sich geradezu höhnisch und herablassend.

DIE SCHWIEGERTÖCHTER

In dieser Zeit war es eine natürliche Sache, daß sich Katharina aktiv daran beteiligte, für ihren Sohn eine Gemahlin zu wählen. In königlichen Kreisen wurden Vermählungen oft über die Köpfe der Hauptpersonen hinweg beschlossen. In Preußen spielte Friedrich der Große erneut den Ehevermittler. Dem Thronfolger Paul wurden drei Prinzessinnen des kleinen deutschen Fürstenhauses Hessen-Darmstadt zur Auswahl angeboten. Er entschied sich für Prinzessin Wilhelmine (1755–1776), die als frischbackene russische Großfürstin (1773) den Namen Natalja Alexejewna erhielt.

Trotz allem war Katharina nicht sonderlich erfreut über die Schwiegertochter, der eine Vorliebe für „Übertreibungen" nachgesagt wurde. Als Natalja drei Jahre später im Wochenbett gestorben ist, sind Gerüchte umgegangen, nach denen Katharina ihre Schwiegertochter aus dem Wege geräumt haben soll.

Ein Jahr danach ehelichte Paul die Prinzessin Sophie Dorothea von Württemberg (1759–1828). Als Großfürstin erhielt sie den Namen Maria Fjodorowna. Auch diesmal hatte der preußische König seine Finger mit im Spiel. Paul reiste seiner Zukünftigen entgegen und begegnete somit auch König Friedrich. Dieser nahm gegenüber dem jungen Russen, den er als „stolz, hochmütig und gewalttätig" beurteilte, eine reservierte Haltung ein. Paul war indessen von Friedrich so stark beeindruckt, daß er ihn zu seinem großen Vorbild machte. Außerdem war er von den prächtigen preußischen Uniformen und dem militärischen Drill begeistert.

Aus der Ehe zwischen Paul und Maria Fjodorowna gingen neun Kinder hervor. Dennoch war von einer glücklichen Ehe kaum die Rede. Die zunehmenden psychischen Beschwerden Pauls zehrten am ehelichen Glück. Darüber hinaus leistete Katharina ihren Beitrag zur Erhöhung der Spannungen. Die Kaiserin betrachtete es nämlich als ihr gutes Recht, die älteren Kinder, die Söhne Alexander und Konstantin, gemäß ihren eigenen Vorstellungen zu erziehen. „Ich bin ganz verrückt nach diesem Kinde...", schrieb sie über ihr Enkelkind Alexander an ihren Briefpartner Grimm in Paris.

GRAF UND GRÄFIN DES NORDENS

nannte sich das russische Thronfolgerpaar, Großfürst Paul und Großfürstin Maria Fjodorowna, auf einer vierzehnmonatigen Reise nach Westeuropa mit Beginn im Jahre 1780. Das Paar erregte im Ausland wesentlich mehr Aufmerksamkeit als im eigenen Lande. In Frankreich wurde es von König Ludwig XVI. (1754–1791) und Königin Marie-Antoinette (1755–1793) empfangen. Dem französischen Königspaar gegenüber beklagte sich der Großfürst über seine Situation. Er griff dabei mehrmals seine Mutter an und sprach in überlegenem und abfälligem Ton über sie. Zur Person und Zukunft Pauls tat Minister Wilhelm Edelsheim (1737–1793) in Baden eine treffsichere Äußerung, indem er behauptete, „der Thronfolger vereinte in seiner Person Verrücktheit und Arroganz, Schwäche und Egoismus", sein Kopf sei dafür geschaffen, die Krone ins Verderben zu führen. Kgl. Bibliothek, Stockholm.

Dieses Bild aus der Zeit um 1791 vermittelt den Eindruck eines idyllischen und glücklichen Familienlebens. In Wirklichkeit hatte Katharina das Heft in der Hand, und es kam häufig zu Reibereien zwischen ihr und der Familie des Sohnes. Katharina beanspruchte allein das Recht auf die Erziehung der beiden ältesten Enkelkinder. Sie stellte Regeln auf wie etwa folgende: „Es ist besser, die Kinder haben keine warmen Kleider und Kopfbedeckungen, und zwar weder im Sommer noch im Winter." „Wascht sie (die Großfürsten) so oft wie möglich in kaltem Wasser", lautete ein anderer Rat. Katharina schrieb selbst ein Abc-Buch für die Enkel, das sich ihrer eigenen Aussage nach „durchaus sehen lassen konnte".
Kgl. Bibliothek, Stockholm.

MUSIK UND THEATER

Im alten Rußland hatte der Chorgesang einen festen Platz in Kirche und Gesellschaft. Bereits zur Zeit Iwans III. gab es Chöre mit offiziellen Zeremonien. 1713 unterhielt Peter der Große einen Chor mit 60 Personen, der bei verschiedenen Staatsakten und kirchlichen Zeremonien sowie bei höfischen Unterhaltungsveranstaltungen auftrat. Kaiserin Elisabeths Günstling Rasumowski hatte im kaiserlichen Chor Karriere gemacht. Während der gesamten Regierungszeit Katharinas existierte ein großer Hofchor, der 33 Jahre lang von ein und derselben Person geleitet wurde, nämlich Mark Poltorazki. In Moskau galt Fürst Dmitri Dmitrijewitsch Golizyns (1770–1840) privater Chor, der aus Leibeigenen bestand, als bester Kirchenchor der Stadt.

Als Hector Berlioz (1803–1869) den Chor der kaiserlichen Kapelle zu hören bekam, war er überwältigt. Er beschrieb die Werke als von echten religiösen Gefühlen beseelt, die, in einer Art Mystizismus, den Zuhörer in tiefe Ektase versetzten. Bei seinen beiden Besuchen in Rußland (1842 und 1843) war Franz Liszt (1811–1886) hocherstaunt über einen Zigeunerchor in der russischen Hauptstadt.

Parallel zum Chorgesang entwickelte sich das Musik- und Theaterleben. Aufzeichnungen zufolge fand 1746 das erste öffentliche russische Konzert in St.Petersburg statt. Zuvor war jegliches qualifizierte Musizieren dem Hof und der gehobenen Gesellschaft vorbehalten gewesen. Am Hofe spielte ein spezielles Hoforchester, das für Unterhaltung sorgte. 1772 wurde in der russischen Hauptstadt ein Musikklub gegründet. Öffentliche Konzerte wurden immer häufiger und beliebter. 1802 kumulierte das schnell wachsende Musikinteresse in der Bildung eines ständigen Sinfonieorchesters.

Die große Wende für die heimische russische Musik kam jedoch erst 1836 mit der Uraufführung der patriotischen tragischen Heldenoper „Ein Leben für den Zaren" von Michail Iwanowitsch Glinka (1804–1857). Über Nacht wurde Glinka zu einem international bekannten Künstler. Man nennt ihn den „Gründer der klassischen russischen Musik".

In Moskau gab es bereits in den Jahren 1702–1706 ein öffentliches Theater. In einer Scheune auf dem Roten Platz spielte damals das Ensemble Johann Kunst aus Danzig. Moskaus erster Theaterdirektor, Fjodor Alexandrowitsch Golowin (1650–1706), war einer der Vertrauten Peters des Großen und zugleich Rußlands erster Graf (1702). Im Zuge der Verlegung der öffentlichen Institutionen nach St.Petersburg geriet die Theatertätigkeit in den Hintergrund, zumindest was die Allgemeinheit betraf. Es sollte bis 1756 dauern, bis das Theater auch dem gemeinen Volke zugänglich wurde.

Michail Jegorowitsch Medox, ein Mann englischer oder griechischer Abstammung, führte das russische Theater an die Öffentlichkeit. 1780 eröffnete Medox sein Theater in der Petrowski-Straße in Moskau. Medox war als hervorragender Feinmechaniker bekannt, sollte sich jedoch in den kommenden 25 Jahren zu einem hochgeschätzten Theaterdirektor entwickeln. Auf seiner Bühne, dem Petrowski-Theater, traten sowohl einheimische wie ausländische Soloartisten und Theatergesellschaften auf. Das Repertoire bestand größtenteils aus Komödien und Opern. Private Sammlung.

1784 gründete Katharina II. das Große Theater in St.Petersburg „nicht nur für Komödien und Tragödien, sondern auch für Opern". Zu diesem Zeitpunkt hatte in Moskau bereits eine Theatergesellschaft, die 1776 gegründet worden war, eigene Theaterräume bezogen, nämlich das Petrowski-Theater, welches als direkter Vorgänger des Bolschoi-Theaters betrachtet werden kann. Dieses prachtvolle Theater wurde 1856 eingeweiht.

Heute ist das Große Theater der Kaiserin Katharina in St.Petersburg als Kirow-Theater für Oper und Ballett ein Begriff. Nach einem Brand wurde das Theater im Jahre 1860 unter dem Namen Mariinski-Theater wiedereröffnet. Es hat in der Entstehungsgeschichte des russischen Balletts eine entscheidende Rolle gespielt. Mehr als ein halbes Jahrhundert stand das kaiserlich russische Ballett unter der Leitung des berühmten Choreographen Marius Pepita.

Es sei darauf hingewiesen, daß die kaiserliche Zensur in

bezug auf jegliche künstlerische Tätigkeit in Rußland stets gegenwärtig war. Es gab genaueste Vorschriften für praktisch alles, was auf einer Bühne aufgeführt werden durfte, auch für offensichtlich völlig belanglose Einzelheiten.

Kaiserin Katharina schrieb mehrere kleinere Stücke und eine Anzahl historischer Schauspiele, die auf der Bühne der Eremitage zur Aufführung kamen. Die meisten ihrer Schöpfungen waren Komödien, ganz einfach deshalb, weil sich die Kaiserin gern amüsierte. Sie scheute nicht davor zurück, in die Stücke anderer, die ihr nicht gefielen, einzugreifen. Katharina las viel und gern, womit sie offen prahlte.

Zuweilen schrieb sie laienhaft-burleske Satiren, beispielsweise „Der unglückliche Krieger", in der der kriegerische schwedische König Gustav III. (1746–1792) als jämmerlicher Operettenkönig mit einem viel zu großen Helm und in Stiefeln, die über die Hüfte reichten, dargestellt wurde. Der König wurde von einem verkrüppelten russischen Festungskommandanten in die Flucht geschlagen.

Die Theaterabende in der Eremitage stellten eine beliebte Abwechslung zu den Scharaden und anderen Gesellschaftsspielen während der abendlichen Unterhaltung am Hof dar. Von Banalitäten wollte Katharina nichts wissen, weshalb derbe Witze am Hof verpönt waren.

MOSKAU IM 18. JAHRHUNDERT

Rechts im Bild ist der Glockenturm Iwan Weliki (der Große Iwan) zu sehen. Das Bauwerk zur Linken ist die Mariä-Verkündigungs-Kirche, in der Katharina zur Kaiserin gekrönt wurde. Ansonsten machte Moskau keinen besonderen Eindruck auf sie. Sie schrieb: „...und nie hat man so viele Symbole für Fanatismus gesehen! Wie viele wundertätige Bilder begleiten nicht jeden Schritt, welche Scharen von Priestern, Klöstern und frommen Menschen wie auch Bettlern, Dieben und unnötigen Dienern in den Häusern – und was für Häuser! ...in St.Petersburg ist das Volk gefügiger, zivilisierter, weniger abergläubisch und verschwiegener gegenüber Ausländern..."
Universitätsbibliothek Helsinki.

DIE GROSSE CHANCE DER LEIBEIGENEN

Nicht selten fand man auf einem Großgut ein Theater vor. In gewissen Ensembles wirkten Hunderte von Leibeigenen mit. Ein Orchester konnte aus mehreren hundert Personen bestehen. Junge Talente schickte man oft zur Ausbildung ins Ausland, was für leibeigene Künstler und Musiker die Chance ihres Lebens darstellte. 1797 gab es in

Moskau fünfzehn Theater mit leibeigenen Schauspielern, die häufig von den zahlreichen Theatergesellschaften der Großgüter angeheuert wurden.

Das beste Beispiel für die privaten Palasttheater ist das Theater des Schlosses Ostankino außerhalb Moskaus. Es gehörte zur Tradition reicher russischer Adelsleute, ein Großgut außerhalb Moskaus (*Podmoskownoje*) zu besitzen. Ostankino wurde der Gräfin Praskowja Schemtschugowna Scheremetew (gest. 1803) von ihrem Gemahl, dem Grafen Nikolai Petrowitsch Scheremetew (1751–1809), verehrt. Die Gräfin war als Leibeigene geboren und wirkte in einer Theatertruppe, die aus 200 Leibeigenen bestand, mit.

Das Theater in Ostankino bot 300 Sitzplätze. Die beiden Säulenreihen des grandiosen Salons mit je sieben Säulen konnten entfernt werden, um den Salon in einen Konzertsaal zu verwandeln.

Hier, im Schloß Ostankino, sollte Alexander II. im Jahre 1858 den Vorschlag zur Abschaffung der Leibeigenschaft unterzeichnen, der jedoch erst drei Jahre danach zur Ratifizierung gekommen ist.

DIE BRIEFFREUNDE

Nur wenige Selbstherrscher – wenn überhaupt einer – unterhielten eine derart umfangreiche Korrespondenz wie Katharina II. Sie stand mit Europas gekrönten Häuptern und anderen Größen im Schriftwechsel, der auf Französisch geführt wurde, in einer Sprache, die Katharina ausgezeichnet beherrschte. Oft umfaßten die Briefe bis zu 20 Seiten.

Zu den Brieffreundschaften zählten jene mit Madame Geoffrin (eigentlich Marie-Thérèse Rodet, 1699–1777), Voltaire, Denis Diderot (1713–1784) und Friedrich Melchior von Grimm (1723–1807), um nur vier zu nennen. Von diesen kamen Diderot und Grimm persönlich nach Moskau, Grimm sogar zweimal.

In einem Brief an Grimm stellte Katharina ein Verzeichnis über ihre politischen Taten zusammen:

Nach den neuen Regeln errichtete Gouvernements	29
Städtegründungen	114
Konventionen und Abkommen	30
Errungene Siege	78
Denkwürdige Gebote bezüglich Gesetzen oder Stiftungen	88
Gebote zum Nutzen des Volkes	123
Summe	492

Diderot entschloß sich erst nach langem Zögern zu einem Besuch in Rußland. Der ersten Einladung neun Tage nach dem Staatsstreich (!) gelang es ihm zu entgehen. In einem Brief an Voltaire schützte er Hämorrhoiden vor und meinte, daß er mit seinen „Schmerzen im Hintern lieber in Sicherheit sein möchte", eine Anspielung auf einen Passus im Todesattest Peters III., in dem von Hämorrhoiden die Rede war.

1773 traf Diderot dann schließlich doch noch in der russischen Hauptstadt ein. Er blieb über ein halbes Jahr, was natürlich mit zahlreichen Besuchen bei Katharina verbunden war. Diderot gab Texterklärungen und gute Ratschläge und griff zuweilen die Leibeigenschaft an, die er als Sklaverei bezeichnete, woraufhin Katharina energisch behauptete: „Ihr arbeitet mit Papier, ich arme Kaiserin arbeite mit den Menschen." Diderot fand bestätigt, daß Katharina nur liberal war, wenn sie schrieb. Die regierende Kaiserin war eine typische Autokratin.

MELCHIOR VON GRIMM

Kaiserin Katharinas „Auge und Ohr" in Westeuropa war und blieb der deutschgebürtige Freiherr und Schriftsteller Melchior von Grimm, mit dem sie in regem Schriftverkehr stand. Grimm – nicht zu verwechseln mit einem der Märchenschreiber, den Gebrüdern Grimm – verbrachte einen Großteil seines Daseins in Paris. Von hier berichtete er sowohl über seriöse Dinge als auch über Klatsch. Grimm kam zweimal zu Besuch nach St.Petersburg (1773 und 1776). Kgl. Bibliothek, Stockholm.

KATHARINAS SPRACHROHR

Fünfzehn Jahre lang stand Katharina im Briefwechsel mit Voltaire. Er war bereits zur Zeit der Kaiserin Elisabeth zum Ehrenmitglied der Russischen Akademie der Wissenschaften ernannt worden und sah in Katharina eine gerechte, liberale und großzügige Herrscherin. Das relativ positive Bild der russischen Selbstherrscherin im Westen ist im großen und ganzen Voltaires Verdienst. Ebenso wie den anderen Briefpartnern wurden auch Voltaire Geschenke zuteil wie goldene Dosen und sogar Diamanten. Als er jedoch in gehobenem Alter einen Besuch anzeigte, wehrte Katharina heftig ab. „Den gefürchteten König“ nannte Friedrich der Große Voltaire.

Nach Voltaires Tod (1778) erwarb Katharina seine gesamte Bibliothek und erhielt als „Zugabe“ die berühmte Marmorbüste, ein Werk des französischen Bidhauers Jean-Antoine Houdon (1741–1828).

EUROPAS GALALITERAT

Katharinas bedeutendster Briefpartner war der deutschgebürtige Literat und Schriftsteller Melchior von Grimm. Er war in Paris ansässig, wo er, teils mit Unterstützung Diderots, die „Correspondance littéraire et artistique“ herausgab. Dabei handelte es sich um handgeschriebene Mitteilungen, die zweimal im Monat zu Papier gebracht wurden. Darin berichtete man über das wissenschaftliche und gesellschaftliche Treiben in Paris. Dazu gehörten freilich auch die letzten Skandale am Hof und in der Gesellschaft. Grimms Mitteilungen waren nur für ein ausgewähltes Publikum vorgesehen, unter anderem für Kaiserin Katharina oder die schwedische Königin Lovisa Ulrika (1720–1782).

Für Katharina war Grimm der perfekte Briefpartner. Er war stets bereit zu Schmeicheleien und Belobigungen. Katharina vertraute ihrerseits „ihrem Freunde“ so einiges aus ihrer persönlichen und privaten Sphäre an. Sie kam in ihren Briefen meist ohne Umschweife direkt zur Sache. Als die langjährige Beziehung zu Orlow zu Ende war, schrieb Katharina an Grimm: *Ein starker, mutiger und entschlossener Mann, jedoch sanft wie ein Lamm und mit dem Herzen eines Huhns.*

Ein der Kaiserin gewidmetes Lied von Voltaire zur Thronbesteigung Katharinas wurde zum Auftakt einer fünfzehnjährigen Brieffreundschaft. „Die Unvergleichliche“ nannte der Franzose „seine“ Kaiserin schmeichelhaft. Katharina schlug in ihren Briefen einen formelleren Ton an. Dann und wann ließ sie ihrem Briefpartner wertvolle Geschenke zukommen. Voltaire entwickelte sich zu Katharinas bedeutendstem Sprachrohr in der westlichen Welt. Zahlreiche unkritische Meinungen über ihr Lebenswerk gründeten sich nicht selten auf die von Bewunderung gekennzeichnete Beurteilung Voltaires. Während der Französischen Revolution wurde die Asche Voltaires unter Ehrenbezeugungen ins Panthéon übergeführt. Das war zuviel für Katharina: Demonstrativ ließ sie die Büste des Franzosen auf dem Dachboden des Schlosses verschwinden. Kgl. Bibliothek, Stockholm.

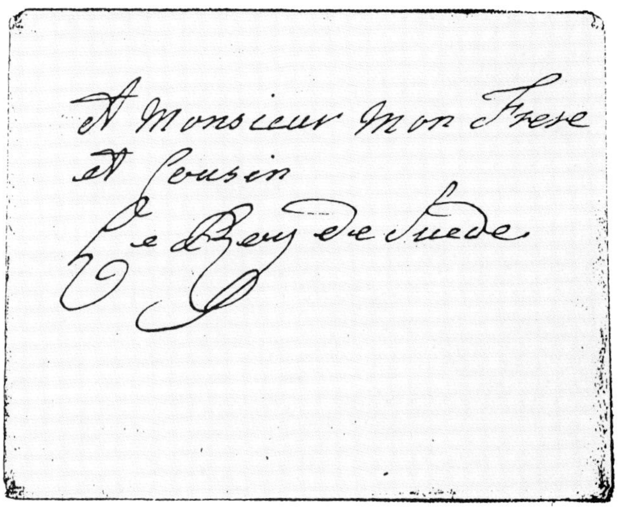

A Monsieur Mon Frere
et Cousin
Le Roy de Suede

Kaiserin Katharina unterhielt einen umfangreichen Schriftwechsel, nicht zuletzt mit den Herrschern Europas. Mit Kaiser Joseph II. in Wien erörterte sie türkische Probleme, mit Friedrich dem Großen in Berlin korrespondierte sie bezüglich der Zukünftigen ihres Sohnes Paul, und mit Gustav III. in Stockholm handelte sie politische Streitfragen ab. Die Abbildung zeigt ein Faksimile eines von der Kaiserin handgeschriebenen Briefumschlags an den schwedischen König aus der Sammlung der Kgl. Bibliothek, Stockholm.

Im Alter von 42 Jahren begann Katharina, ihre Memoiren zu schreiben, die schließlich ihre ersten dreißig Lebensjahre umfassen sollten. Weshalb sie nicht weiterschrieb, ist nicht geklärt. Das Ergebnis ist zwar erst 1907 offiziell veröffentlicht worden, war jedoch seit langem bekannt, da Paul I. das Manuskript seiner Mutter seinem engen Freund Fürst Alexander Borisowitsch Kurakin (1752–1818) aushändigt hatte. Dieser war unter anderem als Sammler wichtigen historischen Materials bekannt. Er liebte den Luxus und erhielt den Beinamen „Fürst der Diamanten".

DAS ALLTÄGLICHE RUSSLAND

Ein flüchtiger Blick in eine St.Petersburger Tageszeitung vermittelt einen Eindruck vom russischen Alltag. Ein Teil der Anzeigen befaßte sich mit Menschenhandel. Ein prächtiges Bauernmädchen kostete 25 Rubel, ein arbeitsfähiger Mann etwa das Doppelte, während eine ältere Frau mit höchstens 50 Kopeken nicht besonders hoch im Kurs stand. Kleinkinder waren bereits für 10 Kopeken zu haben. Dieser menschenverachtende Handel wurde offen und unverblümt getrieben. Was diese Tätigkeit noch abscheulicher erscheinen läßt – wenn das überhaupt möglich ist –, ist die Tatsache, daß der Abkömmling des kaiserlichen Lieblingshundes – Tom Anderson – astronomische Summen erzielte. Katharina selbst verschwendete Rie-

DER RUSSISCHE ALLTAG

Drei Bilder des französischen Künstlers Jean-Baptiste Le Prince (1734–1781), der 1758 nach Rußland kam. Fünf Jahre lang reiste er im Lande umher. Dabei entstand eine Sammlung hervorragender Alltagsschilderungen, die in den Salons von Paris 1765 großes Aufsehen erregten. Links oben ein Bauernhof bei St.Petersburg, rechts zwei umherziehende Fischhändler und links unten eine Szene an einem der zahlreichen russischen Flüsse, die für Handel und Transport in dem gewaltigen Land eine große Rolle spielten. Straßen und Wege waren meist in miserablem Zustand.
Private Sammlung.

sensummen für ihre Liebhaber. Für Orlow wurde beispielsweise ein spezielles Sèvres-Porzellan im Wert von 250000 Rubeln bestellt.

Die rechtlose Stellung der Bauern dagegen führte während Katharinas Regentschaft zu zahllosen Aufständen. Der größte und bekannteste ereignete sich um 1775, als es einem gewissen Jemeljan Iwanowitsch Pugatschow (1742 (?)–1775) gelungen war, das riesige Wolgagebiet in Aufruhr zu versetzen. Er versprach, der Leibeigenschaft ein Ende zu setzen und den Bauern Land und Freiheit zu schenken.

Pugatschow wurde als Peter III. verehrt. In einer Reihe von Volkserzählungen hieß es, der tote Zar sei eigentlich nie ermordet worden, sondern lebe seit der Thronbesteigung Katharinas als Mönch an einem geheimen Ort.

Der „Bauernzar" war rasch Anführer einer Armee, die plündernd umherzog, Gouverneure ermordete, Festungen einnahm und schließlich Moskau bedrohte. Die kaiserliche Armee unter General Alexander Iljitsch Bibikow (1729–1774) konnte zwar die Bauernscharen Pugatschows zurückschlagen, aber nicht vollständig besiegen. Dazu Bibikow: „Es ist leicht, gegen Rebellen zu kämpfen, jedoch sehr schwer gegen die allgemeine Unzufriedenheit."

In Moskau fürchteten viele Adelige um ihr Leben und rechneten damit, daß ein Funke einen allgemeinen Aufstand in der Stadt entfachen könnte. Der Aufruhr blieb jedoch aus.

Im August 1774 wurde dem Vormarsch Pugatschows ein Ende gesetzt. Er konnte zwar fliehen, wurde aber verraten und festgenommen. In einem Eisenkäfig brachte man ihn nach Moskau, wo er im Januar 1775 auf brutalste Weise hingerichtet wurde. Einer der Augenzeugen, der angehende Dichter Iwan Iwanowitsch Dmitrijew (1760–1837), beschrieb, wie der Polizeipräsident das Todesurteil verlas, der Beichtvater Pugatschow segnete, sich der Verurteilte zu den Kirchen hin verbeugte und sich bekreuzigte.

Als Pugatschow ausrief: „Verzeiht mir, rechtgläubige Menschen...!" gab der Urteilsvollstrecker ungeduldig ein Zeichen.

Die Henker stürzten sich auf Pugatschow und begannen ihn auszuziehen. Sie rissen ihm den weißen Schafspelz vom Leibe und zerrissen die Ärmel seines himbeerroten Seidenkaftans – und schließlich konnte man sehen, wie sein blutiger Kopf in die Höhe gestreckt wurde.

Pugatschows Name lebte jedoch weiter. Die Geschichte seines Kampfes wurde zu den Tönen der Balalaika – in der Ukraine der Bandura – besungen, und so wurden die heroischen Taten des Bauernzaren späteren Generationen überliefert. Eine der Erzählungen ist der Roman „Die Hauptmannstochter" (1833) von Alexander Puschkin.

EIN WEITERER FALSCHER THRONANWÄRTER

Kurz nach Pugatschows Fall war eine neue Hochstapleraffäre im Anzug. Eine junge, hübsche Frau, die sich Ali Emettée nannte und neben zahlreichen anderen den Beinamen Fürstin von Tarankowa trug, reiste in Westeuropa umher und gab an, die leibliche Tochter von Kaiserin Elisabeth und Alexej Rasumowski zu sein. Die Tarankowa behauptete, im Besitz eines geheimen Testaments zu sein, nach welchem sie allein die legitime Herrscherin Rußlands sei.

Von Katharina erging ein Befahl an den Admiral Alexej Orlow, der sich in seiner Eigenschaft als Befehlshaber der russischen Flotte im Mittelmeer befand, Tarankowa „wenn möglich ohne Aufsehen" unschädlich zu machen.

Orlow ersann eine Geschichte, nach der sein Bruder Grigori in Ungnade gefallen sei. Aus Rache sei Grigori bereit, sich dafür einzusetzen, die Tarankowa zu Rußlands rechtmäßiger Kaiserin Elisabeth II. zu machen.

Tarankowa schluckte den Köder und ging ahnungslos an Bord von Orlows Schlachtschiff in Erwartung einer ruhmreichen Reise nach St.Petersburg. Als sie jedoch das Schiff betrat, schnappte die Falle zu. Statt Macht, Glanz und Flitter wartete eine dunkle Zelle im Peter-und-Pauls-Ge-

PUGATSCHOW IM EISENKÄFIG

„Frauen, die ihn als Gefangenen sahen, fielen in Ohnmacht, als sie seinem schrecklichen Blick begegneten und seine Stimme zu hören bekamen." Alexander Puschkin in „Geschichte des Pugatschow-Aufstandes". Universitätsbibliothek Uppsala.

fängnis. Nach eineinhalb Jahren in feuchter Kälte und Isolierung starb Tarankowa im Dezember 1775.

VERBOTENE BEEREN

Nach Pugatschows Fall verhängte Katharina gegen die gemeinen Russen eine kollektive Strafe, indem sie in der Ukraine die Leibeigenschaft einführte. Für die russischen Bauern war damit der Traum von einer Neuordnung ausgeträumt.

Mindestens drei Tage in der Woche mußten die Leibeigenen unentgeltlich auf den Besitzungen ihrer Herren schuften und zudem gewisse Naturprodukte wie Beeren, Pilze usw. abliefern. In Puschkins „Eugen Onegin" mußten die Bauernmädchen während der Arbeit singen, damit sie nicht von den Beeren essen konnten. Sie „gehörten zum Besitz des Herrn".

Auch bei Neubauten arbeiteten die Bauern ohne Entgelt. Es gibt Beispiele für die rücksichtslose Rekrutierung Tausender Leibeigener, die innerhalb einiger Stunden riesige Häuser errichten mußten.

1780 wurde in Rußland auf dem Lande der sogenannte Normalarbeitstag eingeführt. Danach durfte der Arbeitstag nur 11 bis 13 Stunden umfassen mit dem Zusatz, daß im Sommer 14 bis 16 Stunden als voll akzeptabel angesehen wurden.

Für unbequeme Personen – Alte, Kranke und Behinderte – war die Situation besonders schwer. Es stand den Grundbesitzern völlig frei, diese erbarmenswerten Geschöpfe in verlassene Gegenden zu verschicken, wo sie sich dann meist selbst überlassen blieben. Diebe und andere Verbrecher deportierte man zu ewiger Zwangsarbeit in die sibirischen Bergwerke. Der Diebstahl von 25 Rubeln war Grund genug für eine Deportation.

Einer dieser Verbannten, der Schriftsteller Alexander Nikolajewitsch Radischtschew (1749–1832), galt als „gefährlicher als Pugatschow". Seine realistische Schilderung „Reise von St.Petersburg nach Moskau" konnte Katharina nicht tolerieren. Die gesamte Auflage wurde beschlagnahmt. Erst 1905 ist das Buch vollständig erschienen.

Die schreckliche Peitschenstrafe – mit der „Knute" – machte auch vor Frauen nicht halt. Der öffentliche Vollzug wurde zu einem makabren Volksvergnügen. Staatsverbrecher wurden stets öffentlich hingerichtet. Gleichzeitig mit der Abschaffung der körperlichen Züchtigung in den Schulen (1767) erließ Katharina ein Gesetz, nach welchem jeder Bauer, der sich über seinen Herrn beklagte, zur Peitschenstrafe oder Zwangsarbeit verurteilt werden konnte.
Kgl. Bibliothek, Stockholm.

DIE MENSCHENFRESSERIN

Eine der berüchtigtsten Grundbesitzerinnen war die Witwe Darja Saltykowa. Die „Menschenfresserin", wie sie auch genannt wurde, hatte von ihrem Mann 600 Bauern geerbt und vergnügte sich damit, ihre Untergebenen ständig zu quälen. Sie ließ unter anderem kochend heißes Wasser über ihre Opfer gießen, mit glühenden Eisenspeeren ihre Glieder durchbohren und junge Mädchen lange Treppen hinunterstoßen, so daß sie Arme und Beine brachen. Niemand von den Untertanen war vor den perversen Lüsten der Witwe sicher.

Nach jahrelanger unmenschlicher Tortur baten schließlich die Bauern der Umgebung in einer Bittschrift die Kaiserin um ihren Beistand. Die Sache entwickelte sich zu einem siebenjährigen Rechtsstreit mit dem Ergebnis, daß die Witwe zum Tode verurteilt wurde. Die Kaiserin machte indessen von ihrem Begnadigungsrecht Gebrauch und verwandelte die Strafe in lebenslange Klosterinternierung, nachdem Saltykow ein paar Tage auf dem Pranger des Roten Platzes in Moskau hatte stehen müssen.

Um die Zahl der Bittschriften – es handelte sich um Tausende – in Grenzen zu halten, durften laut Anordnung der Kaiserin fortan nur noch die Adeligen derartige Klagen vorbringen. Allen anderen drohte, wenn sie sich beschwerten, entweder die Knute oder die Verbannung in die sibirischen Bergwerke.

Zu Anfang ihrer Regentschaft schwebte Katharina eine weitgehende Humanisierung ihres Imperiums vor. Während sie pseudoliberale Phrasen von sich gab wie etwa „...überhaupt sollte jegliche körperliche Züchtigung abgeschafft werden, die dem menschlichen Körper bleibenden Schaden zufügen kann", quälten besessene Behördenvertreter weiterhin ihre Untertanen.

Als moralisierende Philosophin arbeitete Katharina zwei Jahre lang an einem Gesetzesentwurf, *Nakas* (Instruktion), der schließlich 526 Paragraphen enthalten sollte. Der Inhalt bestand jedoch keineswegs aus eigenen Gedankengängen, sondern er war ein Konglomerat aus Ideen anderer. Etwa die Hälfte stammte aus der Machtverteilungslehre „De l'esprit des lois" (Über den Sinn der Gesetze) von Charles de Montesquieu (1689–1755). „Seine Schriften sind mein Gebetbuch", ließ die Kaiserin verlauten. Sie machte kein Hehl daraus, den Franzosen plagiiert zu haben, „um 20 Millionen Glück zu bringen".

Die konsultative Volksvertretung (1767) – *Kommissija uloschenija* –, die einberufen worden war, um dem Kaiserreich eine liberale Verfassung zu geben, entartete zu einem Spektakel. Nach fünfmonatigen Beratungen endete das Unternehmen in einem peinlichen Fiasko. Katharina schob die Schuld dem „illoyalen Adel" und den inkompetenten Abgeordneten zu.

Die Versammlung kam zumindest in einer Frage zu einem gültigen Beschluß: Nach langen Überlegungen einigte man sich darauf, der Herrscherin den Beinamen „die Große" zu verleihen. Katharina war ganze 160 cm groß!

Rasch verflüchtigten sich jedoch die liberalen Schwärmereien der Kaiserin, und die Nakas geriet vollständig in Vergessenheit. Rußlands großes Problem, die Leibeigenschaft, wurde unter Katharina eher noch unmenschlicher. Sie selbst trug aktiv dazu bei, indem sie ihre Günstlinge freizügig mit Landgütern und zugehörigen Leibeigenen versorgte.

In diesem Dunkel war zumindest ein Lichtblick zu erkennen: Auf Anraten Voltaires untersagte Katharina den Popen und Diakonen, Leibeigene in ihren Dienst zu stel-

KATHARINA – ERBAUERIN EINES IMPERIUMS

Diese englische Satire zeigt die gierige Kaiserin, wie sie vom Leibhaftigen Gaben entgegennimmt. Das auf einem Tablett präsentierte Konstantinopel fiel indessen nie in russische Hand. Während der vierunddreißigjährigen Regierungszeit Katharinas erweiterte sich das Kaiserreich um ein Viertel des europäischen Rußland. Bei den drei Teilungen Polens (1772, 1793 und 1795) fielen Rußland das östliche und südliche Lettland (Latgade und Kurland), Litauen, Weißrußland, das östliche Polen sowie große Teile der polnischen Ukraine und das Steppengebiet westlich des Dnjepr zu. Der Krieg gegen die Türken 1768–1774 führte zur Einverleibung des Steppengebietes zwischen Bug und Dnjepr in das russische Reich. Man erhielt auch das Recht, mit eigenen Schiffen im Schwarzen Meer Handel zu treiben. 1783 wurde die Halbinsel Krim annektiert. Nach einem weiteren erfolgreichen Feldzug gegen die Türken 1787–1791 konnte man neue Landgebiete zwischen Bug und Dnestr gewinnen. 1785 wurde der Flottenstützpunkt Sewastopol und 1794 der große Hafen in Odessa angelegt. Der Schwedisch-Russische Krieg 1788–1790 verlief ergebnislos.
Private Sammlung.

len. Die Kirchenleute waren jedoch derart verarmt, daß sie auf Leibeigene angewiesen waren.

Obwohl Katharina nur sehr diffuse Vorstellungen vom Alltag des gemeinen Volkes hatte und von Leibeigenen sprach, als wenn sie Vieh wären, schrieb sie Geschichten über das bäuerliche Leben, märchenhaft und wirklichkeitsfremd. Als der Schriftsteller Nikolai Iwanowitsch Nowikow (1744–1818), der als Volksaufklärer galt, realistische Schilderungen vom elenden Dasein der Bauern veröffentlichte, kam er mit der Kaiserin in Konflikt.

Nowikow schrieb über Armut und Sklaverei, unbestellte Felder, magere Ernten, Schmutz und Krankheiten sowie die Hütten und verwahrlosten Behausungen, in denen die Menschen zu leben gezwungen waren. „Die Gutsherren dieser Sklaven waren mehr um ihre Pferde besorgt als um Menschen", schrieb Nowikow unter anderem. Nach einer Reihe inquisitorisch beeinflußter Prozesse wurde Nowikow schließlich als „gefährlicher Gesellschaftsverbrecher, Verschwörer und Gründer einer geheimen Gesellschaft" schuldig befunden. Das Urteil wurde ihm im Gefängnis mitgeteilt. Dazu sei erwähnt, daß Katharina früher mit Nowikow an der Wochenzeitung *Schiwopisez* („Der Maler") zusammengearbeitet hatte. Nowikow wurde zu 15 Jahren Gefängnis in der Festung Schlüsselburg verurteilt. Er kam zwar nach vier Jahren, nach Katharinas Tod, wieder in Freiheit, war jedoch ein gebrochener und vorzeitig gealterter Mann. Die einzige Lektüre, die ihm während der Gefangenschaft zur Verfügung stand, war die Bibel, die er, wie später Dostojewski, auswendig lernte.

POTEMKIN PRÄSENTIERT RUSSLAND

Anfang 1787 begab sich Katharina auf eine sechsmonatige Rundreise durch ihr gewaltiges Reich. Sie verließ St.Petersburg auf einem gigantischen Schlitten, der einem mobilen Haus glich, gezogen von acht Pferden. Um die Reise auch während der Dunkelheit so angenehm wie möglich zu gestalten, wurden entlang des Weges riesige Feuer angezündet.

Als großer Regisseur und Veranstalter der Reise tat sich besonders Grigori Potemkin hervor. Er ließ nichts unversucht, der Kaiserin ein aufgeputztes und gedeihendes Rußland vorzuführen. In ihrem Gefolge führte Katharina zahlreiche Botschafter und andere Verehrer mit sich. Für die Bewachung sorgte eine Sondereinheit, bestehend aus 40000 Soldaten.

Niemand konnte an dem, was man zu sehen bekam, etwas aussetzen. Jedes Haus entlang des Weges schien gepflegt und frisch gestrichen zu sein. Auch zerlumpte Gestalten, Krüppel oder Kranke waren nicht zu sehen. Nur kraftstrotzende, wohlgenährte Untertanen säumten den festlich geschmückten Weg der Reisegesellschaft.

Aber nicht alle Teilnehmer waren völlig ahnungslos. Der Gesandte des österreichischen Kaisers Joseph II., der schlaue Fürst Charles Joseph von Ligne (1735–1814), besaß die Kühnheit, zu fragen, ob denn die Häuser, die man sah, Dächer, Türen und Fenster hätten und ob darin Menschen lebten.

Die Frage verhallte unbeantwortet. In der Tat bestand ein Großteil dessen, was die Reisenden zu Gesicht bekamen, aus bemalter Leinwand, um die verfallenen Hütten notdürftig zu verstecken. Man sprach von „Potemkinschen Dörfern". Darüber, daß kein armes Volk zu sehen war, schrieb der aus Frankreich gebürtige russische General Andrault de Langeron (1763–1834):

Als die Kaiserin vorbeigefahren war, wurden die armen Teufel wieder nach Hause gejagt, wobei viele von ihnen die Folgen dieser Deportation nicht lebend überstanden.

Katharina gründete sogar ganze Städte während der langen Reise. Sie legte den Grundstein für das spätere Jekaterinburg (Swerdlowsk), wo 1918 das Schicksal der kaiserlichen Familie besiegelt worden ist. Der österreichische Kaiser Joseph II. (1741–1790), der als Ehrengast mit dabei war, durfte den zweiten Grundstein legen.

Als die revolutionären Nachrichten aus Frankreich Rußland erreichten (1789), verschwanden die letzten pseudoliberalen Ideen der Kaiserin endgültig. Einige Jahre später, als der Kopf Ludwigs XVI. gefallen war, gab Katha-

Als Katharina 60 Jahre alt war,
verfaßte sie ihre eigene Grabinschrift:

Hier ruht
KATHARINA DIE GROSSE.
Sie kam nach Rußland, um sich mit
Peter III. zu vermählen.
Im Alter von vierzehn Jahren faßte sie den
dreifachen Beschluß, ihrem Gemahl,
Elisabeth und der Nation zu dienen.
Sie unterließ nichts, um diese Bestrebungen
zum Erfolg zu führen.
Achtzehn Jahre Einsamkeit und Überdruß
veranlaßten sie, viele Bücher zu lesen.
Als sie den russischen Thron bestiegen hatte,
versuchte sie ihren Untertanen Glück,
Freiheit und Wohlbefinden zu schenken.
Sie war gnädig und haßte niemanden.
Sie war nachsichtig, lebensfroh,
besaß eine freundliche Gesinnung, ein gutes
Herz und wahrhaft republikanische Denkweise.
Sie hatte Freunde.
Die Arbeit fiel ihr leicht.
Gesellschaftsleben und Kunst waren ihr genehm.

rina ihrem Abscheu gegenüber jeglicher Freiheitsbewegung Ausdruck. Hatte sie früher behauptet, eine „republikanische Seele" zu besitzen, hätte sie nun am liebsten die Franzosen ausgerottet, und sie bezeichnete Gleichberechtigung als etwas Ungeheuerliches. Sogar die Bücher des alten Brieffreundes Voltaire wurden in Rußland verboten.

Die Freimaurer des Landes, auf die Katharina seit langem ein kritisches Auge geworfen hatte, sahen sich einer Säuberungsaktion ausgesetzt. Die Logen wurden geschlossen und eine Reihe von Pauschalprozessen eingeleitet.

Die griechisch-orthodoxe Lehre, die sie mit einer tiefverwurzelten Eiche verglich, war nach Katharinas Meinung das Heilmittel gegen das Böse. Darüber hinaus begann sie mit dem Studium russischer Geschichte und Archäologie, sie machte Entwürfe und schrieb Schauspiele „auf der Grundlage von Quellenstudien", wie es hieß. In Wirklichkeit handelte es sich um Abschriften alter Chroniken und Anekdoten.

DER GROSSE PALAST

Katharinas Hang zum Bauen entfaltete sich im Lauf der Jahre zu einer Leidenschaft. Wie seinerzeit Iwan III. Architekten aus Bologna und Mailand nach Moskau geholt hatte, lockte Katharina Italiener und Franzosen nach St.Petersburg. Die einheimischen Kapazitäten gerieten ins Hintertreffen, was im übrigen nicht nur die Architekten betraf. Die zahlreichen Gebäude, die entstanden, trugen deshalb keine typisch russischen Züge und waren weder dem Klima noch der Umwelt angepaßt. Man spricht von russischem Barock und russischem Klassizismus. Die großen Schloßbauten des 18. Jh. waren der Winterpalast und Zarskoje Selo.

Bereits 1711 hatte Peter der Große mit dem Bau des ersten Winterpalastes am Westufer der Newa in Petersburg begonnen. Im Laufe der Jahre hat der Palast so einiges durchgemacht. Das heutige Bauwerk ist die sechste Version, das Ergebnis zahlloser Um- und Anbauten.

Kaiserin Anna ließ in den Jahren 1732–1733 den dritten Winterpalast umgestalten und erweitern, der dann allmählich kaiserliche Residenz genannt wurde. Zwanzig Jahre danach beauftragte Kaiserin Elisabeth den großen Barockbaumeister Graf Bartolomeo Rastrelli (1700[?]–1771) mit dem Bau eines größeren und repräsentativeren Palastes. Rastrelli machte sich mit großem Eifer ans Werk und schuf eine eindrucksvolle kaiserliche Residenz. Das verhältnismäßig niedrige Gebäude – 22 Meter hoch! – enthielt über tausend Räume und Galerien.

Beim Tode der Kaiserin Elisabeth (1762) war man nach wie vor am Einrichten. Durch den Beginn des Neuklassizismus und das Wirken anderer Baumeister fiel Rastrelli allmählich in Ungnade.

Katharina II. setzte die Erweiterung des Winterpalastes mit dem Bau der alten und kleinen Eremitage und eines Theaters fort. Die neue Eremitage entstand 1852. Die Vielzahl der eleganten Salons füllte Katharina mit jeder Art von Kunst. Man sagt, der Einfall, ein Kunstmuseum einzurichten, sei geweckt worden, als sie 1766 den Dachboden des Palastes inspiziert und das Gemälde „Die Herabnahme Christi vom Kreuze" entdeckt habe.

Wie dem auch sei, Katharina ging mit großem Eifer ans Werk. Ihre Briefpartner Grimm, Diderot und der Maler

DER EHERNE REITER

wird das 13,6 Meter hohe Ehrenmonument Peters des Großen, eine Schöpfung des Franzosen Etienne-Maurice Falconet (1716–1791), genannt. Es dauerte 12 Jahre, diese Statue zu schaffen. Peters Kopf wurde von Falconets Schülerin Marie-Anne Collot (1748–1821) aus dem Stein gehauen. Die Statue ruht auf einem riesigen Granitblock, einem Findling, den ein Bauer namens Semjon Wischnjakow etwa 10 Kilometer außerhalb St.Petersburgs gefunden hatte. Das Gewicht wird auf etwa 1600 Tonnen geschätzt. Die Statue wurde im August 1782 enthüllt und hat später den Namen „Der eherne Reiter" nach dem gleichnamigen Gedicht von Alexander Puschkin erhalten. Kgl. Bibliothek, Stockholm.

Anton Raphael Mengs (1728–1779) wurden zu ihren ganz besonderen Kunsteinkäufern. Die erste Sammlung von Zeichnungen – 7000 Blatt – kaufte Katharina 1768 vom österreichischen Grafen und Diplomaten Karl Cobenzl (1712–1770).

Später kam eine umfangreiche Sammlung englischer und holländischer Kunst hinzu, die einst Lord Robert Walpole (1725–1742) gehört hatte. Ein weiterer bedeutender Erwerb gelang Alexander I. Die große Kunstsammlung der französischen Exkaiserin Joséphine (1763–1814) bestand hauptsächlich aus Napoleonischer Kriegsbeute aus Italien, Deutschland und Spanien.

Im Dezember 1837 war der Winterpalast von einer Brandkatastrophe heimgesucht worden, wodurch diese Kunstschätze verlorengingen. Zar Nikolaus I. befahl, unmittelbar mit dem Wiederaufbau zu beginnen. Nach ei-

Der WINTERPALAST in St.Petersburg, dessen Bau 1711 eingeleitet worden war, war über 150 Jahre lang das tatsächliche Machtzentrum Rußlands und Wohnstätte des Herrschers. Ab 1881 wurde der Palast ausschließlich zu Repräsentationszwecken verwendet; oben links ist die gewaltige, 230 Meter lange und 140 Meter breite Schöpfung des Hauptarchitekten Bartolomeo Rastrelli zu sehen; oben rechts die sog. Rotunde, deren Wände einst die kaiserlichen Porträts in Lebensgröße trugen; darunter die Bibliothek, ein Raum mit mehr familiärem Charakter als in den über tausend Räumen des Palastes. Links der prunkvolle St.Georgs-Saal in weißem Marmor mit korinthischen Säulen samt Goldverzierungen. Hier, wo einst der Thron des Zaren stand, fanden die feierlichen Zeremonien statt. Die Abbildungen stammen alle aus vergangenen Zeiten. Der heutige, mit der Eremitage zusammengebaute Winterpalast vermittelt nur einen begrenzten Eindruck vom Prunk und Glanz der Zarenzeit. Private Sammlung.

ner gewaltigen Kraftanstrengung war der Palast bereits zur Osterzeit 1839 wiederhergestellt. Zur Ausschmückung der kahlen Wände wurden Kunstwerke aus dem Lustschloß Zarskoje Selo und vom Taurischen Palast herangeschafft. Bis zum Tode Alexanders II. (1881) bewohnte die kaiserliche Familie den Winterpalast. Danach hat die große Residenz als Repräsentationsschloß gedient.

Nach dem Niedergang des Kaiserreiches im März 1917 wurde der Winterpalast im Sommer desselben Jahres Sitz der provisorischen Regierung. Gegen halb zehn Uhr am Abend des 25. Oktober 1917 wurde vom Kreuzer Aurora ein Böllerschuß in Richtung Winterpalast abgefeuert. Dies war das Signal zur Erstürmung des Palastes und zur Einleitung der Machtübernahme durch die Bolschewiken im Lande.

Im Zweiten Weltkrieg stellte der Winterpalast das „Ziel Nummer 9" auf den Karten der deutschen Artillerie dar. 32 Artilleriesalven und mehrere Bomben schlugen im Palast ein. Heute sind die dabei entstandenen Schäden behoben, und der Winterpalast ist nun Teil des Eremitage-Museums.

ZARSKOJE SELO

Auf den Besitzungen einer holländischen Milchfarm südöstlich von St.Petersburg ließ Peter der Große in den Jahren 1717–1723 für sich und seine Gemahlin ein Lustschloß errichten. Im Laufe der Zeit wuchs das Schloß zu einer ganzen Schloßstadt – *Zarskoje Selo* (Zarendorf) – heran. Um die Schloßgebäude herum entstanden auf einer Fläche von 600 Hektar Parkanlagen. Zarskoje Selo wurde zur Sommerresidenz der kaiserlichen Familie – zu einer Art russischen Versailles. Das hervorstechendste Gebäude, der Alexanderpalast, entstand in den Jahren 1792–1796 nach den Plänen des italienischen Architekten Giacomo Quarenghi (1744–1817). Er hatte ebenfalls das Theater in der Eremitage für Kaiserin Katharina entworfen.

Direkt an das Große Schloß – den Katharinapalast – mit seiner imposanten Fassade von 306 Metern Länge schließt sich in zwei Etagen die berühmte Marmorgalerie, eine Schöpfung des aus Schottland stammenden Architekten Charles Cameron (um 1730–1812), an. Man sagt, Cameron habe als Ehrengeste gegenüber Rastelli, dem vielbewunderten Schöpfer des Großen Schlosses (1751–1756), beim Passieren des Schlosses jedesmal den Hut gezogen. Der Thronsaal besitzt eine Grundfläche von ganzen 900 Quadratmetern!

Die letzte Kaiserfamilie betrachtete den Alexanderpalast in Zarskoje Selo als ihre eigentliche Heimstätte. Dort verbrachten die Mitglieder der Familie auch die Zeit nach der Abdankung von Nikolaus II. bis zum September 1917 als Staatsgefangene. Bereits 1918 wurde Zarskoje Selo in *Detskoje Selo* umbenannt („Kinderdorf"). Zu Ehren des Schriftstellers Alexander Puschkin, der von 1811 bis 1817 das Lyzeum in Zarskoje Selo besucht hatte, wurde der Name des Dorfes zu dessen einhundertstem Todestag (1937) in Puschkin umbenannt.

ZARSKOJE SELO

das „Dorf des Zaren", wollte Elisabeth zu einem russischen Versailles machen. Peter der Große hatte das Anwesen – damals ein relativ unbedeutender Landsitz außerhalb St.Petersburgs – bereits 1710 seiner Gemahlin Katharina vermacht. 1719 wurde mit dem Bau des Hauptgebäudes des Schlosses, des Katharinapalasts, begonnen. Seine Glanzzeit erlebte Zarskoje Selo unter der Regentschaft Katharinas II. Dort fanden die pompösen Feste und Veranstaltungen statt. Nach dem Sturz des Zarenreiches (1917) führten ehemalige Diener Schaulustige durch Säle und Galerien. Ganz besondere Attraktionen waren der Bernsteinsaal – ganz aus Bernstein – und der Silbersaal, dessen gesamte Einrichtung aus Silber bestand. Die Suite Alexanders I. blieb in demselben Zustand, in dem er sie zum letztenmal verlassen hatte. Im Zweiten Weltkrieg wurde Zarskoje Selo schwer beschädigt, und ein Großteil der alten Pracht ging für immer verloren.
Kgl. Bibliothek, Stockholm.

KAPITEL X

Paul I.

(Regent 1796–1801)

DER THRONWECHSEL

Im Herbst 1796 kam der junge und unverheiratete schwedische König Gustav IV. Adolf (1778–1837) nach St.Petersburg, um sich mit Katharinas Enkelin, der Großfürstin Alexandra Pawlowna (1783–1801), bekannt zu machen. Eine russisch-schwedische Vermählung würde eine zukünftige politische Allianz ermöglichen. Als das Verlobungsfest ins Haus stand, machte der junge König indessen einen Rückzieher. Er gab unüberwindliche religiöse Schwierigkeiten an und reiste nach Hause.

Katharina hatte den Schweden anfangs bezaubernd gefunden. Nach eigenen Worten war sie „beinahe in ihn verliebt". Aber das abrupte Ende der Geschichte ließ Katharina in Ohnmacht fallen (was in Wirklichkeit vermutlich ein schwächerer Herzinfarkt war).

Gut einen Monat später wurde die 68jährige Kaiserin erneut von einem, diesmal wesentlich schwereren Infarkt betroffen, der schließlich zu ihrem Tod führte. Ihr Sohn Paul erbte den Thron. Es gingen Gerüchte über das Vorhandensein eines Dokumentes um, nach dem Katharina ihren ältesten Enkel, den Großfürsten Alexander, als ihren Nachfolger eingesetzt haben soll. Hatte es wirklich ein derartiges Dokument gegeben, war es Paul gelungen, es während der kurzen Krankheit seiner Mutter verschwinden zu lassen.

Als die Todesnachricht kam, weinte das Volk offen. „Das Mütterchen" war trotz ihrer Fehler und Mängel beliebt gewesen. Nun war allenthalben der Anbruch einer wesentlich grimmigeren Epoche spürbar.

Egoistisch, haßerfüllt, zynisch und rachsüchtig trat Paul in Erscheinung.

PAUL I. zählt zu den am meisten verabscheuten Personen der Weltgeschichte. Auch äußerlich war er alles andere als eine angenehme Erscheinung. Seine gesprenkelten Augen waren selten ruhig und machten einen nervösen Eindruck. Der Mund wird als schlaff beschrieben, die Zähne als äußerst ungepflegt. Die eingedrückte Nase verlieh dem Gesicht affenähnliche Züge. Universitätsbibliothek Stockholm.

GATTSCHINA, *etwa 46 Kilometer südwestlich von Petersburg, war 1766–1770 von einem Günstling Katharinas II., Grogori Orlow, erbaut worden. Die Kaiserin erwarb das Schloß 1783 für ihren Sohn und Thronfolger, den Großfürsten Paul. Auf seinen Besitztümern drillte Paul seine Privatarmee, die bald aus Tausenden von Soldaten bestand. Während der Regentschaft Alexanders III. (1881–1894) wurde Gattschina zur ständigen Residenz der kaiserlichen Familie. Im Zweiten Weltkrieg ist das Schloß stark beschädigt worden.*
Kgl. Bibliothek, Stockholm.

Innerhalb weniger Stunden war die gesamte Staats- und Rechtsordnung über den Haufen geworfen. In den Straßen der Hauptstadt marschierte Pauls Privatarmee in preußischen Uniformen – den sog. „Gattschina-Uniformen" –, und überall wurde die allgemeine Ordnung von der Militärpolizei überwacht. Die preußischen Farben, Schwarz und Weiß, waren überall zugegen.

IM TODE VEREINT

Sein gesamtes Erwachsenenleben hindurch hatte Paul seine Mutter wegen ihrer zweifelhaften Rolle in Verbindung mit dem Tode Peters III. gehaßt. Paul betrachtete Peter als seinen Vater. Die Behauptung, daß Graf Sergej Saltykow Pauls Vater gewesen sei, bezeichnete Paul als reine Verleumdung.

Der Schweizer FRÉDÉRIC-CÉSAR LAHARPE *war eine der zahlreichen Personen, die bei der Machtübernahme Pauls Rußland verließen. Laharpe war Lehrmeister des jungen Großfürsten Alexander gewesen und erhielt fortan zahlreiche Briefe von seinem ehemaligen Schüler. In einem davon heißt es: „Strenge ohne Gerechtigkeit, hohe Empfindlichkeit und größte Unerfahrenheit bei Geschäften. Die Wahl der Beamten gründet sich ausschließlich auf Gunst; Verdienste hatten somit keinerlei Bedeutung. Die Bauern werden gepeinigt, der Handel wird schwer belastet, und die persönliche Freiheit und Behaglichkeit wurden zunichte gemacht; das ist die Atmosphäre, die in Rußland herrscht."*
Kgl. Bibliothek, Stockholm.

Als neuer Selbstherrscher gab Paul nun Befehl, die sterblichen Überreste Peters III. auszugraben. Peter war auf einem einfachen Friedhof beim Alexander-Newski-Kloster in St.Petersburg beerdigt worden. Seine vermoderten Überreste und ein noch vorhandenes Stück der Uniformjacke wurden in einen Sarg gelegt, der neben Katharinas Sarg aufgebahrt wurde. Eine Aufschrift verkündete: „Getrennt im Leben, vereint im Tode."

Das darauffolgende Staatsbegräbnis wurde zu einer pompösen Zeremonie. An der Spitze des enormen Beerdigungszuges wurde der Sarg Peters III. getragen, erst weiter zurück folgte Katharinas Sarg. Paul wollte in jeder Beziehung betonen, daß es sich in erster Linie um die Beisetzung seines Vaters handle.

Zwei der Männer, die 34 Jahre zuvor am Putsch gegen Peter III. beteiligt gewesen waren, lebten noch. Paul befahl ihnen, am Beerdigungszug teilzunehmen. Der eine von ihnen, der alte und gebrechliche Oberstmarschall Prinz Fjodor Baratinski, konnte sich kaum auf den Beinen halten und wurde gewaltsam durch den Schneematsch gestoßen. Der andere, Graf Alexej Orlow, mußte die Kaiserkrone hinter dem kaiserlichen Leichenwagen hertragen. Die meisten rechneten damit, daß Paul die beiden Männer liquidieren würde. Zur allgemeinen Verwunderung begnügte er sich jedoch damit, sie aus der Hauptstadt zu verbannen.

DRILL, DRILL UND NOCHMALS DRILL

Bei einem Besuch in Berlin 1776, als Paul seiner zukünftigen Gemahlin entgegenreiste, ließ er sich vollständig in den Bann des preußischen Militärideals ziehen. Fortan sollte ständiges Exerzieren einen Großteil der Zeit des Za-

KAISERIN MARIA FJODOROWNA machte einen ruhigen und stabilen Eindruck in Pauls unruhiger Umgebung. Sie sah sich gezwungen, ihren Gemahl mit zahlreichen anderen Frauen zu teilen. Einer von ihnen, ihrer eigenen Hofdame Katharina Nelidowa, schrieb sie im Mai 1800: „Unser Leben ist nicht froh, da unser lieber Herr nicht froh gesinnt ist. Er trägt eine Traurigkeit in seiner Seele, die seine Gesundheit untergräbt..., selten findet sich ein Lächeln auf seinen Lippen."
Slawische Bibliothek, Helsinki.

„DER HÄSSLICHE ZWERG"

wurde die Geliebte des Kaisers Paul, KATHARINA IWANOWNA NELIDOWA (1758–1839), genannt. Sie war Hofdame beider Ehefrauen des Zaren. Der britische Gesandte Whitworth behauptete, daß Katharina zeitweilig großen Einfluß auf Paul ausübte.
Kgl. Bibliothek, Stockholm.

ren in Anspruch nehmen. Dabei sparte er nicht mit Schimpfworten, Faustschlägen und Stockhieben.

Tag und Nacht, sommers wie winters drillte Paul seine Knechte, die preußisch geschnittene Uniformen trugen. Daß die dünnen und eng sitzenden Uniformen für das rauhe und kalte Klima in Petersburg nicht gerade geeignet waren, interessierte den Kaiser in keiner Weise.

„In Petersburg sehen wir die Kälte, aber wir spüren sie nicht", ließ er einmal verlauten. Diesbezüglich lebte Paul, wie er lehrte.

Pauls Zorn konnte jeden treffen. Ob General oder Feldwebel, keiner konnte am Morgen sicher sein, ob nicht am Abend Sibirien warte.

Der einzige, der es wagte, sich offen gegen Paul aufzulehnen, war der erfahrene Kriegsheld und Feldmarschall Alexander Wassilewitsch Suworow (1730–1800). Als auch er zum Exerzieren abkommandiert wurde, meinte er, daß er eigentlich nur „für den Krieg" passe.

Zu den bepuderten Zöpfen der kaiserlichen Truppen meinte er, daß man „dem Feind nicht den Puder der Perückenmacher in die Augen streuen" könne.

Suworow fiel schließlich doch in Ungnade und wurde auf seinen Landsitz verbannt. Dort vergrub er aus Protest seine Uniform und sämtliche Orden. Im Laufe der Zeit wurde er jedoch rehabilitiert.

Bei den hohen Militärs rollten zahlreiche Köpfe. Paul entließ sieben Feldmarschälle und 200 Generale. Das sibirische Dragonerregiment wurde 4000 Kilometer weit versetzt, ein Marsch, der zwei Jahre dauerte und nahezu den gesamten Verband ausrottete.

Paul war indessen nicht der einzige Potentat. Zwei seiner willigsten Handlanger waren Alexej Andrejewitsch Araktschejew (1769–1834) mit dem Beinamen „der eiserne Graf" und Fjodor Wassilewitsch Rostoptschin (1763–1826). Die beiden allgemein unbeliebten Herren fielen jedoch auch bei Paul mehrmals in Ungnade.

EINE TERRORGESELLSCHAFT

Aus der Kanzlei des Kaisers strömten unablässig neue Gesetze und Verordnungen, meist undurchdacht und unpräzise formuliert. Wesentlich schlimmer war jedoch die Tatsache, daß auch mündliche Erlasse Pauls als Gesetzesparagraphen galten. Dies führte zu Unruhe und Panik in ganz Rußland.

In der Praxis lief die Neuordnung Pauls darauf hinaus, daß jedermann ohne jegliches rechtskräftige Urteil bestraft werden konnte. Überall im Lande standen auf öffentlichen Plätzen Galgen bereit. Die Knuten der Henker waren ständig im Einsatz, und nicht umsonst gehörte die Phrase „Auspeitschen ohne Erbarmen" zu den Lieblingsausdrücken des Kaisers. Das hieß: Der Henker konnte die Peitsche sausen lassen, bis er nicht mehr konnte oder solange das Opfer am Leben war. Zur Vielzahl der Strafmethoden gehörte auch Verstümmelung: Ohren wurden

ALEXANDER SUWOROW zählt zu den großen russischen Feldherrn des 18. Jh. Er begann seine militärische Laufbahn als Fünfzehnjähriger und zeichnete sich im Laufe der Zeit in einer großen Zahl Schlachten aus. Suworow wurden die höchsten Auszeichnungen zuteil, die das russische Militär zu vergeben hatte. Sein ausgefallener Lebensstil, Furchtlosigkeit und Freimütigkeit wirkten sich indessen nachteilig aus. Während Pauls Regierungszeit fiel Suworow mehrmals in Ungnade, kam jedoch mit relativ milder Bestrafung davon, nämlich mit Hausarrest und Entlassung aus dem Dienst. Der freimütige Feldmarschall besaß gediegene philosophische und mathematische Kenntnisse und sprach nicht weniger als acht Sprachen. Zu seinen absurden Seiten gehörte, daß er in seinem Heim gern nackt herumlief. Kgl. Bibliothek, Stockholm.

Paul ließ seine Gemahlin 12 Stunden im Arrest sitzen, da sie einer seiner Mätressen einen unwesentlichen Befehl erteilt hatte, mit dem er nicht einverstanden war. Daran läßt sich erkennen, daß ein derart kriegerischer Kaiser auch in seinem Schlafgemach sich ausschließlich militärischer Mittel bedient.

Der Franzose C. F. M. Masson in einer Charakteristik Pauls I.

abgeschnitten, Zungen herausgerissen, Augen ausgestochen und Nasen abgehackt.

Es war nicht verwunderlich, daß das heitere und aufgeschlossene Gesellschaftsleben in St.Petersburg rasch verkümmerte. Eine neue Art der Geselligkeit bahnte sich an. Man traf sich hinter geschlossenen Fensterläden in der Privatsphäre und in kleinerem Kreise, wo sich alle kannten. „Die Häuser, die noch vorhanden sind, sind hermetisch abgeschlossen, insbesondere für Ausländer", schrieb der schwedische Gesandte Curt von Stedingk (1746–1837). Wer dazu in der Lage war, verließ die russische Hauptstadt. Häuser wurden aufgegeben, und die Einwohnerzahl sank von Jahr zu Jahr deutlich.

Pauls Haß gegenüber dem revolutionären Frankreich – das einzige, was er mit Katharina gemeinsam hatte – nahm groteske Züge an. Zum Beispiel war es in Rußland verboten, steife Filzhüte, lange Hosen und große Kragen zu tragen. Kutscher hatten beim Zäumen der Pferde besondere Regeln zu beachten. „Die französische Seuche" sollte um jeden Preis abgewehrt werden. Russische Studenten an der französischen Universität wurden nach Hause gerufen, während königstreuen Franzosen großzügiges Exil gewährt wurde. Der bekannteste von diesen war der landesflüchtige Graf der Provence, der spätere Ludwig XVIII. (1755–1824), der zusammen mit seiner Familie auf einem Schloß bei Mittau in Kurland Zuflucht fand.

Daß im Rußland Pauls I. die Zensur nahezu total war, scheint logisch zu sein. Jegliche französische Literatur war verboten, sogar die harmlosen „Gullivers Reisen". Aus dem russischen Sprachgebrauch wurden Begriffe gestrichen, die der Kaiser als mißverständlich bezeichnete, wie „Vaterland", „Gesellschaft" und „Staatsbürger".

Private Druckereien wurden geschlossen, da sie als unnötig erachtet wurden. In einigen wenigen staatlichen Druckereien wurden Erlasse und gewisse religiöse Schriften hergestellt. Letztere standen sicherlich im Zusammenhang mit Pauls Interesse für mystische Zeremonien und religiöse Grübeleien.

In seinem Haß auf alles, was mit Katharina in Zusammenhang gebracht werden konnte, entließ Paul eine Reihe von politischen Gefangenen, die sie eingesperrt

Zu Kaiser Pauls Zeiten standen auf jedem öffentlichen Platz Galgen und Folterwerkzeuge bereit. Sogenannte Staatsverbrecher wurden stets öffentlich hingerichtet. Aber auch andere, die oft rein willkürlich verurteilt worden waren, bestrafte man in der Öffentlichkeit. Ein paar lose Worte reichten oft für ein hartes Urteil. Der Schriftsteller Kotzebue schrieb: „Ich ging am Abend mit den schlimmsten Vorahnungen zu Bette; nachts erschrak ich bei dem Geräusch eines jeden Wagens, der in der Nachbarschaft anhielt, und ich erzitterte beim geringsten Laut, der auf der Straße zu hören war..."
Private Sammlung.

oder verbannt hatte. Unter ihnen befand sich auch der legendäre polnische Freiheitskämpfer Tadeusz Kościuszko (1746–1817).

Zwei Jahre nach seiner Thronbesteigung war Paul bereit, die französischen Revolutionäre auf dem Schlachtfeld zu bekämpfen. Die Russen fanden Verbündete in den Österreichern, Engländern und Türken. Die Hauptaktionen sollten sich im heutigen Italien abspielen. Ein russisch-österreichisches Heer unter Suworow konnte in einer Einleitungsphase große Erfolge erringen. Nach einer Niederlage bei Zürich im September 1799 zog jedoch Paul seine Truppen zurück.

POLITISCHE KEHRTWENDUNG

1798 war Paul Großmeister des Johanniterordens geworden. Dieser älteste geistliche Ritterorden der Welt hatte 1530 als Geschenk Kaiser Karls V. (1500–1558) die Insel Malta erhalten. Im August 1800 veranlaßte ein Ereignis Kaiser Paul zu einer politischen Kehrtwendung: Seine Verbündeten, die Engländer, hatten Malta besetzt. Nahezu in Panik wandte sich Paul den Franzosen und dem revolutionären Napoleon Bonaparte (1769–1821) zu. Gleichzeitig wurden sämtliche königstreuen Franzosen aus den russischen Landen vertrieben. Napoleon zögerte nicht, die Situation geschickt auszunutzen. Er versprach, Malta zu befreien. Paul ließ sich von den französischen Locktönen derart begeistern, daß er sich zu einem russisch-französischen Vertrag zum Krieg gegen das von England beherrschte Indien hinreißen ließ. Paul glaubte, mit einem Kosakenheer von „22500 Mann und 14 Kanonen" die Operationen innerhalb von vier Monaten zu Ende bringen zu können. Zu einem Feldzug kam es jedoch nicht, da Paul noch vor Abschluß der Vorbereitungen verstarb.

Paul sollte also nicht zu dem Eroberer der Welt werden, wie der schwülstige Lomonossow einst prophezeit hatte. Danach sollte der junge Paul als angehender Kaiser „das Heilige Land befreien und die Chinesische Mauer überschreiten".

Das russische Reich wurde unter dem Zepter Pauls um das feudale Georgien erweitert. Als der georgische König Giorgi XII. (1750–1801) um russischen Schutz gegen die

RUSSISCHE JAKOBINER

Der bloße Verdacht, eine andere Meinung zu vertreten als Kaiser Paul selbst, konnte eine Person zu Fall bringen. Die Verdächtigen wurden nach französischem Muster Jakobiner – revolutionäre Extremisten – genannt, ohne jedoch das geringste damit zu tun zu haben. Die Jakobinerhetze wurde in Rußland bis zur Grenze des Absurden getrieben.

Ein Mann, ganz egal, welcher Nationalität, war äußerst verdächtig, wenn er lesen und schreiben konnte. War er Franzose, gab es überhaupt keinen Zweifel, dann war er ein Jakobiner.

Jeder, der Zeitung las, war gefährlich, jeder der sich darüber äußerte, war ein Jakobiner.

Alle, die daran zweifelten, daß der Schlächter Suworow mit 50000 Kosaken ins Feld ziehen und die Franzosen schlagen werde, waren Jakobiner.

Wer es wagte, zu behaupten, daß die Franzosen gute Soldaten seien, daß Bonaparte ein großer General sei und daß die Österreicher jemals besiegt worden seien, war ein Jakobiner.

Wer der Ansicht war, daß Polen nicht zu Rußland gehöre und die Polen das Recht besäßen, sich gegen die Russen zu verteidigen, war ein Jakobiner.

Jeder russische Adelige, der verlauten ließ, daß man treuer Untertan sein könne, ohne der niedrigste Sklave zu sein, war ein Jakobiner.

Jeder Gardehauptmann oder sonstige Offizier, der es wagte, darüber zu murren, daß sein Hauptgefreiter plötzlich zu seinem Befehlshaber geworden sei, war ein Jakobiner.

Wer sich vorstellen konnte, daß die Russen als Menschen zu behandeln seien, nicht verkauft, nicht wie Vieh getauscht werden sollten, war ein Jakobiner.

Ein junger Herr, dem sein Tanzmeister nicht beigebracht hatte, sich tief genug zu verbeugen, oder der dem Selbstherrscher nicht genauso zart die Hand küßte wie seiner Geliebten, war ein Jakobiner.

Jeder, der einen Hund mit sich führte, einen runden Filzhut und eine kurze Weste trug, wurde festgenommen und als Jakobiner angeschuldigt.

Quelle: C. F. M. Masson: Paul I.

Perser bat, war der erste Schritt zur Einverleibung seines Landes in das russische Reich getan. Als der König eines plötzlichen Todes starb, erklärte Kaiser Paul trotz hartnäckiger georgischer Proteste, daß Georgien eine russische Provinz sei (1801).

DIE VERSCHWÖRUNG

Paul geriet psychisch völlig aus dem Gleichgewicht und entwickelte sich immer mehr zu einer politischen Bestie. Der erfahrene britische Botschafter Sir Charles Whitworth (1752–1825) behauptete ohne Umschweife, „daß der Kaiser buchstäblich nicht bei vollem Verstande" sei.

Auch Pauls Gemahlin, Kaiserin Maria Fjodorowna, war realistisch und bemerkte in einem Brief an eine Freundin: „...die ganze Welt sieht zu, wie seine geistigen Fähigkeiten ins Wanken geraten".

In St.Petersburg machte sich eine Gruppe hoher Offiziere und Staatsbeamte daran, insgeheim Pläne zu schmieden, um Paul vom Thron zu stürzen. Der harte Kern bestand aus dem Gouverneur der Hauptstadt, Peter von der Pahlen (1745–1826), dem Chef der eigenen Leibwache des Kaisers (!), der *Preobraschenski-Garde*, General Peter Talizyn (1767–1801), General Levin von Bennigsen (1745–1826) und dem Vizekanzler Nikita Petrowitsch Panin (1770–1837). Drei Gebrüder namens Subow sollten ebenfalls eine aktive Rolle spielen, nämlich Katharinas letzter Günstling Platon und seine Brüder Nikolai (1763–1805) und Valerian (1771–1805).

Eines hatten all diese Herren gemeinsam: Sie waren auf die eine oder andere Weise von Kaiser Paul schlecht behandelt worden. Die Verschwörer arbeiteten an einem Plan, nach dem versucht werden sollte, Paul dazu zu be-

LEVIN VON BENNIGSEN gehörte zum inneren Kreis der Verschwörer und war wie die meisten von ihnen bei Kaiser Paul in Ungnade gefallen. Von Bennnigsen war gebürtiger Deutscher und 1773 in russische Dienste getreten. Er diente im Krieg gegen die Türken 1774 und gegen den aufrührerischen Pugatschow 1775. Bei der Belagerung von Otschakow 1788 tat sich von Bennigsen besonders hervor, und er machte rasch Karriere. 1796 wurde er Generalmajor, zwei Jahre später Generalleutnant.
Kgl. Bibliothek, Stockholm.

PETER VON DER PAHLEN, einer der Hauptverschwörer, blickte auf eine lange und erfolgreiche militärische Laufbahn zurück. Er war bei den Russisch-Türkischen Kriegen 1768–1774 und 1787–1788 sowie beim Krieg gegen Schweden 1788–1790 mit dabeigewesen. „Man kann keine Omelette braten, ohne die Eier zu zerschlagen", lautete ein Ausspruch von der Pahlens nach dem Zarenmord.
Kgl. Bibliothek, Stockholm.

wegen, selbst abzudanken und seinem ältesten Sohn, dem Großfürsten Alexander, den Thron zu überlassen. Als Alternative konnte man sich die Bildung einer Regentschaft ähnlich der in Großbritannien unter Georg III. (1738–1820) oder in Dänemark unter Christian VII. (1749–1808) denken. Beide Monarchen litten an psychischen Störungen.

Großfürst Alexander wurde in die Pläne der Putschisten eingeweiht. Er war zwar verblüfft, verriet jedoch nichts. In einem späteren Brief an seinen Freund Fürst Adam Czatoryski (1770–1861) schrieb Alexander:

Wenn Ihr zugegen gewesen wäret, wäre ich nie in die Sache hineingezogen worden.

DAS ENDE

Bereits 1798 erkannte Paul die Notwendigkeit, sich eine sicherere Residenz zu schaffen. Der gewaltige Winterpalast mit seinen zahlreichen Winkeln und geheimen Gängen war zu unsicher. In Windeseile – „mit Peitschenhieben und Millionen" – wurde mit dem Bau des später als St.Michails-Palast bezeichneten Bauwerks begonnen. Äußerlich erinnerte der Palast an eine Ritterburg mit Wallgraben, Zugbrücken und gepanzerten Wachttürmen.

Die Feuchtigkeit saß noch in den Wänden, als Paul und die kaiserliche Familie einzogen. Vierzig Tage danach, in der Nacht zum 24. März 1801, war es dann soweit.

Im Schutz der Winternacht schlichen sich die Verschwörer durch die Hintertür in den St.Michails-Palast. Der Zeitpunkt war günstig gewählt, die gewünschte Garde hatte Wache. Auch auf die Hilfe einiger Offiziere konnten die Putschisten zählen. Sogar die Sicherheitspolizei der Hauptstadt verhielt sich trotz aller Gerüchte, die in der Stadt umgingen, durchwegs passiv. Eigenartigerweise hatte Paul in dieser Nacht selbst einen Posten von dreißig Mann abgezogen.

Die Verschwörer erreichten schnell die private Suite des Kaisers, übermannten die Posten an der Eingangstür

Der ST.MICHAILS-PALAST in St.Petersburg wurde innerhalb kürzester Zeit errichtet. Tag und Nacht waren etwa 2500 Arbeiter mit dem Bau beschäftigt. Der von einem Wassergraben umgebene Palast wurde in gotischem Stil gebaut. Jede Fassade erhielt ihre eigene Architektur. An der Hauptfassade fand sich die Inschrift: „Der Segen des Herrn soll ewig über diesem Haus ruhen." Vierzig Tage nach dem Einzug der kaiserlichen Familie wurde der Kaiser in seinem Schlafgemach ermordet. Nach der Tat wollte niemand aus der kaiserlichen Familie dort wohnen bleiben.
Der Palast wurde zunächst als Witwenhaus und später als Ingenieurschule benutzt. Einer der bekannteren Schüler hieß Fjodor Dostojewski. Bis in die 1870er Jahre hieß es in den Handbüchern, daß Kaiser Paul im Palast gestorben sei – von Mord war nicht die Rede. Der betreffende Raum war in eine Gebetskapelle umgestaltet worden.
Kgl. Bibliothek, Stockholm.

MENS TURPE – CORPORE TURPI

Verkrüppelter Geist – entstellter Körper. Zeitgemäße englische Satire über den russischen Selbstherrscher. Private Sammlung.

und stießen auf Paul in dessen Schlafgemach. Er war zwar zu Tode erschrocken, ließ sich jedoch nicht zum freiwilligen Rücktritt bewegen. Es kam zu einem Tumult, wobei Paul harte Tritte und Schläge einstecken mußte. Über die Einzelheiten der Geschehnisse gibt es keine sicheren Überlieferungen. Eines ist jedoch sicher – einer der erregten Verschwörer erwürgte Paul mit einem Offiziersgürtel.

Einige Minuten darauf erfuhren Pauls ältester Sohn Alexander und die Kaiserin, was vorgefallen war. Sie gerieten verständlicherweise in einen Schockzustand. Alexander erklärte mit zitternder Stimme, daß er nicht bereit war, die Führung zu übernehmen.

Eine seltsame Rolle fiel dem schottischen Leibarzt James Wylie (1768–1854) zu. Ihm wurde aufgetragen, die kaiserliche Leiche in einen für die Welt präsentablen Zustand zu bringen, was ihm mit Hilfe von Schminke und Puder auch gelang. Außerdem schreckte er nicht davor zurück, ein Attest auszustellen, nach welchem Paul einem Herzschlag erlegen sei. Niemand, weder in Rußland noch im Ausland, glaubte jedoch daran.

Sobald die Todesnachricht in die Öffentlichkeit gedrungen war, kam es unter den 300000 Einwohnern St.Petersburgs zu spontanen Freudenszenen.

Man stieß mit Champagner oder mit dem, was man gerade zur Hand hatte, an und beleuchtete die ganze Stadt, ohne die nötige Erlaubnis der Polizei einzuholen. Die einzigen Gebäude, die im Dunkeln lagen, waren der Winterpalast und der neue St.Michails-Palast.

KAPITEL XI

Alexander I.

(Regent 1801–1825)

RUSSLAND BEGINNT WIEDER ZU ATMEN

Der plötzliche Thronwechsel löste in ganz Rußland einen Freudentaumel aus. Überall sprach man von „der guten Nachricht" und meinte den Tod von Zar Paul. Auf den Petersburger und Moskauer Straßen gingen die Leute demonstrativ in Kleidern, die Paul verboten hatte: die Frauen in schwungvollen Röcken, die Männer in Westen, langen Hosen, Mänteln und runden Filzhüten.

Sogar die sonst so ernsten und pflichtgetreuen Gardeoffiziere scherzten und zeigten sich ungezwungen, was als äußerst sensationell empfunden wurde.

Der neue, 23jährige Kaiser indessen war betrübt und erschüttert. Zu seinen Freunden sagte er, daß er all diese Prüfungen wie ein Kreuz durchs Leben schleppen müsse.

Der neue Kaiser geht in den Fußstapfen des Mörders seines Großvaters, gefolgt von den Mördern seines Vaters und umgeben von seinen eigenen Mördern, schrieb die Frau des französischen Ministers an den Polizeiminister Joseph Fouché (1759–1820) in Paris.

ALEXANDER I.

wurde von Napoleon als „der schwankende Byzantiner" bezeichnet. Das komplizierte Innenleben und die Rastlosigkeit des Zaren waren schwer zu verstehen. Als Alexander zum erstenmal nach dem Vaterländischen Krieg Moskau besuchte (1816), schrieb er in einem zwanzigseitigen Brief an seinen besonderen Seelsorger Fürst Alexander Nikolajewitsch Golizyn (1775–1884): „Meine einzige Kraft ist der Herr. Ich unterwerfe mich ganz und gar seiner Führung..." Alexanders Rastlosigkeit kam in allen möglichen Formen zum Ausdruck. Er reiste viel und vor allem schnell. Die Strecke zwischen St.Petersburg und Moskau – über 700 Kilometer – legte Alexander in 42 Stunden zurück, sechs Stunden weniger als einst Peter der Große. Alexanders Bruder Nikolai brachte nach Aussage Puschkins dieselbe Strecke im Dezember 1833 sogar in nur 38 Stunden hinter sich. Das Gemälde von Zar Alexander stammt von François Gérard (1770–1837).
Staatl. Museum, Helsinki.

KAISERIN ELISABETH ALEXEJEWNA,

eine ältere Schwester der Gemahlin Gustavs IV. Adolf, Königin Fredrika (1781–1826), galt als kühle Schönheit mit Vorliebe für hübsche Kleider und teuren Schmuck. Die Ehe mit Alexander war ein Fiasko, „ein endloser Winter", wie sie selbst sagte. Zwei Töchter, Maria (1799–1800) und Elisabeth (1806–1808), gingen aus der Verbindung hervor. Als „Lisinka" nach einer verschleppten Zahninfektion starb, erklärte der Zar, daß die Familie keine weiteren Kinder mehr bekommen würde, da „Gott meine Abkommenschaft nicht liebt", wie er dies begründete. Beide suchten indessen außereheliche Beziehungen. Fürst Adam Czatoryski, einer der Verbündeten des Zaren, galt als Liebhaber der Kaiserin. Der Zar unterhielt über zwanzig Jahre lang eine Beziehung zur dunkeläugigen Maria Antonowna Naryschina (1779–1854), aus der mehrere Kinder hervorgingen. In der burlesken Satire „Die Geschichte einer Stadt" von Michail Jewgrafowitsch Saltykow (1826–1889) wird Alexander als Don Juan herausgestellt, der „dank seiner Vorliebe für das weibliche Geschlecht die Bevölkerungszahl der Stadt fast verdoppelt hatte". Erst in den letzten Jahren ihres Daseins kamen sich die kaiserlichen Hoheiten näher. Elisabeth verschied im Mai 1826, ein halbes Jahr nach Alexander.
Slawische Bibliothek, Helsinki.

Die neue Kaiserin Elisabeth Alexejewna (1779–1826) versuchte durch einen regen Briefwechsel mit dem Elternhaus ihren Gefühlen Luft zu machen. In einer Zeile über den abrupten Tod ihres Schwiegervaters hieß es, „als würde ganz Rußland wieder atmen". Alexanders jüngerer Bruder, Großfürst Konstantin, war über den Mord an seinem Vater derart erschüttert, daß er St.Petersburg für immer den Rücken kehrte.

KEIN PROZESS FÜR DIE ZARENMÖRDER

Sieben Tage lang wurden die sterblichen Überreste Pauls I. aufgebahrt. Schätzungsweise 100000 Neugierige, d.h. die Hälfte der Stadtbevölkerung, ließen es sich nicht nehmen, einen letzten Blick auf den verhaßten Despoten zu werfen.

Dennoch war es bemerkenswert, daß die Verschwörer und Zarenmörder nie angeklagt und vor Gericht gestellt wurden. Pauls Witwe, Kaiserin Maria Fjodorowna, forderte zwar Genugtuung, stieß jedoch auf taube Ohren. Entsetzt mußte sie mit ansehen, wie mehrere der Putschisten in den engsten Kreis des Sohnes aufgenommen wurden.

An seinen guten Freund und Lehrmeister Frédéric-César Laharpe (1754–1838) schrieb Alexander: *Ich werde mich nie an den Gedanken gewöhnen, als Despot zu regieren...*

Laharpe antwortete daraufhin:
...Ich beglückwünsche Euch keineswegs dazu, Herrscher über 30 Millionen Mitmenschen geworden zu sein, aber ich bin erfreut, daß deren Schicksal nunmehr in den Händen eines Monarchen liegt, der die Überzeugung hegt, daß Menschenrecht nicht nur ein leeres Hirngespinst ist und daß das Oberhaupt des Volkes sein erster Diener ist. Nun ist es an Euch, die Grundsätze, die Ihr als wahr erachtet, in die Tat umzusetzen...

HOFFNUNGSVOLLE VERÄNDERUNGEN

Unter Alexander bahnten sich denkwürdige Veränderungen in Rußland an. Der Kaiser schien bestrebt zu sein, nach den Terrorjahren seines Vaters unmittelbar aufzuräumen. Die Galgen auf den öffentlichen Plätzen verschwanden, die Deportationen nach Sibirien wurden eingestellt, und auch hinsichtlich der Humanisierung der Strafandrohungen konnten gewisse Fortschritte erzielt werden. Zwölftausend Personen erhielten ihre Rechte und Ränge zurück. Unter den aus Sibirien freigelassenen Gefangenen befanden sich der Schriftsteller Alexander Nikolajewitsch Radischtschew (1749–1802) und der General Alexej Petrowitsch Jermolow (1776–1861), der spätere Generalgouverneur der transkaukasischen Provinzen.

Handel und Kommunikationen mit Westeuropa kamen in Gang. Neue Universitäten entstanden in Charkow 1804 und in St.Petersburg 1819, die alten wurden einer Neuorganisation unterzogen. Auch auf niedrigerer Ebene des Unterrichtswesens wurde eine Reihe von hoffnungsvollen Projekten und Reformen eingeleitet.

Das verhaßte Verbot der Verbreitung von Drucksachen wurde aufgehoben, und in der Staatsverwaltung fanden zahlreiche wichtige Veränderungen statt, die im weiteren Verlauf zur Darstellung kommen werden.

Die umfangreiche Reformarbeit während der ersten Jahre des neuen Jahrhunderts war ganz und gar dem engsten Kreise Alexanders zuzuschreiben. Der Zar selbst war alles andere als ein Staatsmann. Er spielte die Rolle, die ihm das Schicksal aufgetragen hatte, hinterließ im übrigen jedoch einen labilen Eindruck. Er war eine unglückliche Gestalt und machte auch viele andere Menschen unglücklich.

Alexander hatte jedoch auch seine Bewunderer. Madame Germaine de Staël (1766–1817) in Paris glaubte nicht, „daß er in seinem Reich einen Minister finden könne, der besser als er selbst dazu in der Lage wäre, die Angelegenheiten des Staates zu beurteilen und zu führen". Auch der amerikanische Präsident Thomas Jefferson (1743–1826) war von dem russischen Selbstherrscher beeindruckt. Jefferson schrieb: *Ich glaube nicht, daß es einen fähigeren Mann gibt oder jemanden, der mehr Begeisterung zeigt, die Bedingungen der Menschen zu verbessern.*

Eine kleine Gruppe in nächster Nähe des Kaisers war von Ideen beseelt, die sich durch Liberalismus und Fortschrittlichkeit auszeichneten. Zwei der Männer, Michail Michailowitsch Speranski (1772–1839) und Nikolai Nikolajewitsch Nowosilzew (1761–1836), erarbeiteten einen Entwurf zu einer neuen Verfassung, nach welcher ein Parlament (*Duma*) mit beratenden Funktionen eingerichtet werden sollte. Viele der neuen Ideen wurden jedoch nicht verwirklicht. Im administrativen Bereich konnten indessen wichtige Reformen erzielt werden. Beispielsweise er-

TANZ DER FISCHE

Über den, der zu Gerichte sitzt,
ohn' Hunger schläft und Land besitzt,
beklagt man sich beim Löwen.
Verloren hat er die Geduld und macht sich auf den Weg,
selbst seine Lande zu besehen, als er auf einen Bauern trifft,
der Fische fängt, um sie gebraten zu verzehren.
Die armen hüpfen in der Pfanne,
das Ende ahnend voller Bange.
Da ihm der Anblick nicht behagt,
im Zorn den Bauern er befragt: „Sag mir, was tust du hier?"
„O großer Zar", der Bauer spricht mit der gebührenden Manier,
„als Vorstand hat man mich hier eingesetzt,
die Fische zu behüten.
Und wie du siehst, hier haben sich die ältesten versammelt,
um dir gehörig Achtung zu erbieten."
„Wie leben sie? Ist sie vermögend, diese Gegend?"
„O Herr, es Paradies zu nennen wäre nicht zuviel gesagt.
Zum Götterthron wir unsere Gebete senden,
daß deine schönen Tage niemals mögen enden"
(während sich die Fische in der Pfanne drehn und wenden).
„Kannst du mir sagen", fragt der Löwe,
„warum sie mit dem Kopfe wiegen und schlagen mit dem Schwanz?"
Worauf der Bauer spricht: „O weiser Zar, aus Freude, dich zu sehen, dieser Tanz."
Der Löwe leckt ihn mit Zufriedenheit,
mit einem letzten Blick, den er den Tanzenden gewährt,
er schließlich rasch von dannen fährt.

Frei nach Iwan Krylow (1769–1844)

Dieses Gedicht kam um 1821–1823 zustande und geht auf eine geschichtlich wahre Begebenheit zurück: Dem Zaren Alexander I. wurde bei seinem Besuch in einer kleinen Stadt die Aufwartung der Einwohner gemeldet, die mit ihm sprechen wollten. Der Delegation wurde indessen der Zutritt verwehrt. Statt dessen machte sich der Zar auf den Rückweg. Eigentlich war das Volk gekommen, um sich über den Gouverneur zu beklagen.

MICHAIL SPERANSKI gehörte zu denen, die ein menschlicheres und freieres Rußland unter der Selbstherrschaft Alexanders I. voraussagten. Daraufhin versuchte der Schriftsteller Turgenjew zu erklären, daß Speranski und die Gleichgesinnten zu optimistisch und „oberflächlich seien und ihr Vaterland nicht kennten". Im Alter unterrichtete Speranski den angehenden Alexander II. – den Zaren, der die Leibeigenschaft abschaffen sollte – in Rechtswissenschaft (1835/36).

hielt Rußland Ministerien anstelle der weniger effektiven Kollegien. Die Leiter der Ministerien, die Minister, bildeten ein Ministerkomitee, das zugleich die Regierung des Landes darstellte. Es kam zur Bildung eines konsultativen Reichsrates, dessen Mitglieder vom Zaren ernannt wurden.

Speranski sprach auch von freien Bauern – mit anderen Worten: Aufhebung der Leibeigenschaft – und der Möglichkeit für jedermann, Grund und Boden zu besitzen. Auch andere, Alexander nahestehende Personen äußerten sich auf ähnliche Weise. Die meisten wollten die Leibeigenschaft in einem Zuge abschaffen, andere wiederum Schritt für Schritt.

Nowosilzew zeigte mit fortschreitendem Alter immer reaktionärere Züge. Er kam als Generalkommissar nach Polen, das zu dieser Zeit russischer Vasallenstaat war, und begegnete allgemeinem Abscheu. Der polnische Nationaldichter Adam Mickiewicz (1798–1855) schildert das brutale Vorgehen Nowosilzews gegen die jungen Polen in seinem Werk „Vorväter" (*Dziady*).

Zar Alexander war sich darüber im klaren, daß die Leibeigenschaft die dringendste innenpolitische Frage darstellte. In Paris hatte er Madame de Staël einmal versprochen, „mit Gottes Hilfe unter meiner Regierung die Leibeigenschaft auszurotten". Ein guter Freund Alexanders, Prinz Czartoryski, kommentierte die Lage folgendermaßen:

Der Zar würde gern allen die Freiheit schenken, wenn sie nur freiwillig das täten, was er wünschte.

In der Praxis änderte sich nur wenig, vor allem kaum zum Vorteil der Leibeigenen. Beispielsweise wurde ein Verbot eingeführt, Bauern zu verkaufen, ohne gleichzeitig auch Grund und Boden zu veräußern.

SIEG DER KONSERVATIVEN KRÄFTE

Die konservativen Kräfte setzten sich indessen dafür ein, daß die liberalen Ideen behindert und in den unendlichen Labyrinthen der Bürokratie zunichte gemacht wurden. Beamte und sonstige Nutznießer sahen ihre Einkommensquellen in Gefahr. Speranski fiel in Ungnade (1812), und gleichzeitig begannen reaktionäre Kräfte in Alexanders Rußland zu obsiegen.

Der Gegenpol Speranskis, der Schriftsteller und Historiker Nikolai Michailowitsch Karamsin (1766–1826), pries die Vorteile des Selbstherrschertums. Von einer Laufbahn als Schriftsteller im rührseligen Stil der Zeit ging der von Alexander zum Reichsgeschichtsschreiber ernannte Karamsin 1803 dazu über, sich ausschließlich für russische Geschichte zu interessieren. Er tat Aussprüche wie: „In Rußland ist der Selbstherrscher das lebende Gesetz." Die Leibeigenschaft müsse aus ideeller Sicht heraus bestehenbleiben, meinte Karamsin. Von ihm stammt auch die These: „Ein Gott, ein Zar, ein Volk." Er gilt als Gründer des zaristischen Nationalismus.

EUROPA IM KRIEG

Die ersten zehn Jahre des 19. Jh. waren eine unruhige und kriegerische Zeit in Europa. Sie verursachte zu einem Großteil der neue französische Kaiser, Napoleon I. und dessen expansive und aggressive Politik. Zweifellos hatte er Pläne in Richtung auf eine totale Weltherrschaft.

Großbritannien betrieb eine konsequente Politik gegen Napoleon, der seinerseits die Engländer als Hauptgegner betrachtete. Die übrigen Großmächte Europas schlossen und brachen eine Reihe von Allianzen, was zu einem großen Teil auf ein geschicktes taktisches Spiel Napoleons zurückzuführen war.

Rußland hatte bereits 1801 sein Verhältnis zu Großbritannien und Frankreich durch besondere Verträge geregelt. Durch die Entwicklung der Geschehnisse sah sich Rußland nun jedoch gezwungen, Stellung zu beziehen. Im April 1805 schloß sich Rußland der englischen Front an, die allmählich auch Österreich, Preußen und Neapel umfaßte. Man sprach von der „dritten Koalition". Der Hauptdrahtzieher hieß William Pitt der Jüngere (1759–1806).

Bei Verhandlungen mit den Engländern in London hatten die Russen unter der Führung Nowosilzews zunächst vorgeschlagen, internationale Konflikte auf dem Verhandlungswege und nicht durch Krieg zu lösen. Die Wirklichkeit sollte sich jedoch leider anders gestalten, und die russische Armee zog ins Feld. Zehntausende von Russen sollten „für Gott, den Zaren und Rußland" ihr Leben lassen. Wirtschaftlich sollte das Land bis an den Rand des Ruins gebracht werden.

Im Herbst 1805 fielen die Koalitionsheere in Bayern, einem Verbündeten der Franzosen, ein. Die russischen Truppen standen unter dem Oberbefehl von Feldmarschall Michail Iliarionowitsch Kutusow (1745–1813).

AUSTERLITZ

Zar Alexander war kein Feldherr. Sein Einsatz auf dem Schlachtfeld konnte demzufolge als plus minus Null abgetan werden. Lediglich einmal kam er in die Nähe des brutalen Abschlachtens. Bei der Schlacht von Austerlitz, die sich zu einer verheerenden Niederlage entwickelte (2. Dezember 1805), zog Alexander es vor, nicht auf den Rat des schlauen Kutusow zu hören. Alexanders Freund, Fürst Czartoryski, wandte sich daraufhin im Klartext an den Zaren: *Bei Austerlitz war Eure Anwesenheit unnütz. Genau an der Stelle, wo Ihr Euch befandet, kam die Niederlage am schnellsten und totalsten.*

Der schwer geschockte Zar sah sich gezwungen, nach diesen Ereignissen Bettruhe einzuhalten. Nach Hause zurückgekehrt, wagte er kaum, sich zu zeigen. Nowosilzew schrieb über die Stabsoffiziere in der Nähe des Zaren: „...sie entflohen dem Tageslicht wie die Eulen."

FREUNDSCHAFT IM FACKELSCHEIN

Alexander paßte besser in höfische, diplomatische und gesellschaftliche Kreise. Der österreichische Superdiplomat Klemens von Metternich (1773–1859) behauptete:

Man kann nicht begabter sein als Zar Alexander, dennoch habe ich den Eindruck, daß ein Stück seines Charakters fehlt, ich komme nur nicht dahinter, welches...

Auch Napoleon brachte – jedenfalls vorübergehend – einen gewissen Respekt für den Zaren auf. Als die beiden Herrscher in Erfurt 1809 einander begegneten, schrieb der Franzose in einem Brief, er sei derart von dem Russen begeistert gewesen, daß, „wenn dieser eine Frau gewesen wäre, ich mich durchaus in ihn hätte verlieben können..." Und in Erfurt war es auch, wo der Ränkeschmied Charles Maurice de Talleyrand (1754–1838) dem unruhigen Alexander Träume darüber wahr zu machen versuchte, daß Napoleon trotz alledem nicht unüberwindlich sei.

Alexanders enge Freundschaftsbeziehung zum preußischen Königspaar sollte Rußland große Opfer kosten. Alexander, dessen Mutter Deutsche war, sprach von „unlöslichen Banden zwischen den Häusern Hohenzollern

Der legendäre Feldmarschall MICHAIL KUTUSOW, dessen Name für immer mit dem Vaterländischen Krieg verknüpft sein wird, begann bereits mit vierzehn Jahren seine abwechslungsreiche und ehrenvolle militärische Laufbahn. Kutusows Lehrmeister in Strategie und Taktik war kein Geringerer als der ebenso berühmte Suworow. Kutusow errang mehrere Siege über die Türken, mußte jedoch gegen Napoleon bei Austerlitz (1805) eine Niederlage hinnehmen. Während der Invasion des französischen Kaisers in Rußland (1812) sollte er jedoch seine Revanche erhalten. Kutusow wurde dafür vom Zaren zum Oberbefehlshaber ernannt, was von sämtlichen Russen begrüßt wurde. Während einer Blitzevakuierung Moskaus – etwa 300000 Personen – befahl Kutusow, sämtliche Feuerlöschgeräte und Feuerwehrpferde zu entfernen. Dies sollte sich als kluger Schachzug erweisen. Der Brand; der gelegt worden war, war nicht zu löschen, und der Vorrat an lebenswichtigen Lebensmitteln brannte ab. Napoleon und seine Eindringlinge litten schwerste Not und sahen sich schließlich zum Rückzug gezwungen. Private Sammlung.

Die Kaiser Napoleon und Alexander neben dem preußischen Königspaar Luise und Friedrich Wilhelm III. in Tilsit Ende Juni 1807. Im „Bulletin de la Grande Armée" (Zeitung der französischen Armee) war der schönen Königin die Verantwortung für den Krieg zugeschoben worden. „Sie sehnte sich nach Blut: Das teuerste Blut ist geflossen." Napoleon behauptete in einem Brief an seine Gemahlin in Paris: „Luise kokettiert mit mir", schloß jedoch mit den Worten, daß es dabei bliebe, „es würde mich zuviel kosten". Der Zar hatte wesentlich wärmere Gefühle für die Königin. Luise begegnete Alexanders Galanterien auf gewandte Weise. In einem Dankesschreiben an den Zaren nach einem Besuch in der russischen Hauptstadt schrieb sie (Januar 1809): „PS. Alles war großartig in St.Petersburg. Nur Euch habe ich zuwenig getroffen." Private Sammlung.

löslichen Banden zwischen den Häusern Hohenzollern und Romanow" und ließ sich von der schönen Königin Luise (1776–1810) bezaubern. Sie war eine wahre Patriotin, und ihr zur Seite stand der farblose König Friedrich Wilhelm III. (1770–1840). Im Schein der Fackeln schworen der Zar und der König im Mausoleum Friedrichs des Großen einander ewige Freundschaft.

Als Friedrich Wilhelm einige Zeit später um russische Hilfe bat, gewährte Alexander seinem Freund zwar Beistand, Napoleon war jedoch nicht aufzuhalten. Im Herbst 1806 fiel Berlin. Das Königspaar mußte die Flucht ergreifen und längere Zeit im Exil leben.

Gegen Ende jenes Jahres zog sich Alexander einen weiteren Feind zu, nämlich die Türken, die sich von Napoleon zu einer Kriegserklärung gegen Rußland hatten aufhetzen lassen. Ein langer und aus türkischer Sicht unglücklicher Konflikt entbrannte und endete damit, daß Bessarabien dem Zarenreich einverleibt wurde (1812).

ZWEI VERSCHIEDENE ARTEN VON ARMEE

Napoleons Armee – la Grande Armée – trieb die russisch-preußischen Truppen immer weiter nach Osten zurück. Wie kein anderer konnte Napoleon seine Soldaten begeistern, trotz der bunten Schar von Söldnern – mit Ausnahme von Russen – in seinen Reihen. Die Offiziere wurden häufig aus den eigenen Reihen rekrutiert. Soldaten, die sich in einer Schlacht ausgezeichnet hatten, wurden einen Rang nach oben versetzt. Titel und Abstammung kamen erst in zweiter Linie. Napoleons Kriegsknechte wußten zudem, daß neue Eroberungen mit neuen Plünderungen einhergingen. Dies war in mehrerer Hinsicht ei-

führte, was sich bei dem zukünftigen russischen Abenteuer als verhängnisvoll erweisen sollte.

Innerhalb der Armeen der Alliierten, sowohl in der russischen als auch in der preußischen und österreichischen, herrschte Kadaverdisziplin. Jede Abweichung vom Reglement wurde hart bestraft. Die Offiziere – Adelige – waren vielfach höchst unqualifiziert für die Aufgaben, denen sie gegenüberstanden.

FEINDSCHAFT WIRD ZUR FREUNDSCHAFT

Am 14. Juni 1807 kam es zur Schlacht bei dem kleinen Dorf Friedland (Prawdinsk) etwa 40 Kilometer südöstlich von Königsberg (Kaliningrad) in Ostpreußen, die sich für die Alliierten zu einer Katastrophe entwickelte. Die Russen verloren um die 19000 Mann. Die preußische Armee, die bereits bei Jena und Auerstedt schwere Verluste erlitten hatte, wurde nahezu völlig vernichtet. Im Siegesrausch rief Napoleon:

Rußlands Übermut ist zerschlagen..., meine Adler haben an der Memel zugeschlagen.

Alexander wurde zu Friedensverhandlungen gezwungen. Elf Tage nach der Schlacht begegneten die beiden Kaiser einander zu einer ersten Verhandlung an Bord eines Floßes auf der Memel. In den dreizehn darauffolgenden Tagen kam es zu zahlreichen Zusammenkünften. Im Hintergrund figurierte das unerbetene und unglückliche preußische Königspaar.

Alexander konnte nicht umhin, auf eine Reihe französischer Forderungen einzugehen. Die territorialen Zugeständnisse blieben jedoch gering. Zwei Drittel Zentraleuropas fielen nun aber unter das Zepter Napoleons. Preußen wurde sowohl in bezug auf die Fläche als auch in bezug auf die Volksmenge auf die Hälfte reduziert. Rußland wurde gezwungen, sich der Handelsblockade gegen Großbritannien, dem sogenannten Kontinentalsystem, anzuschließen. Dies war ein harter Schlag für die Russen, die damit ihren größten Handelspartner einbüßten. Als Trost erhielt Alexander die Genehmigung der Franzosen, nach eigenem Gutdünken in nordwestliche Richtung zu expandieren, sprich: nach Finnland und in die östlichen Teile Schwedens.

Das Abkommen – der Frieden von Tilsit (Sowjetsk) – zwischen Frankreich und Rußland wurde am 7. Juli 1807 unterzeichnet – mit Preußen zwei Tage später.

In Schweden regierte seit 1792 Zar Alexanders eigener Schwager, Gustav IV. Adolf (1778–1837). Nach der mißlungenen Brautwerbungsreise nach St.Petersburg im Jahre 1796 hatte sich der König mit einer jüngeren Schwester der Kaiserin Elisabeth Alexejewna, Friederike von Baden (1781–1826), vermählt. Gustav Adolf war ein geschworener Gegner Napoleons, und obwohl einer nach dem an-

Die neu entstandene Freundschaft zwischen Rußland und Frankreich in Tilsit brachte gewisse protokollarische Probleme mit sich. Der Zar schrieb folgenden Brief an seinen schwedischen Schwager Gustav IV. Adolf, der zu den schlimmsten Widersachern Napoleons zählte:

Mein Herr Bruder, Schwager und Cousin,

Da ich voraussehe, daß Eure Majestät sich verpflichtet fühlt, den St.Andreas-Orden zurückzusenden, mache ich, um dies zu erleichtern, selbst den Anfang, indem ich den Seraphinenorden, den ich von Eurer Majestät empfangen habe, zurückgebe. Ich bitte Eure Majestät gleichzeitig meine Versicherung hinsichtlich der Unveränderlichkeit der Denkweise entgegenzunehmen und verbleibe

Euer Herr Bruder, Schwager und Cousin sowie Freund Alexander.

St.Petersburg, den 10. November 1807.

Kaiser Napoleon und Zar Alexander begegneten einander nach außen in sehr herzlichen Formen auf einem Floß auf dem Grenzfluß Memel. Beide waren voneinander beeindruckt. Napoleon schrieb an seine Gemahlin: „Meine Liebe, ich habe soeben Zar Alexander getroffen. Ich bin sehr von ihm angetan. Er ist ein gut aussehender, guter und junger Kaiser. Er ist begabter, als man gewöhnlich annimmt." Alexander vertraute seinerseits seiner Lieblingsschwester Katharina an: „Gott hat uns gerettet. Statt Opfer bringen zu müssen, gehen wir mit Glanz aus dem Kampfe hervor. – Kannst du dir vorstellen, daß ich mit Bonaparte leben soll, Stunde um Stunde allein bei ihm sitzen...! Sag mir: Scheint all dies nicht nur ein Traum zu sein?" Private Sammlung.

dern der schwedischen Alliierten in die Knie gezwungen wurde, kam eine Änderung der schwedischen Außenpolitik nicht in Frage. Schweden war Großbritanniens einziger Verbündeter in Nordeuropa.

Aufgrund des französisch-russischen Friedensvertrages von Tilsit erhielt Schweden mit dem Nachbarn Rußland einen Feind in nächster Nähe. Was sollte mit Finnland geschehen?

Die Antwort auf diese Frage kam im Februar 1808, als die Russen ohne vorhergehende Kriegserklärung die russisch-schwedische Grenze überschritten. Die Aktion hatte den Charakter einer Strafexpedition. Die künftige schwedische Königin Charlotta (1759–1818), bekannt für gutes Urteilsvermögen und Schlagfertigkeit, schrieb im März 1808 in ihr Tagebuch, daß der französische Botschafter in St.Petersburg, Armand de Caulaincourt (1773–1827), der Anstifter zu diesem Krieg gewesen sei. Der Franzose habe sich „bei Kaiser Alexander eingenistet, diesen völlig beherrscht und das russische Kabinett gesteuert".

Der Krieg nahm aus russischer Sicht einen äußerst positiven Verlauf. Die Finnen waren praktisch ohne Hilfe des Mutterlandes auf sich selbst gestellt, leisteten jedoch hartnäckigen Widerstand. Mehr als eineinhalb Jahre lang fanden sporadisch Kriegshandlungen statt. Als schließlich die starke Festung Sveaborg (Viapori, nunmehr Suomenlinna) außerhalb Helsinkis im Mai 1808 kapitulierte, war der Krieg zu Ende. Schweden mußte beim Friedensabkommen in Fredrikshamn (Hamnia) im Herbst 1809 das gesamte Finnland sowie die Ålands-Inseln abtreten.

Finnland wurde damit zu einem eigenen Staat mit eigenen Gesetzen und einer eigenen Verfassung mit dem Zaren als Großfürsten. Bereits Ende März 1809 nahmen die Stände des Landtags von Borgå die feierliche Ratifikation von Religion und Gesetzen des Landes durch den Zaren entgegen. Alexander ließ sich als Herrscher des Landes feiern und sprach hochtrabend davon, wie sich „das finnische Volk zur Reihe der Nationen erhoben hat", wovon sich die einberufenen Stände jedoch nicht ganz überzeugen ließen.

Finnland wurde jedenfalls zu einem Teil des kaiserlich russischen Imperiums. 1812 kamen Bessarabien und 1813 Aserbaidschan hinzu.

Schon vor 1810 hatten die russisch-französischen Beziehungen zu kriseln begonnen. Die strengen Regeln des Kontinentalsystems wurden von den Russen auf jede erdenkliche Weise umgangen. Auch über den Wechselkurs des Rubels und über vieles andere mehr herrschte Uneinigkeit.

Im Frühjahr 1810 traf schließlich die wichtige Nachricht in St.Petersburg ein, daß Napoleon in der österreichischen Erzherzogin Marie-Louise (1791–1847) eine neue Gemahlin gefunden habe. Selten war eine Nachricht mit derartiger Erleichterung aufgenommen worden. Es war, als wenn die Luft aus einem zum Platzen gespannten Ballon entwich. Napoleon hatte nämlich zuvor ein Auge auf die Großfürstinnen Katharina (1788–1819) und Anna (1795–1865) geworfen. Die Feierlichkeiten bezüglich der französisch-österreichischen Verbindung in St.Petersburg eröffnete der Zar demonstrativ, indem er mit der Gattin des amerikanischen Botschafters John Quincy Adams (1767–1848) eine Polonaise aufs Parkett legte.

In Rußland waren angesichts eines erwarteten Angriffs durch Napoleon bereits die Gegenmaßnahmen im Gange. Es war in vieler Hinsicht eine nervöse Zeit. Die zahlreichen Reisen des russischen Ministers in Frankreich, Alexander Iwanowitsch Tschernischew (1785–1857), zwischen Paris und St.Petersburg brachten ihm den Beinamen „Postillon" ein.

Anfang 1812 richtete Alexander sein Hauptquartier in Wilna ein. Im Gefolge hatte er eine tapfere Schar der Petersburger Gesellschaft. Diese Damen und Herren waren offensichtlich bereit, das Salonleben bis zur ersten Gewehrsalve der Franzosen weiterzuführen.

NAPOLEON GREIFT AN

Napoleon bezeichnete Kiew als Rußlands Füße, St.Petersburg als Kopf und Moskau als Herz des Landes. Und mit einem Stich ins Herz wollte er Rußland bezwingen.

In der Nacht zum 23. Juni 1812 ging die aus über 450000 Mann bestehende Invasionsarmee Napoleons über die russische Grenze. Die früheren Verbündeten Rußlands Österreich und Preußen, wurden gezwungen, mit Hilfstruppen mitzumachen. Wie gewöhnlich war Napoleon auf eine rasche Entscheidung aus.

Aus der „guten Schlacht", die Napoleon erwartete, wurde indes nichts. Der schottisch-baltische Oberbefehlshaber der russischen Truppen, Michail Bogdanowitsch Barclay de Tolly (1761–1818), bediente sich einer Strategie, die darauf hinauslief, den Feind in ein verwüstetes, ödes Land zu locken, in dem jedes Haus und jeder Vorrat zerstört war. Zudem versuchte man, soweit wie möglich eine entscheidende Schlacht zu vermeiden. Die Taktik zeigte deutliche Parallelen zur Auseinandersetzung mit Karl XII. im Jahre 1708.

Napoleon marschierte auf Wilna, Drissa und Witebsk zu, ohne auf Widerstand zu stoßen. Erst bei Smolensk – dem „Tor und Schlüssel zum heiligen Rußland" – kam es zur ersten richtigen Schlacht. Trotz einer blutigen Auseinandersetzung wurde den Russen klar, daß Napoleons Scharen nicht aufzuhalten waren. In ganz Rußland machte sich große Verwirrung und Verbitterung breit. Stimmen wurden laut, die die Ablösung des Oberbefehlshabers Barclay de Tolly forderten, der von den Altrussen als reiner Verräter hingestellt wurde.

Wo befand sich der Zar in dieser Situation? Alexander, gelähmt von der Kriegslage, verbrachte den größten Teil seiner Zeit außerhalb der Hauptstadt, wo er sich Meditation, Gebet und Bibelstudium hingab. Als er sich schließ-

lich dazu durchrang, den Oberbefehlshaber auszuwechseln, fiel die Wahl auf den 67jährigen Feldmarschall Kutusow. Katharina, die Lieblingsschwester des Zaren, die mit ihrem Gatten in der ultranationalistischen Stadt Twer wohnte, hatte ihren wankelmütigen Bruder zur Entscheidung getrieben. Auch weiterhin stand sie ihm in jeder Beziehung beratend und mahnend zur Seite.

Die Lage spitzte sich insofern zu, als Zeichen eines bevorstehenden Aufruhrs der Leibeigenen zu erkennen waren. Die Befürchtung, daß Napoleon diese Situation ausnützen könnte, war aber unbegründet, da der Aufstand ausblieb.

Anfang September 1812 waren die französischen Eindringlinge bis Borodino vorgestoßen, und sie standen nur 80 Kilometer westsüdwestlich vor Moskau.

Nun entschloß sich Kutusow zur Schlacht. Es kam zu einem der härtesten und blutigsten Gefechte der Weltgeschichte (7. September 1812). In dem 15 Stunden dauernden Gemetzel erlitten beide Seiten große Verluste. Auf russischer Seite fielen schätzungsweise 45000 Mann. Der Befehlshaber der zweiten russischen Armee, Prinz Peter Iwanowitsch Bagration (1765–1812), wurde schwer verwundet und erlag einige Tage darauf seinen Verlet-

NAPOLEONS ARMEE IN MOSKAU

Der französische Kaiser schrieb am 16. September 1812 an seine Gattin Kaiserin Joséphine: „...die Stadt ist ebenso groß wie Paris. Es gibt 1600 Kirchtürme und mehr als tausend schöne Paläste. Die Stadt hat alles. – Nach dem, was man in Moskau hört, zieht sich der Feind in Richtung Kasan zurück. Diese Eroberung ist das Ergebnis der Schlacht bei Borodino." Kgl. Bibliothek, Stockholm.

RUSSISCHE SOLDATEN – 1812

Die russischen Soldaten waren hart gedrillt und auf blinden Gehorsam abgerichtet. Sie galten als anspruchslos, äußerst widerstandsfähig und ausdauernd. Aufgrund mangelnder Eigeninitiative traten die russischen Verbände im Feld jedoch steif und mechanisch auf. Man sprach von „ihrem passiven Mut". 1808 war die kaiserlich russische Armee nach französischem Muster in Divisionen und Regimenter eingeteilt worden. Eine Division bestand aus sechs Regimentern. Die Abbildungen zeigen verschiedene Uniformen aus dem Vaterländischen Krieg: links Soldaten der Linienregimenter; links außen ein Offizier; in der Mitte ein russischer Husar und auf dem rechten Bild von links nach rechts ein Jäger, ein Elitegardist und ein Grenadier. Private Sammlung.

zungen. Die Franzosen verloren 30000 Mann – russische Quellen sprechen von 58000. Napoleon mußte eingestehen, daß Borodino „von all meinen Feldschlachten die schrecklichste war".

Das Ergebnis dieses Kräftemessens mußte als unentschieden bezeichnet werden. Kutusow faßte nun einen historischen Beschluß, nämlich Moskau widerstandslos aufzugeben. Unter gleichzeitiger Evakuierung der Stadtbewohner zog sich die Armee in Richtung Südosten zurück, um sich einerseits zu regenerieren und um andererseits eine Gegenoffensive vorzubereiten. Es war beileibe keine Kleinstadt, deren Bewohner auf die Beine gebracht werden mußten. 1811 hatte Moskau etwa 270000 Einwohner.

Bei Boridino litt Napoleon unter einer Erkältung. Trotz reichlichem Verzehr von Punsch und den üblichen Verwünschungen der unzureichenden Ärztekünste zeigte er sich passiver als gewöhnlich, was zu weitverbreiteten Spekulationen darüber führte, wie sich die Situation entwickelt hätte, wenn er bei voller Gesundheit gewesen wäre. Leo Tolstois ironischer Beitrag hierzu in seinem Werk „Krieg und Frieden" lautete, daß die Rettung Rußlands dem Kammerdiener zu verdanken sei, der vergessen hatte, Napoleon wasserdichte Stiefel anzuziehen.

Am Vormittag des 14. September 1812 stand Napoleon auf dem Spatzenberg südwestlich von Moskau und blickte über die ehemalige russische Hauptstadt. Zahlreiche Eroberer hatten hier bereits vor ihm gestanden. An diesem Morgen war wunderschönes Wetter, und die zwiebelförmigen Kuppeln der unzähligen Kirchen der im Sonnendunst liegenden Stadt zeichneten sich gegen den Morgenhimmel ab. Leo Tolstoi beschreibt die Atmosphäre mit folgenden Worten:

Die Morgensonne goß ihren verzaubernden Schimmer über alles. Dort unten breitete sich Moskau aus in seiner ganzen Pracht, mit seinem sich schlängelnden Fluß, seinen Gärten und Kirchen, deren goldene Kuppeln im Sonnenschein glänzten.

Wenn der französische Kaiser damit rechnete, daß ihm ein unterwürfiger Bürgermeister oder Kommandant die Schlüssel zur Stadt aushändigen werde, hatte er sich jedoch getäuscht. Er wartete lange, verlor jedoch schließlich die Geduld und und ließ zum Anmarsch blasen. Die Signalkanone wurde abgefeuert, worauf sich das Heer in Bewegung setzte. Der Marschtakt wurde schneller, je näher man an die Zolltore herankam, die man schließlich mit Hurrarufen passierte. Der Jubel verstummte jedoch rasch, als die Truppen entdeckten, daß sie in eine leere Stadt eingezogen waren. „Es war eine Stille wie in der Wüste", vermerkte einer der Teilnehmer, der Graf Philippe de Ségur (1780–1873). Nur an wenigen Stellen war sporadischer Widerstand zu spüren. Gegen Abend war ganz Moskau besetzt.

MOSKAU BRENNT!

Bereits in der ersten Nacht nach dem Einmarsch brach in den Wagnerhäusern der Vorstadt Petrowka Feuer aus. Bei Tagesanbruch schlugen hohe Flammen auch aus den Kaufmannshäusern am Roten Platz und im Stadtteil Kitaj-Gorod. Am darauffolgenden Tage wurden in anderen Teilen der Stadt weitere Brände gelegt. Ein ganzer Stadtteil verschwand in den Flammen. Auch die Getreide- und Munitionsvorräte der Krone fielen dem Feuer zum Opfer. Ein scharfer Wind trug dazu bei, daß sich das Feuer blitzschnell ausweitete. Bald stand der Dreieinigkeitsturm des Kreml in Flammen.

Wir wanderten auf brennender Erde, unter brennendem Himmel, zwischen brennenden Wänden, schrieb de Ségur.

Napoleon ahnte bereits, daß der Feuersbrunst eine Katastrophe folgen sollte: „Der Rauch von der Schlacht bei Borodino und dem Brand von Moskau verdunkelt die Sonne von Austerlitz."

Bis zuletzt versuchte Napoleon im Kreml zu verharren. Schließlich mußte er dem Feuer und Rauch entfliehen, und er verschanzte sich in Petrowskisamok, einem von Katharina erbauten Lustschloß in einer der Vorstädte.

Der französische Kaiser Napoleon schrieb an seine Gattin, die Kaiserin Marie-Louise (1791–1847):

Meine Liebe,
Ich habe dir bereits von Moskau geschrieben. Ich wußte nichts über diese Stadt. Sie hat 500 Paläste, schön wie der Elysée-Palast, von denen mehrere in französischem Stil eingerichtet und mit unglaublichem Luxus ausgestattet sind, mehrere kaiserliche Paläste, Kasernen und prächtige Krankenhäuser. Alles ist verschwunden, seit vier Tagen zehren die Flammen daran. Da die kleinen Bürgerhäuser sämtlich aus Holz gebaut sind, brennen sie wie Zündhölzer. Der Gouverneur und die Russen haben in ihrem Zorn über die Niederlage diese schöne Stadt in Brand gesteckt. 200000 gute Bürger sind verzweifelt und leben elendig ohne Dach über dem Kopf. Es ist jedenfalls noch genügend für die Armee vorhanden, der viele Kostbarkeiten in die Hände gefallen sind, da in der allgemeinen Verwirrung der Plünderung kein Einhalt zu gebieten war. Diese Lumpen haben sogar die Bevölkerung dazu gebracht, die Pumpen zu zerstören. Meine Erkältung ist vorüber, und es geht es mir gut.
Adieu, meine Liebe. Dein

Nap.
Moskau, den 18. September.

In wenigen Tagen wurden 9151 Gebäude zerstört, von denen ganze 7632 völlig in Asche gelegt wurden. Als zwei Drittel des gesamten Hausbestandes Moskaus unbewohnbar geworden waren, kam der Regen und löschte das Riesenfeuer.

Es wird behauptet, daß der Moskauer Generalgouverneur Rostopschin den Befehl dazu gegeben habe, die verheerenden Brände zu legen, was er jedoch in seinen Memoiren später bestritt.

NAPOLEON IM BRENNENDEN MOSKAU

In seinem Werk „Erlebtes und Erdachtes" schreibt Alexander Herzen, daß Napoleon den Moskauer Gouverneur Rostopschin für den enormen Brand verantwortlich machte. Der französische Kaiser ließ Herzens Vater, den reichen Adeligen Iwan Alexandrowitsch Jakowlew, zu sich rufen und versuchte vergebens, ihn dazu zu bewegen, dem Zaren ein Friedensangebot zu überbringen. Napoleon behauptete, daß er eigentlich „gegen England und nicht gegen Rußland Krieg führe". Der berühmte Schlachtenmaler Wassili Wassilewitsch Wereschtschagin (1842–1904) malte Napoleon in der brennenden Stadt.
Slawische Bibliothek, Helsinki.

RÜCKZUG DER FRANZOSEN

Als die französischen Friedensangebote unbeantwortet blieben und nach erfolgreichen Säuberungsaktionen der Russen um Moskau herum entschloß sich Napoleon, zum Rückzug zu blasen. Er hatte keine andere Wahl. Ohne größere Vorräte den gefürchteten russischen Winter in Moskau abzuwarten hätte den totalen Untergang bedeutet. Es herrschte bereits akuter Mangel an Verpflegung. Der über einmonatige Aufenthalt in Moskau kostete Napoleon 30000 Mann.

Das stolze Heer Napoleons wurde während des russischen Feldzuges 1812 nahezu vernichtet. Von den über 450000 Mann kamen nur 30000 zurück. Gewissen Quellen zufolge nur 10000. Man schätzt, daß 100000 der Eindringlinge in Gefangenschaft gerieten, der Rest fiel, wurde verwundet oder kam aufgrund von Hunger, Krankheit und Kälte ums Leben. Der russische Befehlshaber Prinz Eugen von Württemberg (1788–1857) bezeichnete die Gefechte als „einen Schritt in die Hölle". Der Befehlshaber der ersten russischen Armee, der erfahrene General Barclay de Tolly, behauptete, die Schlacht bei Borodino sei die hartnäckigste Auseinandersetzung gewesen, die jemals ausgefochten worden sei. Nachts waren verzweifelte Schreie der Franzosen zu hören: „Au nom de Dieu, gare aux blessés!" (In Gottes Namen, nehmt euch der Verwundeten an!)
Private Sammlung.

Dennoch gab sich der französische Kaiser noch lange nicht geschlagen. Mit gewohntem Eifer redete er sogar davon, ganz Rußland zu erobern.

Am 18. Oktober 1812 begann der französische Rückzug, der eher einer Flucht glich. Ein Nachtrupp hatte den Befehl, den ganzen Kreml zu verminen und in die Luft zu sprengen. Zahlreiche Häuser, Kirchen, Türme und Mauern wurden von den Explosionen erschüttert. Zurückkehrende russische Soldaten und Stadtbewohner vertrieben indessen die Franzosen und verhinderten somit eine größere Katastrophe. Vier Tage nach Abmarsch der Franzosen war die Stadt wieder in russischer Hand.

Der Rückzug wurde zu einem bitteren Fiasko für die französischen Truppen. Ständige Angriffe russischer Soldaten, Kosaken und Partisanen dezimierten die französischen Reihen. Hinzu kamen schwere Krankheiten. Der Mangel an Proviant und anderen lebensnotwendigen Dingen wurde von Tag zu Tag schlimmer, und langsam wurde es immer kälter. Der strenge russische Winter war jedoch keineswegs die Hauptursache für Napoleons Niederlage. Als der Temperatursturz einsetzte, waren von der einst so stolzen Großen Armee nur noch Bruchstücke vorhanden.

Zur selben Zeit verließ Napoleon seine Truppen und begab sich im Eiltempo nach Paris, „um Europa von den Tuilerien aus zu bezwingen". Sein berühmter Tagesbefehl – Bulletin Nummer 29 – lautete folgendermaßen:

Die Große Armee existiert nicht mehr. Der Kaiser ist bei bester Gesundheit.

In den ersten Tagen des Jahres 1813 wurden mit einem Tagesbefehl des Feldmarschalls Kutusow die Aktionen auf russischem Boden eingestellt. Der Krieg, der in Rußland als Vaterländischer Krieg bezeichnet wird, war zu Ende.

BUTTERWOCHE UND OSTERN

Wie das Jahr seinen selbstverständlichen Rhythmus hatte, so teilte auch die mächtige orthodoxe Kirche das Jahr in feierliche Begebenheiten ein. Neben den alljährlich wiederkehrenden zwölf großen kirchlichen Feiertagen huldigte man den etwa 150 Heiligen in mehr oder weniger feierlichen Formen. Am Anfang des 20. Jh. gab es dreißig besondere Feiertage in Rußland.

Das große kirchliche Ereignis des Jahres war Ostern. Als Vorbereitung lag davor eine siebenwöchige Fastenzeit – die längste des Jahres. Gewisse Gläubige fasteten auch zu anderen Jahreszeiten über kürzere Zeiträume hinweg, die wirklich orthodoxen sogar jeden Mittwoch und Freitag.

Während der Fastenzeiten wurden weder Fleisch noch Butter noch Eier aufgetischt. Statt dessen wurden magere Speisen wie Fisch, Gemüse, Pilze und verschiedene pflanzliche Fette verzehrt. Eine typische Fastenmahlzeit war *Ucha*, eine russische Fischsuppe, die in einer Unzahl von Variationen zubereitet wurde, und *Kulebjaka*, eine beliebte Fischpastete. In den allmählich erscheinenden Kochbüchern nahmen Fastengerichte einen großen Platz ein.

In den Wochen vor der Osterfastenzeit veranstaltete man eine Reihe von Festen, die in der sog. *Maslenza* (Butterwoche) ihren Höhepunkt fanden. Das westliche Gegenstück dazu ist die Karnevals- oder Faschingszeit.

Während der Butterwoche schien sich ganz Rußland in einem Freudenrausch zu befinden. Schaukeln und Karusselle wurden errichtet, große, künstlich angelegte Schlittenbahnen – *montagnes russes* – sowie Buden, in denen man sich bei Tee, Honigwasser und Wodka wärmen konnte. Besonderer Beliebtheit erfreuten sich schnelle, um nicht zu sagen: rasend schnelle Schlittenfahrten, wobei die Pferde mit bunten Bändern und klingenden Schellen geschmückt waren. Man baute Schneeburgen und „spielte Krieg". Wenn eine solche Festung gefallen war, wurde Waffenstillstand geschlossen, und alle, „Angreifer" wie „Verteidiger", verbrüderten sich in frohem Zechgelage.

Oft wurden große Feuer angezündet, wobei man den Kindern erzählte, daß in den Flammen alle Milch- und alle Fleischgerichte verbrennten.

Auch zahllose Theatervorstellungen, Bälle und Maskenfeste wurden veranstaltet. Zuweilen erhielt die Butterwoche die weniger angenehme Bezeichnung „Teufelswoche", eine Anspielung darauf, daß oft zuviel getrunken wurde, was zu unzüchtigen Handlungen führte.

Angesichts der sieben mageren Wochen, die vor einem lagen, war es nicht verwunderlich, daß sich so mancher überaß. Das Hauptgericht bestand aus Blini mit saurer Sahne, Kaviar, zerlassener Butter oder geräuchertem Fisch. Eine meisterhafte Schilderung dieser Schwelgereien gibt Anton Pawlowitsch Tschechow (1860–1904) im „Abend vor dem Fasten".

Am Gründonnerstag begannen die Vorbereitungen auf das große Osterfest. Eine Reihe ritueller Handlungen läßt darauf schließen, daß zu früherer Zeit an diesem Tag das Neujahrsfest gefeiert worden war. Dabei war beispielsweise die Sauna für die Toten aufgeheizt worden, eine Sitte, die bereits im 12. Jh. vorhanden gewesen war. So war es auch der Brauch, sich vor dem „Schrei des Raben" zu waschen und eine Silbermünze ins Wasser zu werfen, was für

MONTAGNES RUSSES war die internationale Bezeichnung für die großen künstlichen Rutsch- oder Schlittenbahnen, die im Winter errichtet wurden. Auf dem Palastplatz mitten in St.Petersburg baute man jeden Winter eine große Anlage, wo sich die Kinder der Stadt nach Herzenslust austoben konnten. Die Abbildung zeigt eine solche Anlage in Smolensk.
Kgl. Bibliothek, Kopenhagen.

RUMMELPLATZ ZUR ZARENZEIT

Schaukeln in jeder erdenklichen Variation zählten zu den beliebtesten Attraktionen der jährlich wiederkehrenden Butterwoche, die der langen Fastenzeit voranging. Für die Frauen im alten Rußland stellte die primitive Schaukel (Katjeli), ein Brett auf einem Bock, das einzig zulässige Vergnügen auf öffentlichen Plätzen dar.
Private Sammlung.

gute Gesundheit bürgen sollte. Hie und da wurden im Zimmer Wacholder- und Tannenzweige angebracht, um die bösen Geister fernzuhalten.

Die Bauersfrau war am Gründonnerstag bereits zu früher Stunde auf den Beinen. Die Frau begann den langen Tag damit, den Hahn im Hühnerhof nachzuahmen. Als Folge dieser Imitation erwartete man besonders viele Kücken. Ein über den Zaunpfahl gestülpter Topf, sagte man, halte den Habicht vom Hofe fern. Zurufe durch ein Sieb sollten die Schweine davon abhalten, den Zaun zu durchbrechen und das Gemüse im Garten niederzutrampeln. Schließlich begab sich die Bäuerin in die Kirche, um das Abendmahl zu empfangen. Dann war es an der Zeit, den häuslichen Beschäftigungen nachzugehen.

Der hohe Hefekuchen *Baba* sowie der Safrankuchen *Kulitsch* mit kandierten Früchten, Mandeln und anderen Leckereien mußte zubereitet werden, ebenso der süßsaure *Pascha* aus Quark, kandierter Zitrusschale und zerlassener Butter. Dies alles gehörte zu den üblichen Osterleckerbissen in einem jeden Bauernhof. Nicht selten nahmen die Frauen ihren Pascha und bemalte Hühnereier mit in die Kirche, um sie vom Priester weihen zu lassen.

Die Ostereier wurden gefärbt und mit phantasievollen Verzierungen versehen. Die Farben hierfür stellte man selbst her.

Der Engländer Robert Best schrieb im Jahre 1550, das einfache Volk färbe die Eier rot, während die Reichen sie vergoldeten. Oft tauschte man Eier bei gegenseitigen Besuchen.

DAS GROSSE FREUDENFEST

Den Abschluß der Osterfeierlichkeiten stellte die Mitternachtsmesse am Ostersamstag dar mit uralten Ritualen aus den Anfängen der griechischen Kirche. Im Dunkel des Kirchenraumes flackerten die Wachskerzen, und sie erleuchteten die Heiligenbilder der Ikonen, deren Edelsteinumrahmungen im Weihrauchschleier glitzerten. Während der Messe erklang stimmungsvoller Chorgesang, und Texte wurden auf Kirchenslawisch gelesen. Zum Abschluß rief der Priester aus: „Christus ist auferstanden!“, worauf alle Anwesenden ihre Wachskerzen anzündeten und sie in einer Papiertüte – damit sie nicht ausgeblasen wurden – nach Hause trugen.

Mit seinen Nächsten tauschte man Ostergrüße aus, indem man dreimal die Wange küßte.

Nach dem Kirchenbesuch war es dann soweit: Das große alljährliche Freudenfest begann in jedem russischen Heim. Nach den sieben mageren Wochen betrachtete man sich körperlich durch das Fasten und seelisch durch die Beichte gereinigt. Der Ostertisch wurde reichlich gedeckt mit gebratenem Schinken, gefülltem Hasen, Kalb in Marinade, verschiedenen Arten von Sulzen und vielem anderen mehr. Dazu kamen die kalten, künstlerisch verzierten Eier. Und nicht zuletzt Baba, Kulitsch und Pascha. Nichts durfte fehlen. Geleerte Teller wurden wieder gefüllt, und jeder Besucher mußte zugreifen. Die Gastfreundschaft war groß, und Bettelei wurde in diesen Tagen allgemein akzeptiert. Auch Knechte und Mägde durften am Überfluß teilhaben. Für sie wurden separate lange Tische gedeckt.

In den Frühjahrsmonaten standen auch andere Feierlichkeiten ins Haus. Im März/April „wurde der Frühling angerufen“, wobei es üblich war, allerlei Gebäck in Form von Zugvögeln zu backen. Die zahlreichen Heiligen wurden auf verschiedenste Weise gefeiert. Erst am St.Peterstag im Mai nahmen die Frühlingsfeste ein Ende, und der Sommer begann.

BEFREIER EUROPAS

Am 29. März 1814 stand Alexander auf dem Butte Chaumont und blickte auf Paris hinab. Er war davon überzeugt, daß er dies der „Vorsehung“ zu verdanken habe. In einem Brief in die Heimat schrieb er:

So hat die göttliche Vorsehung in ihrem erhabenen Plan mich dazu ausersehen...

Überall feierte man ihn als den Befreier Europas. Er stand an der Spitze, um – wie er es selbst ausdrückte – „die Bestie von Korsika“, d.h. Napoleon, zu vernichten. Die Pariser hatten nichts zu befürchten. Alexander ließ offiziell erklären, daß beim Einzug der alliierten Truppen weder Zerstörung noch Terror vorkommen werden, „...die einzige Leistung, die ihr erbringen müßt, sind Lebensmittel... Ich werde euch Frieden schenken.“

Nie zuvor hatte ein Russe in Westeuropa derart hoch im Kurs gestanden. Noch fünfzehn Monate zuvor hatte Napoleon vom Spatzenberg auf Moskau hinabgeblickt.

Napoleon war zwar nach dem russischen Abenteuer nicht unmittelbar am Boden zerstört, machte sich jedoch „ganz Europa“ zum Feinde. Auch gelang es ihm nicht wie einst, die Gegner gegeneinander auszuspielen. Der Schwerpunkt und die Initiative gingen auf das Hauptquartier der Alliierten über. Russen, Preußen, Österreicher, Engländer und in gewissem Maße die Schweden machten nun gegen Napoleon gemeinsame Sache.

Mit der Schlacht bei Leipzig vom 16. bis 19. Oktober 1813 war für Napoleon die Wende gekommen. Die siegreiche alliierte Armee bestand zu mehr als einem Drittel, d.h. zu etwa 130000 Mann, aus Russen. Zar Alexander schrieb in die Heimat: „Der allmächtige Gott hat uns einen glänzenden Sieg beschert...“ Ein halbes Jahr danach zog der Zar zu Pferde, begleitet von einer Kosakeneskorte, als der große Sieger in Paris ein. Die Huldigungen kannten keine Grenzen. Der Zar war beliebt wie nie zuvor. Alexander ebnete den Bourbonen den Weg zum französischen Thron und sandte den abgesetzten Napoleon nach Korsika mitsamt Kaisertitel und voller Souveränität über die Mittelmeerinsel!

Auch bei dem folgenden Kongreß in Wien, der im September 1814 eingeleitet wurde und während dem die Siegermächte die europäische Landkarte neu gestalten sollten, gingen die Ehrenbezeugungen gegenüber dem Zaren weiter. Es wurden „Alexanderfeste“ gegeben, und dem Zaren wurde der Ehrentitel „Europas Retter“ zuerkannt. Aus politischer Sicht war der Lohn für die Russen jedoch bescheiden: Dem Zaren wurde ausschließlich das Herzogtum Warschau zuerkannt, in dessen Verfassung eine Zusicherung über ewige Bindung an Rußland hineingeschrieben wurde.

RÜCKKEHR DER BESTIE

Im Frühjahr und Vorsommer 1815 tauchte Napoleon erneut in der politischen Szene auf. Nach der Schlacht von Waterloo in Belgien war indessen sein Schicksal endgültig besiegelt (18. Juni 1815). Ein weiteres Mal hielt Alexander Einzug in Paris, diesmal jedoch eher als Nummer zwei. Dem Sieger von Waterloo, Arthur Wellesley – besser bekannt als Herzog von Wellington (1769–1852) oder als der Eiserne Herzog – wurde die größe Ehre zuteil.

Zu dieser Zeit befaßte sich Alexander intensiv mit religiösen Grübeleien. Er verkehrte in der Gesellschaft der Witwe eines russischen Diplomaten, Julie von Krüdener (1764–1824), die bereits früher in ihm den „Weißen Engel“ erkannt haben wollte. Der „Schwarze“ war natürlich Napoleon. Der Schriftsteller René Chateaubriand (1768–1848) war zu einer der Séancen des Paares eingeladen. „Ihr politisch-religiöses Gespräch mündet gewöhnlich abschließend in ein feuriges Gebet“, beschrieb Chateaubri-

DIE KOSAKEN IN PARIS

Einzug der Kosaken in Paris durch das Stadttor von Pantin 1814, vollbeladen mit Kriegsbeute. Der alliierten Siegerarmee wurde in der französischen Hauptstadt ein relativ freundlicher Empfang bereitet. Französische Satire. Private Sammlung.

„DIE GROSSE VÖLKERSCHLACHT“ nannte man die dreitägige Schlacht bei Leipzig vom 16. bis 19. Oktober 1813. Sie führte die Wende im Kampf der Alliierten gegen Napoleon herbei. In einer Phase der Schlacht schwebte der Zar in einer gewissen Gefahr, als sich seine Eskorte plötzlich einem französischen Angriff gegenübersah. Nach der Schlacht verfaßte Alexander eine Proklamation, in der es unter anderem hieß: „Wir haben unser Vaterland gerettet und geehrt, wir haben Europa seine Freiheit und Unabhängigkeit wiedergeschenkt. Mag Ruhe und Frieden über die ganze Welt herrschen, mag jedes Land unter seiner eigenen Führung und unter eigenen Gesetzen aufblühen! Der Zorn des Herren hat den Feind zu Boden geschlagen...“

Die Abbildung zeigt den Zaren in der ersten Reihe rechts (1) neben Kaiser Franz I. von Österreich (2). In der Mitte der zweiten Reihe reitet König Friedrich Wilhelm III. von Preußen (3) und neben ihm der künftige König Karl XIV. Johan (4) (1763–1844). Private Sammlung.

and die Szene, „die Baronin von Krüdener ist ganz von Mystik besessen."

Im September 1815 fand auf der Vertus-Ebene östlich von Paris, wo einst im Jahre 451 der römische Feldherr Aetius der Invasion Attilas Einhalt geboten hatte, eine gewaltige Manifestation statt. Eine Masse von 180000 paradierenden Soldaten sowie eine große Schar Bischöfe und Priester boten dem Zaren, dem österreichischen Kaiser Franz I. (1768–1835), dem preußischen König Friedrich Wilhelm III. und dem höchsten alliierten Militärbefehlshabern ein denkwürdiges Schauspiel. Auch die Baronin Krüdener war anwesend. „Dieser Tag war der wunderbarste meines Lebens. Mein Herz füllte sich mit Liebe zu meinen Feinden...", schrieb Alexander daraufhin.

Einige Wochen später unterzeichneten der Zar, der österreichische Kaiser und der preußische König ein Dokument, das als Heilige Allianz in die Geschichte einging. Das hauptsächlich vom Zaren entworfene Dokument verpflichtete die Länder dazu, fortan *gemäß den Vorschriften der christlichen Liebe und des Friedens zu regieren.*

Der Kommentar des österreichischen Diplomaten Metternich: „Viel Lärm um nichts." 1818 schloß sich Frankreich durch Ludwig XVIII. der Allianz an. Der Versuch, die Vereinigten Staaten 1819 zu einem Beitritt zu bewegen, mißlang jedoch.

Die Hoffnung auf ein liberaleres und humaneres Rußland, die in den ersten zehn Jahren des 19. Jh. wach geworden war, zerschlug sich bereits 1812. Speranski fiel in Ungnade und wurde von dem unkultivierten und reaktionären General Alexej Andrejewitsch Araktschejew (1796–1834) abgelöst, der seine Laufbahn unter Paul I. begonnen hatte. Puschkin nannte den General „Tyrann aller Russen".

Für die Vorgehensweise Araktschejews wurde bald darauf ein Ausdruck geprägt: *Araktschejewschina*, eine brutale Ära, in der dem Schalten und Walten der Offiziere und Staatsbeamten freier Lauf gelassen wurde.

RUSSISCHE SOLDATEN IN PARIS

Die alliierten Armeen wurden von den kriegsmüden Parisern mit Interesse empfangen. Zwei Russen versuchen sich hier mit den Pariserinnen zu verständigen.
Private Sammlung.

Zar Alexander auf seinem weißen Pferd, neben dem preußischen König Friedrich Wilhelm III. (1770–1840) und seinem Bruder, Großfürst Konstantin, während des Einzugs in Paris 1814. Ganze fünf Stunden lang strömten alliierte Soldaten in die französische Hauptstadt. Die Proteste seitens der Pariser waren auffallend schwach. Die meisten hatten genug von Krieg und Elend und begrüßten den Zaren als Friedensfürsten.
Kgl. Bibliothek, Stockholm.

Nicht zuletzt stand Araktschejews Name in Verbindung mit den Militärkolonien, die in den verschiedensten Teilen Rußlands eingerichtet wurden. Die erste entstand 1810 in Mohilew. Die Absicht war, Soldaten für den Krieg zu drillen und gleichzeitig, falls die äußeren Bedingungen es erlaubten, Ackerbau zu betreiben. Vom Staat erhielten diese Soldaten Geräte, Vieh und Saatgetreide.

ZWANGSREGIMENT

In dem russischen Modell lebten die unter Zwang kommandierten Soldaten in einer Art Soldatendorf, und sie wurden nach der harten preußischen Schule gedrillt. Es entstand eine Art Kasernenleben auf dem Lande. Ledige Soldaten wurden zudem dazu gezwungen, sich mit den Bauernmädchen aus der Umgebung zu verheiraten. Daraus hervorgehende Söhne wurden von Unteroffizieren unterrichtet und erzogen, um mit 18 Jahren in den Soldatendienst zu treten. Im Alter von 45 Jahren durften die Bauernsoldaten in den Ruhestand treten. Für ihren weiteren Lebensunterhalt erhielten sie eine kleine Kate.

Bereits zur Zeit Peters des Großen hatte es in den russischen Grenzgebieten Soldatendörfer gegeben, ein System, das sich jedoch als wenig erfolgreich erwies. Dennoch ging Araktschejew mit Peitsche und Stock ans Werk. Zar Alexander, der in der Geschichte ab und zu als „der Milde“ bezeichnet wird, erklärte, daß das Experiment mit Soldatendörfern durchzuführen sei, auch wenn dabei der Weg von „St.Petersburg bis Tschudow mit Leichen gepflastert werden“ müsse. Es handelte sich um eine Strecke von 100 Kilometern!

Aber obwohl beim geringsten Vergehen Knute, Stockhiebe und Deportation drohten, herrschte große Unruhe in den Militärdörfern. Es wurde fleißig gezecht, und Schikane und Korruption waren weit verbreitet. Zwischendurch kam es zu blutigen Aufständen. Der schwerste ereignete sich im Jahre 1831, nachdem 3000 Aufrührer zu harten Strafen verurteilt worden waren. Viele starben unter der üblichen Folter.

Ein Viertel (anderen Quellen zufolge ein Drittel) der gesamten russischen Armee kam aus den Soldatendörfern. Die landwirtschaftliche Seite des Soldatendaseins wurde nicht besonders ernst genommen. Einerseits hatte das militärische Exerzieren den Vorrang, andererseits waren die Soldaten sowieso nicht sonderlich interessiert oder begabt, was Ackerbau und Viehzucht betraf. Trotz aller Schwierigkeiten wurde das System mit Soldatendörfern bis 1857 beibehalten.

Auch für das Studentenleben hatte Araktschejew sein besonderes Rezept: Sowohl Studenten als auch Lehrer mußten in kasernenähnlichen Häusern wohnen und sich einem militärisch geprägten Tagesprogramm unterwerfen: vom frühen Morgen – um fünf Uhr wurde zum Wekken geblasen – bis zum späten Abend Drill, Drill und nochmals Drill. Gebet und Bibellesen spielten eine wesentliche Rolle. In der „Freizeit“ wurden die Studenten abkommandiert, um Mönchen und Armen behilflich zu sein. Als der spätere Berufsrevolutionär Nikolai Gawriloti Tschernyschewski (1828–1889) in Uniform, aber ohne den obligatorischen kleinen Degen in der Schule erschien, wurde er zu Arrest verurteilt.

Dazu kam die ständig gegenwärtige Zensur. Lehrbücher und andere Drucksachen waren einer strengen Kon-

ALEXEJ ARAKTSCHEJEW

Besonderer Günstling Pauls I. und Alexanders I., auch wenn er während gewisser Zeiten in Ungnade fiel. Über diese unsympathische Erscheinung wird berichtet: „Er verachtete Menschen im allgemeinen und die Beamten im besonderen. Nichts schien ihm wichtiger und lieber zu sein, als Menschen zu demütigen, sie gründlich zu beleidigen und ihnen Unbehagen zu bereiten. Auf seinem Gut Grusino standen stets Fässer mit Salzwasser bereit, in denen Peitschen und Stöcke aufgeweicht wurden, um seine Dienerschaft für das geringste Vergehen zu bestrafen.“ (Götze.)

Unter Alexander I. und Nikolaus I. wurden russische Soldaten für die geringste Ordnungswidrigkeit bestraft. Schläge mit dem Stock – Palki – gehörten zu den gewöhnlichsten Disziplinarstrafen. „Sogar im Kadettenkorps, dem ausschließlich Söhne von Adligen angehörten, geschah es, daß ein derartig geringfügiges Delikt wie das Rauchen einer Zigarette mit tausend Schlägen mit Birkenreisig in Anwesenheit des gesamten Korps bestraft wurde“, schrieb Peter Kropotkin.
Private Sammlung.

trolle unterworfen, die sowohl seitens des Unterrichtsministeriums als auch der Heiligen Synode und der Polizei ausgeübt wurde. Alles wurde geprüft. Die Erwähnung der astronomischen Gesetze von Nikolaus Kopernikus (1473–1543) und der Theorien Isaac Newtons (1642–1727) war im Unterricht verboten, da man sie als unvereinbar mit der Heiligen Schrift betrachtete.

MERKWÜRDIGE EREIGNISSE

In der Nacht vom 18. auf den 19. November 1824 tobte über dem Finnischen Meerbusen ein orkanartiges Unwetter. In St.Petersburg stieg die Newa vier Meter (!) über den Normalwasserstand an. Hunderte von Stadtbewohnern ertranken, Tausende gerieten in Not. Die wie eine Sturzflut einbrechenden, Straßen und Plätze in gewaltige Kanäle verwandelnden Wassermassen verursachten umfangreiche materielle Schäden. Puschkin schildert die Katastrophe im „Ehernen Reiter". Die Schwester des Zaren, Anna Pawlowna (1795–1865), die nach sieben Jahren zum erstenmal wieder die Heimat besuchte, schrieb, der Winterpalast sei wie eine Insel, die von Wellen umspült werde. Inmitten des Elends erzählte man sich eine heitere Geschichte, nach welcher ein Bibliothekar, der berühmte Fabeldichter Iwan Krylow, in einem der Lesesäle eine Maräne gefangen habe.

Seit jeher galt eine Überschwemmung durch die Newa als unglückbringendes Vorzeichen. Der hypochondrisch veranlagte Zar deutete dies umgehend als eine Strafe Gottes. Gleichzeitig erkrankte die Kaiserin ernsthaft an Typhus. Die Genesung dauerte mehrere Monate.

Im Frühsommer 1825 gingen Gerüchte um, das Kaiserpaar plane für den Herbst eine Erholungsreise nach Süden, in die unbedeutende Stadt Taganrog am Asowschen Meer. Dies veranlaßte den österreichischen Botschafter, in seine Heimat zu berichten, daß es sich bei dieser Reise wahrscheinlich um eine geheime Erkundung hinsichtlich eines bevorstehenden Krieges gegen die Türken handle.

Vor jeder längeren Reise pflegte Zar Alexander sich zu Gebet und Meditation in mehrere Kirchen von St.Petersburg zurückzuziehen. Daraufhin begab sich der kaiserliche Konvoi auf die Reise, und er erreichte nach dreizehntägiger Fahrt Taganrog. Das Gefolge des Zaren war auffallend klein. Die Kaiserin reiste hinterher, und im Oktober war das kaiserliche Paar wieder vereint.

EIN LEERER SARG

Von seiner provisorischen Residenz aus unternahm der Zar zahlreiche Ausflüge. Mehrere militärische Anlagen wurden unter die Lupe genommen. Plötzlich zog sich Alexander eine Erkältung zu, und er wurde vom „Krimfieber" befallen. Das Krankheitsbild verschlechterte sich, und am Donnerstag, den 1. Dezember 1825, um zehn Minuten vor elf Uhr entschlief Alexander I. für immer. Stimmt dies mit den wahren Begebenheiten überein?

Es sei darauf hingewiesen, was 97 Jahre später festgestellt worden ist. 1922 ist nämlich Alexanders Sarg in der Peter-und-Pauls-Kathedrale im damaligen Petrograd geöffnet worden. Dadurch haben sich die Gerüchte bewahrheitet, die nahezu ein Jahrhundert umgingen. Der Sarg ist leer gewesen! Wo ist die Leiche geblieben?

Kurz nach Alexanders Tod kursierten die weitläufigsten Geschichten. Dies war an sich nicht ungewöhnlich, da Schicksale und Abenteuer der Zarenfamilie seit jeher beim gemeinen Volk zu den wildesten Spekulationen Anlaß gaben. Dennoch, die Geschichte vom Tod Alexanders I. enthielt ganz besondere Eigentümlichkeiten.

Eines Tages im Jahre 1864 kam der sibirische Kaufmann Simon Chromow nach St.Petersburg und berichtete, daß in Tomsk ein *Stalet* (heiliger Mann) gestorben sei. Der mystische Sonderling habe auf den Namen Fjodor Kusmitsch gehört. Er sei beliebt und schüchtern gewesen. Besonders merkwürdig sei jedoch gewesen, daß er derart gute Kenntnis über die Hauptstadt, den Hof und die kaiserliche Familie besessen habe. Chromow meinte, daß Kusmitsch in Wirklichkeit Alexander I. gewesen sei.

Chromows Theorie wurde ernst genommen. Der russische Historiker Nikolai Karlowitsch Schilder (1842–1902) war einer von denen, die Chromow recht gaben.

Auch der Großfürst Alexander Michailowitsch (1859–1919), ein Verwandter des Zaren mit anerkannt guten historischen Kenntnissen, interessierte sich sehr für den Fall. Er stellte gründliche Nachforschungen an. Der Großfürst schrieb in seinem Buch „Als ich Großfürst von Rußland war" über den Abend vor Alexanders Tod:

Ein hochgewachsener Mann mit militärischer Haltung schritt über den regennassen kaiserlichen Palasthof in Taganrog und wich hastig in eine Seitenstraße aus. Die Schildwache salutierte unmittelbar, wurde jedoch von der fremden Gestalt ignoriert. Einen Augenblick später war sie im dichten gelblichen Nebel der dunklen Novembernacht, die über der kleinen Hafenstadt lag, verschwunden. – „Wer war das?" fragte der schläfrige Gardeleutnant, der eben von seiner Runde um den Palast zurückkam. – „Ich glaube, es war Seine Majestät auf einem frühen Spaziergang", antwortete die Schildwache zögernd. – „Bist du verrückt, Mann? Weißt du nicht, daß Seine Majestät schwer krank ist? Die Ärzte haben gestern abend schon jegliche Hoffnung aufgegeben und erwarten das Ende noch vor Sonnenaufgang." – „Mag sein", sagte die Schildwache, „kein anderer hat jedoch so hängende Schultern. Ich habe ihn schließlich jeden Tag in den letzten drei Monaten gesehen..."

Eine Reihe unerklärlicher Dinge ereigneten sich nach Alexanders „offiziellem" Ableben. Als die sterblichen Überreste in Moskau eintrafen, kam es nicht zur üblichen Aufbahrung, auch nicht in St.Petersburg. Die Beisetzung fand indessen in Zarskoje Selo statt und hatte den Charakter einer privaten Zeremonie. Einige, die die Leiche zu

Gesicht bekamen, wie der deutsche Prinz Wilhelm, waren erstaunt über das Aussehen. Auch Alexanders Mutter, Kaiserin Maria Fjodorowna, war sich ihrer Sache nicht sicher. Sie fand, der Mann im Sarg sei zu mager gewesen.

Hatte man die Leiche eines anderen in den Sarg gelegt? Dies gab Anlaß zu dem hartnäckigem Gerücht, daß der Neffe von Alexander I., Alexander II., laut Chromows Version von 1864 den „Mann im Sarg" verschwinden ließ. Die Leiche sei in der Nähe des Alexander-Newski-Klosters in St.Petersburg beerdigt worden, was wiederum erklären könnte, daß der Sarg bei der Öffnung 1922 leer gewesen ist.

In einer Todesrune schrieb Puschkin über Zar Alexander: *Ständig er auf Reisen zog und starb dahin in Taganrog.*

Auch Leo Tolstoi interessierte sich für den rätselhaften Fjodor Kusmitsch. In einem Brief an den Großfürsten Nikolai Michailowitsch schrieb Tolstoi (1907), auch wenn es unmöglich sei, zu beweisen, daß Alexander und Kusmitsch ein und dieselbe Person seien, werde dennoch *die Legende in ihrer ganzen Wahrheit und Schönheit* bestehenbleiben.

ZAR ALEXANDER AUF DEM TOTENBETT. Die Umstände um den Tod des Zaren verblüfften sogar die Zeitgenossen. Alexander hatte geäußert, daß er und seine Gemahlin sich nach Amerika sehnten, „wo wir frei und glücklich leben könnten, ohne daß man über uns spricht". Der russische Historiker Nikolai Karlowitsch Schilder (1842–1902) nannte Alexander „diese bis ins Grab unergründliche Sphinx". Auch als „den Geheimnisvollen" bezeichnete man ihn. Unter dem Zepter Alexanders I. erreichte das russische Imperium seine größte Ausdehnung nach Westen hin. Die Grenzen verblieben dieselben bis zum Zusammenbruch 1917. Kgl. Bibliothek, Stockholm.

KAPITEL XII

Nikolaus I.
(Regent 1825 – 1855)

DER EISERNE ZAR

In den sechs Tagen, in denen die Kuriere von Taganrog nach St.Petersburg mit der Nachricht vom Tod Alexanders I. unterwegs waren, hatte Rußland keinen Regenten. Der Thronwechsel sollte zu einer dreiwöchigen ernsthaften konstitutionellen Krise führen. Alexander hinterließ keinen Thronerben, und somit ging die Thronfolge laut Nachfolgeordnung auf seinen jüngeren Bruder, den in Warschau lebenden Großfürsten Konstantin, über. Dieser verzichtete jedoch in einem geheimen Dokument von 1823 auf jeglichen Thronanspruch. Da dieses Dokument erst einige Tage nach Eintreffen der Todesnachricht bekannt wurde, hatten zu diesem Zeitpunkt bereits der dritte Bruder, Großfürst Nikolaus Pawlowitsch, sowie sämtliche höheren Offiziere, Beamten und Gardesoldaten der Hauptstadt Konstantin Treue und Gehorsam geschworen.

Am 27. November 1825 (neuer Kalender) hieß der russische Selbstherrscher tatsächlich Konstantin I. Der Thronwechsel wurde offiziell bekanntgegeben.

Nikolaus sandte seinen jüngeren Bruder, den Großfürsten Michail Pawlowitsch (1798–1849), mit der Botschaft, daß er der neue Selbstherrscher Rußlands sei, zu Konstantin und forderte ihn auf, sich umgehend nach St.Petersburg zu begeben, um den Thron einzunehmen.

Während Großfürst Michail unterwegs war, kam die nächste kritische Phase, in dem das Geheimdokument bekannt wurde. Der Inhalt war unmißverständlich: Der rechtmäßige Thronfolger war somit Nikolaus Pawlowitsch.

Die Situation spitzte sich weiter zu, als eine Reihe junger Offiziere von sich reden machten, die allen Anschein

NIKOLAUS I. regierte unter dem Motto „Gerechtigkeit, Weisheit, Wahrheit und Stärke“. Die Wirklichkeit war jedoch eher ein Spießrutenlaufen für die Russen. Während der Regentschaft von Nikolaus (1825–1855) wurden 556 Bauernaufstände blutig niedergeschlagen. Spießrutenlaufen gehörte zu den Lieblingsstrafen des Zaren. Er pflegte zum Tode Verurteilte zu „zwölftausend Hieben zu begnadigen“. „Still wie ein Friedhof, verfaulend und stinkend, sowohl physisch als auch moralisch“, schrieb der Historiker M.P. Pogodin (1800–1875) über die Regierungszeit Nikolaus'. Private Sammlung.

nach einen Staatsstreich ausheckten. Allenthalben entstand große Verwirrung, nicht zuletzt unter den Verschwörern. Merkwürdigerweise zeigte sich der Kriegsminister, Alexander Iwanowitsch Tatischtschew (1763–1833), von seiner passiven Seite.

GEHEIMBÜNDE

Seit Ende der Napoleonischen Kriege bildeten sich mehrere Geheimbünde in Rußland. Die Mitglieder bestanden hauptsächlich aus jungen Offizieren, die während der russischen Feldzüge mit neuen Ideen und Anschauungen in verschiedenen westlichen Ländern in Berührung gekommen waren. Da das sich verhärtende innenpolitische Klima in Rußland gegenüber dem im freieren Westen als unwirklich und fremd empfunden wurde, wollten diese Enthusiasten ihr Land umgestalten.

Im Dezember 1825 waren drei Gruppierungen erkennbar: Der Nordbund setzte sich für eine zukünftige konstitutionelle Monarchie mit parlamentarischer Versammlung ein und verlangte Gleichberechtigung der Bürger vor dem Gesetz, Presse- und Versammlungsfreiheit sowie die Verhängung von Strafen ausschließlich auf gesetzlicher Grundlage. Beim russischen Militär konnte ein Leutnant einer Person bis zu 150 Hiebe verabreichen, ohne dafür zur Verantwortung gezogen zu werden – ein Oberst gar bis zu 500 Schläge.

Die zweite Gruppe, der wesentlich radikalere Südbund, plädierte für die Republik. Die dritte Gruppe, „Der Bund der vereinigten Slawen", hatte Verbindungen nach Polen.

CORPORAL PAR EXCELLENCE

Großfürst KONSTANTIN PAWLOWITSCH wird vom polnischen Professor Jachym Lelewel (1786–1861) „als wildes Tier – eine Schande für die Menschheit" bezeichnet. Wie sein Vater, Zar Paul I., war auch Konstantin völlig vom militärischen Drill besessen. Er formte seine Soldaten mit der Peitsche. Englische Satire.
Private Sammlung.

ПО УКАЗУ ЕГО ВЕЛИЧЕСТВА ГОСУДАРЯ ИМПЕРАТОРА
КОНСТАНТИНА ПАВЛОВИЧА,
САМОДЕРЖЦА ВСЕРОССІЙСКАГО,
и прочая, и прочая, и прочая.

№ 3771

Отъ Санктпетербурга до Таганрога, Флигель Адъютанту Его Императорскаго Величества, Господину Полковнику и Кавалеру Шкурину 2му Отправленному по Самонужнейшей Казенной надобности, съ Будущимъ изъ Почтовыхъ давать по Три лошади съ проводникомъ, за указные прогоны безъ задержанія

въ Санктпетербургѣ 1825го года. Декабря 7го дня.

ЕГО ИМПЕРАТОРСКАГО ВЕЛИЧЕСТВА Всемилостивѣйшаго Государя моего Генералъ отъ Инфантеріи, Членъ Государственнаго Совѣта и Комитета ГГ. Министровъ, С. Петербургскій Военный Генералъ-Губернаторъ, Управляющій и гражданскою частію, всѣхъ Россійскихъ, Прусскихъ и разныхъ иностранныхъ орденовъ и двухъ золотыхъ шпагъ украшенныхъ алмазами: одной съ надписью за храбрость и за спасеніе Букареста, а другой съ лаврами, кавалеръ

Съ сей подорожной за
верстъ руб
коп
Казначей

Reisepaß eines Obersten, ausgestellt am 7. Dezember 1825, zur Reise von St. Petersburg nach Taganrog. Das Dokument wurde im Namen des Kaisers Konstantin Pawlowitsch ausgestellt und vom Gouverneur der Hauptstadt, General Michail Miloradowitsch, unterzeichnet.
Kgl. Bibliothek, Stockholm.

Die Verschwörer hatten indessen nur vage Vorstellungen davon, wie sie praktisch zu Werke gehen sollten. Der unerwartete Thronwechsel veranlaßte die Mitglieder des Nordbundes, zur Aktion zu schreiten, obwohl sie miserabel vorbereitet war.

NIKOLAUS ÜBERNIMMT DIE FÜHRUNG

Großfürst Nikolaus wartete mit der Anerkennung des Geheimdokuments, bis er von seinem Bruder aus Warschau eine Antwort erhalten hatte. Als Konstantin auf seinem Entschluß beharrte, ließ Nikolaus sich als Selbstherrscher ausrufen.

Am frühen Morgen des 26. Dezember 1825 (neuer Ka-

Kaiserin ALEXANDRA FJODOROWNA (1798–1855), geborene Prinzessin Charlotte von Preußen, sollte ihrem Herrn und Gemahl elf Kinder – vier Söhne und sieben Töchter – gebären. Zar Nikolaus nannte seine Frau „Mouffy" und brachte ihr Fürsorge und Rücksicht entgegen. Er nahm auch aktiv – und streng – an der Erziehung der Kinder teil. Mit zunehmendem Alter wurde die Kaiserin schwach und kränklich, und sie hatte sich damit abzufinden, daß sich ihr Gemahl anderen, jüngeren Damen zuwandte, z.B. der Kaiserin eigener Hofdame, Warwara Nelidowa. Kgl. Bibliothek, Stockholm.

lender) schworen der Senat und die Heilige Synode dem Zaren Nikolaus I. feierlich Treue und Gehorsam. Aus irgendeinem Grunde blieb dieses Ereignis den Verschwörern verborgen. Laut dem Militärgouverneur der Hauptstadt, General Michail Andrejewitsch Miloradowitsch (1770–1825), hatte man volle Kontrolle über die Situation. In Wirklichkeit herrschte jedoch Unruhe in den Reihen mehrerer Garderegimenter, von denen so manches unter der Führung der Verschwörer stand.

An diesem Tag sollten auch die Garderegimenter der Hauptstadt ihren Eid ablegen. Die Aufständischen hatten in aller Eile einen Plan entworfen, nach welchem der Senat zur Unterzeichnung eines „Manifestes an das russische Volk" gezwungen werden sollte.

Miloradowitsch saß mit guten Freunden bei Tisch, als ihm eine Alarmbotschaft überbracht wurde. Er brach hastig auf und begab sich zum Senatsplatz. 3000 Mann unter der Führung von 30 aufständischen Offizieren und eine große Schar Zivilisten hatten sich um die Statue Peters des Großen versammelt. Der Anstifter war fatalerweise nicht anwesend. Die Atmosphäre war gespannt, Geschrei und Unruhe lagen in der Luft, und so mancher stärkte sich mit einem ordentlichen Schluck aus der Flasche. Miloradowitsch versuchte, die Menge zu beschwichtigen, stieß jedoch auf taube Ohren. Auch die herbeigerufenen Priester in vollem Ornat vermochten die aufgebrachte Menge nicht zu beruhigen.

„DIE STEHENDE REVOLUTION", eine andere Bezeichnung für den Aufstand der Dekabristen am 26. Dezember 1825 auf dem Senatsplatz in St.Petersburg. Gegen etwa 3000 aufständische Soldaten rückte Zar Nikolaus mit 12000 Mann und einer starken Artillerie an und brachte ihnen eine vernichtende Niederlage bei. 579 Personen wurden inhaftiert, fünf kamen an den Galgen. Puschkin widmete den Verbannten, unter denen sich zahlreiche seiner Jugendfreunde befanden, folgendes Gedicht:
„Gott steh' euch, Kameraden,
bei am Tag des Glücks,
in Unheilsnächten,
in fernem Land, an öden Bächen,
im dunklen Schacht der Sklaverei."
Kgl. Bibliothek, Stockholm.

Plötzlich fiel ein Schuß, und Miloradowitsch brach zusammen. Blutüberströmt wurde er weggebracht und starb kurz darauf. Nur knapp entging Großfürst Michail, der zusammen mit dem neuen Zaren auf dem Platz zugegen war, einem ähnlichen Schicksal.

Die Arbeiter der Isaak-Kathedrale begannen, uns über den Zaun mit Holzbrettern zu bewerfen..., notierte der Zar. Er entschloß sich zum Gegenangriff. Das erste Bataillon des loyalen Preobraschenski-Regiments erhielt den Befehl, die Aufständischen zu umzingeln. Der Zar selbst übernahm den Befehl über eine Schützenkompanie des finnischen Garderegiments. Ein erster Kavallerieangriff mißlang aufgrund der eisglatten Straßen, auf denen die Pferdehufe keinen Halt fanden. Statt dessen ging man in Stellung und feuerte eine erste Salve über die Köpfe der Aufständischen hinweg. Die Wirkung ließ nicht auf sich warten: Die Volksmasse geriet in Bewegung. Viele versuchten in Nebenstraßen Deckung zu finden. Einige liefen, von Panik gepackt, hinaus auf das Eis der Newa. Nach den folgenden Gewehrsalven blieben indessen etwa achtzig Menschen tot im Schneematsch zurück. Damit war der plumpe Putschversuch gescheitert.

Die Revolte, die gegen das russische Selbstherrschertum gerichtet war und unter anderem eine neue Verfassung, Aufhebung der Leibeigenschaft sowie Verteilung von Grund und Boden forderte, mag vielleicht als unbedeutend angesehen werden. Tatsächlich zeichnete sich jedoch damit der Beginn der Russischen Revolution ab. Man spricht vom Aufstand der Dekabristen, eine Bezeichnung, die sich vom russischen Wort für Dezember (*Dekaber*) ableitet.

Im Zuge der Verhaftungswelle, die über ganz Rußland hereinbrach, wurden 529 Personen verhört. Alle, die als Anstifter der Revolte in Frage kamen, hatten strengste Strafen zu erwarten. 61 Mitglieder des Nordbundes, 37 des Südbundes und 23 aus dem „Bund der vereinigten Slawen" wurden wegen Hochverrats verurteilt.

Die fünf Hauptangeklagten wurden zunächst zu Vierteilung verurteilt, später jedoch gehängt. Von den übrigen wurden 17 zu politischem Tod, 9 zu ewiger Zwangsarbeit und 38 zum Verlust sämtlicher Standesrechte, zu Zwangsarbeit und lebenslanger Verbannung verurteilt.

Der Militärgouverneur der Hauptstadt, Michail Miloradowitsch, wird auf dem Senatsplatz von dem Attentäter Kakhowski niedergeschossen. Miloradowitsch, einer der wirklichen Kriegsveteranen Rußlands, hatte u.a. am italienischen Feldzug Suworows (1799) sowie an den Feldzügen 1805, 1807, 1809 und 1812 teilgenommen. Im Vaterländischen Krieg war Miloradowitsch mit dabeigewesen, als die Napoleonischen Eindringlinge aus dem Lande getrieben worden waren.
Kgl. Bibliothek, Stockholm.

DIE FÜNF DEKABRISTEN, die 1826 am Galgen endeten, wurden in diesem Emblem auf der ersten Seite der Zeitschrift Polarstern (Poljarnaja Swesda) von Alexander Herzen abgebildet. Der Aufstand der Dekabristen sollte große politische Bedeutung erlangen. Er war die erste organisierte revolutionäre Bewegung in Rußland mit eindeutig demokratischem Programm.

Im Juli 1826 wurden die Anführer der Revolte – die Dekabristen – im Peter-und-Pauls-Gefängnis gehängt. Dies waren der Führer des Nordbundes, der Dichter Kondrati Fjorodowitsch Rylejew (1795–1826), der Führer des Südbundes, Oberst Paul Iwanowitsch Pestel (1793–1826), Michail Pawlowitsch Bestuschew-Rjumin (1803–1826), Sergej Iwanowitsch Murawjew-Apostol (1796–1826) und der vielleicht Aktivste von allen, Peter Grigorewitsch Kakhowski (1797–1826), der auch die tödlichen Schüsse auf Miloradowitsch abgefeuert hatte.

Bei dreien von ihnen zerriß der Galgenstrick. Rylejew soll dies folgendermaßen kommentiert haben:

Mir scheint nichts zu gelingen, nicht einmal zu sterben!

SIBIRIEN

Hunderte von Dekabristen-Anhängern mußten nach Sibirien, eine harte und deprimierende Wanderung entlang der Straße von St.Petersburg nach Irkutsk, die weiter nach Osten in Richtung China und Amur führte.

Zahlreiche Frauen folgten ihren verbannten Ehemännern freiwillig in die Gefangenschaft. Eine der bekanntesten war die hübsche Fürstin Maria Nikolajewna Wolkonskaja (1805–1863), Tochter des Generals Nikolai Nikolajewitsch Raewski (1771–1829), eines der Helden des Vaterländischen Krieges gegen Napoleon. Die mit Sergej Wolkonski (1788–1865) verheiratete Maria mußte in Irkutsk eine Erklärung unterzeichnen, daß sie freiwillig auf jegliches Standes- und Vermögensrecht verzichte.

Als sie sich in dem Dorf Blagodatsk wieder mit ihrem Gatten vereinte, küßte sie als erstes Sergejs Fesseln. Sie hat später einmal behauptet, daß sie das Geräusch der Fesseln liebengelernt habe. Es bedeutete ja, daß Sergej in ihrer Nähe war. Marias und anderer Dekabristen ungeschminkte Berichte vom Alltag in der sibirischen Gefangenschaft stellen erschütternde Zeugnisse dieses harten Lebens dar. Als nach dreißigjähriger Gefangenschaft endlich die Stunde der Befreiung schlug, kommentierte Maria: „Was habe ich schon Bemerkenswertes getan? Jährlich tun fünftausend russische Frauen dasselbe." Dem Paar wurde im Zuge der Krönung Alexanders II. im Jahre 1857 Amnestie gewährt.

Der Dichter Alexander Puschkin, dem das Schicksal der Dekabristen erspart geblieben war, schrieb über den Eisernen Zaren:

Kaum hatte er sich auf den Thron gesetzt,
ließ er gleich dreist das Zepter schwingen
und nach Sibirien einhundertzwanzig Mann vertreiben
und fünf gar an den Galgen bringen.

DAS FREIE WORT, VERHASST UND GEFÄHRLICH

Auch wenn der Aufstand der Dekabristen in einem Blutbad endete, war die Opposition gegen den Zaren keineswegs erstickt. Man könnte sagen: Sie ging von den Gardesoldaten auf Hochschulen und Universitäten über. Nikolaus' Gegenzug war die Bildung eines effektiven Polizeiwesens, dessen Aufgabe darin bestand, das Land gegen sogenannte „innere Feinde" zu schützen.

Die Fäden liefen in der gefürchteten Dritten Abteilung der eigenen Kanzlei des Zaren, einer Sonderbehörde mit Abteilungen für Kriegswesen, Theater, Kirche, Literatur usw., zusammen. Einem der Vertrauten des Zaren, einem gewissen General Alexander Benckendorf (1783–1844), wurde die Leitung der Dritten Abteilung übertragen. Benckendorf – streng, pedantisch und zäh – war bei seinem Zaren beliebt. „Mich kann man ersetzen", soll Nikolaus einmal geäußert haben, „Benckendorf jedoch nicht."

Das Zensurkomitee der Dritten Abteilung – dessen Mitgliederzahl höher war als die Anzahl der jährlich gedruckten Bücher – hatte eine mühselige Arbeit zu verrichten. Alles wurde aus politischer, religiöser und moralischer Sicht begutachtet. Die zahlreichen Eingriffe nahmen von Jahr zu Jahr zu. Die Zeit von 1848 bis 1855 wird oft als „Zeit des Zensurterrors" bezeichnet. Es gab sogar Zensoren, die ihre Kollegen überwachten.

Es war durchaus möglich, daß ein einmal freigegebenes Werk nach einiger Zeit verboten und eingezogen wurde. Als Lapsus könnte man die Freigabe von Karl Marx' (1818–1881) Werk „Das Kapital" bezeichnen, dessen erster Band (1867) bereits 1872 in Rußland veröffentlicht wurde. Die russische Version war die erste Übersetzung.

Zur Zeit von Nikolaus I. war praktisch alles zensuriert. Römische Kaiser wurden nicht ermordet, sie „verstarben". Lieben und Küssen wurde geändert in „Hochachten und Betrachten". Jegliche Erwähnung des Begriffes Republik war verboten. Genauso undenkbar war es, einen Juden als „ehrenhaft" zu bezeichnen. Sogar alte Texte von Volksweisen blieben nicht verschont. Der Metropolit Filaret schlug vor, eine Strophe aus Puschkins „Eugen Onegin" zu streichen, in der von Dohlen die Rede war, die auf den Moskauer Kirchenkuppeln sitzen.

Der strengen und willkürlichen Zensur zum Trotz leitete diese Periode die Blütezeit russischer Literatur ein. Sie begann und endete mit Versuchen, die Gewaltherrschaft zu brechen.

Auch vor der Diplomatenpost machte die Zensur nicht halt. Als der spätere amerikanische Präsident James Buchanan (1791–1886), der eine Zeitlang amerikanischer Gesandter in St.Petersburg gewesen war, dies entdeckte, begann er, sich in seinen Schreiben in besonders schmeichelhaften Tönen über die Russen zu äußern. Dagegen bezeichnete er den amerikanischen Adler des Diplomatensiegels als „traurigen Vogel". 1832 unterzeichnete Buchanan das erste Handelsabkommen zwischen dem kaiserlichen Rußland und den Vereinigten Staaten.

JAGD AUF SCHRIFTSTELLER

Literaten lernten, auf jede erdenkliche Weise die Zensur zu umgehen. Man schrieb in verschlüsselten Worten und gab den Hauptpersonen und kritischen Beobachtern andere Namen. So hießen Bagrow, Goriantschikow und Irtenew eigentlich Aksakow, Dostojewski und Tolstoi.

Die Zensur ging in alle politischen Richtungen. Es waren also nicht nur linksorientierte Veröffentlichungen, die der Zensur zum Opfer fielen, sondern auch konservative.

Man sagt, der Gefängniskommandant von St.Petersburg habe den führenden zeitgenössischen Kritiker und radikalen Schriftsteller Wissarion Bjelinski bei der Begegnung auf der Straße mit den Worten angesprochen: „Na, Wissarion Grigorewitsch, wann kommt Ihr denn zu uns? Wir haben stets eine Zelle für Euch bereit."

Für andere wurden Gefängnis und Verbannung zur bitteren Wirklichkeit. Sogar der nationale Dichter Alexander Puschkin sowie der russische Romantiker Michail Lermontow entgingen der Verbannung nicht.

Dasselbe Schicksal ereilte den vorsichtigen Iwan Sergejewitsch Turgenjew (1818–1883), nachdem er in einer Gedenkrune Gogol als großen Schriftsteller bezeichnet hatte. Der Satiriker Michail Jewgrafowitsch Saltykow (1826–1889) wurde aufgrund einer unwichtigen Geschichte über einen Beamten verbannt, und der Dichter Alexej Nikolajewitsch Plestschejew (1825–1893) wurde wegen Verbreitung von Bjelinskis Briefen zu vier Jahren Zwangsarbeit in einem Bergwerk verurteilt. Die Liste der verfolgten Schriftsteller ließe sich beliebig verlängern.

Das Schicksal der sog. Petraschewski-Gruppe – benannt nach dem Schriftsteller Michail Wassilewitsch Petraschewski (1819–1867) – wurde besonders hervorgehoben, vielleicht deshalb, weil der heute berühmte Fjodor Michailowitsch Dostojewski (1821–1881) zu den Mitgliedern zählte. Im Kreise dieser geheimen Gesellschaft las und diskutierte man u.a. Cabet, Fourier und Proudhon. Obwohl es sich keineswegs um eine revolutionäre Tätigkeit handelte, schlug die Polizei zu.

Sämtliche Mitglieder der Gruppe wurden zum Tode verurteilt, da sie „verbotene Schriften gelesen, die Strenge der Zensur diskutiert und sich mit dem Gedanken einer geheimen Druckerei getragen hatten". Die Verurteilten, teilweise in Leichengewänder gehüllt, mußten das Schafott besteigen, und als das Exekutionskommando die Gewehre anlegte, wurde eine weiße Fahne hochgestreckt, das Zeichen der Begnadigung. Die Todesstrafen wurde in schweren Kerker und Zwangsarbeit umgewandelt. Dostojewski mußte acht lange Jahre im sibirischen Omsk verbringen, die er in seinen „Aufzeichnungen aus einem Totenhause" (1862) schilderte.

Zur Zeit Nikolaus' waren zwei Hauptrichtungen unter Schriftstellern und Intellektuellen erkennbar: Die Slawophilen betrachteten Traditionen als heilig und unantastbar, und man kann von einer moskowitisch-orthodoxen Geisteshaltung sprechen, vom Heiligen Rußland – *Svjataja Rus*. „Moskau ist eine völlig unmilitärische Stadt, dort verabscheut man Normen und Disziplin", schrieb einmal ein Verfasser.

Die andere Hauptrichtung vertraten die *Sapadniker* (Westler). Sie wollten die russische Isolierung brechen

GEFANGEN

Öffnet mir und laßt mich schauen
hinaus, wo die Sonne am Himmel steht!
Gebt mir ein Mädchen mit schwarzen Augen
und ein Pferd, dessen Mähne im Winde weht!
Voll Glück will ich zuerst der Schönen
einen Kuß verehren, sie verwöhnen,
dann auf dem Rücken des Pferdes geschwind
in die Steppe entfliehen, frei wie der Wind.

Ach, mein Fenster ist viel zu hoch,
Schwer die Tür wie eine Mauer.
In der Ferne wartet das Mädchen noch
in ihrem jungfräulichen Bauer.
Der Springer geht im grünen Hain
ohne Zügel, frei und allein
und tummelt sich in munterem Tanz –
streckt stolz gen Himmel seinen Schwanz.

Einsam bin ich, die Freude ist fort,
umgeben von nackten Wänden.
Schwach erleuchtet die Kerze den düsteren Ort,
bald wird das Leben der Flamme enden.
Nur schwach ist durch die Tür zu hören,
was einzig die Stille der Nacht kann stören,
die Schritte in monotonem Takt
von meinem ständig stummen Wächter.

Frei nach Michail Lermontow (1814–1841).

Dieses Gedicht entstand 1837, als Michail im Gefängnis saß, da er in einem anderen Gedicht der Gesellschaft die Schuld am Tode seines Kollegen Alexander Puschkin zugeschoben hatte. Michail hatte weder Papier noch Stift in seiner Zelle. Er schrieb das Gedicht auf dem Papier, in dem sein tägliches Stück Brot eingewickelt gewesen war. Ein Zündholz diente als Feder, ein Schluck Wein als Tinte.

und – vorsichtig – das Land für neue Ideen aus Westeuropa empfänglich machen. Die totalitäre Zarenherrschaft mit ihren Leibeigenen wurde mit der Riesenkanone und der Riesenuhr auf dem Burghof des Kreml in Moskau verglichen, einer „Kanone, mit der man nicht schießen konnte, und einer Uhr, die noch nie geläutet hat". In dieser Lehre waren jedoch gewisse Vorbehalte zu finden. Man betrachtete die russische Dorfgesellschaft als der westlichen überlegen und verwarf Marx' Idee, daß die Gesellschaft eine kapitalistische Phase durchlaufen müsse.

Der bedeutendste Vertreter der Slawophilen war Iwan Sergejewitsch Aksakow (1823–1886). Auch sein Bruder Konstantin (1817–1860) war glühender Slawist. Er bezeichnete die Dorfgemeinschaft als Liebeshandlung, eine edle christliche Handlung und „Triumph des menschlichen Geistes". Ein Kollege der Gebrüder, Michail Nikoforowitsch Katkow (1818–1887), scheute nicht davor zurück, selbst dem Zaren Ratschläge zu erteilen. Alexander II. soll über ihn geäußert haben: „Ich und er sind die einzigen Freunde Rußlands." Alexander III. nannte Katkow „Rußlands Gewissen". Sowohl Gogol als auch Dostojewski werden zu den Slawophilen gezählt.

Unter den Sapadnikern fand sich der Schriftsteller Alexander Herzen, der trotz seines deutsch klingenden Namens Russe war. 1847 wurde ihm die Unterdrückung in seiner Heimat zuviel. Vom Exil aus vertrieb er seine bekannte Zeitschrift *Kolokol* (Die Uhr). Allmählich suchte Herzen die Annäherung an die Slawophilen und die Narodniker („Volkstümler"), die das soziale und politische Bewußtsein der Bauern wecken wollten. Als dies mißlang, zerfielen die Narodniker Ende der 1870er Jahre in zwei Gruppen, eine reformistische und eine terroristische.

ALEXANDER HERZEN – eigentlich Gerzen – war Sohn des vermögenden russischen Gutsbesitzers Jakowlew und einer Deutschen. Alexander, der den Namen seiner Mutter angenommen hatte, war eine freimütige Person mit ganz bestimmten Ansichten. Bis zum Alter von fünfzig Jahren schrieb Herzen unter dem Pseudonym Iskander. Nach 1847 arbeitete er als politischer Emigrant. Auf geheimen Wegen wurden seine Schriften in Rußland verbreitet. Seine Artikel über die Abschaffung der Leibeigenschaft sollten große Bedeutung erlangen. Überall hatte er geheime Korrespondenten. Besonderes Aufsehen erregte die Herausgabe der Memoiren Katharinas II. 1859.
Kgl. Bibliothek, Stockholm.

EUROPAS GENDARM

Am Patriotismus des Zaren Nikolaus bestand kein Zweifel, auch daran nicht, daß sich dieser pedantische, pflichterfüllte Mann als das Glied zwischen Gott und dem Volke betrachtete. Der Innenminister, Sergej Semenowitsch Uwarow (1786–1855), fand den Ausdruck „Orthodoxie, Autokratie und Nationalismus".

Nikolaus betrachtete sein 60-Millionen-Imperium als eine große, wohlerzogene, um nicht zu sagen: untertänige Familie mit sich selbst als absolutem Paten. Seine Erziehungsmethode basierte auf Kommando und Stock, weshalb er auch den Beinamen Nikolaus Palkin (Nikolaus mit dem Stock) erhielt. Daß das schreckliche Spießrutenlaufen zu seinen bevorzugten Bestrafungen zählte, war nicht verwunderlich. Der durch und durch militaristische Nikolaus steckte „ganz Rußland in eine Uniform". Jeder Beamte des Reiches erhielt seine Uniform. St.Petersburg glich einer riesigen Armeebaracke, wo „alle gleich gekleidet waren".

Nikolaus gab sich mit seiner innerrussischen Rolle nicht zufrieden und spielte sich als Gendarm Europas auf, als die polnischen und ungarischen Aufstände 1830/31 bzw. 1849 niedergeschlagen wurden. Der letzte Krieg, der Krimkrieg 1853–1856, sollte allerdings mit einer bitteren Niederlage für die Russen enden; da war Nikolaus jedoch bereits tot.

Meine Russen habe ich stets im Griff, wenn ich ihnen in die Augen blicke, soll Nikolaus einmal gesagt, dann aber angefügt haben: *An meinen Rücken jedoch, wo ich keine Augen habe, würde ich sie nicht herankommen lassen.* Diese Bemerkung, die der Zar hatte fallenlassen, als er sich von ein paar preußischen Unteroffizieren seinen schmerzenden Rücken massieren ließ, findet sich in Bismarcks (1815–1898) Memoiren wieder.

1830 erhielt Nikolaus dann die Gelegenheit, seinen Russen von Angesicht zu Angesicht gegenüberzutreten. Teergestank und Rauch von Tausenden von Feuern, in denen Tierkadaver verbrannt wurden, legten sich über das Land. Die gefürchtete Cholera breitete sich aus. Kenntnisse über die Krankheit waren kaum vorhanden, und

„Europas Gendarm" war einer der vielen Namen Zar Nikolaus' I. Er war streng erzogen worden und trat stets autoritär und fordernd auf. Sein patriarchalischer Despotismus artete nicht selten in Tätlichkeiten aus. Er züchtigte nachlässige Beamte, was ihm beim gemeinen Mann eine gewisse Beliebtheit einbrachte. 1859 wurde in St.Petersburg ein Denkmal von Nikolaus errichtet mit vier allegorischen Skulpturen an den Ecken des Sockels: Treue, Weisheit, Gerechtigkeit und Stärke. Der Bildhauer verlieh den Porträts der Skulpturen eine gewisse Ähnlichkeit mit Nikolaus' Gattin und seinen drei Töchtern.
Private Sammlung.

Die Choleraepidemie 1830 löste eine Reihe von Verzweiflungstaten im schwer geprüften russischen Volk aus. Der Zar fand es in dieser Situation angebracht, die Menschen auf Plätzen und Straßen zurechtzuweisen. Die Leute lagen auf den Knien und folgten seinen Kommandos und Rügen. „Sie sind radikal in allem, im Glauben und Unglauben, in Liebe und Haß, in Unterwerfung und Aufruhr", schrieb der dänische Schriftsteller Georg Brandes (1842–1927).
Kgl. Bibliothek, Stockholm.

zahllose Gerüchte verschärften die Situation noch. Als bekannt wurde, daß die Polizei vermeintlich Kranke abhole, um sie in die Krankenhäuser zu schicken, kam, totale Panik auf. Das offizielle Gebot der Behörden, die Epidemie mit Chlorkalk und Essig zu bekämpfen, wurde als Versuch zur Vergiftung ausgelegt. In den Salons empfahl man, zum Essen drei, vier Schnäpse einzunehmen statt der üblichen zwei – eine vorbeugende Maßnahme, die sicherlich auf weniger Widerstand stieß.

Manchenorts „befreiten" die besinnungslosen Volksmassen zwangsweise eingelieferte Kranke aus den Krankenhäusern und ermordeten Ärzte auf brutale Weise. Sogar militärische Verbände beteiligten sich an dem Aufruhr. Ein ganzes Bataillon wurde ins Gefängnis geworfen, einzelne Aufrührer bekamen die Knute zu spüren oder wurden zum Spießrutenlaufen verurteilt.

Die Lage spitzte sich schließlich derart zu, daß sich Zar Nikolaus genötigt sah, persönlich einzugreifen. Er begab sich unter das Volk – in strenger Bewachung natürlich –, verurteilte mit Donnerstimme den Aufruhr und das Morden und behauptete unverfroren unter Anspielung auf politische Ereignisse, daß die Polen und Franzosen die Krankheit in Rußland eingeschleppt hätten.

In Frankreich hatte die Julirevolution ein politisches Lauffeuer entfacht, das auf russisches Interessengebiet, den Vasallenstaat Polen, übergriff. Neue politische Gedanken fürchtete Nikolaus mehr als die Cholera. Die Worte des Zaren hinterließen bei der Volksmenge indes keinen tieferen Eindruck. Erst als die Epidemie langsam abflaute, legte sich die Unruhe im Lande ein wenig. Als Folge der Seuche stiegen die Preise, und die Nahrungsmittel wurden knapp.

POLEN

Die polnische Frage war eine der Streitfragen am Wiener Kongreß (1814/15). Schließlich kam ein Kompromiß zustande: Ein „Königreich Polen" wurde gebildet – das sogenannte „Kongreß-Polen" – und unter russische Oberhoheit gestellt, jedoch mit einer freien Verfassung und einem Reichstag (*Sejm*) mit zwei Kammern, freien Bauern und Polnisch als offizieller Landessprache. Den Thron bestieg als Vizekönig der Großfürst Konstantin Pawlowitsch, Bruder der Zaren Alexander I. und Nikolaus I. Konstantins Autorität wurde also von russischen Bajonetten gesichert.

Die russische Präsenz war den Polen natürlich ein ständiger Dorn im Auge. Angeregt durch die revolutionäre Bewegung in Frankreich 1830, inszenierte eine Gruppe polnischer Patrioten im November desselben Jahres einen Aufstand. Man versuchte, Großfürst Konstantin aus seiner Residenz zu entführen. Er konnte jedoch fliehen und suchte Schutz bei loyalen Regimentern. Am Tag der Revolte traten zudem Preiserhöhungen für Getreide, Bier und *Kapusta* (Branntwein) in Kraft, was den Aufstän-

ST.ANDREAS-ORDEN
Private Sammlung.

1 St.Andreas-Orden.
Gestiftet 1698 von Peter dem Großen.
Höchster Orden des zaristischen Rußland.
Der Apostel Andreas gilt als Schutzheiliger Rußlands.
Klarblaues Ordensband.

2 St.Katharina-Orden.
Gestiftet 1714 von Peter dem Großen zu Ehren seiner Gemahlin Katharina und zum Andenken an den glücklichen Ausgang am Prut (1711).
Dieser Orden war Frauen vorbehalten.

3 St.Alexander-Newski-Orden.
Gestiftet 1725 von Kaiserin Katharina I.
Rotes Ordensband.

4 Weißer-Adler-Orden.
Ursprünglich ein alter polnischer Orden, 1832 von Nikolaus I. als russischer Orden aufgenommen, modifiziert mit dem russischen Doppeladler anstelle des früheren polnischen weißen Adlers.
Dunkelblaues Ordensband.

5 St.Georgis-Orden
Gestiftet 1769 von Kaiserin Katharina II.
Militärischer Verdienstorden. Nur drei Frauen wurde dieser Orden verliehen. Außer an die Kaiserin wurde dieser Orden vergeben an Königin Maria Sophia aus dem Königreich beider Sizilien (1841–1925) für ihren heldenhaften Kampf bei der Verteidigung der Festung Gaeta und 1916 an die Feldkrankenschwester Rymma Michailowna Iwanowna posthum, als sie, nachdem sämtliche Offiziere gefallen waren, das Kommando über die Kompanie ergriffen hatte. Sie war nach elf Bajonettstichen verblutet.
Schwarz- und orangegestreiftes Ordensband.

6 St.Wladimir-Orden.
Gestiftet 1782 von Kaiserin Katharina II. in Verbindung mit ihrem 25-Jahr-Jubiläum als Regentin.
Ziviler Verdienstorden.
Schwarz-rot-schwarzes Ordensband.

7 St.Anna-Orden.
Ursprünglich ein Orden von Schleswig-Holstein zu Ehren der Tochter Peters des Großen, Anna Petrowna, die sich mit Herzog Karl Friedrich von Holstein-Gottorp vermählte (1735).
Von Paul I. 1797 zum russischen Orden erklärt.
Rotes Ordensband mit schmalen gelben Kanten.

8 St.Stanislaw-Orden.
Ursprünglich ein polnischer Orden, 1831 von Nikolaus I. zum russischen Orden erklärt.
Rotes Ordensband mit schmalen weißen Kanten.

9 Rotkreuz-Orden.
Gestiftet 1878 von Alexander II. Verleihung an Frauen, die sich bei der Pflege von verwundeten und kranken Soldaten besonders auszeichneten.

dischen zusätzlich Auftrieb gab. Die Warschauer Massen erhoben sich. Der Traum vom freien Polen schien greifbar nahe.

Als Zar Nikolaus von dem Aufruhr erfuhr, stand außer Zweifel, was geschehen werde. Kurz darauf setzten sich russische Verbände in Richtung Polen in Bewegung. Der Oberbefehl oblag Feldmarschall Iwan Iwanowitsch Diebitsch (1785–1831), einst Begleiter Alexanders I., zuletzt erfolgreich im Krieg gegen die Türken (1828).

Der Aufstand in Polen hatte sich zur regelrechten Revolution entwickelt. Polnische Verbände boten den Russen anfangs tapferen Widerstand. Die Cholera hatte auch auf Polen übergegriffen, und es hieß, die Polen fielen in größerer Anzahl der Krankheit zum Opfer als den russischen Kugeln. Tatsächlich jedoch kämpften die Polen mit patriotischer Glut. Überall im Lande wurde die rotweiße polnische Fahne gehißt und mit Enthusiasmus die Freiheitshymne *Jeszcze Polska nie zginęła* („Noch ist Polen nicht verloren") gesungen.

Im Spätsommer 1831 mußten sich die Polen jedoch geschlagen geben. Diebitsch und Konstantin waren der Cholera zum Opfer gefallen, und Feldmarschall Graf Iwan Fjodorowitsch Paskewitsch (1782–1856) hatte den russischen Oberbefehl in Polen übernommen. Auch er konnte mit Kriegsverdiensten aufwarten. Paskewitsch war 1826 erfolgreich gegen die Perser ins Feld gezogen, worauf im Frieden von Turkmantschaj (1828) Eriwan und Nachitschewan dem Zarenreich einverleibt wurden.

Anfang September 1831 kapitulierte Warschau, und der Traum vom souveränen Polen war ausgeträumt.

Die Polen kam der verlorene Freiheitskampf teuer zu stehen: Summarische Todesurteile, schwere Folterung und Massenverbannungen nach Sibirien waren die Folge. Polnische Offiziere wurden auf Lebenszeit in russischen Regimentern in entlegene Randgebiete des Imperiums versetzt. Besondere Empörung löste im passiven Westeuropa die Deportation polnischer Kinder aus, auf die ein lebenslanger russischer Militärdienst wartete. Beim Abschied der Mütter von ihren Kindern spielten sich herzzerreißende Szenen ab.

Der Zar ließ verkünden, daß Polen „für immer und ewig" seiner direkten Oberhoheit unterstellt werde, und leitete eine Russifizierung des Landes ein. Die Beamten mußten beispielsweise einwandfrei Russisch sprechen, Gebäude und Straßen erhielten russische Namen, und 1848 kam es zur uneingeschränkten Einführung der russischen Strafgesetze in Polen.

Großfürst KONSTANTIN PAWLOWITSCH, der jüngere Bruder Zar Alexanders I., galt als grob und unkultiviert. Der Großfürst verließ Rußland nach der Ermordung seines Vaters, nahm an einer Reihe von Feldzügen teil und ließ sich schließlich in Polen nieder, wo er 1815 als Vizekönig eingesetzt wurde. Seiner zweiten Frau, der polnischen Gräfin Joanna Grundzińska (1799–1831), wurde der Titel Prinzessin Łowicz zuerkannt. 1822 verzichtete Konstantin auf den russischen Thron.
Kgl. Bibliothek, Stockholm.

„Alles ist luftig und hell", schrieb der Deutsche Johann Georg Kohl über das St.Petersburg der 1830er Jahre. Obwohl die breiten Straßen, riesigen Plätze, stattlichen Paläste und sonstigen öffentlichen Gebäude beeindruckend waren, gestaltete sich der Rest denkbar einfach. Die Vielzahl der niedrigen Mietshäuser war zwar von eindrucksvoller Größe – ein Gebäude enthielt nicht selten bis zu zweihundert Wohnungen –, aber oft miserabel geplant. Drei Viertel der Häuser waren aus Holz gebaut. Da St.Petersburg während der 25jährigen Regierungszeit Nikolaus' I. einen enormen Bevölkerungszuwachs erfuhr – Mitte des 19. Jh. lag die Einwohnerzahl bei über einer halben Million –, lebte man in beengten Verhältnissen.

Das Stadtbild war geprägt von der breiten Newa mit ih-

ALEXANDER SERGEJEWITSCH PUSCHKIN (1799–1837)

ALEXANDER PUSCHKIN nach seiner Rückkehr von einer Reise nach Italien 1827, von Orest Adamowitsch Kirprenski (1782–1836) Kgl. Bibliothek, Stockholm.

Der russische Nationaldichter und eigentliche Schöpfer der modernen russischen Prosa, Puschkin, stammte väterlicherseits von einem Geschlecht des niederen Adels ab, mütterlicherseits war er Urenkel Hannibals, des „Mohren Peters des Großen". Puschkin selbst war deswegen keineswegs besorgt, andere dagegen um so mehr; sie bezeichneten ihn als „afrikanischen Emporkömmling".

Ein unruhiges Leben erwartete den begabten Puschkin. 1811–1817 besuchte er das kaiserliche Lyzeum in Zarskoje Selo, eine Schule mit mehr Status als Qualität. Der junge Puschkin hatte bereits französische Verse geschrieben, bevor er russische zu Papier brachte. Er war schließlich von französischen Gouvernanten erzogen worden.

Puschkin trat zwar in den Staatsdienst, fühlte sich jedoch in intellektueller Gesellschaft am wohlsten. Sein Junggesellenleben wird als eitel und leichtsinnig bezeichnet. Er war bekannt für seine scharfe Zunge. Er verglich Wasser mit Wein, um die Verdünnung des deutschen Blutes der Zarenfamilie zu illustrieren, und bezeichnete den Zaren im Gedicht „Der eherne Reiter" an drei verschiedenen Stellen als Götzenbild. Diese und ähnliche Äußerungen hätten eigentlich ausgereicht, um ihn lebenslang nach Sibirien zu verbannen, wenn es einflußreichen Freunden nicht immer wieder gelungen wäre, die Urteile zu mildern. Schließlich wurde er dennoch nach Südrußland und später (1824–1826) auf das Familiengut bei Michailowskoje verbannt. Dieses unfreiwillige Exil wurde zur glücklichsten und fruchtbarsten Periode in seinem kurzen Leben.

Puschkin war mit der schönen Natalja Nikolajewna Gontscharowa (1812–1863) verheiratet – eine unglückliche Ehe, die schließlich ein tragisches Ende nahm. Wegen eines anonymen Briefes mit Beschuldigungen gegen seine Gemahlin forderte Puschkin den Baron Georges d'Anthès Hekkeren zu einem Duell heraus, erlitt einen Bauchschuß und starb an den Folgen.

Der Durchbruch gelang Puschkin mit dem komischen Epos „Ruslan und Ludmilla" (1820). Ein anderes Jugendgedicht, „Volnost" („Ode an die Freiheit") war bereits 1817 zustande gekommen, fiel jedoch der Zensur zum Opfer. Erst 1856 wurde das Gedicht in London auf russisch herausgegeben, in Rußland nicht vor 1906! Weitere bekannte Werke sind „Boris Godunow" (1825), „Eugen Onegin" (1833), „Pique Dame" und andere Novellen (1831–1834) sowie das epische Gedicht an Peter den Großen, „Der eherne Reiter" (1833).

Eissägen gehörte zu den gewöhnlichen Gelegenheitsarbeiten im alten St.Petersburg. In den 1830er Jahren gab es etwa 30000 Eiskeller in der Stadt, die mit riesigen Eishaufen gefüllt wurden. Einmal mußten 6000 Bauern umkehren, als die gewaltigen Eismassen der Newa sich in Bewegung setzten. Für viele von ihnen bedeutete dieser Verdienstausfall, daß sie für ihren Unterhalt und die Rückreise Pferde und Schlitten veräußern mußten.
Private Sammlung.

ren Seitenarmen, die gewaltige Wassermassen auf ihrem Weg vom Ladogasee zum Finnischen Meerbusen durch die Stadt führte.

Traditionsgemäß wurde das Wasser für die Haushalte dem Fluß entnommen, was sich jedoch als immer bedenklicher erwies, da die Kloaken der Stadt ungereinigt in die Newa geleitet wurden.

Im Winter sägte man Eisblöcke aus dem gefrorenen Fluß. Die Newa war gewöhnlich fünf Monate – von Mitte November bis Mitte April – zugefroren. Und die Nachfrage nach Eis war groß in der russischen Hauptstadt. Jedes bessere Haus hatte einen Eiskeller, wo riesige Eisblöcke für heiße Sommertage verstaut wurden. Überall in der Stadt wurden eisgekühlte Getränke wie Eiswein, Eisbier und Eistee serviert.

Entlang der Kaianlagen gab es im Winter zahlreiche Schlittschuhbahnen, wo sich die St.Petersburger zu den Tönen der Musikkapellen nach Herzenslust austoben konnten. An Ständen wurden heiße Getränke angeboten wie Tee mit allen möglichen Gewürzen oder einem Schuß Wodka.

Auch wilde Schlittenfahrten gehörten zu den winterlichen Attraktionen. Dazu wurden auf dem Eis der Newa breite Wege gepflügt. Dabei war das Tempo so hoch, daß es nicht selten zu Unfällen mit Schwerverletzten kam.

Der große Feiertag im Winter war indes die alljährliche Segnung der Newa am Epiphaniatag, am 18. Januar (neuer Kalender), mit stark religiösem Charakter. Dabei waren stets der Kaiser, die kaiserliche Familie und offizielle Personen mit dem Metropoliten an der Spitze zugegen. Der Höhepunkt der Feierlichkeiten bestand darin, daß der Metropolit unter den Böllerschüssen von der Peter-und-Pauls-Festung das Kreuz in eine Öffnung im Eis der Newa tauchte.

Daraufhin pflegten die Gläubigen sich an das Eisloch zu begeben, um mit dem geweihtem Wasser ihre mitge-

WINTERLICHES VERGNÜGEN IN PUSCHKINS ST.PETERSBURG

Schlittschuhlaufen und wilde Schlittenjagden auf der Newa gehörten zu den allgemein üblichen Winterfreuden der St.Petersburger zur Zeit Puschkins. Begann man zu frieren, konnte man sich mit Honigwasser samt Zimt oder einem Glas Punsch an einem der Stände auf dem Kai wärmen. Puschkin beschreibt in einem seiner Gedichte einen Herrn, der in seinem Biberpelz, hoch auf einem Schlitten sitzend, pfeilschnell dahingleitet, auf dem Weg zum „Talon", wo Champagner und Straßburger Gänseleber warten.
Kgl. Bibliothek, Kopenhagen.

brachten Flaschen zu füllen. Ähnliche Zeremonien waren in ganz Rußland verbreitet.

Im Frühjahr zeigte sich das Eis der Newa von seiner tückischen Seite. Oft brach das Eis urplötzlich und ohne jede Vorwarnung. Üblicherweise feuerten die Batterien der Garnison Warnschüsse ab. Seit jeher zollten die St.Petersburger ihrer Newa gehörigen Respekt. In regelmäßigen Zeitabständen trat der Fluß über seine Ufer und verursachte schwere Überschwemmungsschäden. Jedem Zeitgenossen Puschkins war die Überschwemmung von 1824 ein Begriff. Schon 1726, 1752 und 1777 waren schwere Überschwemmungen aufgetreten.

In allen dreizehn Stadtteilen standen kleine Wachttürme, in denen Polizeibeamte die launische Newa und ihren Wasserstand unter Aufsicht hielten. Drohte Gefahr, wurden Warnflaggen gehißt, nachts rote Laternen. Auch die Feuerwache zählte zu den Aufgaben dieser Wachtposten.

Die erste Brücke über den Fluß, die Nikolaibrücke, wurde nach siebenjähriger Bauzeit 1850 fertiggestellt.

EINE FARBENFROHE STADT

Das St.Petersburger Straßenbild aus den 1830er Jahren wurde von einem deutschen Beobachter mit der Farbenpracht des Paradiesvogels und der Schmetterlinge verglichen. Dies lag wohl daran, daß die Stadt ein Eldorado für jeden Bewunderer von Uniformen darstellte. 60000 Soldaten zeigten sich in den spezifischen Uniformfarben ihrer Garde. Auch die Vielzahl der Staatsbediensteten trugen Uniform. Dazu kamen zahlreiche Besucher aus allen Ecken und Enden des kaiserlichen Reiches, Tataren, Kirgisen, Georgier, Armenier in ihren Trachten und während der alljährlich veranstalteten Kaisertage die Schar der ausländischen Gäste.

Was der eben eingetroffene Nikolai Gogol zu sehen bekam, war weniger beeindruckend. Er schrieb:

Es ist kein Geistesblitz an diesem Volk zu sehen, nur Beamte, alle reden nur von Ministerien und Kollegien, alles ist hineingedrückt in einen Sumpf von sinnloser, armseliger Arbeit, mit der sie sich fruchtlos abrackern.

Niemand konnte sich indessen dem bunten Treiben in

STRASSENSZENEN AUS PUSCHKINS ST.PETERSBURG

Von links: ein Lampenputzer, ein Verkäufer von abgekochtem Wasser mit Honig und Gewürzen, eine Milchverkäuferin, ein Schinkenverkäufer, ein Schornsteinfeger und ein Donkosak. Private Sammlung.

NIKOLAI GOGOL war gebürtiger Ukrainer und begab sich wie viele andere junge Männer nach St.Petersburg, um dort sein Glück zu suchen. Der Erfolg stellte sich fast unmittelbar mit einer Sammlung ukrainischer folkloristischer Erzählungen ein: „Abende auf dem Vorwerk bei Dikanka" (1831). In „Der Mantel" und „Der Newski Prospekt" aus den „Petersburger Novellen" schildert Gogol das Großstadtleben und das Beamtenproletariat. Mit der Satire „Der Revisor" (1836) leitete Gogol eine neue Epoche der russischen Dramatik ein. Zar Nikolaus hatte in einer Sternstunde gegen die Zensur eingegriffen und das Stück freigegeben, das sich über die eigenen Beamten des Zaren lustig macht. Bei der Uraufführung amüsierte sich der Zar köstlich. Eines der meistgelesenen Werke Gogols sind „Die toten Seelen" von 1842.
Kgl. Bibliothek, Stockholm.

Die Troika fliegt und fliegt ohne Wiederkehr. Als wenn eine unsichtbare Kraft dich auf einen Flügel hebt; du selbst fliegst, alles fliegt; die Meilensteine fliegen, auf beiden Seiten fliegt der Wald mit seinen dunklen Tannen- und Kiefernreihen. – Und jagst nicht auch du, Rußland, wie eine flinke, nicht einzuholende Troika? Unter dir staubt die Straße, Rußland, wohin jagst du? Antworte! Doch du gibst keine Antwort. Was auf der Erde ist, fliegt vorbei, andere Völker und Reiche weichen zur Seite und machen dir Platz...

Aus „Die toten Seelen" von Nikolai Gogol

den Straßen entziehen. In Kaufhallen, auf Marktplätzen und in exklusiven Geschäften blühte der Handel. In den 1830er Jahren waren schätzungsweise 10000 Personen mit irgendeiner Art von Handel beschäftigt. Es herrschte ein reiches Angebot an Gebrauchsgütern und Luxusartikeln. Eine nicht unbedeutende Schar von Kaufleuten verkaufte Pferdefutter. Immerhin kam ein Pferd auf acht St.Petersburger Bürger.

Eine Unzahl wandernder Kaufleute und Handwerker belebten das Straßenbild. Sie boten ihre Waren und Dienstleistungen oft lauthals an. Aus Moskau kamen Bilderverkäufer angereist. Kolorierte Bilder – Volksbilder (*Lubok*) – waren besonders beliebt. Oft handelte es sich dabei um religiöse Motive, Phantasiemotive aus dem Paradies oder Bilder des Kaiserpaares.

Mitten in St.Petersburg, an der Blauen Brücke (*Sini most*), wurde eine Art Sklavenmarkt abgehalten, wo „Leute aus der großen Schicht der Leibeigenen" gehandelt wurden.

Für den einfachen Russen stellte das samstägige Bad eine ganz besondere Prozedur dar. Soldaten, Taglöhner, Frauen und Kinder, alle mit kleinen Handtüchern und einem Bündel Birkenreisig unter dem Arm, begaben sich in eine der zahlreichen öffentlichen Badeanstalten. Für

Die Zahl der AUSGESTOSSENEN war groß im zaristischen Rußland. Besonders in den größeren Städten herrschte eine soziale Misere. Das staatliche Branntweinmonopol machte mit dem Elend gute Geschäfte. Es wurden zwar Versuche unternommen, das Biertrinken zu popularisieren, der Erfolg war jedoch bescheiden. Zur Zeit Puschkins lebten 50000 Adelige, 110000 Leibeigene und 70000 Soldaten in der russischen Hauptstadt. Die Zahl der Ausländer betrug etwa 10000.
Kgl. Bibliothek, Stockholm.

ein paar Kopeken konnte man das ersehnte heiße Dampfbad und die nachfolgende erfrischende Abkühlung genießen. Während Männer und Frauen in den städtischen Badeanstalten getrennte Abteilungen benutzten, pflegten auf dem Lande ganze Familien gemeinsam zu baden. Wohlhabende Russen hatten oft ihr privates Dampfbad.

Alten Traditionen zufolge wirkte sich dieses Saunabad wohltuend auf Körper und Seele aus, und es wurde deshalb meist als erste Maßnahme verordnet, wenn jemand über Schmerzen in der Herzgegend, in Magen, Leber oder Lungen klagte.

Bereits im 11. Jh. war in Rußland das Saunabad bekannt gewesen. Beim traditionellen Neujahrsfest – damals im März – war am Abend zum Gedenken der Toten die Sauna geheizt worden.

DER DESPOT AUF DEM THRON

1850 hatte Nikolaus I. 25 Jahre auf dem russischen Zarenthron gesessen, und nichts deutete auf eine Milderung seines eisernen politischen Regiments hin. Im Zuge der Jubiläumsfeierlichkeiten nahm der Zar die Huldigungen des Außenministers Karl Wassilewitsch Nesselrode (1780–1862) entgegen, der pflichtgetreu behauptete, Nikolaus sei „das monarchistische Ideal" der Welt. Ähnliche Töne waren aus England und von Prinzgemahl Albert (1819–1861) zu hören.

Nichts von den neuen Ideen und Gedanken aus der westlichen Welt schien bis Rußland durchzudringen. Nur wenige Russen hatten Kenntnis von der großen Französischen Revolution der Jahre 1830 und 1848 sowie der industriellen Revolution. Und Zar Nikolaus wollte daran nichts ändern.

In einem Manifest hatte Nikolaus im März 1848 erklärt, daß Rußland bereit sei, dem Feind – und zum Feindbild zählten auch fremde Ideen – die Stirn zu bieten und seine Ehre und seine Grenzen zu verteidigen. In dieser Epoche griffen die revolutionären Ideen auf Europa über, von Paris nach Berlin, Wien und Prag. Es schien deshalb nicht unnatürlich, daß Nikolaus dem kaiserlichen Wien zu Hilfe eilte, als die freiheitsliebenden Ungarn unter General Artúr Görgey (1818–1916) aus der Doppelmonarchie ausbrechen wollten (1849).

Der Zar litt außerdem am Studentenschreck. Er war der Meinung, daß die revolutionären Ideen in Studentenkreisen auf fruchtbaren Boden fielen, und betrachtete die Studenten als präsumptive Feinde. Auf Initiative des Zaren wurden die Einschreibungen an den russischen Universitäten auf die Hälfte reduziert. Gleichzeitig sorgte Nikolaus dafür, daß sämtliche langen Bärte und altrussischen Trachten bei den Slawophilen verschwanden, welche nach Ansicht des Zaren „gefährliche" Thesen über demokratische Grundsätze des alten Rußland vertraten.

Nikolaus war zweifellos von seinen eigenen Fähigkeiten als Militärstratege und Diplomat überzeugt. Er führte das Kommando über eine gewaltige Armee von über 1,5 Millionen Mann und über eine Flotte mit 100000 Seeleuten. Dies waren zwar beeindruckende Zahlen, aber bei genauerem Hinsehen wurden die unglaublichsten Mängel sichtbar.

Moderne Waffen waren nicht vorhanden, und die traditionell schlechte Instandhaltung geschah miserabler denn

„Gebärden der Petersburger Bürger, nachdem Kaiser Nikolaus der Polizeimacht seinen hohen Stempel aufgedrückt hatte." Satire von Gustave Doré (1833–1883): „Histoire de la Sainte Russie" (1854). Kgl. Bibliothek, Stockholm.

ALEXEJ BENCKENDORF, Baltenrusse und einer der engsten Mitarbeiter Nikolaus' I. Benckendorf wird in seiner Art mehr als deutsch und weniger als russisch beschrieben. Er begann seine Laufbahn als 15jähriger Kadett, trat 1803 in den aktiven Militärdienst und stieg daraufhin rasch auf der Karriereleiter nach oben. 1807 war Benckendorf russischer Botschafter in Paris. Unmittelbar nach dem Dekabristenaufstand im Dezember 1825 erhielt Benckendorf von Zar Nikolaus den Auftrag, ein modernes russisches Polizeiwesen zu organisieren, dessen Kern die Sicherheitspolizei darstellte, bekannt als Dritte Abteilung der eigenen Kanzlei Seiner Majestät. Benckendorf war bis zu seinem Tode 1844 Chef dieser Abteilung. Kgl. Bibliothek, Stockholm.

je. In zahlreichen Verbänden wurde die Situation als chaotisch beschrieben. Dazu kam die ständige Hungersnot, und auch die Cholera dezimierte die Reihen. *Auf dem Papier waren wir voll gerüstet, bei der ersten militärischen Handlung jedoch kamen all die schrecklichen Mängel ans Tageslicht. Alles paßte für die Parade, war jedoch untauglich für den Krieg,* schrieb der angehende Kriegsminister Dmitri Alexandrowitsch Miljutin (1816–1912).

Dennoch herrschte in Westeuropa großer Respekt vor den Russen, nachdem sie Napoleons Armee aus ihrem Lande vertrieben hatten (1812). Bei der darauffolgenden Siegesparade auf den Champs-Elysées in Paris hatte der damals 18jährige Nikolaus an der Seite der übrigen alliierten Befehlshaber teilgenommen. Unter seiner Regentschaft war die russische Armee nie besiegt worden, was dem Zaren natürlich großes Selbstvertrauen einflößte.

Der Kriegsminister, Wassili Andrejewitsch Dolgoruki (1804–1868), war nach dem Zaren der höchste Befehlshaber der Armee. Ein Generalmajor namens Dakow behauptete jedoch, daß Dolgoruki nicht einmal imstande sei, zwei Mann gleichzeitig zu kommandieren.

Anfang der 1850er Jahre wurde Nikolaus in einen scheinbar läppischen internationalen Streit hinsichtlich der Rechte auf die Heiligen Stätten in Jerusalem hineingezogen. Das Gebiet befand sich zu dieser Zeit unter türkischer Herrschaft. Als sich schließlich die Franzosen einmischten, erhielt die Frage hochpolitischen Charakter.

Persönlich hatte Nikolaus nicht viel für den neuen französischen Herrscher Napoleon III. (1808–1873) übrig. Seit dem Revolutionsjahr 1830, als der Bürgerkönig Louis-Philippe (1773–1850) den Thron erklommen hatte, waren die russisch-französischen Beziehungen alles andere als herzlich gewesen. Mitte 1852 verschärfte sich der Ton zwischen beiden Ländern zusätzlich.

Nikolaus glaubte nun, die Engländer mit einem gewaltigen Tauschgeschäft locken zu können. Eine verstärkte russische Expansion auf dem Balkan sollte durch Abtretung der Insel Kreta und Ägyptens an England erkauft werden. Diese Gebiete gehörten aber der Türkei. Dem englischen Botschafter in St.Petersburg, Sir George Seymour (1797–1880), gegenüber äußerte sich Nikolaus herablassend über den Sultan – Abd ül-Medschid I. (1823–1861) – und nannte sein Osmanisches Reich „den kranken Mann". Die Engländer beurteilten die Lage jedoch dahingehend, daß ein russischer Vormarsch auf dem Balkan folgenschwere Konsequenzen für das europäische Gleichgewicht nach sich zöge, und blieben dem Zaren die Antwort auf seinen Tauschvorschlag schuldig.

Nikolaus demonstrierte nun seine Macht, indem er Fürst Alexander Sergejewitsch Menschikow (1787–1869) an Bord eines Kriegsschiffes zum Sultan entsandte mit einem Vorschlag – besser gesagt: einem Erpressungsversuch –, nach welchem dem Zaren das volle Recht zum Schutz der orthodoxen Christen im Osmanischen Reich – etwa 12 Millionen – einzuräumen sei. Eine für die Russen zufriedenstellende Antwort seitens des Sultans blieb jedoch aus. Als Menschikow die Heimreise antrat, befand sich das gesamte russische Gesandtschaftspersonal an Bord. Krieg lag in Luft.

DER THRONFOLGER, der junge Alexander Sascha, rauchte und spielte Karten und zeigte besonderes Interesse für die Damen des Hofes, insbesondere für Olga Kalinowski. Dies bereitete dem Zaren einiges Kopfzerbrechen, so daß Sascha rasch mit der deutschen Prinzessin Marie von Hessen zu Rhein (1824–1880) verlobt wurde. Der arrangierten Verlobung war ein heftiger Streit in der kaiserlichen Familie vorausgegangen.
Kgl. Bibliothek, Stockholm.

DER KRIMKRIEG

Im Sommer 1853 überschritten die russischen Truppen den Grenzfluß Prut und drangen in die türkisch besetzen Donaufürstentümer (das heutige Rumänien) ein. Dies war der Beginn einer internationalen Krise, die zum sogenannten Krimkrieg führte.

Einige Monate danach erklärte der Sultan den Krieg. In einer Einleitungsphase konnten die Türken kleinere Erfolge zu Lande verzeichnen, während auf See die russische Flotte im Schwarzen Meer unter Vizeadmiral Paul Stepanowitsch Nachimow (1803–1855) total überlegen war. Bald mußten sich die Türken jedoch der russischen Übermacht beugen, und sie verloren mehrere Schlachten sowohl im Kaukasus als auch auf dem Balkan. Anfang 1854 bahnte sich indes langsam eine Veränderung der Szenerie an.

Zu Neujahr 1854 wurde ein französisch-englisches Geschwader im Schwarzen Meer stationiert, um die türkischen Seetransporte zu schützen. Dies war der endgültige Beweis dafür, daß die Außenpolitik des Zaren gescheitert war. Er hatte die internationale Lage völlig falsch eingeschätzt. Im März 1854 kam die Bestätigung dessen, indem Frankreich und England Rußland den Krieg erklärten. Auch seitens der beiden anderen europäischen Großmächte, Preußen und Österreich, die Nikolaus mehr oder weniger zu seinen „Vasallen" zählte, wurde er enttäuscht.

Anfang 1854 vermerkte der französische Botschafter, General Armand de Castelbajac (1787–1864), der Nikolaus fünf Jahre lang beobachtet hatte, daß dieser krank und sowohl physisch als auch moralisch am Ende sei. Im Laufe des Jahres häuften sich die Sorgen. Es gingen zwar noch immer Berichte über russische Erfolge ein, die sich jedoch mehr und mehr auf periphere Auseinandersetzungen im Fernen Osten, in Kaukasien und Transkaukasien bezogen.

Im Sommer 1854 zog ein großes französisch-englisches Geschwader unter Sir Charles Napiers (1786–1860) in die Ostsee ein. Vor Kronstadt, in der Nähe von St.Petersburg, zeigte die Einheit zum erstenmal richtig die Zähne, sie machte die russische Festung Bomarsund auf Åland dem Erdboden gleich und nahm die Festung Sveaborg außerhalb Helsinkis unter schweren Beschuß.

Ernst wurde es dann, als im September Truppen der Alliierten auf der Halbinsel Krim im Schwarzen Meer an Land gingen, um den russischen Flottenstützpunkt Sewastopol auszuschalten. Nun unterlief Menschikow eine fol-

Kosaken zu Pferde bei einem Angriff auf Balaklawa (im Oktober 1854) an der Südküste der Krim, wo die Verbündeten eine wichtige Nachschubbasis unterhielten. Der Angriff wurde nach einer blutigen Schlacht mit beidseitig großen Verlusten abgewehrt. Alfred Tennyson (1809–1892) schrieb über den „Todesritt" bei Balklawa und die leichte Brigade unter Lord Cardigans (1797–1868) Befehl. Von den 673 Mann der Brigade blieben vierzig Prozent als Gefallene oder Verwundete zurück.
Kgl. Bibliothek, Kopenhagen.

ABD ÜL-MEDSCHID I. führte mehrere Reformen in seinem Lande durch, wurde aber dennoch als schwacher Regent bezeichnet. Zar Nikolaus nannte das Osmanische Reich verachtungsvoll „Europas kranken Mann". Der Sultan orientierte sich auf Anraten des einflußreichen Groswesirs Raschid Pascha zu den Westmächten hin und erhielt dadurch mächtige Verbündete gegen den Erzfeind Rußland. Dies sollte sich als entscheidend für den Ausgang des Orientalischen Krieges (Krimkrieges) erweisen. Kgl. Bibliothek, Stockholm.

NACH SEWASTOPOL

„Wollt ihr bitte sofort den Keller verlassen und euch in eure Wohnung begeben, wo Feste gefeiert werden... Ich habe gehört, daß sich hier die ganze Welt vergnügt..." Satire des französischen Zeichners Honoré Daumier (1808–1879). Staatl. Museum Helsinki.

genschwere Fehleinschätzung, als er die Landung ungestört geschehen ließ. Er beabsichtigte, dem Feind weiter landeinwärts entgegenzutreten. Nach einigen blutigen Schlachten sahen sich die russischen Truppen jedoch zum Rückzug in Richtung Sewastopol gezwungen.

Im fernen St. Petersburg versuchte man bis zuletzt, die Kriegsereignisse zu verharmlosen. Es drangen jedoch immer mehr Berichte durch das Netz der Zensur, denen zufolge die Verluste immer umfangreicher wurden. Auch die Cholera dezimierte die russischen Reihen. Dazu kam die Tatsache, daß die Verpflegung oft miserabel und die Tagesrationen unzureichend waren und eine Pflege der Verwundeten nahezu völlig unterblieb.

DAS ENDE FÜR NIKOLAUS UND SEWASTOPOL

Anfang Oktober 1854 begannen die Alliierten mit der Belagerung der Festung. Auf beiden Seiten wurden neue Truppen eingesetzt. Dabei standen einem russischen Soldaten vier alliierte gegenüber.

Ein Großteil der Kampfaktionen bestand in schwerstem gegenseitigem Artilleriebeschuß, der auf beiden Seiten gewaltige Verluste verursachte und Monat für Monat zunahm. Zwei der russischen Befehlshaber, Vizeadmiral Wassili Kornilow (1806–1855) und sein Nachfolger Vizeadmiral Paul Naschimow, fielen während der heroischen Kämpfe.

Mitte Februar 1855 trat in St.Petersburg ein besonderes Ereignis ein: Zar Nikolaus zog sich eine Erkältung zu, die sich zu einer Lungenentzündung ausweitete. Am 2. März 1855 (alter Kalender) war Zar Nikolaus tot.

In Sewastopol gingen die Kämpfe zu Herbstbeginn weiter. Am 8. September (neuer Kalender) konnte der französische General Jacques Pélissier (1794–1864) die Malakow-Anhöhe, einen der strategisch wichtigsten Punkte des Netzwerks an Festungen, einnehmen. Der General wurde daraufhin zum Herzog befördert. Der russische Befehlshaber Michail Dmitrijewitsch Gorchakow (1793–1861), der im Februar 1855 an die Stelle Menschikows getreten war, mußte die Evakuierung der Südseite Sewastopols befehlen. Das war der Beginn des Falls der Festung, und der Krieg ging zu Ende. Die Angaben über die Zahl der Gefallenen gehen zwar auseinander, aber mit über einer Viertelmillion Mann muß wohl gerechnet werden.

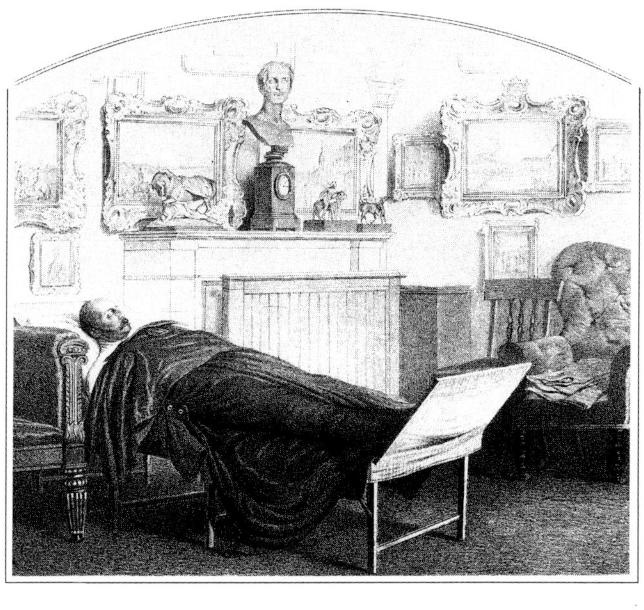

Nikolaus I. war es gewohnt, stets auf einem Feldbett mit Roßhaarmatratze und strohgefüllten Kissen zu nächtigen. Dieses einfache Bett wurde auch zu seinem Totenbett. Der 58jährige Selbstherrscher fragte seinen Leibarzt Mandt: „Sag, Mandt, muß ich sterben?" Mandt antwortete, wie er selbst in seinen Memoiren behauptet: „Ja, Eure Majestät." Der unerwartete Tod löste eine Flut von Gerüchten aus, u.a. daß der Zar vergiftet worden sei. Kgl. Bibliothek, Stockholm.

LEUTNANT TOLSTOI

Unter den Verteidigern Sewastopols befand sich ein 26-jähriger Artillerieleutnant namens Leo Tolstoi (1829–1910). Er hatte große literarische Ambitionen und hatte bereits zwei selbstbiographische Romane herausgegeben, die jedoch keine besondere Aufmerksamkeit erregten. Seine lebendigen und realistischen Schilderungen von Sewastopol sollten jedoch große Kreise ziehen. Er rüttelte das Volk in der Heimat in seinen Salons aus dem Schlaf, Leute, die weitab von der Hölle des Krieges und der Seuchen ein behagliches Leben führten. Tolstoi schrieb über Sewastopol:

Es soll lange Zeit im Bewußtsein des Volkes weiterleben wie ein großartiges Heldengedicht, wobei das russische Volk die Helden waren.

Ein anderer Schriftsteller, Michail Saltykow, sah in der russischen Niederlage einen Wendepunkt für die russische Literatur:

Bisher war unsere Literatur gleich einer in einem Phantasieschloß verzauberten Märchenprinzessin. Sie war hochtrabend, vornehm, isoliert und schwer zugänglich. Aber die Verhältnisse haben sich geändert...

Die entscheidende Schlacht des Krimkrieges fand in Sewastopol statt, der Festungsstadt, die seit 1783 in russischem Besitz war und seit 1785 den Hauptstützpunkt der russischen Flotte im Schwarzen Meer darstellte. Die Kämpfe dauerten elf Monate an, vom Oktober 1854 bis September 1855. Beide Seiten mußten schwere Verluste hinnehmen. In der Endphase fielen täglich 2000 bis 3000 Mann. Insgesamt beliefen sich die russischen Verluste auf über 100000 Mann. Die Verbündeten verloren etwa 70000 Mann. Aufgrund der Telegraphie- und Xylographietechnik wurde diese Auseinandersetzung zum ersten Zeitungskrieg der Weltgeschichte. Leser in Ost und West konnten so den erbitterten Kämpfen in Wort und Bild folgen. Nachdem das Malakow-Fort gefallen war, mußten die Russen die Festung aufgeben.

In den Friedensbedingungen wurde festgehalten, daß Sewastopol nicht für militärische Zwecke wieder aufgebaut werden dürfe, was jedoch später von russischer Seite ignoriert worden ist. 1876 haben die Arbeit an neuen Festungen begannen.

Kgl. Bibliothek, Kopenhagen.

KAPITEL XIII

Alexander II.

(Regent 1855 – 1881)

ENTSCHEIDUNG DER JAHRHUNDERTE

Kein russischer Selbstherrscher vor ihm sah sich derart schwerwiegenden innenpolitischen Entscheidungen gegenübergestellt wie Alexander II. Er war sich seiner Situation voll bewußt.

Alexander begann damit, den ruinösen Krimkrieg abzuschließen und kam zu einem relativ großzügigen Friedensabkommen. Rußland brauchte nur Bessarabien abzutreten. Wesentlich schlimmer war jedoch die Forderung, daß es keine russische Flotte im Schwarzen Meer geben dürfe.

Alexander rückte nun dem großen russischen Problem zu Leibe – der Leibeigenschaft. Man sagt, er sei, nachdem er Iwan Turgenjews „Aufzeichnungen eines Jägers" (1852) gelesen hatte, voll davon überzeugt worden, daß die Leibeigenschaft abgeschafft werden müsse. Das Buch handelt unter anderem von einem unerträglichen Potentaten, der mit einem Freund beim Champagner sitzt. Als er das Getränk als nicht richtig temperiert begutachtet, landet der Diener in der Folterkammer des Hauses.

Starke Kräfte innerhalb der Gesellschaft versuchten indes die Leibeigenschaft zu verteidigen. Der alte, erzkonservative Metropolit von Moskau, Filaret, widersetzte sich bis zuletzt der Abschaffung sowohl der Prügelstrafe als auch der Leibeigenschaft. Der Prügelstrafe ist erst 1904 ein Ende gesetzt worden.

DER 19. FEBRUAR 1861

Bereits im April 1856 machte Alexander einen Vorstoß und erklärte, die Leibeigenschaft müsse ein Ende finden. In einem Schreiben an den Kaiser äußerste sich der Exilrusse Alexander von Herzen folgendermaßen:

Es ist besser, die Reformen kommen von oben, als zu warten, bis sie von unten kommen.

ALEXANDER II.

Von ihm erhofften sich viele Russen eine grundlegende Reform ihres Landes. Angesichts des Thronwechsels gingen zahlreiche Ratschläge und Anweisungen von Schriftstellern und Gesellschaftskritikern ein. Der nachmalige Marxist Peter Lawrowitsch (1823–1900) prägte folgenden oft zitierten Ausspruch: „Vergiß nicht, russischer Zar, daß du nur durch unsere Stärke stark bist und groß durch unsere Größe! Ohne den russischen Heldenmut ist dein Thron nur aus Stroh gebaut, und die Macht des Herrschers ist die des Volkes." Staatl. Museum Helsinki.

HELENA PAWLOWNA (1807–1873), Schwägerin Nikolaus' I. und deutschstämmige Prinzessin, wurde im Alter von 42 Jahren Witwe nach Großfürst Michail Pawlowitsch. Ihr prächtiges Heim, der St.Michails-Palast in St.Petersburg, wurde zu einer Art „offenes Haus" für das Kulturleben der Hauptstadt. Dort spielten Franz Liszt und Anton Rubinstein (1829–1894), den die Großfürstin zum Hofkapellmeister ernannte. Die Großfürstin war zudem eine Vorkämpferin für das Rote Kreuz und setzte sich energisch für die Abschaffung der Leibeigenschaft ein. Ihre eigenen Bauern setzte sie bereits mehrere Jahre vor der offiziellen Befreiung auf freien Fuß. Private Sammlung.

In unmittelbarer Nähe des Zaren befanden sich sein Bruder Konstantin Nikolajewitsch (1827–1892) und die aus Deutschland stammende Großfürstin Helena Pawlowna (1807–1873). Die Großfürstin schenkte ihren eigenen sog. Apanagebauern bereits 1859 unaufgefordert die Freiheit.

Außerhalb der kaiserlichen Familie setzten sich Männer wie Sergej Stepanowitsch Lanskoi (1787–1862) und Nikolai Alexandrowitsch Miljutin (1818–1872) für die Abschaffung der Leibeigenschaft ein. Einer der stärksten Gegner war der Vorsitzende des Reichsrates, Fürst Alexej Fjodorowitsch Orlow (1786–1862), der bei der Niederschlagung des Dekabristenaufstandes als unnachgiebiger Regimentschef auftrat.

Allerlei Gerüchte verursachten Unruhe im Lande. Es wurden Komitees gebildet, die jedoch zu keinem Ergebnis kamen. Die Leibeigenschaft wurde von den Radikalen mit der Sklaverei in den Vereinigten Staaten verglichen, die russischen Großgrundbesitzer mit den amerikanischen Plantagenbesitzern.

Die Zeit verstrich, und erst am 19. Februar 1861 (neuer Kalender) verkündete Alexander den historischen Beschluß, der später in einer abschließenden Sitzung im Reichstag bestätigt worden ist. Die Unterzeichnung seitens des Zaren machte auf einen Schlag über 22 Millionen

Kaiserin MARIA ALEXANDROWNA, geborene Prinzessin Marie von Hessen zu Rhein, setzte sechs Söhne und zwei Töchter in die Welt. Sie bemühte sich besonders um die Einrichtung von Gymnasien für junge Mädchen in ihrem neuen Heimatland. Im Alter erkrankte sie an Lungentuberkulose. Sie mußte außerdem zusehen, wie sich ihr Gemahl einer anderen Frau zuwandte, nämlich Katharina Michailowna Dolgoruki (1847–1922). Das Paar lebte im Winterpalast in einem eheähnlichen Verhältnis, aus dem vier Kinder hervorgingen. Einen Monat nach dem Tod der Kaiserin (1881) vermählte sich der Zar mit Katharina Dolgoruki. Universitätsbibliothek Helsinki.

Alexander II. verkündete das Manifest über die Abschaffung der Leibeigenschaft in der Michailowschen Manege in St.Petersburg, küßte daraufhin seine Tochter, die Großfürstin Maria Alexandrowna (1853–1920), und erklärte, daß dies „der glücklichste Tag seines Lebens" sei. Laut Krapotkin hatte sich die Verkündung des Manifestes aufgrund des Karnevals mit „Trunksucht und Unordnung" verzögert. Als offizieller Grund wurde angegeben, daß die 500000 Plakate mit der Bekanntmachung erst die abgelegenen Teile des Imperiums erreichen müßten, so daß die Veröffentlichung gleichzeitig erfolgen könne. Slawische Bibliothek, Helsinki.

Leibeigene – „das erworbene Eigentum des Adels" – zu freien Bürgern.

Von offizieller Seite wurden „die Bauern dazu aufgefordert, mit der gesetzlich vorgeschriebenen Ehrfurcht und Zurückhaltung ihre Freiheit zu genießen und mit Bereitwilligkeit ihren Pflichten gegenüber den Besitzenden nachzukommen".

Etwa die Hälfte der ehemaligen Leibeigenen befand sich in privatem Dienst, die andere Hälfte im Staatsdienst. Erst 1863 wurden die Apanagebauern der kaiserlichen Güter in die Freiheit entlassen. Danach verschwand die Leibeigenschaft auch in Polen und Transkaukasien.

Da nur wenige der befreiten Menschen imstande waren, das stilistisch kompliziert verfaßte Manifest zu lesen, waren Mißverständnisse bei der Auslegung an der Tagesordnung. Gerüchte kamen und gingen, und manchenorts kam es noch jahrelang zu schweren Ausschreitungen.

Die Unsicherheit war groß unter den Befreiten, von denen die meisten in wirtschaftliche Not gerieten. Um Grund und Boden von seinem ehemaligen Besitzer freikaufen zu können, war man gezwungen, sich zu verschulden. Dabei auftretende Zwistigkeiten schürten die Unruhe in den Reihen der Bauern. Der Staat garantierte zwar 80 Prozent der Kaufsumme, die jedoch innerhalb von 49 Jahren getilgt werden mußte, zuzüglich sechs Prozent Zinsen. Die so heiß ersehnte Freiheit war für viele nur eine Illusion. Gewisse Grundbesitzer waren ihrerseits trotz der staatlichen Garantie der Kaufsumme unzufrieden mit dem neuen Zwangsgesetz. Dazu kamen Grundbesitzer, die mit den vom Staat im Zuge der Reform gezahlten Geldern ein internationales Luxusdasein führten. Dabei wurden in der mondänen westeuropäischen Welt astronomische Summen verjubelt.

Der Dichter Nikolai Alexejewitsch Nekasow (1821–1877) verglich die Situation mit „einer gespannten Kette, die plötzlich reißt und am einen Ende den Gutsbesitzer und am anderen Ende den Leibeigenen trifft!".

Rausche nicht, Roggen!

Rausche nicht, Roggen,
mit reifen Ähren schwer!
Sing nicht, Erntebauer,
von der weiten Steppe
mehr!

Ich hab' keine Lust
zum Sammeln von
Gütern und Gold,
hab' keine Lust mehr,
reich zu werden.

Ach, junger Bursche,
nicht für dich selbst
hast du Gold gesammelt
– sondern für deines
Herzens Liebste.

Es war lieblich für
mich,
ihre Augen zu sehn,
Augen, erfüllt nur
von Liebesgedanken!

Für immer sind doch
ihre Augen erloschen,
und meine von Herzen
Geliebte im Grabe
schlummert.

Schwerer als Berge,
dunkler als Nacht
sind die Gedanken,
die mein Herz
bedrücken.

Frei nach Alexej Wassilewitsch Kolzow (1809–1842)

Dieses Gedicht entstand 1834. Als Neunzehnjähriger verliebte sich Kolzow in die Tochter eines Leibeigenen seines Vaters, eines Viehhändlers. Als dieser davon erfuhr, verkaufte er während der Abwesenheit Alexejs das Mädchen an einen südrussischen Kosaken. Das Mädchen starb kurz nach der Zwangsvermählung. Kolzow konnte es nie vergessen.

HISTORISCHER RÜCKBLICK

Im alten Rußland gab es keine Leibeigenschaft. Kriegsgefangene, Verbrecher und Schuldner wurden jedoch gewöhnlich zu ewiger Sklaverei verurteilt. Der erste Schritt zu wirklicher Leibeigenschaft bestand darin, daß den Bauern 1497 verboten wurde, an mehr als einem einzigen Tag im Jahr – dem „Tag Juris" im November – ihren Leibherrn zu wechseln.

Als weniger begüterte adlige Grundbesitzer darauf hinwiesen, daß sie ihren Verpflichtungen dem Zaren gegenüber nicht nachkommen könnten, weil die Pächter in die Anwesen der reicheren Adelsangehörigen überliefen, wurde die Leibeigenschaft auf Dauer eingeführt. Immer häufiger hielten die Grundbesitzer die begehrten Arbeitskräfte mit Gewalt zurück. Als schließlich die gesetzlichen Rechte der landwirtschaftlichen Arbeiter verschwanden und gleichzeitig die Verschuldung stieg, war die totale Leibeigenschaft für Millionen von Menschen in Rußland eine tragische Tatsache.

Während des 17. Jh. hatte sich ein System herausgebildet, in dem die Großgrundbesitzer wie kleine Könige auf ihren Gütern regierten. Die unglücklichsten Leibeigenen waren diejenigen, die sich im Besitz privater Grundeigentümer befanden. Zum Zeitpunkt der Abschaffung der Leibeigenschaft, 1861, gab es etwa 140000 Personen, die einen, mehrere oder zahlreiche Leibeigene besaßen.

Die sogenannten Bauern der Krone standen im Dienste der vielen staatlichen Güter und Höfe. Eine Sondergruppe stellten die Apanagebauern dar, die für die Versorgung der kaiserlichen Familie arbeitete.

Neben der Vielzahl von landwirtschaftlichen Leibeigenen gab es die große Gruppe der Haussklaven, bestehend aus Lakaien, Kutschern, Köchen, Kammerdienern, Mägden usw. Sie kamen in die Nähe ihres Herrn und waren somit oft damit verbundenen schweren Demütigungen und

Die Leibeigenen waren ganz und gar in der Gewalt ihres Besitzers und konnten von diesem nach Gutdünken mit jeder beliebigen Person verheiratet werden. Leibeigene, die sich auf irgendeine Weise Reichtum verschafft hatten, pflegten ihrerseits weniger wohlhabende Standesgenossen auf schamlose Weise auszunutzen. Die Abbildung zeigt eine arme leibeigene Familie in Sibirien.
Kgl. Bibliothek, Kopenhagen.

wechselnden Launen ausgesetzt. Prügelstrafen gehörten auf den Gütern zum Alltag. Die Leibeigenen waren ihren Besitzern mit Haut und Haaren ausgeliefert. Vorhandene Gesetze waren diffus und begünstigten meist die Leibherren. Es gab zwar auch Grundbesitzer, die ihren Leibeigenen mit Toleranz und Respekt begegneten. Der Anteil der Leibeigenen, die ein erträgliches Dasein fristeten, war indes verschwindend klein.

SICH FREIKAUFEN – ODER VERKAUFT WERDEN

Ein Leibeigener, der einen großzügigen Herrn hatte, konnte sich gegen Zahlung einer Gebühr (*Obrok*) vorübergehend freikaufen. Sie oder er konnte daraufhin jeder beliebigen Tätigkeit nachgehen. Leibeigene konnte man in den meisten Handwerksberufen und Arbeitsbereichen finden. Auch Leibeigene mit ansehnlichem Vermögen gab es, wenn auch nur in sehr geringem Umfang.

Einer der Leibeigenen, denen es gelungen war, ihr Glück zu machen, war der aus einer Familie von Ikonenmalern stammende Iwan Golyschew (1838–1896). Er hatte in der zweiten Malerschule des Grafen Stroganow eine künstlerische Ausbildung genossen und gründete das erste litographische Institut in Rußland auf dem Lande (1858).

Leibeigene konnten auch wie Handelsware verkauft werden. Oft wurden Spielschulden und Liebesgaben mit der Weitergabe von Leibeigenen beglichen. Wurde jemand durch Verkauf zum Soldaten, bedeutete dies ewigen Kriegsdienst auch für kommende Generationen.

Das Vermögen des Grundbesitzers errechnete sich – ungeachtet der Größe der Ländereien – aus der Zahl männlicher Leibeigener, die er besaß. Danach hatte er Steuern zu zahlen. Der Erhebung lag das letzte Steuerregister zugrunde, ohne Rücksicht darauf, ob Leibeigene inzwischen geflohen oder gestorben waren. In Gogols „Die toten Seelen“ stellen die Leibeigenen ein solches Steuerobjekt dar.

Einen Einblick in die Demütigungen und die Hoffnungslosigkeit der Leibeigenschaft gewährt Nikolai Semenowitsch Leskows (1831–1895) Novelle „Perückenkünstler“ (1883). Darin wird der teuflische Gutsbesitzer und Feldmarschall Michail Fjodorowitsch Kamenski (1736–1809) von den gepeinigten Bauern erschlagen. Dostojewskis Vater ereilte im übrigen dasselbe Schicksal!

Zar Alexander wurde nach Abschaffung der Leibeigenschaft bejubelt. Man wollte ihm den Ehrennamen „Befreier“ *(Oswoboditel)* zuerkennen. 1864 wurden *Semstwo*-Organisationen (eine Art Provinzregierung) in den Gou-

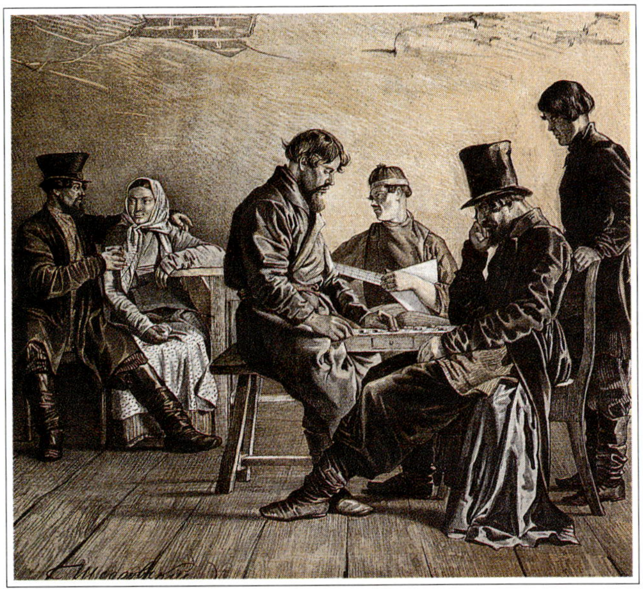

Dorfkrüge oder Wirtshäuser hatten eine soziale Funktion im alten Rußland. Dort trank man Wodka oder Tee und knabberte an Roggenbrot und Salzgurke. Dort konnte man auch die letzten Neuigkeiten und viel Klatsch erfahren, man konnte den Tönen einer Spieldose oder Ziehharmonika lauschen oder vielleicht eine Partie Schach spielen. Oft las einer, der des Lesens kundig war, laut aus der Zeitung vor. Es wurde fleißig angestoßen, insbesondere zu besonderen Anlässen wie z.B. am Festtag des örtlichen Schutzheiligen.
Kgl. Bibliothek, Kopenhagen.

Die Züchtigung der Dienerschaft konnte die schrecklichsten Formen annehmen. Folter- und Bußgeldstrafen wurden oft nach Gutdünken für die geringsten Versehen verhängt, und der Leibeigene war seinem Leibherrn vollständig ausgeliefert. Katharina II. schrieb an Diderot: „Die Gutsbesitzer können auf ihren Gütern tun und lassen, was sie wollen. Nur die Todesstrafe ist verboten."
Private Sammlung.

vernements und Bezirken eingerichtet, die insbesondere für Gesundheitswesen und Volksbildung eine wesentliche Rolle spielen sollten. Einige Jahre danach wurden in den Städten Stadtverordnete eingesetzt. Die Zusammensetzung dieser Verwaltungsorgane wurde zwar durch freie Wahlen ermittelt, aber dem Adel, den Gutsbesitzern und wohlhabenden Städtern wurde stets ein stabiles Übergewicht gesichert. Von einem demokratischen Durchbruch konnte also nicht die Rede sein.

Alexander III. begrenzte später die Tragweite der Entscheidungen dieser Organe. Die Zentralregierung mußte nämlich mit zunehmender Unruhe feststellen, daß progressive und radikale Kräfte sich überall im Lande einnisteten.

BLUTBAD IN POLEN

Von sämtlichen Reformen Alexanders II. war die allgemeine Revision des Rechtswesens (1864) die erfolgreichste. Rechtsprozesse wurden einfacher und öffentlich, die Gerichte weniger von der Staatsverwaltung abhängig.

Der Jubel um den reformfreudigen Alexander sollte jedoch schnell verstummen. Im Vasallenstaat Polen war seit 1863 ein bewaffneter Aufstand im Gange, der sich rasch zu einem entsetzlichen Blutbad entwickelte. Die Polen wollten endlich Herr im eigenen Haus werden. Ermutigt durch die Abschaffung der Leibeigenschaft in Rußland und den erfolgreichen Freiheitskampf Garibaldis (1807–1882) in Italien, konnten die Polen den Russen gewisse Zugeständnisse abringen. Schließlich wurde es den Russen zuviel, und sie führten in ganz Polen regelrechte Massaker durch. Die Sonderstellung des Landes wurde aufgehoben (1864), sogar der Name Polen verschwand von der Landkarte.

Herzen schrieb in seiner Exilzeitschrift Kolokol:

...das Volk wird vom Zaren betrogen. Warum bist du nicht am 19. Februar gestorben, Alexander Nikolajewitsch? Dann wärst du als Held in die Geschichte eingegangen.

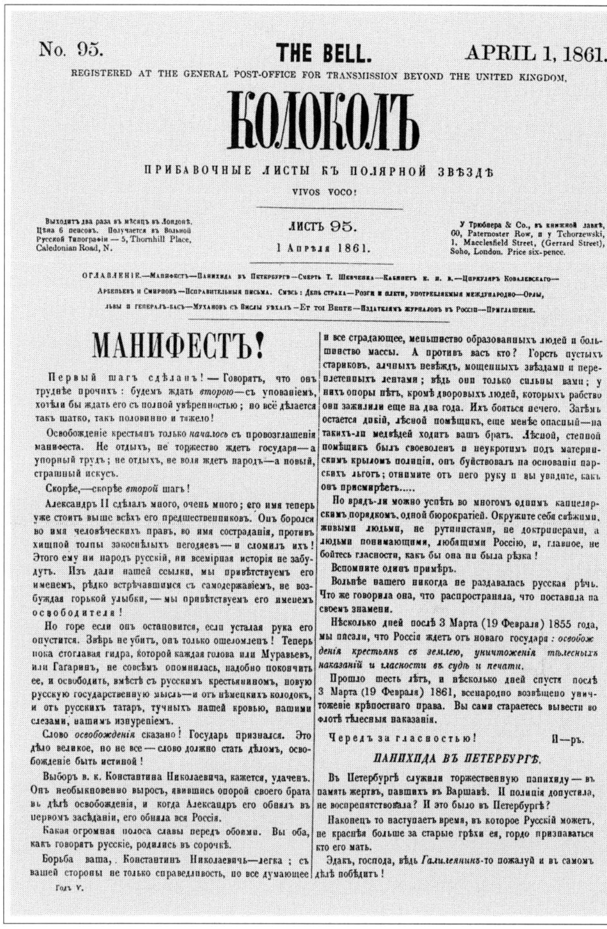

No. 95. THE BELL. APRIL 1, 1861.

REGISTERED AT THE GENERAL POST-OFFICE FOR TRANSMISSION BEYOND THE UNITED KINGDOM.

КОЛОКОЛЪ

ПРИБАВОЧНЫЕ ЛИСТЫ КЪ ПОЛЯРНОЙ ЗВѢЗДѢ

VIVOS VOCO!

Выходитъ два раза въ мѣсяцъ въ Лондонѣ. Цѣна 6 пенсовъ. Получается въ Вольной Русской Типографіи — 5, Thornhill Place, Caledonian Road, N.

ЛИСТЪ 95.
1 Апрѣля 1861.

У Трюбнера & Co., въ книжной лавкѣ, 60, Paternoster Row, и у Tchorzewski, 1, Macclesfield Street, (Gerrard Street), Soho, London. Price six-pence.

ОГЛАВЛЕНIЕ.—Манифестъ—Панихида въ Петербургѣ—Смерть Т. Шевченка—Кабинетъ к. и. в.—Циркуляръ Ковалевскаго—Арбеньевъ и Смирновъ—Исправительныя письма. Смѣсь: День страха—Розги и плети, употребляемыя международно—Орлы, львы и генералъ-басъ—Мухановъ съ Вислы уѣхалъ—Ет toi Вите—Издателямъ журналовъ въ Россіи—Приглашеніе.

МАНИФЕСТЪ!

Первый шагъ сдѣланъ! — Говорятъ, что онъ труднѣе прочихъ: будемъ ждать *второго*—съ упованіемъ, хотѣли бы ждать его съ полной увѣренностью; но всё дѣлается такъ шатко, такъ половинно и тяжело!

Освобожденіе крестьянъ только *началось* съ провозглашенія манифеста. Не отдыхъ, не торжество ждетъ государя—а упорный трудъ; не отдыхъ, не воля ждетъ народъ—а новый, страшный искусъ.

Скорѣе,—скорѣе *второй* шагъ!

Александръ II сдѣлалъ много, очень много; его имя теперь уже стоитъ выше всѣхъ его предшественниковъ. Онъ боролся во имя человѣческихъ правъ, во имя состраданія, противъ хищной толпы закоснѣлыхъ негодяевъ — и сломилъ ихъ! Этого ему ни народъ русскій, ни всемірная исторія не забудутъ. Изъ дали нашей ссылки, мы привѣтствуемъ его именемъ, рѣдко встрѣчавшимся съ самодержавіемъ, не возбуждая горькой улыбки, — мы привѣтствуемъ его именемъ освободителя!

Но горе если онъ остановится, если усталая рука его опустится. Звѣрь не убитъ, онъ только ошеломленъ! Теперь пока стоглавая гидра, которой каждая голова или Муравьевъ, или Гагаринъ, не совсѣмъ опомнилась, надобно покончить ее, и освободить, вмѣстѣ съ русскимъ крестьяниномъ, новую русскую государственную мысль—и отъ нѣмецкихъ колодокъ, и отъ русскихъ татаръ, тучныхъ нашей кровью, нашими слезами, нашимъ изнуреніемъ.

Слово *освобожденія* сказано! Государь признался. Это дѣло великое, но не все — слово должно стать дѣломъ, освобожденіе быть истиной!

Выборъ в. к. Константина Николаевича, кажется, удаченъ. Онъ необыкновенно выросъ, явившись опорой своего брата въ дѣлѣ освобожденія, и когда Александръ его обнялъ въ первомъ засѣданіи, его обняла вся Россія.

Какая огромная полоса славы передъ обоими. Вы оба, какъ говорятъ русскіе, родились въ сорочкѣ.

Борьба ваша, Константинъ Николаевичъ—легка; съ вашей стороны не только справедливость, но все думающее и все страдающее, меньшинство образованныхъ людей и большинство массы. А противъ васъ кто? Горсть пустыхъ стариковъ, алчныхъ невѣждъ, мощенныхъ звѣздами и переплетенныхъ лентами; вѣдь они только сильны вами; у нихъ опоры нѣтъ, кромѣ дворовыхъ людей, которыхъ рабство они зажилили еще на два года. Ихъ бояться нечего. Затѣмъ остается дикій, лѣсной помѣщикъ, еще менѣе опасный—на такихъ-ли медвѣдей ходитъ вашъ братъ. Лѣсной, степной помѣщикъ былъ своеволенъ и неукротимъ подъ материнскимъ крыломъ полиціи, онъ буйствовалъ на основаніи парскихъ льготъ; отнимите отъ него руку и вы увидите, какъ онъ присмирѣетъ.....

Но врядъ-ли можно успѣть во многомъ однимъ канцелярскимъ порядкомъ, одной бюрократіей. Окружите себя свѣжими, живыми людьми, не рутинистами, не доктринерами, а людьми понимающими, любящими Россію, и, главное, не бойтесь гласности, какъ бы она ни была рѣзка!

Вспомните одинъ примѣръ.

Вольнѣе нашего никогда не раздавалась русская рѣчь. Что же говорила она, что распространяла, что поставила на своемъ знамени.

Нѣсколько дней послѣ 3 Марта (19 Февраля) 1855 года, мы писали, что Россія ждетъ отъ новаго государя: *освобожденія крестьянъ съ землею, уничтоженія тѣлесныхъ наказаній и гласности въ судѣ и печати.*

Прошло шесть лѣтъ, и нѣсколько дней спустя послѣ 3 Марта (19 Февраля) 1861, всенародно возвѣщено уничтоженіе крѣпостнаго права. Вы сами стараетесь вывести во флотѣ тѣлесныя наказанія.

Чередъ за гласностью! И—ръ.

ПАНИХИДА ВЪ ПЕТЕРБУРГѢ.

Въ Петербургѣ служили торжественную панихиду — въ память жертвъ, павшихъ въ Варшавѣ. И полиція допустила, не воспрепятствовала? И это было въ Петербургѣ?

Наконецъ то наступаетъ время, въ которое Русскій можетъ, не краснѣя больше за старые грѣхи ея, гордо признаваться кто его мать.

Эдакъ, господа, вѣдь *Галилеянинъ*-то пожалуй и въ самомъ дѣлѣ побѣдитъ!

Годъ V.

DER ERSTE SCHRITT IST GETAN... schrieb der Exilrusse Alexander Herzen in seiner Zeitschrift Kolokol, als ihn die Nachricht vom Ende der Leibeigenschaft erreichte. Zar Alexander wurde gelobt, gleichzeitig wurden aber weitere Reformen gefordert. Herzens Zeitschrift hatte rund 3000 Abonnenten und wurde sogar vom Zaren selbst gelesen. Durch die Mitwirkung Michail Bakunins (1824–1876) mit feurigen Appellen färbte sich die Zeitschrift intensiv rot. 1868 sank die Auflage, und Herzen mußte die Zeitschrift aufgeben.
Kgl. Bibliothek, Stockholm.

RUSSISCH AMERIKA

Am 18. Oktober 1867 (neuer Kalender) fand in Sitka an der nordamerikanischen Westküste eine ungewöhnliche Zeremonie statt: Es war der Tag der offiziellen Übergabe von Russisch Amerika an die Vereinigten Staaten. Bereits ein halbes Jahr zuvor hatten Rußland und Amerika ein Abkommen getroffen, nach welchem das riesige Gebiet, das heutige Alaska, für 11 Millionen Rubel, entsprechend 7,2 Millionen Dollar, an die Amerikaner verkauft werden sollte.

Der russische Adler ist dem amerikanischen gewichen, schrieb die Zeitung Alta California in San Francisco. „The New York World" war weniger begeistert und schrieb, „daß die Russen uns eine ausgepreßte Apfelsine verkauft" hätten.

126 Jahre lang hatte sich Alaska – das große Land – unter der Herrschaft des Zaren befunden.

Das Vorspiel zur russischen Amerikapolitik fand bereits 1725 statt. An seinem Sterbebett beauftragte Peter der Große den aus Dänemark stammenden russischen Marineoffizier Vitus Bering (1681–1741), zu ermitteln, ob Asien und Amerika nördlich des Stillen Ozeans miteinander in Verbindung stünden. Zar Peter hatte die Vision einer Passage nach China und Indien über das nördliche Eismeer. Bering machte sich auf den Weg, fand jedoch keine Antwort auf die Frage, ob die beiden Erdteile eine Landverbindung hätten, obwohl er dabei zweimal durch den Sund segelte, der heute seinen Namen trägt. Im Frühjahr 1730 kehrte Bering nach St.Petersburg zurück.

Aber bereits hundert Jahre zuvor soll der Kosak Semen Deschnew (um 1605–1673) als erster die Meerenge passiert haben.

1734 unternahm Bering erneut eine Expedition in dieses Gebiet – bekannt als „Die große nordische Expedition" mit insgesamt über 500 Teilnehmern. Berings Mitarbeiter Alexej Iljitsch Tschirikow sollte der erste Europäer sein, der die amerikanische Westküste erreichte. Bering hatte weniger Glück: Er hatte zwar den amerikanischen Kontinent in Sicht, erlitt jedoch Schiffbruch und starb auf einer unbewohnten Insel, der heutigen Bering-Insel, an Skorbut.

Tschirikow unternahm auch andere Entdeckungsreisen im Stillen Ozean. Als er 1745 nach St.Petersburg zurückkehrte, wurde er unter großen Ehrenbezeigungen empfangen. Kaiserin Elisabeth zeichnete ihn als den „wahren Entdecker Sibiriens und der nordwestlichen Küste Amerikas" aus.

Im folgenden halben Jahrhundert beherrschten die Russen den gesamten nördlichen Teil des Stillen Ozeans. Größere Siedlungen in Alaska entstanden jedoch nicht vor 1780.

VITUS JONASSEN BERING, geborener Däne, kam 1703 in russischen Dienst. Peter der Große beauftragte Bering mit der Ermittlung einer eventuellen Nordostpassage nach China und Indien. Bering unternahm zwei berühmte Expeditionen. Im August 1728 segelte er durch die Meerenge zwischen Asien und Amerika, die Bering-Straße. In Wirklichkeit wurde ihm nie klar, ob der Sund tatsächlich die beiden Erdteile trenne. Auf der Rückreise von der zweiten Expedition (1734–1742) starb Bering an Skorbut.
Private Sammlung.

DIE RUSSISCH-AMERIKANISCHE KOMPANIE

Einer der bedeutendsten russischen Seefahrer war Grigori Schelechow (1747–1795), oft als „Rußlands Kolumbus" bezeichnet. Schelechow schuf sich mit seinen Expeditionen ein Vermögen und lebte wie ein König in Irkutsk. Seinen Plan, den gesamten Handel mit Nordamerika in einer einzigen Handelsgesellschaft abzuwickeln, konnte er jedoch vor seinem Tode nicht mehr verwirklichen. Einige Jahre später ist die Russisch-Amerikanische Kompanie auf ausdrücklichen Befehl Zar Pauls I. gegründet (1799) worden. Bis hin zum Verkauf von Russisch Amerika an die Vereinigten Staaten hat die Kompanie das Alleinrecht für jeglichen Handel mit der Kolonie gehabt.

Der erste Direktor der Kompanie hieß Alexander Andrejewitsch Bardnow (1746–1819). Er ließ sich in den neu errichteten Hafenanlagen von Nowo-Archangelsk nieder. Bardnow träumte von einem riesigen russischen Reich am Stillen Ozean mit Stützpunkten im Ochotskischen Meer, in Alaska, dem heutigen San Francisco und auf den Sandwichinseln, dem heutigen Hawaii.

1812 wurde im Fort Ross, nördlich von San Francisco, die kaiserlich russische Flagge gehißt. Bardnow führte eine aggressive Politik im Stillen Ozean. 1821 erklärten die Russen das gesamte Bering-Meer zu russischem Hoheitsgebiet. Intensive amerikanische und englische Proteste geboten Zar Nikolaus jedoch Einhalt, und der imperiali-

NOWO-ARCHANGELSK

Auf kaiserlichen Befehl unternahm Kapitän Urey Lianski in den Jahren 1803–1806 eine Weltumsegelung mit dem 350-Tonner „Newa". Im Juli 1804 kam Russisch Amerika in Sicht. Gut einen Monat später wurde ein Trupp an Land gesetzt, um in Stellung zu gehen und eine „Anhöhe, der ich den Namen Novo Archangelsk verliehen habe", zu schützen, schrieb Lianski in sein Logbuch. Es kam unmittelbar zu Auseinandersetzungen mit den Ureinwohnern. Man errichtete ein Fort aus Pfählen, um die vierzehn kleinen Häuser der russischen Kolonie zu schützen.
Kgl. Bibliothek, Stockholm.

stische Vormarsch der Russen kam ins Stocken. Aufgrund der großen Entfernung zum Mutterland hatten die Russen Schwierigkeiten, die Vorherrschaft aufrechtzuerhalten. Das globale strategische Spiel hatte begonnen.

Das wirtschaftliche Interesse der Amerikaner an Russisch Amerika begann bereits in den 1790er Jahren und wurde von Jahr zu Jahr größer. Das weite Land im Norden war nicht nur reich an Pelzwerk, sondern auch an Holz, Kohle, Walen, Fischen und Eis (!). Der Export von Binnensee-Eis zu den whiskyduftenden Bars des vom Goldrausch gepackten Kalifornien war beachtlich. Fort Ross hatten die Russen 1841 veräußert.

Von russischer Seite befürchtete man, daß die Amerikaner versuchen würden, eine zukünftige Handelsbrücke nach China über die russische Kolonie aufzubauen. Die Beziehungen zwischen den Vereinigten Staaten und Rußland waren zeitweilig sehr gespannt. In den 1820er Jahren gab der angehende Präsident John Quincy Adams (1767–1848) den Russen zu verstehen, daß eventuelle Beschränkungen für amerikanische Geschäftsleute in Russisch Amerika Krieg bedeuten würden. Ähnliche Drohungen sind zehn Jahre später von John Forsyth (1780–1841) ausgesprochen worden.

VERKAUFEN ODER NICHT VERKAUFEN?

Die ersten amerikanischen Vorstöße zum Erwerb der gesamten russischen Kolonie wurden im März 1854 – während des Krimkrieges – unternommen. Die Russen zeigten ein gewisses Interesse an einer Veräußerung, insbesondere der Großfürst Konstantin Nikolajewitsch (1827–1892), Bruder Zar Alexanders II. und zugleich Seefahrtsminister. Die Russisch-Amerikanische Kompanie unterstand diesem Ministerium. Nach Meinung des Großfürsten war die Kolonie zu abgelegen, und sie stellte zudem eine Quelle für unnötige Auseinandersetzungen mit England, aber vor allem mit den immer stärker wer-

Die TUNGUSEN – eine gemeinsame Bezeichnung für die Jäger-, Fischer- und Nomadenstämme im östlichen Sibirien – benutzten Rentiere als Reit- und Zugtiere in Ermangelung von Pferden. Um ihr „Heiliges Meer", den 670 km langen Baikalsee herum, jagten die Tungusen Zobel, Biber und Hermeline und tauschten sie gegen begehrte Waren wie Wodka, Messer und Tabak. Die russischen Siedler tauschten Eisenkessel gegen Zobelfelle. Ein Kessel kostete so viele Zobelfelle, wie darin Platz fanden.
Kgl. Bibliothek, Kopenhagen.

denden Vereinigten Staaten dar. Auch was die wirtschaftliche Seite betraf, zeitigte die Russisch-Amerikanische Kompanie nicht gerade die besten Ergebnisse.

1859 bot der amerikanische Senator William McKendree Gwin (1805–1885) fünf Millionen Dollar für Russisch Amerika. Die Antwort der Russen ließ auf sich warten. So mancher im Kreise des Zaren behauptete, daß ein Verkauf neue amerikanische Ansprüche auf den asiatischen Teil der Region des Stillen Ozeans nach sich ziehen würde.

Der lange Amerikanische Bürgerkrieg und der Mord an

KONSTANTIN NIKOLAJEWITSCH (1827–1892), Bruder des Zaren Alexander II., war Chef der russischen Flotte und somit zuständig für Russisch Amerika. Bereits 1857 schlug er vor, das Gebiet aus wirtschaftlichen und strategischen Gründen an Amerika zu verkaufen. Konstantin erachtete es auch als nachteilig, daß die geschäftliche und administrative Verwaltung von Russisch Amerika bei ein und derselben Behörde lag. Kgl. Bibliothek, Kopenhagen.

Präsident Abraham Lincoln (1809–1865) führten zu einer Stagnation der russisch-amerikanischen Beziehungen.

Bei Wiederaufnahme der Verhandlungen im Jahre 1866 erhöhten die Amerikaner ihr Angebot, worauf der Zar mit einem Verkauf einverstanden war. Nach dreiwöchigen Abschlußverhandlungen wurde am 30. März (neuer Kalender) in Washington das Dokument des „größten Grundstücksgeschäfts der Welt" vom amerikanischen Staatssekretär William H. Seward (1801–1872) und vom russischen Botschafter, Baron Edouard Stoeckel (1808–1875), unterzeichnet.

Ein Teil der Verkaufseinnahmen wurde zur Finanzierung des russischen Eisenbahnnetzes verwendet, was wiederum zur Industrialisierung des Landes beitrug. 1914 umfaßte das russische Eisenbahnnetz 80000 Kilometer, d.h. achtmal soviel wie 1870.

Die erste Eisenbahnstrecke entstand 1837 zwischen St.Petersburg und Zarskoje Selo. 1851 war die Strecke zwischen der Hauptstadt und Moskau fertig. Nikolaus I. soll bei der Planung der Strecke eine Linie zwischen beiden Städten auf der Landkarte gezogen haben – kerzengerade, mit Ausnahme der Stellen, wo die vier Fingerspitzen über das Lineal hinausragten. Nach dieser Zeichnung sei die Bahnlinie dann gebaut worden.

DAS GROSSE BAUERNLAND

Die unvergleichlich größte Volksgruppe des zaristischen Rußland waren die Bauern. Ende des 19. Jh. lag der Anteil dieser Gruppe bei 81,5 Prozent. Das ganze Jahrhundert hindurch fand jedoch eine Abwanderung in die Städte statt, vor allem nach Moskau und St.Petersburg. 1812 lebten nur gut 4 Prozent der Bevölkerung in Städten, 1897 ganze 13 Prozent. Die Einwohnerzahl von St.Petersburg stieg im Zeitraum 1800–1900 von 220000 auf 1500000 an.

Es war vor allem die Suche nach besseren Lebensbedingungen, die die Landbevölkerung in die Städte und Fabriken trieb. Die Arbeit als Schienenleger oder Wolgaschlepper brachte auch etwas mehr ein als das Dasein auf den unendlichen Äckern. Zu Beginn des 20. Jh. waren etwa drei Millionen Arbeiter in der russischen Industrie tätig. Die sozialen und wirtschaftlichen Verhältnisse in den Arbeitervierteln der Städte ließen jedoch viel zu wünschen übrig. Die zugezogene Landbevölkerung kam, was die Armut betraf, meist vom Regen in die Traufe.

Hinzu kam eine Bevölkerungsexplosion während des 19. Jh. Innerhalb von 100 Jahren stieg die Einwohnerzahl des kaiserlichen Reiches von 36 Millionen auf 126 Millionen. Davon waren 45 Prozent Russen, der Rest Angehörige anderer Volksgruppen.

DIE KIRCHE – SCHMUCKSTÜCK DES DORFES

Vier von fünf Untertanen des Zaren lebten also auf dem Lande. Die meisten von ihnen waren Analphabeten. Bei der Volkszählung 1897 zeigte es sich, daß nur jeder fünfte zwischen 9 und 49 Jahren lesen und schreiben konnte. Auch sonst gestaltete sich das Dasein in den bäuerlichen Stuben äußerst dürftig.

Ob kleineres oder größeres Dorf, alle sahen gleich aus: eine breite, schmutzige Dorfstraße mit dicht aneinandergereihten niedrigen, kleinen Häusern und Hütten. Bei Regen glich die Straße einem Morast. Größere Dörfer – es gab Dörfer mit bis zu 8000 Einwohnern – hatten auch Seitenstraßen. Das einzige Gebäude, das sich gewöhnlich von der Eintönigkeit unterschied, war die Dorfkirche, deren Turm oft mit einer oder mehreren farbenfrohen Zwiebelkuppeln geschmückt war.

Vor den Häusern, zur Dorfstraße hin, lag bestenfalls ein kleines Vorgärtchen mit einigen Pappeln. Hinter den anspruchslosen Wohnhäusern befanden sich primitive Scheunen mit Platz für das Vieh, falls man es sich leisten konnte. Nicht selten schlief man bei den Tieren, wenn es in der eigenen Stube zu kalt war.

Mehrere Generationen lebten in den russischen Bauernstuben unter einem Dach. Auf dem großen Ofen in der Stube schliefen meist die Kinder und die Alten. Wenn ein Mitglied der Familie starb, wurde die Leiche auf einer Bank in der „roten Ecke" des Hauses – wo sich die Ikone befand – aufgebahrt. Danach trug man die sterblichen Überreste im offenen Sarg zum Friedhof. Nach dem Begräbnis wurde gewöhnlich eine Totenmesse gelesen.
Kgl. Bibliothek, Kopenhagen.

Im Norden des Landes war Holz das natürliche Baumaterial, im Süden baute man mit Steinen. Die Bauernkaten im südlichen Rußland (Ukraine) mit weißem Putz und roten Ziegeldächern machten einen wesentlich freundlicheren Eindruck als die düsteren Holzhäuser im Norden.

Keller gab es gewöhnlich nicht, d.h. man baute direkt auf die Erde, die gleichzeitig Fußboden war. Über eine überdachte Vortreppe ereichte man das Innere des Hauses, das aus einem großen Raum und einer Vorratskammer bestand. Dieser einzige Wohnraum diente als Küche, Backstube, Waschraum, Schlafzimmer und Arbeitsraum für einfachere Tätigkeiten. In jeder russischen Stube konnte man einen großen Ofen aus Ziegeln oder Lehm finden. Der Ofen war das Herzstück des Hauses, eine absolute Notwendigkeit angesichts dieses harten Klimas. In den nördlichen Gebieten heizte man mit Holz, im Süden mit getrocknetem Dünger.

Bis weit ins 19. Jh. hinein heizte man häufig ohne Schornstein, so daß der Rauch in der Stube verblieb. Daß es dabei häufig zu Kohlenmonoxidvergiftungen kam, ist nicht verwunderlich. Sicherlich wären die Folgen noch schlimmer gewesen, wenn nicht durch zahlreiche Ritzen in Wänden und Fensterrahmen ein Teil der gefährlichen Rauchgase hätte abziehen können. Moos und Werg dienten als Isoliermaterial und waren alles andere als wirkungsvoll.

Nur mit Müh und Not konnte das Tageslicht in die Bauernstuben dringen. Die wenigen und kleinen Fenster waren aus Glimmer. Fensterglas war Luxus und ständig Mangelware. Zur Erleuchtung der Stube verwendete man seit jeher brennende Fackeln (*Lutschini*). Erst gegen Ende des 19. Jh. wurden erstmals Petroleumlampen benutzt.

GOTT UND DER ZAR

Neben dem Ofen war die in einer Ecke aufgestellte Ikone der wichtigste Gegenstand in der Bauernstube. Das heilige Bild wurde mit einer kleinen roten Laterne beleuchtet, weshalb der Platz auch als „rote Ecke" bezeichnet wurde. Bei Betreten des Raumes war es üblich, zur Ikone hingewandt das Kreuzzeichen zu machen.

Bilder mit religiösen Motiven oder der Zarenfamilie waren sehr beliebt. Die Stellung des Zaren wurde praktisch von keinem Bauern in Frage gestellt. Er galt als anständiger

Mann, dem es schwerfiel, Leute zu finden, auf die er sich verlassen konnte.

Das kirchentreue Bauernvolk bekam vom Dorfpriester ständig die Losung zu hören: „Gott und der Zar." Die Popen priesen die Obrigkeit und verrichteten ihre Amtspflichten wie Taufen, Hochzeiten und Beerdigungen. Es galt, viele Messen zu halten und zahlreiche Schutzheilige zu feiern, was dem Klingelbeutel zugute kam. Aus diesem Grunde hatten auch Pferde und Kühe ihre besonderen Schutzheiligen.

Die Einrichtung der Bauernstuben war äußerst spartanisch: ein Tisch und zwei Bänke sowie möglicherweise ein Schrank, das war alles. Als Schlafstatt dienten an der Wand befestigte Verschläge.

Gegessen wurde aus Holztellern mit Holzlöffeln. Ein paar Kochtöpfe und ein Waschtrog stellten den Rest der Einrichtung dar.

Der berühmte Samowar galt als Luxusartikel, ebenso Tee und Zucker. Zu den eintönigen Mahlzeiten, die oft aus Wassersuppe mit Kohl, Hirse- oder Buchweizenbrei, Kartoffeln, Gurken und Pilzen bestand, trank man Wasser, Milch oder Dünnbier. Dazu gab es oft saures schwarzes Brot. Fleisch gehörte zu den Raritäten.

Das Saunabad am Samstag, das zugleich die Vorbereitung für den sonntäglichen Kirchenbesuch darstellte, war der einzige Luxus, den man sich gönnte. Manches Dorf hatte eine öffentliche Sauna, andernorts wurde dafür ein kleiner Raum auf dem Hof eingerichtet, oder man heizte den Stubenofen ordentlich und nutzte die Stube als Sauna. Zu den Ritualen gehörte, daß man mit Birkenreisig auf den Körper schlug sowie sich draußen im Schnee abkühlte.

DAS MIRSYSTEM

Die große Schar der Bauern litt im alten Rußland bittere Not. Diese hatte zahlreiche Ursachen: Mit unrationellen Anbaumethoden und veraltetem Gerät konnten keine ausreichenden Ernten erzielt werden. Dazu kamen administrative Hemmnisse. Jedes Dorf wurde von einer Dorfkommune (*Mir*), einer gewählten Versammlung mit dem Dorfältesten als Oberhaupt, geleitet. Das Mirsystem, ein altes russisches System, wurde nach Abschaffung der Leibeigenschaft wieder ins Leben gerufen und bestand bis 1906.

Hierbei wurden jeder Familie alljährlich verschiedene Parzellen zugeteilt. Die Familie war also nicht Besitzer von Grund und Boden. Dazu kamen die Dreifelderwirtschaft und die Lage der weitverstreuten Parzellen.

Was die Rolle des Dorfältesten betraf, war Bevorzugung nach Gutdünken an der Tagesordnung. Ihm fiel außerdem die undankbare Aufgabe der Steuereintreibung zu. Die Verschuldung in den Dörfern war gewaltig. Aufgrund der explosionsartigen Bevölkerungszunahme wurden die Parzellen logischerweise immer kleiner.

Hatte man Pech bei der Zuteilung, konnte dies für eine Bauernfamilie katastrophale Folgen haben. Verwahrloste und ungeeignete Felder gab es in Mengen. Immer mehr Bauern zogen deshalb in der Zeit zwischen Saat und Ernte in die Städte, um in den Fabriken zu arbeiten. Aber durch das Mirsystem war man auf Lebenszeit an das Heimatdorf gebunden. Darunter hatten natürlich besonders die Frauen zu leiden.

In den Dörfern war stets von der großen und der kleinen Hungersnot die Rede. Sogar in ertragreichen Erntejahren konnte der Hunger nur mit Mühe von der Familie ferngehalten werden. In Jahren der Mißernte machte sich die gefürchtete große Hungersnot – *Golod* – breit. Unter diesen Bedingungen war es natürlich besonders schwer, Tiere zu halten. War es gelungen, ein Schwein oder einen Ochsen aufzuziehen, mußte man aus finanziellen Gründen das ganze Fleisch oder wenigstens einen Großteil davon verkaufen.

„In den Tagen der Leibeigenschaft hatte man wenigstens Hoffnung", war oft zu hören.

Der begehrte Tee wurde in jedem Dorfkrug, jeder Straßenschenke und jedem Wirtshaus im alten Rußland serviert. Meist tauchte man ein Zuckerstück in den Tee, und man ließ es dann im Munde zergehen. Diese Art des Teegenusses nannte man Vprikusku.
Kgl. Bibliothek, Kopenhagen.

Das Führen der Troika – eines Dreigespanns – gehörte im alten Rußland zu den höchsten Statussymbolen. Das mittlere Pferd lief dabei im Trab, während die beiden äußeren galoppierten. Die Abbildung zeigt einen gewöhnlichen offenen Wagen, Telega genannt. Ein geschlossener Wagen hieß Kibitka. Kgl. Bibliothek, Kopenhagen.

In den 1870er Jahren wurde die Lage durch die Narodniki-Bewegung (Volkstümler) noch komplizierter, welche zum Ziel hatte, das Bildungsniveau der Bauern zu heben und ihnen politisches Bewußtsein beizubringen. Das Mirsystem mit seinem kollektiven Grundbesitz wurde von den Volkstümlern begrüßt und ließ sozialistische Züge erkennen ebenso wie die kollektive Produktionsform – *Artel* – der Fischer und Jäger in Rußland im 13. Jh. „Die Bauern sind geborene Sozialisten", glaubten die Volkstümler.

Die Wirklichkeit sah jedoch ganz anders aus: Die begeisterten Agitatoren stießen auf taube Ohren. Statt der erwarteten Volksbewegung kam die Polizei, und sie setzte die Volkstümler hinter Schloß und Riegel. Sie wurden wegen staatsfeindlicher Tätigkeit zu empfindlichen Strafen verurteilt.

EINE GESELLSCHAFT KOMMT INS WANKEN

In den 1840er Jahren sahen sich radikale und liberale Russen, vornehmlich Schriftsteller, immer mehr der Verfolgung seitens der Behörden ausgesetzt. Allein der Verdacht gesellschaftskritischer Tätigkeit reichte für harte Bestrafung aus. Herzen wurde verbannt, als die Zensur einen Brief entdeckte, in welchem er an seinen Vater geschrieben hatte, daß ein Polizist einen unschuldigen Fußgänger getötet habe.

Alexander II. war von Anfang an entschlossen, gegen die wachsende Front der Protestierenden anzugehen. Er untersagte Studenversammlungen und Demonstrationen an den Universitäten und reduzierte die Studentenzahl. Wenn der Zar geglaubt hatte, die Studenten einschüchtern zu können, hatte er sich jedoch gewaltig getäuscht. Diese tauchten unter und bildeten eine Reihe von illegalen politischen Vereinigungen. Eine der bekanntesten, *Semlja i Wolja* („Erde und Freiheit"), kam 1862 in Petersburg zustande. Die Mitglieder bliesen zum Angriff gegen die Unterdrückung und die Grausamkeiten des Absolutismus.

TRUNKENBOLDE

Der russische Staat hatte Ende des 19. Jh. praktisch das Monopol für den Verkauf von Spirituosen im ganzen Lande. Die daraus resultierenden Steuereinnahmen stellten einen großen Teil der Staatseinkünfte dar. Wenn der russische Bauer trank, dann trank er tüchtig. Anton Tschechow schrieb 1899: „Kirjak war alle drei Tage schrecklich betrunken. Er versoff seine Mütze, er versoff seine Stiefel und schlug Marja so kräftig, daß man sie mit Wasser überschütten mußte, um sie wieder zum Leben zu erwecken. Danach empfanden alle Scham und Übelkeit." Kgl. Bibliothek, Kopenhagen.

Der Proteststurm war jedoch nicht nur politischer Art. Junge Menschen lehnten sich wie nie zuvor gegen die Welt der Erwachsenen und deren Normen auf. Junge Russinnen traten mit kurzem Haarschnitt und blaugetönten Brillen auf, ihre männlichen Kollegen ließen Haar und Bart wachsen. Jugendliche sprachen sich für freie Liebe und Atheismus aus.

Der Eiserne Kanzler, Otto von Bismarck, der in den Jahren 1859–1862 preußischer Botschafter in Petersburg gewesen war, verurteilte die jungen Russen als deutschfeindlich und ungehobelt.

Die Ultrakonservativen bezeichneten die Abtrünnigen herablassend als Nihilisten, eine Bezeichnung, die später die westliche Welt sämtlichen russischen Revolutionären zugedacht hat. Der Begriff wurde in Rußland offiziell verboten.

Es war natürlich äußerst schwierig, im Zarenreich einer illegalen politischen Tätigkeit nachzugehen. Es wimmelte nur so von Polizisten und regierungstreuen Spitzeln. Die illegalen Gruppen waren zwar klein, nahmen aber trotz der ständigen Verfolgungen an Mitgliedern zu.

Die Aktivitäten sympathisierender Exilrussen waren nicht zu übersehen. In der politischen Position standen sie meist links außen.

Zürich sollte sich für die politischen Flüchtlinge zum Zentrum entwickeln. Dort trafen sie auf die großen Revolutionäre Karl Marx und Michail Bakunin.

Die russischen Behörden versuchten die jungen Emigranten zur Rückkehr zu zwingen, indem sie ihre Pässe für ungültig erklärten, was jedoch völlig ignoriert wurde.

TODESURTEIL FÜR DEN ZAREN

Im April 1866 wurde auf Alexander ein Attentat verübt. Der junge Student Dmitri Wladimirowitsch Karakasow (1840–1866) versuchte, den Selbstherrscher bei einem Spaziergang im Sommergarten der Hauptstadt zu erschießen. Alexander kam aber mit dem Schrecken davon. Der Attentäter wurde von einem vorbeigehenden Bauern überwältigt, der noch am selben Tag für seinen Einsatz geadelt wurde. Karakasow endete zwar am Galgen, erlebte jedoch in Dostojewskis Roman „Die Gebrüder Karamasow“ eine Wiedergeburt.

Öffentliche Vorführung von Staatsfeinden gehörte zum russischen Stadtbild. Delinquenten pflegte man, auf Karren sitzend, mit einem Schild um den Hals mit der Aufschrift „Staatsfeind“ wegzuschaffen. Oft landeten sie am Pranger wie der Schriftsteller Nikolai Tschernyschewski nach der Veröffentlichung seines Buches „Was tun?“, einer stark sozialistisch gefärbten Zukunftsutopie. Das Buch wurde beschlagnahmt und Tschernyschewski angeklagt, die Jugend verdorben zu haben. Sogar Bilder des Schriftstellers wurden verboten.
Private Sammlung.

Daraufhin folgten mehrere Attentatsversuche, u.a. während einer Kutschenfahrt durch Paris mit Napoleon III. an Alexanders Seite, ein weiterer im Winterpalast, als der kaiserliche Speisesaal in die Luft flog. Der Zar entkam auch diesem und weiteren Anschlägen.

1879 wurde Alexander von dem Exekutivkomitee der Terrororganisation *Narodnaja Wolja* („Freiheit des Volkes") zum Tode verurteilt. Diese militante Gruppe verfügte über eine effektive Organisation in über 50 Städten. Die Mitgliederzahl war jedoch mit schätzungsweise 500 relativ niedrig. Die Mitglieder wurden mit eiserner Hand vom Exekutionskomitee in St.Petersburg aus gesteuert. Das Komitee setzte sich fast ausschließlich aus Studenten zusammen, von denen viele Frauen waren. Politisches Ziel war die Vernichtung der Zarenherrschaft mit allen Mitteln. Die Folge war eine Reihe von Anschlägen gegen die Oberhäupter des Machtapparates einschließlich des Zaren.

Die *Narodnaja Wolja* hatte sich im August 1879 aus der geheimen politischen Partei *Semlja i Wolja* (nicht zu verwechseln mit der gleichnamigen Partei der 1860er Jahre) gelöst. Der andere Flügel der ursprünglichen Partei nannte sich *Tscherny peredel* („Schwarze Verteilung"), eine Bezeichnung, die auf das wesentliche Ziel der Partei anspielte, nämlich Grund und Boden aufzuteilen und den Bauern zu übergeben.

Die beiden Hauptfiguren der Partei, Grigori Walentinowitsch Plechanow (1856–1918) und Paul Borisowitsch Axelrod (1850–1928), sollten einige Jahre später (1883) die erste sozialdemokratische Organisation in Rußland unter dem Namen „Kampfverband zur Befreiung der Arbeiterklasse" bilden. Erst 1898 kam eine wirklich sozialistische russische Partei – „Rußlands sozialdemokratische Partei" – auf einem Geheimkongreß in Minsk zustande. Dabei traten neben Plechanow und Axelrod nun auch ein gewisser Wladimir Iljitsch Uljanow (1870–1924) – besser bekannt als Lenin – und Leo Bronstein (1877–1940), sprich: Leo Trotzki, auf. Innerhalb der Partei bildeten sich 1903 zwei Flügel heraus, die Bolschewiken und die Menschewiken. Lenin führte die Bolschewiken an, Trotzki die Menschewiken.

Das zunehmende Chaos in Rußland ließ Alexander II. schließlich zur Tat schreiten. Zuvor hatte er sich geweigert, sein Reformprogramm unter einer Verfassung fortzusetzen, die eine Volksvertretung zuließ. General Michail Loris Milikow (1826–1888) wurde daraufhin mit dem Entwurf einer Verfassungsänderung beauftragt.

Am Morgen des 13. März 1881 (neuer Kalender) unterzeichnete der Zar einen diffus formulierten Ukas, in dem die Vertreter von Bezirken und Städten als beratendes Gremium an der Seite der Regierung einberufen wurden. Der Tag der Bekanntmachung des Ukas sollte jedoch aus einem ganz anderen Grunde zu einem denkwürdigen Tag werden.

An diesem ungewöhnlich kalten und windigen März-

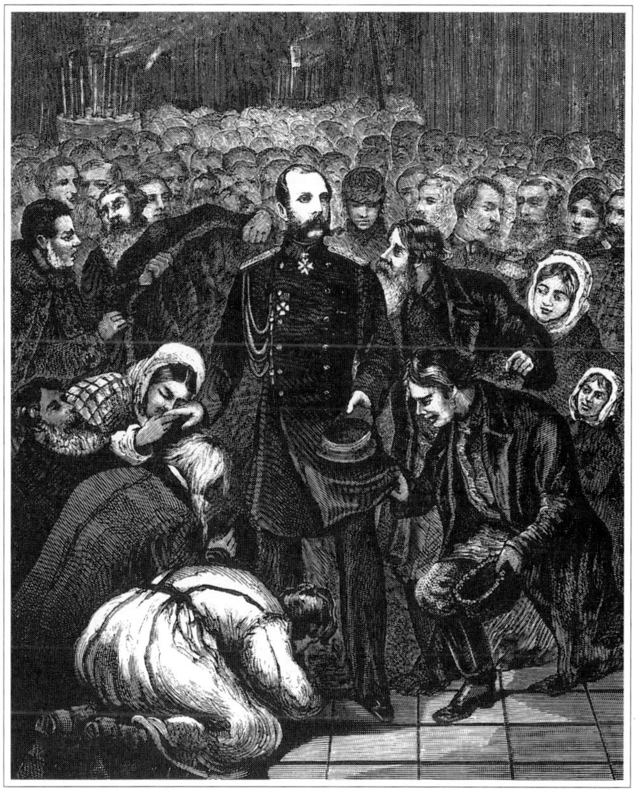

Die große Masse stellte die Stellung des Zaren nie in Frage, was sich nach dem Attentat Karakasows (1866) deutlich zeigte. Alexander war vom „tiefen Respekt" des Volkes voll und ganz überzeugt. Anton Tschechow schreibt: „Nirgendwo hat die Obrigkeit eine derartige Macht wie bei den Russen, die durch jahrhundertelange Sklaverei so untertänig geworden sind, daß sie Angst vor der Freiheit haben." Private Sammlung.

morgen bereitete sich Alexander allen Warnungen zum Trotz zum Besuch der traditionellen Wachtparade in der St.Michails-Manege vor.

Gegen Mittag machte sich der Zar auf den Weg. Der kaiserliche Konvoi fuhr wie gewöhnlich in Eile durch die Straßen der Stadt. Während der Parade konnte sich der Zar besonders daran erfreuen, daß einer seiner Neffen erstmals ein ganzes Bataillon befehligte.

Kurz nach ein Uhr trat der Kaiser die Rückfahrt an. Er wollte der Großfürstin Katharina einen Besuch abstatten. Gegen zwanzig Minuten vor zwei Uhr bog die kaiserliche Kutsche in eine schmale Gasse ein, die parallel zum Katharina-Kanal verlief.

EIN SCHNEEBALL... UND NOCH EINER!

Plötzlich flog etwas durch die Luft. Was wie ein Schneeball aussah, erwies sich als eine Bombe. Sie explodierte aber hinter der kaiserlichen Kutsche. Obwohl der Kutscher und die übrigen weiterfahren wollten, befahl Alexander, anzuhalten. Bleich, aber gefaßt öffnete er das, was noch von der Kutschentür übriggeblieben war, und trat auf die Straße. Flüchtig bekam er den Bombenwerfer zu Gesicht, einen jungen Studenten namens Nikolai Iwanowitsch Rysakow (1861–1881).

Gerade als sich der Zar anschickte, weiterzufahren, kam die zweite Bombe geflogen. Eine erneute, gewaltige Explosion riß Menschen, Kleider und die Kutsche in Stücke. Sämtliche Fensterscheiben der Häuser auf der anderen Kanalseite barsten. Als sich der Rauch verzogen hatte, konnte man sehen, daß Alexander blutüberstömt im Schneematsch lag. Er war schwer verletzt. Seine Beine schienen zerfetzt zu sein. Um ihn herum lagen weitere zwanzig Personen, mehr oder weniger schwer verletzt. Zwei von ihnen sollten das Massaker nicht überleben.

Man bedeckte den sterbenden Kaiser mit einer Offiziersjacke und bettete ihn notdürftig auf einen Schlitten. Da die Explosion über die ganze Stadt hinweg zu hören war, strömten die Neugierigen in Massen zu dem Schauplatz, so daß der Konvoi nur schwer zum Winterpalast gelangen konnte.

Dort angekommen, wurden drei Ärzte herbeigerufen. Sie sahen sich jedoch einer hoffnungslosen Aufgabe gegenüber. Mit sogenannten Kautschukbandagen versuchte man das restliche Blut im Kreislauf zu halten und durch wiederholte Schockbehandlung mit Äther, Wasser und Eis der Bewußtlosigkeit beizukommen. Ein paarmal schien Alexander auch die Augen zu öffnen. Einige Minuten nach halb drei Uhr an diesem Sonntagnachmittag entschlief der Zar jedoch.

Einer der Augenzeugen, der Neffe des Kaisers, Alexander Michailowitsch (1866–1933), schreibt in seinen Memoiren:

Der Kaiser lag auf einem Diwan neben dem Schreibtisch... Er bot einen schrecklichen Anblick: Das rechte Bein war abgerissen, das linke zerfetzt, Kopf und Gesicht voller Wunden. Das eine Auge war geschlossen, das andere ausdruckslos... Ständig traten Mitglieder des Kaiserhauses ein. Der Raum war voller Menschen. Ich hing mich an Nikis Arm, der totenbleich in seinem blauen Matrosenanzug dastand. (Niki war der zukünftige Nikolaus II.) *Seine Mutter stand wie gelähmt mit ein Paar Skischuhen in ihren Händen. Ich erkannte den Thronfolger an seinen breiten Schultern, wie er dastand und aus dem Fenster blickte. Die Fürstin Jujewskaja kam halb bekleidet ins Zimmer gestürzt, warf sich über das Bett des Zaren, küßte seine Hände und schrie ...Sascha, Sascha! Es war unerträglich.*

Der Zarenmord löste eine schonungslose Jagd nach Verdächtigen aus. In der Polizeiführung der Hauptstadt wurden Säuberungen vorgenommen, vier Offiziere des Generalstabs wurden verhaftet.

Im Zuge dieser Jagd fand die Polizei mehrere Minen un-

Die zweite Bombe schlug in unmittelbarer Nähe des Zaren ein und verletzte ihn schwer. Ein Professor namens Fjodoroff erklärte in der Tageszeitung St.Petersburgskie Wedomosti als direkte Todesursache den hohen Blutverlust. Sogar der Ehering des Zaren war zersplittert, und Teile davon waren in den Finger eingedrungen. Als Kuriosum sei erwähnt, daß sich der Zarenmord am selben Tag (Idus Martii) ereignete wie der Mord an Julius Caesar (44 v. Chr.). Staatl. Museum Helsinki.

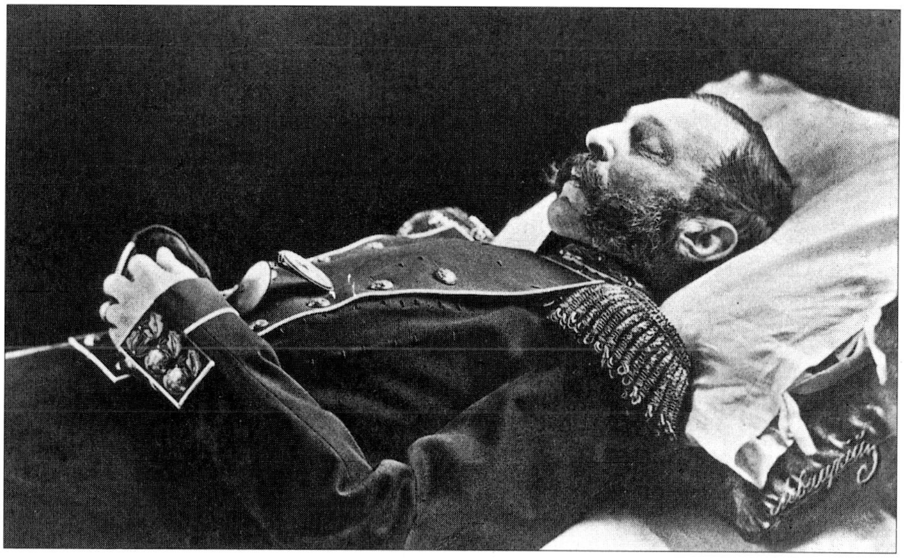

Die sterblichen Überreste Alexanders II. wurden in der Peter-und-Pauls-Kathedrale aufgebahrt. 22 Stunden täglich war die Kirche der Öffentlichkeit zugänglich. Sein Gesicht war mit einem dünnen Gazegewebe bedeckt. Acht Stunden lang hatte man vergebliche Balsamierungsversuche unternommen. Das Gesicht war eingefallen, „nicht größer als eine Hand", und der Mund hatte sich geöffnet, so daß „die Zähne sichtbar waren", vermerkte ein Augenzeuge. Die Aufnahme stammt vom Hoffotografen Lewizki.
Bildersammlung des Städtischen Museums Helsinki.

ter der Straße. Am Newski Prospekt stieß man auf Minen mit elektrischer Auslösung, die bei einer Detonation über dreißig Häuser hätten zerstören können.

War die Stimmung in St.Petersburg gedrückt und gespenstisch, so wurde die Tat um so mehr als Sieg von den russischen Revolutionären im Exil und von anderen linksgerichteten Sympathisanten überall auf der Welt gefeiert. In New York bezeichnete der deutsche Sozialist Wilhelm Hasselmann (geb. 1844) den Anschlag als „heilige Tat".

Schließlich wurden zehn Personen als die Schuldigen festgenommen. Sechs von ihnen kamen vor ein Sondergericht. Der Bombenwerfer, ein junger Mann namens Stephanowitsch, wurde am Tatort selbst schwer verletzt und erlag im Krankenhaus seinen Verletzungen. Mehrere Sympathisanten entzogen sich der Verhaftung durch Selbstmord.

EINE GEDENKKAPELLE zu Ehren Alexanders II. wurde an der Stelle des Attentats am Katharina-Kanal errichtet. Die Kapelle war vielbesucht.
Staatl. Museum Helsinki

Sämtliche sechs Angeklagten wurden des Majestätsverbrechens oder der Beteiligung an der Planung des Mordes für schuldig befunden. Das Urteil war vorgegeben: Tod durch den Strick.

Eine der Verurteilten, Sophia Petrowskaja (1853–1881), hatte adliges Blut in den Adern. Sie gehörte der Terrorgruppe Wille des Volkes an und war an zwei früheren Attentatsversuchen gegen den Zaren beteiligt gewesen. Die Bomben bestanden aus dickem, mit Nitroglyzerin gefülltem Glas, das in weißes Tuch gehüllt war.

Die Abstammung Sophias gab dem neuen Kaiser die Möglichkeit einer Begnadigung, die jedoch nicht gewährt wurde. Sophia Petrowskaja war damit die erste russische Frau, die für ihre politische Überzeugung hingerichtet wurde.

KAPITEL XIV

Alexander III.

(Regent 1881 – 1894)

DER BAUERNZAR

Der neue Zar, Alexander III., war von kräftigem Wuchs, 186 cm groß und beeindruckte mehr als Bauer denn als Herrscher. Seine körperliche Kraft stand außer Zweifel, wenn man bedenkt, daß er mit bloßen Händen Hufeisen zurechtbog. Bei einem Bankett beantwortete er einmal die Anspielungen des österreichischen Botschafters mit einer Kraftdemonstration, indem er einen Silberlöffel zwischen den Fingern verbog.

Ansonsten war Alexander kein Freund von offiziellen Zeremonien. Auch von den alljährlichen kaiserlichen Bällen zog er sich stets früh zurück. Alexander fühlte sich am wohlsten in der privaten Suite auf Schloß Gattschina außerhalb von St.Petersburg. Dorthin war er mit seiner

Die Krönung fand in Moskau 1883 mit gewohntem Prunk statt. Zar Alexander III. setzte sich selbst und anschließend seiner Gemahlin die Kaiserkrone aufs Haupt. Mit drei tiefen Verbeugungen trat das Paar auf einem der Schloßbalkone der jubelnden Volksmenge entgegen. Die Hauptfeierlichkeiten wurden mit einer grandiosen Festbeleuchtung der Kremlburg und der Moskauer Stadtmitte abgeschlossen, diesmal mit dem neuen Wunderwerk – Elektrizität.
Staatl. Museum Helsinki

Familie nach dem Mord an seinem Vater gezogen. Um das Schloß postiert standen die loyalsten Soldaten des Reiches Wache, weshalb Alexander zuweilen als „Gefangener von Gattschina" bezeichnet wurde.

In seinem Schloß ging Alexander in weiten Kleidern umher und führte ein nahezu spartanisches Familienleben. Etwas Roggenbrot und Ei zum Frühstück, ein Pilz- oder Kohlgericht als Hauptmahlzeit erachtete der Zar als ausreichend. Nicht zu Unrecht trug er den Beinamen „Bauernzar".

Alexander III. war ein wahrer Patriot, von ungeheurem Fleiß beseelt und besaß gesunden Menschenverstand, was seine mangelhaften theoretischen Kenntnisse teilweise aufwog. Weniger angenehm waren hingegen sein Hochmut und seine Verdrossenheit.

Wie so viele andere Mitglieder der großen kaiserlichen Familie hatte auch Alexander ein lässiges und behagliches Offiziersdasein geführt. Er war der zweite Sohn Alexanders II. und somit nicht als Thronerbe vorgesehen. Als jedoch sein älterer Bruder, der Thronfolger und Großfürst Nikolai Alexandrowitsch (1843–1856), plötzlich verstarb, änderte sich alles.

Alexander mußte wieder auf die Schulbank. Um so rasch wie möglich sein Wissen zu erweitern, wurde der

ALEXANDER III.

Alexander III. war keine sympathische Erscheinung. Er war düster und schwermütig und hatte wenig persönliche Freunde. Ebensowenig gelang es ihm auf politischer Ebene, Verbündete zu gewinnen. „Rußlands einzigen Freund" nannte er König Nikola I. (1841–1921) von Montenegro, einem Miniaturland auf dem Balkan.
Kgl. Bibliothek, Kopenhagen.

MARIA FJODOROWNA

Kaiserin Maria Fjodorowna, geborene Prinzessin Dagmar von Dänemark, liebte Prunk und glanzvolle Feste. Sie ritt gern oder fuhr mit Vierspännern. An all diesen Dingen war ihr Gemahl völlig desinteressiert. Aber laut Olga Alexandrowna, der jüngsten Tochter, ergänzten die kaiserlichen Hoheiten einander.
Kgl. Bibliothek, Kopenhagen.

erzkonservative Gelehrte Konstantin Petrowitsch Pobedonoszew (1827–1907) als Speziallehrer herangezogen, der gleichzeitig zum künftigen Chefideologen Alexanders werden sollte. Pobedonoszew, der in Tolstois „Auferstehung" in der Gestalt Toporows geschildert wird, schrieb über seinen Schüler:

Die Natur hat ihn stiefmütterlich behandelt..., mit den dürftigsten intellektuellen Gaben ausgerüstet.

Der Tod des älteren Bruders bescherte ihm außerdem eine Gattin. Er wurde dazu gebracht, sich mit der Verlobten seines Bruders, der gebürtigen Dänin Maria Fjodorowna (1847–1928), zu vermählen. Die beiden hatten nicht viel gemeinsam. Maria war eine federleichte junge Dame, demütig und sorglos und ohne größere intellektuelle Interessen.

Sie gebar ihrem Gatten vier Söhne und zwei Töchter. Jedoch waren ihr nur die zwei ältesten Söhne, Nikolai und Georgi (1871–1899), wirklich ans Herz gewachsen. Die Tochter Xenia (1875–1960) machte sie zu ihrer privaten Dienstmagd.

TREFFEN ZU FREDENSBORG

Das Leben der kaiserlichen Familie spielte sich nach einem alljährlich wiederkehrenden Turnus ab: Den größten Teil des Jahres verbrachte man auf Gattschina. Im Sommer zog die Familie für sechs Wochen in das Lustschloß Peterhof am Finnischen Meerbusen. Von hier aus wurde an Bord der Yacht Polarstern jedes Jahr die Reise ins Heimatland der Kaiserin angetreten. Der Besuch in Dänemark hatte in einem großen Verwandtschaftstreffen auf Schloß Fredensborg im nördlichen Seeland seinen Höhepunkt. Nicht umsonst trugen die Eltern der Kaiserin, Christian IX. (1818–1906) und Königin Louise (1817–1898), den Beinamen „Schwiegereltern Europas“. Sämtliche ihrer Kinder hatten nämlich in Fürstenhäuser rundum in Europa eingeheiratet.

Maria Fjodorownas ältere Schwester Alexandra (1844–1923) war mit dem künftigen englischen König Edward VII. (1841–1910) verheiratet worden. Ein Bruder der Kaiserin, Wilhelm (1845–1913), ging als König Georg I. von Griechenland in die Geschichte ein.

Olga (1882–1960), die jüngste Tochter der Kaiserfamilie, schreibt in ihren Memoiren:

...die englischen Verwandten rochen nach Nebel und Rauch, die dänischen nach frisch gewaschenen und gebügelten Bettüchern und die Russen nach frisch poliertem Leder.

Nach den Tagen in Dänemark begab sich die kaiserliche Familie dann nach Polen und auf die Krim, wo Alexander III. das Sommerschloß Liwadija hatte errichten lassen.

KEINE AMNESTIE

Zehn Tage nach dem Bombenanschlag auf Alexander II. erhielt der neue Zar ein Schreiben des sogenannten Revolutionären Geheimen Exekutivkomitees – Wille des Volkes. Darin stand, was man von ihm erwartete. Zwei Hauptforderungen wurden gestellt: zum einen volle Amnestie für sämtliche politischen Gefangenen einschließlich derer, die nach dem Attentat gefaßt worden waren, und zum anderen die Bildung einer Versammlung mit Vertretern sämtlicher Gesellschaftsschichten zur Gestaltung eines neuen Rußland.

Auch der Schriftsteller Leo Tolstoi bat um die Begnadigung der Inhaftierten. „Ihre Ideale sind nach wie vor allgemeines Wohlbefinden, Gleichberechtigung und Freiheit“, schrieb Tolstoi. Er forderte den Kaiser auf, „sie mit anderen Idealen zu schlagen“, die „besser als ihre, größer als ihre“ sein müßten.

In einem Manifest im Mai 1881 wurde festgehalten, daß den Forderungen der Revolutionäre in keinem Punkte stattgegeben werde. Statt dessen war die Rede von „dem von niederträchtigen Untieren verübten abscheulichen und gottlosen Mord am russischen Herrscher inmitten seines treuen Volkes“. Abschließend gelobte Alexander III., „die unwürdige revolutionäre Bewegung, die sich schändend über der russischen Erde ausbreitete, auszurotten“.

Gleichzeitig verschwand der kleine Zipfel Pressefreiheit, und an Universitäten sowie Gymnasien setzte eine Hexenjagd auf „unpassende Elemente“ ein. Plötzlich schien die Geheimpolizei überall zugegen zu sein. Man sprach von der „russischen Gesellschaft als Schafherde, die sich von der Peitsche des Hirten und dem Hunde treiben“ ließ.

DOLCH, KUGEL UND GIFT

Ein 22jähriger Graf namens Sergej Julewitsch Witte (1849–1915) glaubte, das richtige Mittel gefunden zu haben, um den Zaren vor politisch Andersdenkenden zu schützen. Witte schlug die Bildung einer Geheimorganisation – „Die heilige Bruderschaft“ – vor. Dabei sollte man sich derselben Taktik bedienen wie die Gegenseite, nämlich Dolch, Kugel und Gift. Jedes gewählte Mitglied der Bruderschaft sollte seinerseits drei neue Mitglieder beschaffen. Nach außen hin verblieb die Organisation geheim.

Wittes Vorschlag wurde angenommen, und innerhalb der kaiserlichen Familie (!) wurde der Bruder des Zaren, Großfürst Wladimir Alexandrowitsch (1847–1909), als Kopf der Organisation eingesetzt. Bald zeigte sich, daß die Bruderschaft mit ihren etwa 14000 Mitgliedern zu einem Staat im Staate herangewachsen war. Im Alter bereute Witte diesen Vorschlag.

Selbst Großfürst Wladimir Alexandrowitsch konspirierte offen gegen seinen Bruder. Nach einem Anschlag auf die Zarenfamilie im Herbst 1888 außerhalb der kleinen Stadt Borki ließ sich der Großfürst deutlich seine Enttäuschung über das Mißlingen anmerken. Das einzige „Fa-

Am Morgen des Karfreitags 1881 wurden fünf der für den Zarenmord zum Tode Verurteilten durch die Straßen der Hauptstadt zur Hinrichtungsstätte geführt, wo der Strick auf sie wartete. Die sechste Mittäterin, Jessia Mirowa Helfmann, war schwanger und wurde erst nach der Entbindung hingerichtet.
Kgl. Bibliothek, Stockholm.

milienmitglied, das dabei sein Leben lassen mußte, war Alexanders Lieblingshund Kamtschatka. Wäre der Anschlag gelungen, hätte der Großfürst die Krone geerbt.

RELIGIÖSE UND ETHNISCHE PROBLEME

Ein rauher Geist kennzeichnete das Rußland Alexanders III. Plünderungen und Attentate gehörten zum Alltag. „Wir verspeisen Juden zum Frühstück, die Reichen zum Mittagessen und die Priester am Abend", hieß es unter anderm. Eine Woge von Anschlägen gegen „die Fremden", sprich: die sechs Millionen Juden Rußlands, rollte über das Land. Trotz zahlreicher blutiger Attentate verhielten sich die Behörden passiv.

Es gab zwar Ausnahmen wie etwa den Theologen Wladimir Sergejewitsch Solowjew (1853–1900), der die Judenfrage zu einer rein religiösen Angelegenheit machen wollte, weg von der „politischen Erpressungsebene", zu der sie sich entwickelt hatte. Solowjews Stimme verhallte jedoch ungehört. Das Judenproblem blieb ungelöst.

Alexander III. festigte seine Stellung durch volle Unterstützung der adligen Gutsbesitzer und der wachsenden Industriebourgeoisie. Die Bauern wurden unter die Vormundschaft der Gutsbesitzer gestellt. Die Bauernvertreter in den örtlichen Organen konnten nach Gutdünken festgenommen und abgesetzt werden. Während der Hungersnot und der anschließenden Choleraepidemie 1890/91 waren die örtlichen Behörden nicht in der Lage, wirksame Maßnahmen zu ergreifen. Tolstoi trat als Brotspender auf, und Tschechow griff auf seinen urprünglichen Beruf als Arzt zurück.

Die Industrievertreter wurden durch umfangreiche staatliche Aufträge und Schutzzölle begünstigt. Allmählich steigerte sich die Kontrolle des Staates über die Industrie, gefolgt von Bürokratisierung und wachsender Korruption.

Gegen Ende des 19.Jh. erlebte Rußland eine Bevölkerungsexplosion ohne Beispiel: Von 60 Millionen 1860

HETZJAGD AUF JUDEN

Sie erfolgte mit Duldung durch die Behörden. Die Pogrome erwiesen sich als ausgezeichnetes Ablenkungsmanöver gegen die ständigen Bauernaufstände. Die sog. „Schwarze Sotnje" arrangierte die Hetzjagd. Mit gefälschten Briefen wurden unzufriedene Bauern bearbeitet, beispielsweise: „Der Zar hat gesagt: ‚Wenn ich nur die Polen und Juden loswerden könnte, würde ich die ganze Erde unter den Bauern aufteilen.'" Zahllose jüdische Russen wurden bei diesen Übergriffen getötet oder schwer verstümmelt. Auch Synagogen wurden geplündert und niedergebrannt. Der Maler Marc Chagall (1887–1985), als Sohn jüdischer Eltern in Witebsk geboren, schilderte in seinen Kunstwerken die jüdische Gesellschaft seiner Kindheit. Chagall verließ Rußland 1910.
Kgl. Bibliothek, Stockholm.

stieg die Einwohnerzahl auf 130 Millionen im Jahre 1905. Eine Massenwanderung in die Städte und die dortigen Fabriken setzte ein. Die Einführung des 11½stündigen Arbeitstages in den 1890er Jahren wurde seitens der Arbeiter als großer Sieg betrachtet.

Das Ausbleiben größerer Aufstände war das Ergebnis der Wirksamkeit der Geheimpolizei und – wie es oft heißt – der unendlichen Geduld des Russen. Daß die Revolutionsführer im Gefängnis saßen oder sich im Exil befanden, spielte natürlich auch eine gewisse Rolle.

Erst Ende der 1890er Jahre wurde deutlicher, wie sich die Oppositionellen das zukünftige Rußland vorstellten. Unter Alexander III. betrieb die Opposition „eine Politik der kleinen Taten".

DEUTSCHE PROBLEME

Während der dreizehn Regierungsjahre Alexanders III. herrschte Friede, auch wenn der Krieg mehrmals drohte. 1884 sollte der Dreikaiservertrag zwischen Alexander, dem deutschen Kaiser Wilhelm I. (1797–1888) und Kaiser Franz Joseph I. von Österreich (1830–1916) Frieden und Eintracht in Europa garantieren. Einige Wochen nach der Friedenskonferenz ging Alexanders Balkanpolitik jedoch in die Brüche, und er drohte mit Krieg.

Mit großer Verbitterung mußte Alexander zudem die wachsende Stärke Deutschlands zur Kenntnis nehmen. Die Beziehungen zwischen Deutschland und Rußland verschlechterten sich zusehends. An der Börse in Berlin wurde sogar die Notierung russischer Staatspapiere eingestellt.

Der Zar hatte aber auch in seiner eigenen Familie mit Problemen zu kämpfen: Die Zahl der aus deutschen Fürstenhäusern eingeheirateten Familienmitglieder stellte eine starke deutsche Gruppierung dar. Hinzu kam die deutschfreundliche Einstellung seines Bruders Wladimir Alexandrowitsch. Mit dem Zusammenhalt innerhalb des Geschlechtes der Romanow war es also nicht allzuweit her, was für die Zukunft nicht ohne Bedeutung bleiben sollte.

Alexanders Haß auf die Deutschen zwang ihn dazu, sich den Franzosen zu nähern. Rußland brauchte sowohl ausländisches Kapital als auch industrielles Know-how. Am Anfang der 1890er Jahre kam es zu einem russisch-französischen Bündnis. Ein Viertel des französischen Kapitalexports ging nach Rußland. Dennoch fiel es Alexander sicherlich nicht leicht, 1891 ein französisches Flottengeschwader zu empfangen und zu den Klängen der französischen – revolutionären – Nationalhymne strammzustehen.

In den russischen Vasallenstaaten Finnland und Polen betrieb Alexander eine harte Russifizierungspolitik unter dem Motto: „Ein Land, eine Sprache, ein Glaube." Finnlands Währung, die eigenen Eisenbahnen und das eigene Verteidigungssystem wurden 1890 abgeschafft.

Die russische Expansion in Zentralasien ging weiter. Mit dem kaiserlichen Korea wurde 1889 ein aufsehenerregender Handelsvertrag geschlossen, der den Auftakt zu der Rußland demütigenden militärischen Auseinandersetzung mit Japan 1904/05 darstellte.

Das Reich Alexanders III. war eine Gesellschaft, die nicht mit der Zeit im Einklang stand. Der amerikanische Minister in St.Petersburg, Andrew D. White (1832–1918), charakterisierte im Juli 1893 die Lage als Isolierung von der übrigen Welt und Aversion gegen Einflüsse aus dem Ausland.

WENN DER RUSSISCHE ZAR ANGELT...

Die Ungeduld Alexanders wird anhand einer wahren Begebenheit geschildert: Außenminister Nikolai von Giers (1820–1895), der das volle Vertrauen des Zaren genoß, kam zu einem dienstlichen Besuch und bat den Zaren, daß er einen Blick auf einige wichtige Staatspapiere werfe. Obwohl der Zar am Ufer saß und angelte, erdreistete sich Giers, ihn zu belästigen. Offensichtlich gereizt, fuhr er den Außenminister an:

Wenn der russische Zar angelt, hat sich Europa gefälligst zu gedulden.

Expansion des kaiserlichen Rußland Ende des 19.Jh.: Drei Viertel der Gesamtfläche des Landes lagen in Asien. Die Tabelle gibt die Jahreszahlen der Einverleibung der verschiedenen Gebiete wieder:

Amurgebiet	1858
Ussurigebiet	1861
Taschkent	1865
Samarkand und Buchara	1868
Chiwa und Kokand	1876
Merw	1884

RUSSLANDS PARADESTRASSE

Die Paradestraße Newski Prospekt in St.Petersburg war das kulturelle und kommerzielle Kraftfeld des kaiserlichen Rußland.

Gogol hat „Piter", wie die Stadt im Volksmund genannt wurde, mehrere Namen verliehen.

Auch Puschkin pries die Stadt: „Ich liebe dich, Schöpfung Peters" – woraufhin Dostojewski konterte: „Verzeih, ich liebe dich nicht."

In weniger als einem Jahrhundert entwickelte sich die russische Hauptstadt zu einer Weltstadt. Um die Jahrhundertwende lag die Einwohnerzahl bei 1,5 Millionen.

NEWSKI PROSPEKT

„Alle, die in St.Petersburg leben und ein Einkommen von etwa 400 Rubeln beziehen, haben einen furchtbaren Feind, nämlich unseren nordischen Winter. – Um neun Uhr morgens, wenn die Straßen voll sind von Menschen auf dem Wege zu ihren Ämtern, teilt er ohne Ausnahme solch kräftige Nasenknipser aus, daß die armen Beamten nicht wissen, was sie mit ihren Nasen anfangen sollen." Aus Nikolai Gogols „Der Mantel". Kgl. Bibliothek, Stockholm.

Newski Prospekt war St.Petersburgs Antwort auf die Champs-Elysées in Paris, den Ring in Wien, die Oxford und Regent Street in London und Unter den Linden in Berlin.

Bereits 1709 begann man mit der Rodung des Waldes für die vier Kilometer lange Straße von der Admiralität bis zum Alexander-Newski-Kloster. Mit dem Bau des Klosters wurde 1710 begonnen, und zwar an der Stelle, an der Fürst Alexander Newski mit einem Heer von Nowgorod die Schweden besiegt hatte (1240). Peter der Große ließ die sterblichen Überreste des Fürsten von Wladimir ins Kloster überführen, wo sie unter dem Altar der Klosterkirche 1724 beigesetzt wurden.

Auch die Admiralität, wo Zehntausende von Arbeitern im Schiffsbau tätig waren, war das Werk Peters des Großen.

Ausgehend von den beiden Startpunkten, vereinten sich im Oktober 1712 die beiden Bauabschnitte zu einer Straße. Symbolisch sprach man gleichzeitig von einer Vereinigung von Staat und Kirche, wobei die Admiralität, die Generalität und der Winterpalast am einen Ende der Straße die weltliche und das Kloster am anderen Ende die kirchliche Macht darstellten.

Der Newski Prospekt zur Zeit Alexanders III. Das obere Bild zeigt die Hölländische Kirche (Kuppel), mehrere Geschäfte (darunter eines der bekannten Modehäuser, Grand Magasin de Paris) und die Leihbücherei Andreas Isler. Dort lag auch die Redaktion der „St.Petersburger Zeitung". Untere Abbildung: Newski Prospekt Nr. 22 mit der Schneiderei Jensen, der Kürschnerei E.M. Grunwald und einem der zahlreichen Bankhäuser, Junker & Co. Man beachte die Telefonmasten links auf dem Dach. Kgl. Bibliothek, Stockholm.

Anfangs nannte man die lange Straße Perspektive. Sie glich einer ganz gewöhnlichen Dorfstraße. 1783 wurde sie in Newski Prospekt umbenannt. Gleichzeitig tauchten immer mehr Steinhäuser auf, und die alten Holzhäuser aus den Anfängen der Stadt wurden allmählich abgerissen. Drei der ältesten Paläste sind erhalten geblieben: der Anitschkowpalast (von 1741), seit 1817 Residenz des Thronfolgers, der Suwalowpalast (von 1753) und der Barockpalast des Grafen Stroganow (von 1754).

Zur Zeit Alexanders III. entwickelte sich der Newski Prospekt von der einstig verschlafenen Flanierstraße der „beau monde“ zu einer belebten Geschäftsstraße. Die Damen, die laut Gogol einst „wie ein bunter Wasserfall über den Bürgersteig schwebten“, mußten dem Menschenstrom weichen, der sich, schnell fahrend oder zu Pferde, die Straße entlangwälzte.

Bereits zu früher Stunde sammelten sich Bettler und arme Teufel vor den Bäckereien, um ein paar angebrannte Brote zu erheischen. Die Bevölkerung war auf dem Weg zur Arbeit, die Arbeiter in einfachen, groben Kleidern und die Beamten mit ihren Aktentaschen. Ab und zu eilte ein Dienstmädchen mit flatterndem Schal und mit einem Korb unter dem Arm vorbei. Hier und da spazierten ein paar Gardisten mit Urlaubsschein in der Tasche umher. Ein einsamer Bauer hielt krampfhaft ein paar Kopeken in der Faust und war auf dem Wege, sich zu früher Stunde einen Drink zur Brust zu nehmen.

Nach der Mittagsstunde tauchten dann die privilegierten, nach Parfüm und Eau de Cologne duftenden Damen und Herren auf, die sich bereits nach dem Abend und dem kühlen Champagner in einem der Klubs sehnten. Dort florierte das Glücksspiel, das insofern für die Staatskasse einträglich war, als die kaiserliche Spielkartenfabrik das Monopol zur Herstellung von Spielkarten besaß.

Über die holprigen Pflastersteine in der Straßenmitte drängten unzählige Kutschen, die oft in wilder Fahrt anbrausten. Für 15 Kopeken fuhr der Kutscher zu jedem Winkel der Innenstadt. Im Winter genügten 10 Kopeken ohne Feilschen – was jedoch üblich war.

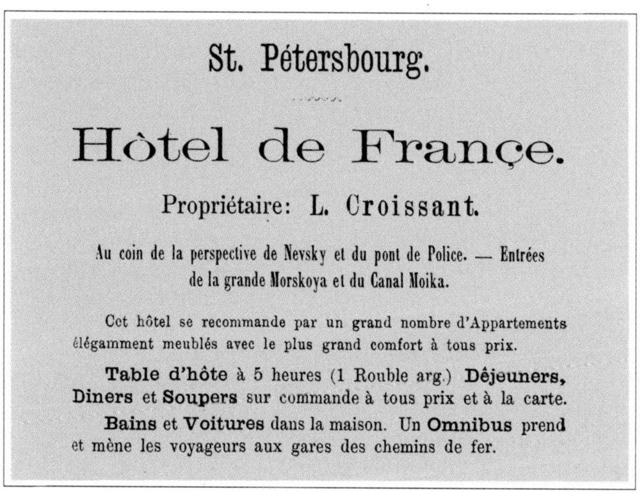

St. Pétersbourg.

Hôtel de France.

Propriétaire: L. Croissant.

Au coin de la perspective de Nevsky et du pont de Police. — Entrées de la grande Morskoya et du Canal Moika.

Cet hôtel se recommande par un grand nombre d'Appartements élégamment meublés avec le plus grand comfort à tous prix.

Table d'hôte à 5 heures (1 Rouble arg.) **Déjeuners, Diners** et **Soupers** sur commande à tous prix et à la carte.

Bains et **Voitures** dans la maison. Un **Omnibus** prend et mène les voyageurs aux gares des chemins de fer.

TEEPAUSE

Zum typischen Straßenbild der russischen Hauptstadt gehörten die zahlreichen Stände, wo Tee und allerlei Gebäck serviert wurden. Ebenso charakteristisch war die Vielzahl der Kutscher in ihren langen, weiten dunkelblauen Mänteln mit roten und grünen Taillenbändern. Das Abkochen des Wassers – z.B. für die Zubereitung von Tee – war unumgänglich nötig im St.Petersburg dieser Zeit. Überall wurde auf großen Warnschildern darauf hingewiesen, aufgrund der Gefahr von Darminfektionen kein Leitungswasser zu trinken. Nur wenige kannten den Geschmack von gewöhnlichem, ungekochtem Wasser.
Kgl. Bibliothek, Stockholm.

STRASSE DER TOLERANZ pflegte man den Newski Prospekt hinsichtlich der zahlreichen Kirchen fremder Religionen entlang und in der Nähe der Prachtstraße zu nennen. Es gab jedoch auch solche, die weniger beeindruckt waren vom Newski Prospekt wie der englische Diplomat Lord Frederick Spencer Hamilton: „Vom Bahnhof tritt man direkt hinaus auf eine breite Straße mit anspruchslosen, doch ziemlich verfallenen Häusern. Die holprigen Pflastersteine, die allgemeine Häßlichkeit, die breite Fahrspur, leer bis auf ein paar scheppernde Karren, die Abwesenheit von Passanten und die tiefhängenden bleiernen Wolken, all das vermittelt einen unbeschreiblich trostlosen Eindruck." Kgl. Bibliothek, Stockholm.

Gogols Kollegienassessor Kowalew, der täglich über den Newski Prospekt spazierte, wäre sicherlich erstaunt gewesen über die sechseckigen Kiefernklötze, aus denen die ersten Bürgersteige der Stadt errichtet waren, oder über die überfüllten zweistöckigen Pferde- oder elektrischen Straßenbahnen.

Das Stimmengewirr entlang der Straße wäre ihm indessen vertraut gewesen. „Die Krämerin, die an der Auferstehungsbrücke Apfelsinen verkauft", hatte überall Kolleginnen und Kollegen. Ob Honigkuchen von Wjasma oder *Pranniki* (Pfefferkuchen), überall wurden Waren und Dienstleistungen feilgeboten. An den Hunderten von Ständen auf dem „Großmarkt" Gostiny Dwor hatte sich seit Eröffnung im Jahre 1785 nichts geändert. Das Angebot an Waren war vielseitig, und mit traditioneller Höflichkeit begegnete man alten wie neuen Kunden.

Für das begüterte Publikum gab es eine Reihe von Luxusgeschäften, Restaurants und Cafés entlang der Paradestraße.

Hatte man Zeit, Lust und Geld, konnte man sich von neun Uhr morgens bis halb elf Uhr abends auf dem Newski Prospekt die Zeit vertreiben.

Von seiten der Ausländer waren oft Kommentare zu hören, die Mischung aus Luxus und Eleganz stehe in krassem Gegensatz zu der deutlich sichtbaren Armut.

WENIGE THEATER – ERINNERUNG AN DIE ZENSUR

Freunden der Literatur unter den Besuchern war sicherlich das Restaurant Albert – einst Konditorei Béranger und Wolf – ein Begriff. Hier traf sich Alexander Puschkin mit seinen Sekundanten vor dem Duell, das ihm das Leben gekostet hat (1837). Heute heißt das Lokal Literatur-Café.

Eines der vier kaiserlichen Theater in St.Petersburg, das Alexandertheater, lag ebenfalls an der Paradestraße. Außer samstags wurden täglich russische Theaterstücke aufgeführt. An Samstagen standen ausländische Stücke – hauptsächlich deutsche – auf dem Programm. Privatpersonen war die Führung von Theatern oder Theatergesellschaften in St.Petersburg und Moskau verboten. Bei den wenigen Ausnahmen, die genehmigt waren, handelte es sich um unbedeutende Gruppen und Vorstellungen privater Art.

Während der Fastenzeit wurden die Theater geschlossen, aber die musikalischen Veranstaltungen blühten auf. Im Hause Newski Prospekt Nr. 30 befand sich ein Konzertsaal, in dem Koryphäen wie Franz Liszt, Richard Wagner (1813–1883) und Hector Berlioz bejubelte Gastspiele gaben. In einem anderen Gebäude (Nr. 15) liegt ein Lokal, in dem einst das erste russische Berufstheater seinen Anfang nahm (1757).

Auch Kinos entstanden. 1914 konnte man ganze 25 Kinos auf dem Newski Prospekt zählen. Der erste Film war in St.Petersburg schon im Mai 1896 gezeigt worden.

ANTON TSCHECHOW schrieb wie alle zeitgenössischen Schriftsteller über seine Zeit und für russische Leser. Er glaubte, daß „Der Kirschgarten" (1904) außerhalb seines Landes ein Fiasko werde, da es dort keine Locpachintypen oder Gegenstücke zu dem ewigen Studenten Trofomow gebe. Auch Tschechow unterlag der kaiserlichen Zensur. Als er sein Stück „An der Landstraße" (1885) zur Prüfung einreichte, wurde es nicht zugelassen; es sei zu düster. So lautete oft die Umschreibung einer Ablehnung. Drei seiner Meisterwerke sind „Die Möwe" (1896), „Onkel Wanja" (1899) und „Drei Schwestern" (1901).
Kgl. Bibliothek, Stockholm.

DER POLIZEISTAAT

Die russische Polizei glich einer äußerst kompliziert organisierten Armee. Man hatte einen Generalstab, Soldaten und Spione. Den Oberbefehl führte der Innenminister. Man hätte ihn genausogut Polizeiminister nennen können, da Polizeiangelegenheiten den größten Teil seiner Zeit in Anspruch nahmen.

Der riesige Polizeiapparat bestand aus der Landpolizei, der „gewöhnlichen" Stadtpolizei, der Sicherheitspolizei *(Ochrana)* und der Gendarmerie. Die beiden erstgenannten Gruppen könnte man als Ordnungspolizei bezeichnen, zu deren Hauptaufgaben Paßkontrolle und Berichterstattung über eventuelle Versammlungen gehörten. Jeder Russe hatte einen Personalausweis, den er beim Besuch fremder Orte unaufgefordert bei der Polizei vorzuzeigen hatte.

Sicherheitspolizei und Gendarmerie hatten kompliziertere Aufgaben: Sie sollten u.a. revolutionäre Elemente aufspüren und alle verdächtigen politischen Aktivitäten ersticken. Eine besondere Rolle fiel dabei den Portiers in den größeren Städten zu. Sie waren verpflichtet, alles, was sich in den Häusern tat, der Polizei zu melden.

Unter den zahllosen Sonderabteilungen des Polizeiwesens gab es ein gut ausgebautes Netz von Agenten im Ausland, die an Ort und Stelle die Taten und Äußerungen ihrer Landsleute zu überwachen hatten.

Der Polizeiapparat stellte den Grundpfeiler der gesamten russischen Verwaltung dar. Wegen der ständigen

Die wichtigste Aufgabe eines russischen Polizisten bestand darin, das Volk zu überwachen, so daß es nicht zu Ansammlungen auf öffentlichen Plätzen oder zu Zusammenkünften kommen könne. Ein besonders waches Auge wurde dabei auf die Studenten geworfen. Bei Demonstrationen beantragte die Polizei fast ausnahmslos militärische Unterstützung. Nach Paragraph 7 der Instruktionen des Militärs konnte Waffengewalt „bis zur vollständigen Ausrottung der Masse" eingesetzt werden.
Kgl. Bibliothek, Stockholm.

PERSONENANGABEN,

die ein Polizist monatlich über Personen zu erstatten hatte, die unter Bewachung standen. Die Angaben wurden vom Bezirksinspektor der Geheimpolizei gegengezeichnet.

Kaiserliche Polizeiabteilung. Formular Nr. 2. Monatlich auszufüllen und einzureichen.

1. Vor- und Zuname der unter Bewachung stehenden Person? Name des Vaters?
2. Wo wohnt er oder sie? Hier sind anzugeben: Stadtteil, Bezirk, Kreis, Straße, Haus, Zimmer.
3. Seit wann ist er dort ansässig, und wo hat er sich vorher aufgehalten?
4. Hat er eine große Wohnung oder ein Zimmer in der Wohnung oder im Haus eines andern? Wer ist gegebenenfalls sein Wirt oder Hausbesitzer? Hier sind dessen Name, Beruf und Vorleben anzugeben.
5. Wohnt er allein oder zusammen mit jemand anderm? Gegebenenfalls mit wem?
6. Hat er Diener? Wie heißen diese? Wenn nicht, wen läßt er sein oder seine Zimmer reinigen? Was gibt es in den Zimmern? Wer wäscht seine Kleider? Name und Wohnung angeben. Hat er im Laufe des Monats geliehen?
7. Womit vertreibt er sich die Zeit, wenn er zu Hause ist?
8. Welche Mittel besitzt er? Falls er unterrichtet, bei wem? Wenn er einer Beschäftigung nachgeht, welcher Art ist sie?
9. Wo und unter welchen Umständen hat der Beamte, der ihn beaufsichtigt, ihn zum erstenmal gesehen? Kennt er den Polizeibeamten vom Aussehen her?
10. Zu welcher Zeit verläßt er die Wohnstätte, und wann kehrt er zurück?
11. Verkehrt er mit jemand, und falls es sich um ein Frauenzimmer handelt, hat sie einen Geliebten? Wenn ja, wer ist es? Wo wohnt er oder sie? Wo pflegen sie sich zu treffen?
12. Wer hat ihn im Laufe des Monats besucht und wann? (Wenn möglich Name und Adresse der entsprechenden Person angeben.)
13. Hat jemand die Nacht in seiner Wohnung verbracht? Wer?
14. Wer kann bestätigen, daß er mit den im vorstehenden Paragraphen aufgeführten Personen zusammengetroffen ist?
15. Spielt er Karten?
16. Hat man ihn jemals betrunken gesehen?

Konstantin Pobedonoszew, Professor für Zivilrecht in Moskau (1860–1865), wurde als Hauptlehrer für Alexander III. und Nikolaus II. eingesetzt. Der erzkonservative Pobedonoszew – Oberprokurator der Heiligen Synode 1880–1905 – predigte eine Rückkehr zur alten Ordnung. Seinen wenig begabten kaiserlichen Schülern redete er ein, daß ihr Platz zwischen Gott und dem Volk sei. Er legte den politischen Kurs Alexanders III. fest, was ihm den nicht gerade schmeichelhaften Beinamen „Totengräber des Kaisertums" einbrachte. Nationalbibliothek Wien.

Überwachung in Verbindung mit unbegrenzter Willkür war die Polizei beim Volk gefürchtet und verhaßt.

Nach Worten des Rußland-Korrespondenten der „New York Tribune" war die Polizei zwar gefürchtet, aber mangelhaft organisiert und „genauso schlecht unterrichtet und untauglich wie der Zar" (1889).

Dafür gab es zahlreiche tragikomische Beispiele: Ein Ornithologe, zugleich Mitglied der kaiserlich geographischen Gesellschaft, erhielt Sonderbewachung, als er in freier Natur einen Kronen-Kranich schoß und dies notierte. Ein Polizist hatte bei der Kontrolle den Einfall, daß sich das Stichwort „Kronen-Kranich" eigentlich auf „die hohe Zarenfamilie" beziehen könnte, und meldete, daß ein Attentat in Vorbereitung sei.

Studentenproteste, die nicht das geringste mit Politik zu tun hatten, wurden angezeigt. Arbeiter, die für bessere Löhne streikten, und Bauern, die Land bestellten, ohne den Gutsbesitzer zu fragen, gerieten in Polizeiakten.

Die Sonderabteilung für Zensur von Zeitungen und Büchern war stets zugegen und zu spüren. Unter Alexander III. ging dies so weit, daß sogar der Druck auf Zigarettenpapier kontrolliert wurde.

Im August 1881 verlautete, daß der Innenminister die Befugnis habe, zu jeder Zeit jeden beliebigen Ort des Landes unter verschärfte Bewachung zu stellen. Das revidierte Strafgesetz, das einige Jahre später (1885) herausgegeben worden ist, hat ganze 700 Seiten umfaßt.

Ab 1860 wurde praktisch alles, was sich in irgendeiner Weise den offiziellen Vorschriften widersetzte, ob politisch, moralisch, künstlerisch oder literarisch, einer Hetzjagd ausgesetzt. Die Oppositionellen bezeichnete man als Nihilisten. Diese Bezeichnung umfaßte alle möglicherweise „Andersdenkenden". Allein der Verdacht genügte, um jemand ins Gefängnis oder nach Sibirien zu bringen.

Oft wurde als Grund für eine Festnahme sogenannte „administrative Bestrafung" angegeben. Auf der Grundlage einer Generalklausel bedurften die Beschuldigungen nicht einmal einer gerichtlichen Entscheidung. Auch zur „Verhinderung von Verbrechen" konnte eine Person „administrativ bestraft" werden.

Niemand war sicher. Als der bekannte und wohlhabende Chirurg Dr. Edward Weimar in St.Petersburg wegen revolutionärer Tätigkeit angeklagt wurde, mobilisierte die Verteidigung eine Reihe glaubwürdiger Zeugen. Der Staatsanwalt rümpfte nur die Nase und behauptete, daß er leicht Zeugen herbeischaffen könnte, die die Schuld des Arztes beweisen würden, sie aber „unglücklicherweise nicht erreichbar" seien. Das Urteil lautete auf Verbannung nach Sibirien, wo Weimar später verstorben ist.

ABSOLUTE STILLE

Ein gewisser Peter Alexandrowitsch Kropotkin (1842–1921) war wegen seiner revolutionären Kontakte ins Gefängnis geworfen worden. Kropotkin berichtet von seinem Aufenthalt im Gefängnis und von seiner Flucht. Trotz Kälte, Feuchtigkeit und Einsamkeit empfand er die Stille und Ungewißheit als das Schlimmste. Um Kontakte zwischen den Gefangenen durch Klopfreichen unmöglich zu machen, wurden die Zellen mit dicken Decken isoliert. Sogar die Wärter, die stündlich durch das Guckloch spähten, schlichen in dicken Filzschuhen umher, um die totale Stille nicht zu stören.

Kropotkins Bruder Alexander kam aus der Schweiz angereist, um ihn zu besuchen. Kurz darauf wurde er aus administrativen Gründen verurteilt und nach Sibirien verbannt. Dabei hatte er nichts weiter getan, als seinen Bruder besucht.

Die Zahl der zu Gefängnisstrafen Verurteilten stieg um die Jahrhundertwende drastisch an. 1897 waren 77000 Urteile verhängt worden, 1909 stieg die Zahl auf 181000 an. Nicht alle waren politische Häftlinge, doch nahm ihr Anteil von Jahr zu Jahr zu.

Die verschiedensten Arten von Folterung waren in den russischen Gefängnissen gang und gäbe. Auch nach der offiziellen Abschaffung 1904 war die Prügelstrafe alltäglich.

SIBIRIEN

Am Ende des 19.Jh. wurden die Menschen massenweise nach Sibirien, „einem Gefängnis ohne Schloß und Gitter", deportiert. An der Jahrhundertwende befanden sich 298577 Personen in dieser verlassenen Gegend. Etwa die Hälfte davon war aus administrativen Gründen verbannt worden.

Bei dem viereckigen, fünf Meter hohen Ziegelturm, der das Grenzmonument zwischen dem europäischen Rußland und Sibirien darstellte, müssen sich herzzerreißende Szenen abgespielt haben. Viele der auf Lebenszeit Verbannten küßten das Denkmal, andere schrien ihre Verzweiflung heraus oder kratzten eine Handvoll Heimaterde zusammen und steckten sie verstohlen in die Tasche.

In riesigen Kolonnen zogen die Verbannten zu Fuß an ihre Bestimmungsorte. Um die Fußgelenke hatte man ihnen Eisen angelegt, jedes zweieinhalb Kilogramm schwer.

Der halbe Schädel der Gefangenen war kahlgeschoren. Alte und Kranke ließ man auf den plumpen Gepäckwagen fahren, auf denen die Habseligkeiten mitgeführt wurden. Auch den „besseren" Gefangenen wurde diese Vorzugsbehandlung gewährt. Dazu gehörten Wissenschaftler und Adelige. Die Wärter brachten diesen Leuten bisweilen sogar Ehrfurcht und Ehrerbietung entgegen.

Nicht selten folgten die Verwandten der Verurteilten – meist die Ehefrauen – freiwillig in die Gefangenschaft mit.

Dann und wann tauchten entlang des trostlosen Weges Etappengefängnisse auf, wo die Trecks vorübergehend untergebracht wurden. Jeden dritten Marschtag gewährte man einen Ruhetag.

Das Urteil „Sibirien" konnte unterschiedlichen Inhalt haben. Die härteste Strafe war beispielsweise mit ewiger Zwangsarbeit verbunden, meist in einem Bergwerk. Andere Strafen waren milder und zeitlich begrenzt. In Ausnahmefällen stellte die Verbannung eine Art Hausarrest dar. Lenin, der 1897–1900 nach Südsibirien verbannt war, schrieb in dieser Zeit „Entwicklung des Kapitalismus in Rußland".
Abbildung aus dem Buch „Die politischen Gefangenen in Sibirien" des Amerikaners George Kennan.

...danach kamen die „Telegas" mit den Alten, Kranken und den kleinen Kindern, darauf ein Nachtrupp von einem halben Dutzend Kosaken. Obgleich der Weg einem Morast glich, war die Gruppe nach fünf Minuten entschwunden. Als letztes hörte ich nur noch das Rasseln der Ketten und die Mahnungen der Kosaken an die Kinder, sich in Reih und Glied zu halten.
Aus George Kennans „Die politischen Gefangenen in Rußland" (1890).

In den Etappengefängnissen herrschte ein unbeschreibliches Gedränge. Die Menschen wurden in Käfige gepfercht, und überall fanden sich Schmutz und Ungeziefer. Schätzungsweise ein Drittel der Gefangenen litt ständig an Krankheiten wie Skorbut, Typhus, Tuberkulose, Rheumatismus und Syphilis. Selbstmord und Selbstmordversuche gehörten zum Alltag.

Die Gefangenen erhielten täglich ein paar Kopeken, womit sie ein paar Scheiben Roggenbrot erstehen konnten oder das, was sonst von den Bauern entlang des Marschweges angeboten wurde. Einer der Gefangenen wurde gewöhnlich zum Marketender ernannt. Er verkaufte „Luxuswaren" wie Tee, Zucker und Weizenbrot. Dann und wann gab es auch Wodka, Tabak und Spielkarten zu kaufen, Waren, an die der Marketender nur durch Bestechung der den Elendszug begleitenden Soldaten herankam.

Am Verbannungsort angekommen, begann ein neues, hartes und trostloses Dasein. Nicht selten lagen die Strafkolonien in sumpfigen, waldreichen und ungesunden Gebieten. Schlimmstenfalls mußte man in einem Erdloch hausen. Hatte man Glück, konnte man eine einigermaßen bewohnbare Hütte beziehen, und vielleicht fiel sogar ein wenig vom Essen der Soldaten ab, das aus Suppe, gekochtem Rindfleisch, Roggenbrot und Dünnbier bestand.

Schwerverbrecher wurden stets zu lebenslanger Verbannung verurteilt. Auch politische Gefangene erhielten lange Strafzeiten. Diese beiden Kategorien wurden als Menschen dritter Klasse betrachtet und dementsprechend behandelt. Sie wurden in die Gold- und Silberbergwerke in Ostsibirien gesteckt. Besonders gefürchtet war die eigene Goldgrube des Zaren bei Kara. Dort schufteten zweihundert Gefangene, und sie förderten jährlich 200 Kilogramm reines Gold ans Tageslicht.

Die körperlich Stärksten unter den Gefangenen sehnten die Ankunft des Kuckucks, des Vorboten des sibirischen Frühlings, herbei. Man sagte, man gehe „zu General Kukuschka (Kuckuck), um einen Befehl einzuholen", und meinte, daß man bereit sei, einen Fluchtversuch zu wagen. Im Schutz der Dunkelheit verschwanden die Flüchtlinge in den unendlichen Wäldern. Die Verpflegung war kein Problem. Der kurze sibirische Sommer bot eine Fülle an Beeren und Früchten. Auch Fisch und Wild gab es genug.

Das große Problem war indessen, wohin man sich begeben sollte. Die Entfernungen zwischen den Dörfern waren sehr groß, und auch im kleinsten Ort waren Augen und Ohren der Polizei zugegen. Viele Flüchtlinge wurden eingefangen, andere kamen um, und nur wenigen gelang es, zu entkommen und sich ein neues Dasein zu schaffen.

SPEIS UND TRANK DER RUSSEN

Die russische Gastlichkeit war sprichwörtlich. Jedem Gast wurden traditionsgemäß Brot und Salz gereicht, ehe er über die Schwelle des Hauses trat. Je nach Vermögen gab man sein Bestes. In den Sälen der Paläste und bei den Neureichen wurden exklusive Gerichte aufgetischt, die sich mit jedem westlichen Buffet messen konnten. Ab Mitte des 18. Jh. erfolgte eine starke französische Beeinflussung der alten russischen Küche, ohne daß diese jedoch ihre Identität ganz verlor.

Für den einfachen Russen waren die Voraussetzungen natürlich ganz andere. Buchweizengrütze – *Kajsa* –, Vollkornbrot und Suppe gehörten zur täglichen Hausmannskost. Phantasielos, könnte man meinen, aber dazu kamen die Gaben der Natur wie Beeren, Honig und Pilze. Am Weihnachtsabend kam beim gewöhnlichen Russen traditionsgemäß Weizengrütze mit Honig, Rosinen und Mohn auf den Tisch. Und vor die Tür stellte man einen Extra-Teller für die Toten.

Beliebte vegetarische Zutaten der russischen Küche waren und sind nach wie vor Kohl, Gurken, rote Bete, Rettiche, Knoblauch, Zwiebeln und Bohnen.

DIE SUPPE

Die russischen Suppen gelten als klassische Mahlzeiten. Kohlsuppe, bestenfalls mit ein paar Fleischstücken, hat über Jahrhunderte hinweg Millionen Russen ernährt. In alter Zeit bereitete man die Suppe mit Schweinefett, was als besonders lecker galt. Das Geheimnis einer guten Kohlsuppe lag im Vehältnis zwischen Kohl und Säure. *Ukraina Bortsch* – mit Rindfleisch und Speck – kann als die große russische Suppe angesehen werden. Bortsch mit roten Beten dominiert nicht so, wie es im Westen vielfach angenommen wird.

Unter den Suppenfreunden befand sich auch Iwan der Schreckliche, auf den eine gute Suppe einen mildernden Einfluß ausgeübt haben soll. Auch die teuerste Suppe der

Traurig war der Augenblick, als wir den Ural überquerten. Pferde und Wagen versanken im Schnee. Ein Schneesturm wütete. Wir stiegen mitten in der Nacht von den Schlitten und warteten, bis sie wieder aus den Schneemassen befreit waren. Wir standen an der Grenze zwischen Europa und Asien. Vor uns lag Sibirien mit seiner geheimnisvollen Zukunft, hinter uns die ganze Vergangenheit.

Der verbannte Schriftsteller Fjodor Michailowitsch Dostojewski (1821–1881) schrieb diese Zeilen an seinen Bruder 1854. Dostojewskis Leben spiegelte sich gewöhnlich in seinen eigenen Romanen wider. Sein erstes Buch, „Arme Menschen", hatte er 1845 geschrieben. Vier Jahre später wurde Dostojewski zum Tode verurteilt, nachdem er an einer illegalen Diskussionsgruppe teilgenommen hatte. Er wurde begnadigt und für zehn Jahre nach Sibirien geschickt.

Dostojewski starb am Todestag Puschkins (28. Januar). Eine riesige Menschenmenge erwies ihm die letzte Ehre und folgte seinem Sarg beim Begräbniszug auf dem Newski Prospekt zum Friedhof des Alexander-Newski-Klosters. Es kam zu einer kraftvollen Manifestation der konservativen Kräfte mit lautstarken Ansprachen mehrerer Slawophiler.

Drei der Meisterwerke Dostojewskis sind „Verbrechen und Strafe" (1866), „Der Idiot" (1868/69) und „Die Gebrüder Karamasow" (1879/80).

Der Maler Wassili Grigorewitsch Perow (1833–1882) schuf das Porträt des Schriftstellers (1872). Private Sammlung.

Welt wurde in Rußland serviert: Als Fürst Grigori Potemkin seine Kaiserin Katharina zu einer Distelfinksuppe einlud, kostete sie ihn 10000 Goldrubel, denn er tauschte das berühmte Gemälde „Die Madonna“ von Andrea del Sarto (1486–1531) gegen Stieglitze ein. Dennoch erhielt er nicht mehr als sechs kleine Vögel.

Ein kaukasisches Sprichwort besagt:

Wenn du ein gutes Weib hast und dazu eine wohlschmeckende Bortsch, kannst du dich glücklich schätzen.

Eine typische russische Mahlzeit des 19. Jh. begann oft mit einem Buffet – *Sakuska*. Nicht selten sprach man dabei vom Schwedentisch *(Schwedski stol)*, was auf eine gewisse Verwandtschaft zum schwedischen Buffet schließen läßt.

Hierbei bot sich dem Hungrigen ein appetitlicher Anblick: Kaviar, Hering, Lachs, kleine Pirogen mit verschiedenen Füllungen und Blini – Buchweizenfladen – in allen möglichen Kombinationen, mit Butter, *Twarog* (Quark), geräuchertem Lachs, *Smetana* (dicker Sauerrahm) usw.

Nikolai Gogol schrieb in „*Mirgorod*“ (1835) über das Buffet Sakuska und seine mit Twarog, Thymian, Pilzen, Gewürznelken und Walnüssen gefüllten Pirogen. In einer seiner Novellen preist Anton Tschechow den Hering als „das äußerste Element“ des Buffets. Er genoß den Hering mit Zwiebeln und Senfsoße zusammen mit Kaviar. Über die Piroge steht geschrieben: *Sie muß appetitanregend sein und, hol mich der Teufel, unanständig in ihrer ganzen Nacktheit. Man blinzle ihr ein wenig zu, schneide ein Stück ab und schnalze aus reiner Begeisterung mit den Fingern. Man fange zu essen an, daß die Butter wie Tränen heruntertropfe vom saftigen und fülligen Gehackten mit Eiern und Innereien und...*

ALEXANDER SERGEJEWITSCH STROGANOW (1733–1811) war ein eifriger Bücher-, Kunst- und Münzensammler. Stroganows Sammlung umfaßte 60000 Münzen. Er war zudem Vorsitzender der kaiserlichen Kunstakademie und als einer der größten Feinschmecker Rußlands bekannt.

Viele russische Spezialitäten aus dieser Zeit erscheinen uns heute abstoßend, wenn man dabei an Gerichte denkt wie Ochsenauge in Soße, Heringsköpfe, Elchmaul, Bärentatzen und gebratenen Kuckuck! Seinen kulinarischen Rang gewann Stroganoff durch die vorzügliche Zubereitung des „Beafsteak à la Stroganow“. Kgl. Bibliothek, Stockholm.

Für eine kleine Gesellschaftsgruppe gestaltete sich das Leben in Rußland äußerst angenehm. Die Abbildung zeigt einige Mitglieder des Kaiserhauses zusammen mit dem Ehrengast, Großfürst Wladimir Alexandrowitsch (1847–1909), Bruder des Zaren Alexander III., in weißer Uniform unter dem Baum stehend. Links von dem Herrn im weißen Hut die Gemahlin des Großfürsten, Maria Pawlowna (1854–1920). Links neben Wladimir Alexandrowitsch steht dessen jüngster Bruder, Großfürst Paul Alexandrowitsch (1860–1919), Großvater des Grafen Lennart Bernadotte (geb. 1909). Staatl. Museum Helsinki.

Kaiserliche Speisekarte von 1890 anläßlich eines Besuches des deutschen Kaisers Wilhelm II. (1859–1941) bei Zar Alexander III. Der Kaiser interessierte sich wesentlich mehr für Speis und Trank als für seinen russischen Gastgeber. Die russische Hofküche war berühmt für ihre Leckerbissen. Mehrere Köche wurden aus dem Ausland angeworben, hauptsächlich aus Frankreich.

In einer anderen Geschichte – über Semen Podtykin – meinte Tschechow, daß Blinis heiß und luftig serviert werden müßten, *füllig wie die Achseln einer Kaufmannstochter.*

Zu den Leckerbissen des Buffets war der eiskalte Wodka -„das kleine Wässerchen" – eine Selbstverständlichkeit. Nicht umsonst ist der Wodka das russische Nationalgetränk. Man versetzte ihn mit allen möglichen Kräutern wie Schafgarbe, Salbei oder Gewürznelken. Letzteres Gewürz war laut Gogol ein gutes Gegenmittel gegen Ohrenbeschwerden und Kratzwunden im Gesicht.

Bereits 1582 schrieben Berichterstatter über die Macht, die der Wodka über den Russen hatte:

... sie trinken Branntwein wie Kühe kaltes Wasser trinken, ja so, daß sie nicht mehr Menschen gleichen ...

Auch Tee und Dünnbier gehören zu den Lieblingsgetränken der Russen. 1638 hielt der Tee seinen Einzug in Rußland als der Mongolenherrscher Altyn Khan dem Zaren eine Partie Tee als Geschenk überreichte. Die Teepreise waren für den gemeinen Russen jedoch lange Zeit unerschwinglich. Während des 18. Jh. stieg der Teeverbrauch sukzessive an, und allmählich tauchte der klassische Samowar auf, um das Teewasser heiß zu halten.

Im Winter wärmte man sich mit Tee, in der Sommerhitze genoß man kühlendes Dünnbier, das sich auf verschiedene Weise herstellen ließ. Die gewöhnlichste Methode war aus saurem Roggenbrot, Rosinen, Zucker, Hefe und Wasser.

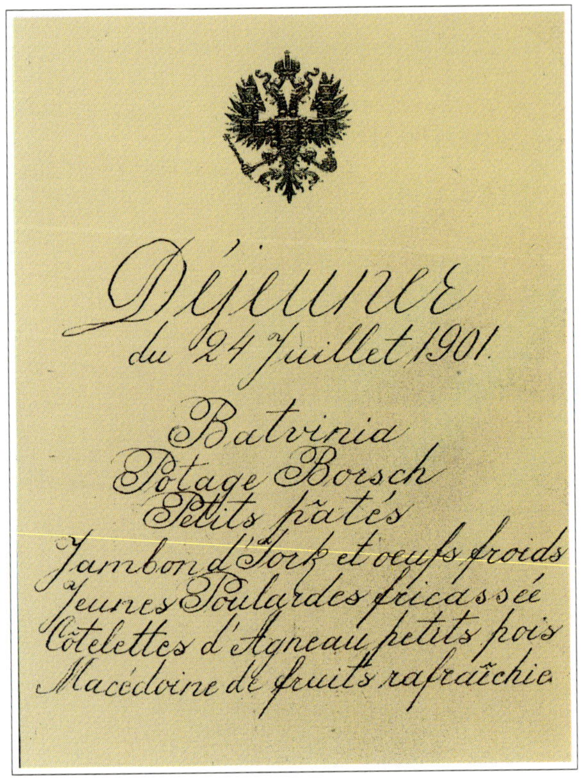
Déjeuner
du 24 Juillet 1901.
Batvinia
Potage Borsch
Petits pâtés
Jambon d'York et oeufs froids
Jeunes Poulardes fricassée
Côtelettes d'Agneau petits pois
Macédoine de fruits rafraîchie

Der private Speisezettel für das Mittagessen des Kaisers Nikolaus II. an einem Sommertag des Jahres 1901. Dazu gehörte Bortsch (Suppe mit roten Beten), Yorkschinken mit Ei, Hähnchen und Lammkoteletts.
Operakällaren, Stockholm.

FLEISCH UND FISCH

Die alte russische Küche war ebenso perfekt wie die französische. Es gab zahlreiche Fisch- und Fleischgerichte sowie Eierspeisen. Als die heute im Westen bekanntesten gelten wohl die Fleischgerichte wie „Beafsteak à la Stroganow", Tatar und die Vielzahl der Schaschlikvarianten. Dazu kam eine Reihe von Nachspeisen und Gebäck.

Fastenessen war im alten Rußland sehr wichtig, da innerhalb eines Jahres über 200 Fastentage anfielen. Als das klassische Kochbuch „Geschenk an junge Hausfrauen oder Mittel zur Senkung der Haushaltsausgaben" von Elena Molochowet 1861 erschien, war ein großer Teil speziellen Fastengerichten vorbehalten. Begüterte Russen hielten sich sogar besondere Fastenköche.

Man sagte scherzhaft, daß man seinen Tee auf vier verschiedene Weise zu sich nehmen könne: indem man den Zucker in die Tasse lege, indem man den Zucker eintauche, indem man erst das an einer Schnur hängende Zuckerstück ablecke und indem man das Zuckerstück nur anschaue und eine Tasse nach der anderen trinke.
Kgl. Bibliothek, Stockholm.

Der sogenannte „russische Kaviar" – *Ikra* – ist einen eigenen Abschnitt wert. Es gibt in Rußland eine Vielzahl von Kaviarsorten. Die exklusivste Sorte stammt von Stör- oder Lachsarten. Der sogenannte russische Kaviar stammt vom Stör. Im Westen wurde der Kaviar rasch zu einer beliebten Delikatesse, die zuerst auf englischen und holländischen Tischen auftauchte, da ja diese Länder einen regen Handel mit dem nördlichen Rußland trieben. Die besten Qualitäten wurden damals wie heute leicht gesalzen verkauft.

Der dänische Gesandte Just Juel (1664–1715) berichtete 1710 von einem Marktplatz in Moskau:

Werg und Hanf, Bast und Teer, Wachs und Honig, Zobel- und Biberfelle, Schwanendaunen und Eiderdaunen, Bernstein, Walroßzähne, gigantische Störe und Kuchen mit Kaviar.

Alexandre Dumas d.Ä. (1803–1870) berichtet in „Le Grand Dictionnaire de Cuisine" von russischen Riesenstören. Ein Koloss soll laut Dumas 3030 Kilogramm Kaviar gegeben haben, eine Behauptung, die jedoch in Frage zu stellen ist. Ein Kilogramm russischer Kaviar kostete beispielsweise in Stockholm vor hundert Jahren etwa 8 Mark. Heute (1992) liegt der Preis bei etwa 1700 Mark für ein Kilogramm.

Störfang in der Wolga im 17. Jh. Den Fischen wird der begehrte Rogen entnommen. Die beste Qualität erhält man im Frühjahr.
„Kaviar, Schweinsborsten und Hausenblase gehören dem Zaren, mit dem Rest mag jeder Russe handeln", schrieb Nils Bonde, der spätere schwedische Landeshauptmann (1712). Der Rußlandreisende Fridtjof Nansen aus Norwegen schrieb in „Durch den Kaukasus zur Wolga" (1929): „Nach dem Mittagessen am grünen Tisch mit Kaviar, der wohl kaum schmackhafter sein kann als hier am Urprungsplatz, begaben wir uns hinunter zum Anlegeplatz, um zu sehen, welchen Fang die Fischerboote gemacht hatten... Es war jedoch keine der richtig großen Sorten dabei. Der größte aller Störarten, der Beluga oder Hausen, kann über 5 Meter lang werden und über eine Tonne wiegen... Nicht selten gingen früher jährlich 76000 Exemplare ins Netz oder 44000 Tonnen, wovon man 1200 Tonnen Kaviar erhielt."
Kgl. Bibliothek, Stockholm.

KAPITEL XV

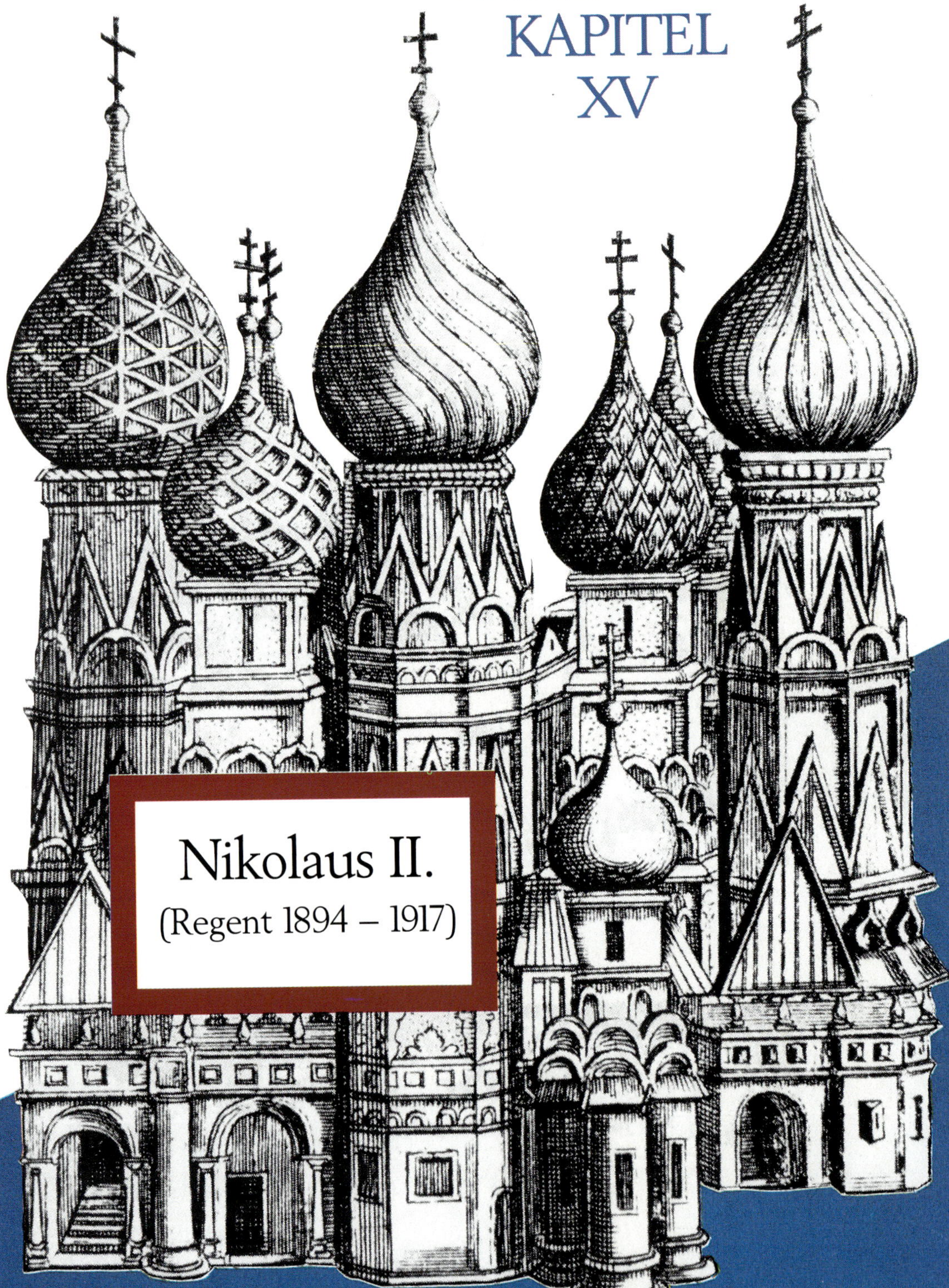

Nikolaus II.

(Regent 1894 – 1917)

DAS ENDE DER DESPOTEN

Im Herbst 1894 begab sich Alexander III. mit seiner Familie zur Residenz in Livadia auf der Krim. Seit Monaten waren Spekulationen über den Gesundheitszustand des Zaren im Gange. Er war gezwungen, mehrere offizielle Veranstaltungen abzusagen.

Als der Priester Vater Johannes – eigentlich Iwan Iljitsch Sergijew (1829–1908) – Anfang Oktober zum Zaren gerufen wurde, kam der Prälat an ein Totenbett. In seinem Tagebuch vermerkte der älteste Sohn des Kaisers am 1. November 1894 (neuer Kalender):

Mir schwirrt der Kopf, es ist unmöglich zu glauben, daß es geschehen ist. Den ganzen Tag blieben wir oben in seiner Nähe. Sein Atem ging schwer, plötzlich mußte man ihm Sauerstoff geben. Um 2.30 Uhr erhielt er die Letzte Ölung, kurz darauf ein leichtes Beben, und schnell kam das Ende. – Arme liebe Mutter.

Der älteste Sohn des Zaren – der künftige Nikolaus II. – hatte seinem Vater am Totenbett seine Verlobte vorgestellt, die deutsche Prinzessin Alix von Hessen zu Rhein, Schwester der Schwägerin des Zaren, Großfürstin Elisabeth Fjodorowna (1864–1918), die mit dem Großfürsten Sergej Alexandrowitsch (1857–1905) verheiratet war.

Der junge Nikolaus II. in weißer Uniform der Chevaliersgarde (Mitte), umgeben von seinen nächsten Angehörigen, alle in Paradeuniformen verschiedener Garden und Regimenter. Für Nikolaus war die Thronbesteigung ein Wendepunkt in seinem Leben. Er hatte ein unbekümmertes Offiziersdasein geführt und war schlecht auf die Rolle des Herrschers vorbereitet. Das Tagebuch erzählt von ausgelassenen Festen in der Offiziersmesse. Nach sechs Sorten Portwein vermerkte Nikolaus: „Die Offiziere haben mich hinausgetragen!" Staatl. Museum Helsinki.

ALEXANDRA FJODOROWNA

gebürtige Prinzessin Alix von Hessen zu Rhein, zählte zu den Schönheiten unter den europäischen Hoheiten. Ihre Vertraute, die Hofdame Anna Vyrubowa, schreibt: „Keine Fotografie gab den rechten Eindruck von ihr, da weder ihre wunderbare Haut noch ihre anmutigen Bewegungen wiedergegeben werden konnten. Sie war groß und schlank, von schöner Gestalt mit herrlich weißem Hals und weißen Schultern. Ihr dichtes, goldblondes Haar war so lang, daß sie es in aufgelöstem Zustand leicht aufstecken konnte... Sie hatte große, tiefgraue und glänzende Augen... Nur später verliehen Trauer und Angst ihren Augen... Melancholie." Kgl. Bibliothek, Kopenhagen.

Erst nach vielem Hin und Her wurde der 22jährigen Deutschen eine Audienz bei Alexander gewährt. Daß sie eine deutsche Prinzessin war, machte die Sache nicht einfacher. Das Kaiserpaar haßte alles, was deutsch war, und daran änderte sich auch am Totenbett Alexanders III. nichts.

Aber Nikolaus wollte Alix und sonst keine. In nahezu verwirrtem Zustand hatte die schöne Prinzessin einige Monate zuvor auf den Antrag Nikolaus' hin mit „Ja" geantwortet. Ihre Großmutter, die englische Königin Victoria (1819–1901), schrieb am 8. April 1894 (neuer Kalender) in ihr Tagebuch über ihre Lieblingsenkelin:

...ich bin wie am Boden zerstört, da ich wußte, daß Nikky es wollte und Alicky ihrer Sache nicht sicher war.

Jede angehende Braut hätte sich einen besseren Start in einen neuen Lebensabschnitt gewünscht als das Dasein, welchem Alix in ihrer neuen Heimat entgegenging. Einige Tage, nachdem sie ihrem zukünftigen Schwiegervater vorgestellt worden war, segnete dieser das Zeitliche. In Trauerkleidung wurde sie als die „wahrhaft gläubige Großfürstin Alexandra Fjodorowna" präsentiert. Die Unglücksraben krähten:

Sie kommt zu uns hinter einem Sarg!

Eine Woche nach dem Begräbnis Alexanders III. tauschten Hof und gehobene Gesellschaft für ein paar Stunden Schwarz gegen Weiß. Ende November wurde die deutsche Prinzessin Rußlands neue Kaiserin. Eine schönere Braut hätte man kaum finden können. Der Bräutigam schrieb in sein ihm teures Tagebuch:

Endlich vereint, verbunden fürs Leben; und wenn dieses zu Ende ist, begegnen wir einander in einer anderen Welt und bleiben in Ewigkeit zusammen.

Die Hochzeitsfeierlichkeiten waren kaum abgeklungen, als die Hoftrauer für Alexander III. fortgesetzt wurde.

DIE KRÖNUNG

Traditionsgemäß wurde das neue Kaiserpaar in Moskau gekrönt. Der feierlichste Teil des Krönungsaktes fand in der Mariä-Himmelfahrts-Kirche vor einer großen Schar ausländischer königlicher Gäste statt. Zweifellos machte das Brautpaar großen Eindruck. Die jüngere Schwester des Bräutigams, Großfürstin Olga Alexandrowna, schreibt in ihren Memoiren:

...nie werde ich vergessen, wie behutsam er ihr die Krone aufsetzte und wie zärtlich er sie küßte und ihr die Hand reichte, damit sie sich erhebe.

Für den einfachen Russen war eine Krönung in erster Linie mit Gaben in Form von Andenken, Speisen und Getränken sowie Kleidern verbunden. „Das Volk" wurde aufgefordert, die Gaben auf dem Exerzierfeld, Kodinkafeld, außerhalb der Stadtmitte Moskaus entgegenzunehmen. Bald zeigte es sich, daß die Sicherheitsmaßnahmen, die getroffen worden waren, keineswegs genügten. Hunderttausende waren gekommen, und es dauerte nicht lange, bis ein gewaltiger Tumult entstand. Zu allem Unglück war das Feld von tiefen Gräben durchzogen, die sich als schreckliche Todesfallen erwiesen. Die Tragödie war nicht aufzuhalten. Menschen stürzten zu Boden und wurden zu Tode getrampelt.

Die Chevaliersgarde war einer der Verbände, die herbeizitiert wurden, um die Masse des Volks zu beruhigen. Ein junger finnischer Offizier, Gustaf Mannerheim (1867–1951), später legendärer Marschall und Präsident, schrieb in seinen Memoiren:

...noch wußten wir nicht, was los war, doch nach der Bestürzung zu urteilen, die in den Gesichtern der Versammelten geschrieben stand, mußte sich eine Katastrophe ereignet haben. Gleichzeitig kam die Erklärung in Form einer

NIKOLAUS II.

war der offizielle Verteidiger der orthodoxen Kirche und in gewisser Hinsicht ihr Oberhaupt. Im Katechismus der russischen Kirche wurde die Frage gestellt: „Was lehrt uns die Religion über unsere Pflichten dem Zaren gegenüber?" Die Antwort lautete: „Ehrfurcht, Treue, Zahlen von Steuern, Dienen, Liebe und Verehrung." Die von Peter dem Großen 1721 gestiftete Heilige Synode war bis hin zum Fall des Kaiserreichs das administrative Organ der Kirche. Der Metropolit von St.Petersburg war zwar Vorsitzender der Synode, jedoch wurde das Amt des Oberbevollmächtigten einem vom Zaren ernannten Laien übertragen. Slawische Bibliothek, Helsinki.

LEO TOLSTOI

Realistische Schilderungen von Sewastopol und dem Krimkrieg in der Sammlung „Sewastopoler Erzählungen" (1855/56) brachten dem Grafen und Artillerieoffizier Leo Tolstoi den Durchbruch als Schriftsteller. Zuvor verfaßte Bücher hatten weniger Aufmerksamkeit auf sich gezogen. Das erste, „Kindheit", war 1852 erschienen.

Im Laufe der Zeit widmete sich Tolstoi mehr und mehr seiner Tätigkeit als Lehrer und Propagandist. Auf seinem Gut Jasnaja Poljana gründete er 1859 eine Privatschule, und er schrieb selbst ein Abc-Buch (1872). Die russischen Grundschulen, in denen die Kinder lesen und schreiben lernten, standen unter der Verwaltung der Heiligen Synode. 1896 gab es in Rußland 80000 solcher Schulen mit insgesamt vier Millionen Schülern und Schülerinnen.

In den 1870er Jahren machte Tolstoi eine tiefe moralische und religiöse Krise durch, wonach sich seine schriftstellerische Tätigkeit auf religiöse und sozialphilosophische Bereiche ausrichtete. Durch passiven Widerstand nahm er Abstand vom Bösen, und er wollte ein asketisches Leben im Geiste des sogenannten Tolstoianismus führen. „Lebe für deine Seele" war Tolstois Motto. In Maxim Gorkis Buch „Tolstoi" wird beschrieben, wie Tolstoi in dünnem Hemd und hohen Lederstiefeln bei strömendem Regen selbst seinen Acker pflügt.

Tolstoi griff auch aktuelle gesellschaftliche Probleme auf wie etwa die Todesstrafe und staatliche Zwangsmaßnahmen. Wissenschaft und Kunst empfand er als unnötige Luxuserscheinungen.

1891 verzichtete Tolstoi auf jegliche Tantiemen aus seinen Werken, was zu starken Spannungen in seiner Ehe führte. 1901 wurde er aus der Kirche ausgestoßen, nachdem er behauptet hatte, daß sich das Christentum auf Evangelisten und nicht auf Dogmen gründe.

Auf der Reise von seinem vielbesuchten Gut Jasnaja Poljana ereilte diesen ungewöhnlichen Mann am 20. November 1910 (neuer Kalender) auf dem Bahnhof von Astapowo sein Schicksal. Wohin er unterwegs war, ist nicht geklärt, vielleicht in die Abgeschiedenheit eines Klosterdaseins.

Zwei der Meisterwerke Tolstois sind „Krieg und Frieden" (1865–1869) und „Anna Karenina" (1875–1877).

Kolonne offener Karren hinter uns. Die Wagen waren mit Planen abgedeckt, unter denen hier und dort eine Hand oder ein lebloser Fuß hervorragte. Etwa zweitausend Menschen sollen hierbei ums Leben gekommen sein.

Die Angaben über die Zahl der Toten gingen weit auseinander. Die offizielle Zahl lag bei 1389 Toten und 1300 Schwerverletzten. Es gibt jedoch Grund zur Annahme, daß die wirkliche Zahl höher war. Tolstoi schilderte die Katastrophe in dem posthum erschienenen Werk „Chodynka" (1912).

Die Tragödie auf dem Kodinkafeld wurde mit einer ähnlichen Katastrophe verglichen, die sich 1770 in Paris im Laufe der offiziellen Feierlichkeiten zu Ehren des neuen Thronfolgerpaares Ludwig XVI. und Königin Marie-Antoinette zugetragen hatte.
Kgl. Bibliothek, Stockholm.

Das Brautpaar war verständlicherweise tief betroffen, als die Nachricht von dem schrecklichen Ereignis eintraf. Innerhalb der kaiserlichen Familie entbrannte nun ein Streit hinsichtlich der Weiterführung der Festlichkeiten. Die Phalanx mit Großfürst Sergej Alexandrowitsch, Onkel des Zaren und zugleich Generalgouverneur von Moskau, sprach sich für eine Fortsetzung des Festprogramms aus.

Am Abend des Unglückstages gab der französische Minister, Marquise von Montebello, einen Ball für Nikolaus und Alexandra, der von dem Paar mit einer Quadrille eröffnet wurde. Der britische Botschafter berichtete in seine Heimat, daß „die Kaiserin einen betrübten Eindruck machte und ihre Augen von Tränen gerötet waren".

FRIEDEN UND KRIEG

Im Januar 1894 unterzeichneten Rußland und Frankreich nach mehrjährigen Verhandlungen einen Militärpakt, der nicht unumstritten war. Der russische Außenminister Giers und der französische Minister Georges Clemenceau (1841–1929) bezeichneten das Abkommen als unnötig und als Dummheit.

Der Pakt zerbrach das diplomatische System in Europa, das der Eiserne Kanzler, Bismarck, diktiert und mit dem Dreikaiserbund zwischen Rußland, Deutschland und Österreich im Jahre 1881 gefestigt hatte.

Das russisch-französische Bündnis ist als Antwort auf eine aggressivere Haltung Deutschlands zu verstehen, die sich mit der Thronbesteigung Wilhelms II. (1888) abzeichnete. Die Franzosen brauchten die Unterstützung der Russen, um die Deutschen von Elsaß-Lothringen fernzuhalten. Auch verstärkte russisch-französische Handelsbeziehungen spielten eine Rolle.

Ein Jahr vor der Thronbesteigung Kaiser Wilhelms hatte der deutsche Generalstabschef, General Helmuth von Moltke (1800–1891), als Präventivmaßnahme einen Krieg gegen Rußland vorgeschlagen, was Bismarck jedoch ablehnte. 1890 verschwand Bismarck aus der politischen Szene, und sowohl Moltke als auch Bismarcks diplomatischer Assistent, „der Mann mit den Hyänenaugen", Friedrich von Holstein (1837–1909), witterten Morgenluft. Holstein, ein ausgesprochener Russenfeind, bezeichnete Zar Nikolaus als „kleinen Korken, der auf gewaltigen Wellen tanzt".

RUSSISCHER STAATSBESUCH IN FRANKREICH

Kaiserin Alexandra Fjodorowna steigt vom Wagen, auf dem roten Teppich stehen der Zar und der französische Gastgeber, Präsident Armand Fallières (1841–1931), an der Seite eine Reihe von Würdenträgern. Die häufigen russisch-französischen Staatsbesuche ließen dem deutschen Kaiser keine Ruhe. In seinen privaten Briefen an Zar Nikolaus versuchte er auf alle möglichen Arten, Frankreich anzuschwärzen. Wilhelm sprach von „der Gefahr für unsere monarchistischen Grundsätze und der Verherrlichung der Republikaner". Unter anderem bezeichnete er Republikaner als „Revolutionäre von Natur aus".
Der letzte französische Staatsbesuch vor dem Beginn des Ersten Weltkriegs fand im Juli 1914 in St.Petersburg seitens Präsident Raymond Poincaré (1860–1934) statt und wurde am selben Tag abgeschlossen, an dem Österreich-Ungarn das verhängnisvolle Ultimatum an Serbien stellte, das zum Krieg führen sollte.
Private Sammlung.

NIKOLAUS II. war einerseits ein hervorragender Familienvater, andererseits ein schwacher und unentschlossener Selbstherrscher. Einer seiner geschicktesten Minister, Graf Sergej Witte, gab folgendes nicht gerade schmeichelhafte Urteil über ihn ab: „Sein Charakter war die Quelle zu allem Unglück. Ein Monarch, auf den man sich nicht verlassen kann, der an einem Tag etwas beschließt und am nächsten genau das Gegenteil, ist nicht fähig, einen Staat zu führen. Sein größter Fehler ist ein beklagenswerter Willensmangel... Seine Majestät duldet niemand an seiner Seite, den er als intellegenter einschätzt als sich selbst oder der andere Meinungen vertritt als die Hofclique.“
Kgl. Bibliothek, Stockholm.

NIKOLAUS II.

Der 26jährige russische Kaiser Nikolaus II. geriet aus einem behaglichen Offiziersdasein direkt in den politischen Brennpunkt. Er war denkbar schlecht auf seine neue Rolle als Zar vorbereitet, nicht zuletzt aufgrund des Versäumnisses seines Vaters, ihn in die Zusammenhänge des enorm großen und komplizierten russischen Machtapparats einzuweihen. „Was hätte mein Vater gemacht?“ pflegte er die Minister zu fragen.

Nikolaus war zudem stark an die Mutter gebunden, unsicher und eigentlich nicht im geringsten an Politik interessiert. Seine politischen Ansichten wechselten von einem Tag zum anderen, schrieb der spätere Finanzminister Sergej Witte, und der Zar habe eine Schwäche für geheime Dokumente und Methoden. Einer, der Nikolaus direkt und indirekt in seinem eisernen Griff hatte, war sein ehemaliger Lehrmeister, der Oberprotektor der Heiligen Synode, Konstantin Pobedonoszew, von dem Dostojewski einmal behauptete, daß er es „nicht wagte, dessen Namen mit seinem sündigen Mund auszusprechen“.

Unter den Beileidsbriefen, die der junge Nikolaus nach dem Tode seines Vaters empfing, war einer besonders interessant: Darin versicherte der Absender, der deutsche Kaiser Wihelm II., daß Deutschland aufgrund der monarchistischen Einsicht mit ihm trauere. Im weiteren Verlauf erhielt Nikolaus zahlreiche Briefe, voll mit guten Ratschlägen und Ermahnungen, eingehüllt in einen schmeichelhaften, familiären Ton. In Wirklichkeit beurteilte der deutsche Kaiser den Zaren als völlig unfähig. Der Briefwechsel ist in der Geschichte als „Willy-Nicky“-Korrespondenz bekannt und zog sich bis einige Wochen vor Ausbruch des Ersten Weltkriegs hin.

Nikolaus II. (links) hatte großen Respekt vor seinem deutschen Vetter, Kaiser Wilhelm. Dieser wiederum nutzte die Situation aus. In den sog. „Willy-Nicky“- Briefen – die Herren zogen es vor, auf Englisch zu korrespondieren – gab der Kaiser dem Zaren innen- und außenpolitische „Ratschläge“, warnte vor der „gelben Gefahr“ und machte ihm weis, daß Rußland in Asien „einen heiligen Auftrag“ zu erfüllen habe. In Europa versuchte Wilhelm den Zaren vergebens zu einem Bündnis gegen Großbritannien zu bewegen. Die Briefpartner begegneten einander im Sommer 1905 in der åländischen Schärenwelt (Bild), wo der Kaiser dem Zaren ein Schutzbündnis gegen Dritte anbot. Das sogenannte Björkö-Bündnis kam indessen nie zur Ratifikation. Der russische Außenminister Wladimir Nikolajewitsch Lamsdorff (1845–1907) erachtete das Bündnis als unvereinbar mit den russisch-französischen Abkommen.
Private Sammlung.

WILHELM II.

Im Jahre 1888 hatte der selbstsichere, machthungrige und arrogante Kaiser Wilhelm II. den Thron seiner Väter geerbt. Thomas Mann (1875–1955) nannte Wilhelm „einen unangenehmen Kerl". Wilhelms englischer Onkel, der zukünftige Edward VII. (1841–1910), bezeichnete den Kaiser als mittelalterlichen Typ.

Wilhelm war jedoch fähig, seinen Taten und Worten Nachdruck zu verleihen. Deutschland war Europas mächtigste Industrienation, und Wilhelm sprach offen und ohne Umschweife von „meiner Armee" und „meiner Flotte". In privaten Gesprächen mit ausländischen Vertretern gab sich Wilhelm noch lautstärker, provozierender und kriegerischer. England habe seine Rolle ausgespielt, meinte Wilhelm. Was Frankreich – den Verbündeten Rußlands – betraf, schrieb er an Nikolaus, Gottes Fluch habe sich für ewig über dieses Volk gelegt (1895). Und was Rußland anging, wäre es ihm lieb gewesen, wenn sich die russische Kriegsmacht außerhalb Europas engagiert hätte. Deshalb predigte er in seinen Briefen an Zar Nikolaus von der „gelben Gefahr" und „Rußlands heiliger Aufgabe" in Asien.

Es war nicht verwunderlich, daß Nikolaus den Kaiser fürchtete und bewunderte. Als jedoch Berichte eintrafen, nach denen die Österreicher ihre Feldartillerie mit automatischen Kanonen modernisieren wollten, Kanonen mit sechs Schüssen in der Minute gegenüber einem Schuß der Russen, „vergaß" der Zar seinen kriegerischen Brieffreund und kündigte eine bevorstehende internationale Friedenskonferenz an.

Auf russischer Seite hatte man noch den Krieg gegen die Türken 1877/78 in Erinnerung, in dem die russischen Soldaten mit einfachen Gewehren den mit amerikanischen Winchestergewehren bewaffneten Türken gegenübergestanden hatten. Nikolaus' Großvater, Alexander II., hatte verwundete Russen aus nächster Nähe erlebt, was ihm einen Schock versetzt hatte.

Nikolaus schlug vor, den Waffenbestand auf dem vorhandenen Niveau einzufrieren, neue Waffen zu verbieten und internationale Konflikte obligatorisch durch ein Schiedsgericht zu schlichten. Der deutsche Kaiser bezeichnete die russische Initiative als humanitäre Zimperlichkeit, Frechheit und Schwindelei. Der Prinz von Wales schloß sich an, indem er Nikolaus' Idee als Unsinn abtat. Indessen gab es auch andere Stimmen, und im Mai 1899 wurde die Konferenz schließlich in Den Haag in den Niederlanden eröffnet. Das Ergebnis hinsichtlich der Abrüstung fiel jedoch mager aus. Mehr Erfolg erzielte man in bezug auf das Schlichtungsverfahren bei internationalen Konflikten.

> In einem persönlichen Brief, datiert Berlin, den 6. Februar 1905, erläuterte Wilhelm II. seinen Standpunkt in Sachen Rußland und gab Zar Nikolaus folgenden Rat:
>
> *Du mußtest Dich mit ernsthaften Unruhen aufgrund von Aufstand und Agitation der niederen Klassen auseinandersetzen; ich freue mich, daß Deine Soldaten Zuverlässigkeit gezeigt haben und ihrem Eid, den sie ihrem Kaiser geschworen haben, treu geblieben sind... Die Reformpläne in Deinem Land sind zahlreich und höchst unklar... soweit ich das beurteilen kann ...jedoch der vernünftigste und für das Volk geeignetste scheint meiner anspruchslosen Ansicht nach die Bildung einer Körperschaft aus den besten und geschicktesten Köpfen der Semstwos...*

DER FRIEDENSEIFERER NIKOLAUS ERKLÄRT DEN KRIEG

Fünf Jahre nach der Friedensinitiative des Zaren wurde Rußland in einen in jeder Beziehung unglücklichen Krieg gegen Japan verwickelt, den sogenannten Russisch-Japanischen Krieg. Als die Russen nach einer Reihe von wirksamen Abkommen mit dem im Zerfall begriffenen chinesischen Kaiserreich sich nicht damit begnügten, zur Halbinsel Liaotung und zum eisfreien Hafen von Port Arthur (Lüshun) vorzustoßen, sondern sich auch für Korea zu interessieren begannen, kam man auf Kollisionskurs mit den Japanern.

Der erzreaktionäre Innenminister Wjatscheslaw Konstantinowitsch Plehwe (1846–1904) sah in einem Krieg gegen Japan eine ausgezeichnete Möglichkeit, die Russen um ein patriotisches Ziel herum zu sammeln und die Spitze der revolutionären Agitation zu brechen.

Für Plehwe und viele andere stand ein russischer Sieg im Osten außer Frage. Der Zar, vom deutschen Kaiser angestachelt, war selbstsicher wie nie zuvor und bezeichnete die Japaner verächtlich als „Affen".

Nach jahrelangen vergeblichen Versuchen, den drohenden Konflikt beizulegen, kam es im Februar 1904 zur Entladung.

Dabei gingen jedoch nicht die Russen zum Angriff über, sondern die Japaner. In einer Blitzaktion gegen Port Arthur wurde ein großer Teil der russischen Pazifikflotte versenkt. In der Einleitungsphase büßten die Russen sieben Schlachtschiffe, sechs Kreuzer und 29 Zerstörer ein, während die Japaner zwei Schlachtschiffe, zwei Kreuzer und zwei Zerstörer verloren. Japanische Armeeverbände rückten vor und belagerten Port Arthur.

Um die Pattsituation zu verändern und den Japanern gleichzeitig den Nachschubweg abzuschneiden, faßte Nikolaus den verhängnisvollen Entschluß, die moderne russische Ostseeflotte um die halbe Welt in den Stillen Ozean zu entsenden.

SERGEJ WITTE stand in den Jahren 1892–1903 im Brennpunkt russischer Politik. Nach einer Reihe von erfolgreichen Eisenbahnprojekten, bei denen sich Witte durch hervorragendes Organisationstalent hervorgetan hatte, wurde er zum Verkehrsminister und kurz darauf zum Finanzminister ernannt (1892). Witte hatte große Zukunftspläne für sein Land, das er in eine moderne Industrienation umgestalten wollte. Durch seine Politik gelang es ihm, die russischen Staatsfinanzen zu stabilisieren. Goldwährung und Branntweinmonopol wurden eingeführt. Ausländisches Kapital floß ins Land und wurde unter anderem in neue große Eisenbahnprojekte investiert, z.B. in den Bau der Transsibirischen Eisenbahn (1891–1903). Mit der Bevorzugung der Industrie schuf sich Witte Feinde innerhalb des Agraradels, weshalb er aus der Regierung hinausmanövriert wurde (1903). Seine für russische Verhältnisse große Freimütigkeit verursachte ihm andauernd Auseinandersetzungen. Witte kritisierte beispielsweise die aggressive russische Politik im Fernen Osten, die ihr unglückliches Ende nach dem Krieg 1904/05 gegen Japan fand. Außerdem strebte er bereits in der Einleitungsphase des Ersten Weltkriegs einen Separatfrieden mit Deutschland an. Nach der russischen Niederlage gegen Japan wurde der erfahrene Witte erneut in Gnaden aufgenommen, und es gelang ihm, einen äußerst vorteilhaften Frieden mit den Japanern auszuhandeln. Er war zudem der Hauptkonstrukteur des Oktobermanifests von 1905, woraufhin er kurzzeitig Ministerpräsident (Regierungschef) wurde. Ein weiteres Mal fiel Witte den Intrigen reaktionärer Kräfte zum Opfer. In seinen Memoiren kritisiert er Zar Nikolaus aufs schärfste und nennt ihn unentschlossen, unstet und der Geheimniskrämerei verfallen.
Kgl. Bibliothek, Stockholm.

Im Oktober 1904 stach die Flotte in See. Die Nervosität war so groß, daß man in Höhe der Dogger Bank in der Nordsee unschuldige englische Fischerboote für japanische Torpedoboote hielt und das Feuer eröffnete.

Bevor die russische Ostseeflotte ihren Bestimmungsort erreichte, waren die beiden Schlüsselfestungen Port Arthur und Mukden bereits gefallen.

Als die russische Flotte schließlich eintraf, stieß sie am 27. Mai 1905 (neuer Kalender) bei Tsushima vor der Südspitze Koreas auf die japanische, wobei es zur größten Seeschlacht nach Trafalgar mit einer katastrophalen Niederlage für die Russen kam. Die russischen Schiffe, die nicht versenkt wurden, entführte man nach Japan. Von der stolzen russischen Flotte waren nur noch zwei Zerstörer und ein leichter Kreuzer übrig. 4830 russische Seeleute waren gefallen.

Die vielen russischen Niederlagen machten eine ganze Welt stutzig. Der Triumph der Japaner war der erste Sieg von Asiaten über Europäer in der Neuzeit. Bei den Friedensverhandlungen, die in Portsmouth, in New Hamp-

Das kaiserliche Rußland war sich seiner Sache im Pazifik sicher. Auf dem russischen Propagandaplakat stacheln der englische John Bull und der amerikanische Uncle Sam die Japaner zu immer verwegeneren Taten mit ihren Spielzeugbooten vor Port Arthur an. 1898 hatten die Russen die Stadt und Festung für 25 Jahre vom kaiserlichen China gepachtet. Anfang Februar 1904 sandte der russische Oberbefehlshaber und Vizekönig im Fernen Osten (!), Jewjeni Iwanowitsch Alexejew (1843–1918), ein Eiltelegramm ins ferne St. Petersburg und berichtete von schweren Verlusten beim russischen Geschwader im Hafen von Port Arthur. Der Krieg, der mit einer bitteren russischen Niederlage enden sollte, eskalierte.
Kgl. Bibliothek, Stockholm.

Friedensverhandlungen in Portsmouth 1905. In der Bildmitte Präsident Theodore Roosevelt (1858–1919), links von ihm der hochgewachsene russische Verhandlungschef Sergej Witte und der russische Botschafter in Amerika, Baron Rosen. Rechts von Roosevelt der japanische Verhandlungschef Komura Jutaro (1855–1911) und der japanische Botschafter in Amerika, Takhira. Präsident Roosevelt wurde für seinen Einsatz, Frieden in der Welt zu schaffen, 1906 mit dem Friedensnobelpreis ausgezeichnet. Sergej Witte wurde nach seiner Rückkehr vom Zaren in den Adelsstand erhoben. Kgl. Bibliothek, Stockholm.

shire, unter Leitung von Präsident Theodore Roosevelt (1858–1919) allmählich in Gang kamen, vertrat der erfahrene Minister Sergej Witte Rußlands Interessen. Es gelang ihm, vorteilhafte Friedensbedingungen auszuhandeln. An Territorium verloren die Russen nur den südlichen Teil der Insel Sachalin, und sie mußten lediglich die Zugehörigkeit Koreas zur japanischen Einflußsphäre anerkennen.

Der Krieg hatte Rußland 400000 Gefallene, Verwundete und Gefangene gekostet. Der wirtschaftliche Verlust belief sich auf 2347000000 Rubel. Politisch gesehen begann mit diesem Fiasko das Ende des Zarentums.

DIE GENERALPROBE

Die große Masse der Bauern – über achtzig Prozent der gesamten Bevölkerung – und ihre harten Lebensbedingungen gaben ständig Anlaß für oppositionelle Bewegungen, die sich oft auch über den Bauernstand hinaus ausweiteten. Das Mirsystem fesselte die Bauern an ihre Heimatdörfer, in denen die jährlich verlosten Parzellen nicht genug abwarfen, um die ständig wachsenden Bauernfamilien zu ernähren. In den 1890er Jahren war immer häufiger von *Semstwo-Männern* und der *Semstwo-Bewegung* die Rede. Semstwo war die Bezeichnung für die örtliche Selbstverwaltung, die 1864 eingeführt worden war. Ihre Befugnisse waren stark begrenzt, da durch die Reichsverwaltung in St.Petersburg ständig Einschränkungen geschahen. In den neunziger Jahren suchten immer mehr Semstwo-Leute Kontakte mit Kollegen im ganzen Lande, um Meinungen und Ideen auszutauschen. Die Debatte wurde immer freimütiger. *Das Ziel der Semstwo-Bewegung ist die Einschränkung des Despotismus sowie die Einführung einer konstitutionellen Regierung*, faßte Leo Tolstoi zusammen.

Eine Reihe von Demonstrationen und Streiks zeigte an, daß die russische Gesellschaft von Grund auf reformbedürftig war. Die Welle von Attentaten gegen die Spitzen der Gesellschaft ließ erkennen, daß die Zeit reif war.

Die umfangreiche Industriekrise (1899–1902) mit Preissteigerung und Lebensmittelmangel sowie der unglückliche Krieg gegen Japan verschlimmerten die Lage zusätzlich. Auch alte ethnische und religiöse Gegensätze lebten erneut auf. Berücksichtigt man darüber hin aus auch noch die stark eingeschränkte Presse-, Versammlungs- und Meinungsfreiheit, ist es keine Übertreibung, zu behaupten, daß Rußland zu Neujahr 1905 einem gewaltigen Vulkan glich, der jeden Moment ausbrechen konnte.

STREIKS UND VATER GAPON

Im Dezember 1904 wurden vier Arbeiter der großen Putilow-Fabriken in der Hauptstadt entlassen. Das scheinbar nebensächliche Ereignis wurde zum Beginn einer gewaltigen Revolution, die über das gesamte russische Imperium hinwegrollte. Der Vulkan brach aus.

Die entlassenen Arbeiter gehörten einem örtlichen Arbeiterklub an, der von einem gewissen Vater Gapon organisiert worden war. Eigentlich sprach dieser Prälat mit gespaltener Zunge. Gapon war nämlich zugleich ein von der Polizei bezahlter Agent. Die Arbeiterklubs hatten sowieso die Aufgabe, finanzielle und politische Forderungen aus der ständig wachsenden Schar unzufriedener Industriearbeiter zu neutralisieren. Die Einführung dieses sogenannten Polizeisozialismus wird dem Chef der Ochrana, Sergej Wassilewitsch Subatow (1864–1917), zugeschrieben.

Die Entlassenen wollten ihre Arbeit wiederhaben und baten Vater Gapon und dessen Vertraute um Hilfe. Er griff zwar ein, zu einer Zurücknahme der Kündigungen kam es jedoch nicht. Als die Kollegen der Entlassenen davon hörten, traten sie in einen Sympathiestreik. Arbeiter anderer Fabriken folgten rasch ihrem Beispiel. Anfang Januar 1905 streikten in St.Petersburg 150000 Arbeiter.

Die Arbeiter drängten nun Gapon zu radikaleren Maßnahmen, worauf dieser vorschlug, Zar Nikolaus eine Petition – er selbst nannte sie „Bittschrift" – zu überbringen. Der Zar genoß beim gemeinen Russen nämlich nach wie vor relativ großes Vertrauen.

DER BLUTIGE SONNTAG

Der Inhalt der Petition wurde vorweg veröffentlicht, ohne daß die Polizei eingriff. Darin hieß es unter anderem, daß „die leidenden Arbeitermassen von Despotismus und Willkür erstickt würden und kämen, um Schutz zu suchen". Neben der Aufzählung einer Reihe ernsthafter Mißstände an den Arbeitsplätzen wurden zahlreiche Forderungen nach Verbesserungen aufgestellt.

Am Sonntag, den 22. Januar 1905 (neuer Kalender), versammelten sich die Arbeiter in sämtlichen Stadtteilen, um gemeinsam zum Winterpalast im Zentrum von St.Petersburg zu ziehen. Je näher die etwa 150000 Demonstranten kamen, desto mehr Soldaten und Milizionäre standen auf ihren Straßenposten. Einige Tage zuvor hatte der Zar die Stadt verlassen, nachdem das Projektil einer Salutkanone nur 25 Schritte von ihm entfernt explodiert war. Der Vorfall hatte sich bei der alljährlich stattfindenden feierlichen Weihe des Wassers der Newa zugetragen.

Vor dem Palastplatz versperrten bewaffnete Truppen den Demonstranten den Weg. Die Kosaken erhielten den Befehl zum Angriff, und die Soldaten eröffneten das Feuer gegen die friedlichen Demonstranten, von denen mindestens 400 getötet oder verwundet wurden. Die liberale Zeitung Unser Leben (*Nascha Schisn*) sprach von mehr als zehnmal so vielen Opfern.

Den ganzen „blutigen Sonntag" über kam es zu einer Reihe wilder Auseinandersetzungen in der Hauptstadt. Am Abend hatte das Militär zwar die Lage unter Kontrolle, aber die Ruhe war nur scheinbar wiederhergestellt.

Die Ereignisse dieses Wintersonntags führten dazu, daß die Arbeitermassen der zentralen Staatsführung und dem

MAXIM GORKI oder Alexej Maximowitsch Peschkow, wie er eigentlich hieß, hatte der Delegation angehört, welche die Behörden aufgesucht hatte, um Garantien zu erlangen, daß die für Januar 1905 geplante Demonstration in St.Petersburg nicht mit Gewalt gestoppt werde. Nach dem schrecklichen Massaker wurde Gorki festgenommen. Das war nicht das erste Mal. Aufgrund seiner linken Sympathien stand Gorki unter ständiger Überwachung der Polizei. 1902 wurde er deshalb von der Regierung aus der kaiserlichen Russischen Akademie der Wissenschaften ausgeschlossen. Im selben Jahr hatte ihm sein Drama „Nachtasyl" weltweite Berühmtheit eingebracht. Andere bekannte Werke sind „Meine Kindheit" (1914), „Unter fremden Menschen" (1917) und „Meine Universitäten" (1923).
Private Sammlung.

Die Kosaken mit erhobenen Nagajkas, den gefürchteten Peitschen, beim Angriff gegen Tausende von Demonstranten auf dem Vorplatz des Palastes in St.Petersburg am „blutigen Sonntag" (22. Januar 1905).
Kgl. Bibliothek, Stockholm.

Zaren allmählich den Rücken kehrten. Eine radikale politische Veränderung zugunsten der geheimen sozialistischen Parteien begann. Nun war allgemein davon die Rede, daß der Zarismus abgeschafft werden müsse. Nur über die Art und Weise sowie über die politischen Ziele waren sich die verschiedenen Gruppierungen nicht einig.

Zar Nikolaus' Onkel, Großfürst Wladimir Alexandrowitsch, war letztlich in seiner Eigenschaft als Befehlshaber des Militärbereichs der Hauptstadt für die Eskalation der Ereignisse verantwortlich.

Als die Nachricht vom St.Petersburger Massaker ins Land hinausdrang, brachen in allen größeren Städten des Landes Streiks aus. Auch im Baltikum, in Polen und Georgien machte sich politische Unruhe breit. Auf dem Lande brandschatzten und plünderten Bauern Gutshöfe und ermordeten die Besitzer. In Moskau sprengte man den Onkel des Zaren, den erzreaktionären Großfürsten Sergej Alexandrowitsch, buchstäblich in Stücke, als er in seiner Kutsche unterwegs war. Er war Moskaus Generalgouverneur gewesen.

Im Mai streikten in ganz Rußland 220000 Arbeiter, und immer mehr Beamte und Angestellte schlossen sich an. Je länger der Streik andauerte, desto deutlicher war die Politisierung zu erkennen.

Die Rache des Establishments blieb nicht aus. Willkürliche Strafaktionen wurden blindlings durchgeführt und forderten viele Opfer. In Lodz und Odessa spielten sich regelrechte Straßenschlachten ab.

Die große Masse des Volkes glaubt noch immer an das Selbstherrschertum... Nur der Zar, der Selbstherrscher, der die Bande der Leibeigenschaft lösen kann, vermag es, den Herren Grund und Boden zu nehmen und den Bauern zu geben... Und deshalb haben die liberalen und revolutionären Propagandisten, die die Programme mit den Forderungen der Nation erstellten, kein Recht, sich als Vertreter des Volkes aufzuspielen; sie repräsentieren allein sich selbst.

Offener Brief Leo Tolstois (1905)

Und alle Menschen denken: Nein, so kann es nicht weitergehen! Teilreformen können uns nicht weiterbringen. Was hilft es, uns örtliche Selbstbestimmung zu geben, wenn Petersburg alles verschlingt, so wie es Polens und Georgiens Selbstbestimmung zunichte gemacht hat und dabei ist, die Finnlands zu untergraben! Wir müssen das Selbstherrschertum direkt angreifen.

Peter Propotkin („Die Revolution in Rußland" 1905)

WLADIMIR ALEXANDROWITSCH (1847–1909), dritter Sohn Alexanders II. und Onkel Nikolaus' II., gehörte zur reaktionären Gruppe der Großfürsten. Er führte am „blutigen Sonntag" in St.Petersburg den Oberbefehl. Laut einem Interview in der deutschen Zeitung Neue Freie Presse bereute er nichts von dem, was vorgefallen war. Die Petersburger hatten klar und deutlich gegen den Großfürsten Stellung bezogen. „Rot ist Wladimirs Tag. Aber unser Tag wird kommen, und dann werden wir die Farben des Großfürsten tragen!" Die Abbildung zeigt Wladimir in einem alten Bojarengewand. Åbo Akademie, Turku.

Dieses Fahndungsbild von Grigori Apollonowitsch Gapon verbreitete die russische Polizei nach dem Gemetzel auf dem Senatsplatz in St.Petersburg. Vater Gapon war verwundet worden, konnte aber außer Landes fliehen. Nach einiger Zeit kehrte er zurück und ging im Dorf Oserki vor der Hauptstadt seinem Schicksal entgegen: Eine Gruppe Arbeiter henkte ihn kurzerhand. Private Sammlung.

BULYGINS DUMA UND POTEMKIN

Die explosive innenpolitische Lage zwang den Zaren zu Zugeständnissen. Bereits im Frühjahr 1905 wurde ein erster Versuch unternommen, die revolutionären Forderungen zu entkräften, indem man erklärte, eine ratgebende Versammlung – eine Reichsduma – werde geschaffen. In Wirklichkeit sollte diese Duma oder „Bulygins Verfassung“, benannt nach ihrem geistigen Vater, Alexander Grigorewitsch Bulygin (1851–1919), äußerst beschränkte Machtbefugnisse erhalten. Der Vorschlag war extrem umständlich verfaßt und stieß auf totale Gleichgültigkeit. Die Oppositionellen wollten mehr – viel mehr!

Den ganzen Sommer 1905 hindurch gingen die Unruhen in Rußland weiter. Die illegalen sozialistischen Parteien steigerten ihre Aktivitäten und gewannen immer mehr Anhänger. Im Juni brach auf dem Panzerkreuzer Potemkin spontan eine Revolte aus, und an den Marinestützpunkten in Liepaja und Kronstadt unternahmen revolutionäre Matrosen einen mißglückten Aufstandsversuch. Auf dem Lande wurden offiziell 1638 mehr oder weniger ernsthafte Aufstände verzeichnet.

DIE REICHSDUMA

Die Duma (Rat und ratgebende Versammlung) existierte im alten Rußland in mehreren Ausprägungen. In älterer Zeit war von der Ratsversammlung der Bojaren oder von der *Bojarenduma* die Rede gewesen. Ab 1785 bis hin zum Ende des Zarentums gab es Stadtdumas im ganzen Land. Die von 1906 bis 1917 eingerichteten Dumas waren Reichsdumas – *Gosudarstwennaya Duma* – und stellten die russische Volksvertretung dar. Die Wahl der Abgeordneten erfolgte mittels eines äußerst komplizierten indirekten Systems, zuweilen über vier Etappen. Dies gab der Regierung die Möglichkeit, die Wahlen in die gewünschte Richtung zu beeinflussen, was auch eifrig praktiziert wurde.

ERSTE REICHSDUMA (Mai 1906–Juli 1906)
Von den 478 Abgeordneten gehörten 179 den konstitutionellen Demokraten (Kadetten) an, und sie stellten damit die größte Partei der Reichsduma dar. Politisch konnte man die Partei als liberal einstufen. 100 Mitglieder der Duma waren parteilos. Die Menschewiken stellten 17 Deputierte, eine radikale Bauerngruppe 94. Die Bolschewiken hatten die Wahl boykottiert.
Die Duma wurde wegen ihres oppositionellen Charakters aufgelöst. Unter anderem waren Forderungen nach Amnestie, allgemeinem Stimmrecht, Abschaffung des Reichsrates – einer Art erster Kammer –, Übernahme jeglicher legislativen Macht und Enteignung der Großgrundbesitzer gestellt worden.

ZWEITE REICHSDUMA (März 1907–Juni 1907)
Diese Duma wurde einberufen, um den Einfluß der radikalen Gruppen zu brechen. Tatsächlich kam es jedoch, im Vergleich mit der ersten Reichsduma, zu einer Polarisierung. Die Parteien der Mitte wurden schwächer. Von den 518 gewählten Abgeordneten gehörten 65 den Bolschewiken und Menschewiken an, 104 einer linksradikalen Bauerngruppe. 76 Abgeordnete kamen aus nichtrussischen Gebieten. Nach scharfer Kritik an der Regierung seitens der Linken, die ein Drittel der Sitze innehatten, wurde diese Duma nach 53 Sitzungen aufgelöst.

DRITTE REICHSDUMA (November 1907–Juni 1912)
Diese Versammlung entstand nach Einführung eines neuen Wahlgesetzes. Auf Stolypins Vorschlag hin unternahm der Zar im Sommer 1907 einen Staatsstreich: Er erklärte das Oktobermanifest und das Grundgesetz für ungültig. Die Mehrheit der dritten Duma bestand aus Vertretern der Gutsbesitzer und der Großindustriellen. Die führende Partei der Duma, die Oktobristen, vertraten eine gemäßigt konservative Richtung. Die größte Oppositionspartei stellten die Kadetten dar. Die radikalen Parteien, die nicht einmal einen Wahlkampf hatten führen dürfen, waren natürlich nur schwach vertreten. Diese Duma, auch „Herrenduma“ genannt, war eindeutig regierungstreuer als die beiden vorausgegangenen.

VIERTE REICHSDUMA (November 1912–März 1917)
Die vierte Duma erreichte wie die dritte eine knappe Mehrheit zugunsten der Regierung. Unter den 442 Abgeordneten waren nur sechs Bolschewiken und sieben Menschewiken zu finden. Diese Duma erhielt den Beinamen *„Popenduma“*, da sie auf Anregung der Priesterschaft zustande gekommen war. Allmählich wurde diese Duma zu einer Plattform für Agitation gegen die Regierung und das Zarentum.

Die landesweite Unruhe erreichte im Oktober ihren Höhepunkt, als ein spontaner Streik ganz Rußland lahmlegte. Etwa 1,7 Millionen Menschen waren daran beteiligt. Fabriken verödeten, der Verkehr stand still, und die Nahrungsmittelversorgung wurde sabotiert. Dies war der größte politische Streik in der Geschichte des Landes.

In einer Reihe von Industriestädten wurden aus Abgeordneten der Arbeiter Räte (*Sowjets*) gebildet, um den revlutionären Kampf zu führen. Die Meinungen hinsichtlich der anzuwendenden Mittel gingen jedoch nach wie vor auseinander.

Die Geschehnisse zwangen den Zaren zu einem neuen Schachzug, dem sogenannten Oktobermanifest, das sich als wesentlich reformfreundlicher erwies als „Bulygins Verfassung". Sergej Witte, ein hervorragender Administrator, brachte den Zaren dazu, ein wenig vom Selbstherrscherprinzip abzuweichen. Nikolaus schrieb in einem seiner zahlreichen Briefe an seine Mutter, die im übrigen Witte als genialen Mann bezeichnete: „Er... hat das Manifest entworfen."

Der Vetter des Zaren, Großfürst Nikolaus Nikolajewitsch (1856–1929), der militärische Befehlshaber der Hauptstadt, soll angeblich vor den Augen des Zaren seine Dienstpistole gezogen und damit gedroht haben, sich umzubringen, falls Wittes Vorschlag nicht angenommen werde.

Zar Nikolaus erklärte nun, daß Rußland eine ratgebende Versammlung erhalten werde – eine Reichsduma. Auch wenn von sozialen Reformen keine Rede war, waren doch bürgerliche Freiheiten und Rechte – Meinungsfreiheit, Vereinigungs- und Versammlungsfreiheit – verkündet worden. Allen Russen und sämtlichen gesellschaftlichen Klassen sollte das Stimmrecht zur Bestellung der Reichsduma eingeräumt werden, die ihrerseits gesetzgebende Rechte sowie das Vetorecht gegenüber der Regierung sowie die Aufsicht über Ämter und Verwaltung erhalten sollte.

Über alldem stand jedoch der Paragraph 4 mit seiner deutlichen Botschaft: „Der Kaiser von Rußland ist der Träger der höchsten Selbstherrschermacht." Die Reform war also nichts anderes als eine Scheindemokratie. Rußland wurde zu einem halbkonstitutionellen Staat, nicht mehr.

LAND IM FREUDENTAUMEL, ABER...

Dennoch löste das Oktobermanifest bei den vielen Menschen des Landes einen Freudentaumel aus. Die Bürger zogen singend durch die Städte, man ließ den Zaren hochleben und zündete Siegesfeuer an. Der englische Reporter Maurice Baring (1874–1945) von der „Morning Post" in London schrieb aus Moskau, daß „alte Männer sich umarmten und mit dem besten Wodka auf ein freies Rußland anstießen". In einem Brief an seine Mutter vermerkte der Zar, daß er ihnen gegeben habe, wonach alle gerufen hätten.

Sobald der Generalstreik beendet war, ging die alte reaktionäre Machtelite zum Gegenangriff über. Zensur und Säuberungsaktionen gingen weiter wie zuvor. Die Judenpogrome wurden intensiviert, und die Infiltration der Arbeiterorganisationen geschah weiterhin. Auf dem Lande wurden regelrechte Strafexpeditionen gegen die Streikenden durchgeführt.

Das Verhalten der Regierung löste indes eine neue Streikwelle aus. In Moskau herrschte totaler Generalstreik. Dort sollte es auch zur endgültigen Auseinandersetzung kommen: Eine Woche lang tobten Straßenschlachten zwischen den Regierungssoldaten und den Milizangehörigen einerseits sowie den Revolutionären an-

SONNTAG AUF DEM ROTEN PLATZ IN MOSKAU

Die Welt der Besitzenden ist von den klassischen russischen Schriftstellern meisterhaft beschrieben worden, wofür Tolstois „Anna Karenina" ein gutes Beispiel darstellt. Moskau war die Hochburg des Adels, dessen Reichtum in erster Linie auf dem enormen Grundbesitz beruhte. Im frühern 19. Jh. war Moskau Rußlands Textilzentrum („Rußlands Manchester") gewesen. Die Stadt erhielt dadurch eine Schar unglaublich reicher Industriemagnaten und Geschäftsleute, gleichzeitig wuchs aber ein Industriearbeiterproletariat im Elend heran. Später haben sich auch andere Industrien in der Stadt weiterentwickelt, die mechanische Industrie, die Tabak- und die Lebensmittelindustrie. In den vier Jahrzehnten vor dem Ersten Weltkrieg stieg der russische Anteil an der weltweiten Industrieproduktion von 3,7 auf 5,5 Prozent. Ein Teil der prozentualen Verbesserung beruhte auf dem Absatz von Rohöl und Ölprodukten. Um die Jahrhundertwende war Rußland der größte Ölproduzent der Welt, wobei die schwedische Familie Nobel zu den Ölmagnaten des Landes zählte.
Private Sammlung.

dererseits. Dabei kamen sogar Artillerieverbände zum Einsatz. Die zahlenmäßige Überlegenheit der Regierungsmacht erzwang schließlich die Entscheidung: An Neujahr 1906 streckten die Revolutionäre die Waffen und ergaben sich.

Der Generalstreik war zwar zu Ende. Dennoch gingen „die Terrorherrschaft von oben“ und der „Terror von unten“ weiter. Die neue Hinrichtungswelle, die über das Land hereinbrach, weckte die Bestürzung und den Zorn der Umwelt. Die Schreckensherrschaft wurde mit den Verhältnissen unter Iwan dem Schrecklichen verglichen.

In der Reichsduma gab ein General seinem Abscheu über die Hinrichtungen Ausdruck. Innerhalb von vier Monaten waren 600 Menschen „auf brutalste Weise ohne Urteil oder nach Gerichtsverfahren, die einem Narrenspiel glichen, getötet worden“.

Unter den zahlreichen offiziellen Personen, die ermordet wurden, befanden sich auch drei Spitzenpolitiker. Im April 1902 wurde der Innenminister, Dmitri Sergejewitsch Sipjagin (1853–1902), auf offener Straße erschossen. Auch sein Nachfolger, Wjatscheslaw Plehwe, wurde ermordet ebenso wie später der Premierminister und starke Mann im Lande, Peter Arkadewitsch Stolypin (1862–1911).

Plehwe, ehemaliger Polizeidirektor, war als rücksichtsloser Terroristenjäger bekannt. Während seiner Tätigkeit in Finnland (1899–1902) trieb er eine radikale Russifizierungspolitik. Seine antisemitische Politik fand in den schrecklichen Kischinew-Pogromen 1903 ihren Höhepunkt. Auch außerhalb des eigentlichen Rußland wuchs der Terror. Der russische Generalgouverneur in Finnland, Nikolai Iwanowitsch Bobrikow (1839–1904), wurde als Symbolfigur der intensiven Russifizierung des Landes ermordet.

Die zaristische Gesellschaft war zu keinerlei Kompromiß bereit. Statt dessen eskalierte die Gewalt. Die anonyme Schar der Opfer betrug Zehntausende von Menschen. Zahlreichen Liquidationen gingen grausamste Folterungen voran. Bereits eine Studentendemonstration 1899 in St.Petersburg, bei der berittene Polizei mit Peitschen die Demonstranten auseinandertrieb, ließ ahnen, was kommen würde. Es war das erste Mal, daß die Polizei gewaltsam gegen Studenten vorging.

Die Revolutionsbewegung ebbte 1907 ab. Die Ereignisse der Jahre 1905–1907 waren – wie Lenin es ausdrückte – die Generalprobe für das, was kommen sollte.

PETER STOLYPIN war 1906–1911 Ministerpräsident (Regierungschef) des Zarenreiches und dessen letzte politische Leitfigur. Als überzeugter Monarchist machte Stolypin die Revolution von 1905 brutal und konsequent zunichte. Er stellte Gesetz und Ordnung wieder her. Der Strick des Henkers wurde als „Stolypins Schal“ bezeichnet. Über 600 Personen aus den Reihen der Revolutionäre wurden aus dem Wege geräumt. Im Vergleich dazu fielen etwa 1600 Personen dem revolutionären Terror zum Opfer. Stolypin führte eine Agrarreform durch, auf Grund deren der russische Bauer Grund und Boden von der Dorfgemeinschaft freikaufen konnte. Etwa 52 Prozent der Bauern konnten sich von dem Boden, der ihnen zur Verfügung stand, nicht ernähren. Ein Drittel der Landwirtschaft wurde ohne Pferde bewerkstelligt! Die slawophilen Ideen – Dorfgemeinschaft als Kern der russischen Lebensform – wurden nun endgültig zu Grabe getragen. Für die Ausarbeitung der Reformen hatte Stolypin den Dänen Carl Andreas Koefoed (1855–1948) als technischen Berater beigezogen. Bis 1916 hatte ein Viertel der Bauern das Recht zum Freikauf von Grund und Boden genutzt. 1908 nahm Stolypin eine Grundschulreform vor mit dem Ziel, 1922 eine allgemeine Volksschule einzuführen. Trotz der weitgehenden Reformen trug Stolypins Politik die Züge einer reinen Diktatur, was ihm sowohl von links als auch von rechts harte Kritik einbrachte. Die Linke wollte kein reformfreundliches Regime, die Rechte überhaupt keine Reformen. Während eines Zwischenaktes der Oper „Zar und Sultan“ in der Kiewer Oper wurde Stolypin von Modka Bogrow niedergeschossen und erlag fünf Tage später seinen Verletzungen. Es gibt eine Theorie, nach der Stolypin von der Hofclique aus dem Wege geräumt worden sein soll.
Kgl. Bibliothek, Stockholm.

Die revolutionären Geschehnisse in St.Petersburg und Moskau 1905 hatten auch ein politisches Lauffeuer in Finnland, dem Baltikum, in Polen und Georgien entfacht. Auf gewohnte Weise begegnete die Zentralregierung den politischen Forderungen mit Standrecht, Hinrichtungen und Deportationen. In der satirischen englischen Zeitschrift Punch wurde der auf einem Schlitten mit Wölfen fliehende Zar abgebildet, dicht gefolgt von den Anarchisten.

Die erzwungene Dumareform beruhigte jedoch nicht die illegalen linksgerichteten Gruppen. Die Tatsache, daß die russische Industrie und Landwirtschaft ein paar gute Jahre hatten, wirkte sich indessen dämpfend auf die revolutionäre Tätigkeit aus.

In der Außenpolitik schloß Rußland 1907 ein Abkommen mit Großbritannien über die Verteilung der Einflußsphären in Persien, Afghanistan und Tibet. Die sich daraus ergebenden Gespräche führten zur sog. Triple-Entente, wobei sich Rußland einem Bündnis zwischen Großbritannien und Frankreich anschloß. Auf der anderen Seite standen die Zentralmächte, d.h. Deutschland und Österreich-Ungarn.

Die aktive russische Politik auf dem Balkan wurde fortgesetzt. Es bestand Interesse, zum Bosporus und zu den Dardanellen zu expandieren. Durch diese schmalen Meerengen wurde nämlich über ein Drittel des gesamten russischen Exports abgewickelt. Die Russen ergriffen auf dem Balkan Partei für die Serben gegen Österreich, was sich einige Jahre später als verhängnisvoll erweisen sollte.

Für Wilhelm II. war das Zustandekommen der Triple-Entente gleichbedeutend mit dem Scheitern seiner Politik, nämlich der Vermeidung einer „Umzingelung" Deutschlands.

Krieg wird als die Fortsetzung diplomatischer Mißerfolge bezeichnet. Im Spätsommer 1914 wurde der Weltkrieg, den man jahrelang befürchtet hatte, leidvolle, schreckliche Tatsache. Daß er gerade zu diesem Zeitpunkt ausbrechen mußte, dafür gibt es unterschiedliche Theorien. Keines der beteiligten Länder nahm die Schuld auf sich. Der Krieg hätte genausogut 1905, 1908, 1911, 1912 oder 1913 ausbrechen können. In jedem dieser Jahre hatten sich ernsthafte Zwischenfälle in den Beziehungen zwischen den rivalisierenden Großmächten abgespielt, unter anderem auf dem Balkan und in Nordafrika.

Der deutsche Kaiser hatte seine eigene Version, was den Kriegsausbruch und die dafür verantwortliche Partei betraf. Demzufolge habe der Zar die Initiative ergriffen, als er im Frühjahr 1914 geäußert haben soll: „Je resterai chez moi cette année parce que nous aurons la guerre." („Ich bleibe in diesem Jahr zu Hause, da wir Krieg bekommen werden!") Wilhelm behauptet in seinen Memoiren, daß er erst 1918 davon erfahren habe.

Am 1. August 1914 kam die deutsche Kriegserklärung. Ein Telegramm, das am Tag darauf in sämtlichen Zeitungen der Welt veröffentlicht wurde, lautete:

Petersburg, 22.28 Uhr. Der deutsche Botschafter hat im Namen seiner Regierung heute um 19.30 Uhr dem Außenminister die Kriegserklärung überbracht.

Nikolaus anwortete formell mit einer russischen Kriegserklärung. Daraufhin legte er im Winterpalast feierlich denselben Eid ab, den Alexander I. 1812 geschworen hatte:

Ich schwöre feierlich, keinen Frieden zu schließen, solange sich auch nur ein einziger Feind auf russischem Boden befindet.

Vor dem Palast wartete eine riesige Menschenmenge, um ihrem Herrscher zu huldigen. Als der Zar und die Zarin auf einem Balkon erschienen, fiel das Volk spontan

„FÜR DEN THRON, DEN ZAREN UND DAS VATERLAND"

zogen die russischen Soldaten in den Krieg gegen Deutsche und Österreicher. Man rief hoffnungsvoll Schlagworte wie „Wilhelm nach St.Helena!". Die Optimisten glaubten, in einigen Monaten Weihnachten Unter den Linden in Berlin feiern zu können. „Es ist ein Kampf auf Leben und Tod, zwischen Slawentum und Germanentum. Eine Seite muß untergehen!" erklärte die aus Deutschland stammende Großfürstin Maria Pawlowna (1854–1920), Witwe des Großfürsten und Onkel des Zaren, Wladimir Alexandrowitsch (1847–1909). Die Abbildung zeigt das Pawlowsche Regiment auf dem Weg ins Feld. Private Sammlung.

auf die Knie. Genauso spontan ertönte die kaiserliche Hymne:

Gott schütze den Zaren! Stark und mächtig soll der rechtgläubige Zar uns zu Ehren und zum Schrecken seiner Feinde herrschen. Gott schütze den Zaren!

Glühender Patriotismus breitete sich in Rußland aus. Revolutionäre, die zuvor Zar und Establishment bekämpft hatten, legten ihre Waffen und Argumente zur Seite.

Nikolaus ernannte seinen Onkel, den Großfürsten Nikolai Nikolajewitsch, zum Oberbefehlshaber. Dieser hatte sich innerhalb der Kavallerie verdient gemacht und bei der Durchsetzung des Oktobermanifestes von 1905 eine dramatische Rolle gespielt.

Einige Wochen später erklärte Nikolaus, daß der deutsch klingende Name St.Petersburg ins slawische Petrograd umbenannt werden müsse (31. August, neuer Kalender). Alles, was mit Deutschland in Verbindung stand, wurde ebenfalls verboten. Bach, Brahms oder Beethoven wurden nicht mehr gespielt. Die Heilige Synode erklärte im Herbst, daß Weihnachtsbäume als deutsch angesehen würden und somit geächtet seien.

Die meisten Russen glaubten an einen kurzen Krieg. Innerhalb eines halben Jahres rechnete man mit dem Sieg und der Einnahme Berlins. Gewaltige Scharen junger, enthusiastischer Männer wurden mobilisiert, die mit Spannung ihrer Aufgabe entgegensahen.

Nach voller Mobilisierung zählte die kaiserlich russische Armee über 12 Millionen Mann. Die Russen erfüllten die mit ihren Verbündeten eingegangenen Abkommen genauestens, nämlich „bei der ersten Meldung über deutsche Mobilisierung all ihre Kräfte ohne vorhergehende Diskussion mobil zu machen".

Mit erstaunlicher Schnelligkeit machten sich die ersten Verbände auf den Weg in Richtung Ostpreußen. Nach einigen anfänglichen Siegen nahmen die Begeisterung und der Patriotismus in der Heimat nahezu hysterische Züge an. Die siegreichen russischen Generale Paul Karlowitsch Rennenkampf (1854–1918) und Alexander Wassilewitsch Samsonow (1859–1918) galten als die Helden der Nation.

Dem Freudentaumel wurde indes ein abruptes Ende bereitet, als einige Wochen darauf Berichte eintrafen, denen zufolge dieselbe Armee bei Tannenberg und in den Masurischen Seen praktisch völlig vernichtet worden sei. Dabei hatte der neue deutsche Befehlshaber Paul von Hindenburg (1847–1934) die gesamte 150000 Mann starke Armee Samsonows aufgerieben. Danach wurden die Truppen Rennenkampfs besiegt. Ende 1914 war ein Viertel der russischen Streitkräfte oder eine Million Mann gefallen, verwundet oder in Gefangenschaft geraten. Es war ein weiter Weg nach Berlin!

Einen kleinen Lichtblick in all dem Elend gewährten die Operationen gegen die Österreicher in Galizien, die sich etwas günstiger entwickelten.

NIKOLAI NIKOLAJEWITSCH gehörte zu den einflußreichsten Großfürsten in der Umgebung des Zaren. Bereits im Russisch-Türkischen Krieg 1887/88 hatte sich der Großfürst ausgezeichnet. Später wurde er General und Inspekteur der kaiserlich russischen Kavallerie. Für den französischen Minister Maurice Paléologue war der hochgewachsene Nikolai – er war 190 cm groß – der „bewundernswerteste Mann des Heeres, nicht nur ein Soldat,sondern ein echter Slawe". Das Hauptquartier des Oberbefehlshabers bestand aus einer Reihe von Eisenbahnwagen.
Kgl. Bibliothek, Stockholm.

SCHACH!

Diese satirische Zeichnung aus Österreich von 1915 zeigt den deutschen Generalstabschef Erich von Falkenhayn (1861–1922) – sitzend rechts –, assistiert von seinem hinter ihm stehenden österreichischen Kollegen Conrad von Hötzendorf (1852–1925), der den erschreckten Gegnern mit einem unerwarteten Zug Schach bietet.
Dabei wird auf die erfolgreichen deutsch-österreichischen Kriegsoperationen in Galizien im Mai–Juni 1915 angespielt. Großfürst Nikolai Nikolajewitsch – sitzend, links – ist einige Monate später als russischer Oberbefehlshaber verschwunden. Neben dem Großfürsten der französische Generalstabschef Joseph Joffre (1852–1931) und dahinter dessen englischer Kollege Sir John French (1852–1925). Ganz links im Bild der neue Verbündete, der italienische König Viktor Emanuel III. (1869–1947).
Kgl. Bibliothek, Stockholm.

Bald zeigte es sich, daß die großen russischen Armeen großen Mangel an Waffen, Munition und Lebensmitteln litten. Man war zu ständigen Kompromissen, zu Improvisation und Umorganisation gezwungen, was nicht selten die Bewunderung der Gegenseite hervorrief.

Die russische Rüstungsindustrie war ein Kapitel für sich. Ständiger Rohstoff- und Treibstoffmangel, geringe Kapazität und Personalmangel – ein Drittel der Arbeitskräfte leistete Kriegsdienst – brachten große Probleme mit sich. Dazu kamen die unzureichende Transportkapazität und riesige Entfernungen. Auch die Organisation ließ zu wünschen übrig.

Die isolierte Lage Rußlands machte es den Verbündeten nicht leicht, hilfreich beizustehen. Sowohl die Ostsee als auch die Dardanellen waren durch feindliche Flottenverbände blockiert. Die einzigen Zufahrtswege führten über Murmansk im Norden sowie über norwegische und schwedische Häfen via Finnland.

An der Front entstand ein spezifisches Problem: Die russischen Offiziere weigerten sich nämlich, bei den Kämpfen in Deckung zu gehen, was als Feigheit galt. Das Ergebnis war natürlich niederschmetternd. Der Mangel an Befehlshabern wurde schließlich derart akut, daß man Studenten zur Schnellausbildung einberief. Nach nur vier Monaten wurden sie als neu ausgebildete Leutnants an die Front geschickt.

1915 kamen ständig Meldungen von der Front über Mißerfolge, so daß sich in der Heimat allmählich ernsthafter Pessimismus breitmachte. Sündenböcke mußten her. Als erster mußte der Kriegsminister, Wladimir Alexandrowitsch Sikhomlinow (1848–1926), dran glauben. Ihm wurde Vernachlässigung der Kriegsvorbereitungen, Korruption und Zusammenarbeit mit dem Feind angelastet. Sikhomlinow wurde für schuldig befunden und zu lebenslänglicher Gefängnisstrafe verurteilt.

In Petrograd machte sich zunehmend Unruhe bemerkbar. Der Mangel an Lebensmitteln, Treibstoff und anderen Bedarfsartikeln wurde von Tag zu Tag größer. Läden und Geschäfte wurden verwüstet. Das Eigentum von

Ein typisches Bild aus den Schützengräben des Ersten Weltkriegs. Ein russischer Leutnant namens Gloutskow wartet zusammen mit einem französischen Frontreporter (stehend) und den Soldaten auf den Angriffsbefehl. Die russischen Offiziere weigerten sich, Deckung zu beziehen, da dies als Feigheit ausgelegt wurde. Der Reporter wurde eine Stunde nach dieser Aufnahme getötet. Das Schicksal des Leutnants ist nicht bekannt. Der offizielle britische Beobachter an der russischen Front, Sir Bernhard Pares (1867–1949), schrieb: „Das ist kein Kriegsschauplatz! Das ist ein Schlachthof!"
Kgl. Bibliothek, Stockholm.

Zar Nikolaus kam nie näher an die Front heran als bis zu den Hauptquartieren der einzelnen Frontabschnitte. Man wollte ihm den Anblick des Abschlachtens an der Kampflinie ersparen. In einem Brief an die Gemahlin im Kriegsjahr 1914 beschreibt der Zar die Lage als ruhig und friedlich wie bei Manövern in alten Zeiten. Die Abbildung zeigt den Zaren in Lemberg (1915).
Staatl. Museum Helsinki.

Deutschrussen wurde zerstört, und Stimmen wurden laut, nach denen die deutschgebürtige Kaiserin, die man einfach nur *Nemka* („Deutsche") nannte, ins Kloster gesteckt und der Zar abgesetzt werden sollte.

Nikolaus hingegen mahnte zu weiteren Opfern zum Wohl des Landes. Nicht zuletzt waren junge Männer für die Front erforderlich.

Der Zar unternahm zahlreiche Besuche im russischen Hauptquartier. Oft kam er in Begleitung seines jungen Sohnes Alexej. Die Kaiserin und die vier Töchter, die in der Heimat als Krankenschwestern Dienst taten, begaben sich selten ins Feld.

Innerhalb der kaiserlichen Familie spielte sich ein unangenehmer Zwischenfall ab: Der Einfluß des Scharlatans Rasputin nahm ständig zu, jedenfalls auf die Kaiserin. Als dieser im Übermut in einem Telegramm den Großfürsten Nikolai Nikolajewitsch bat, das Hauptquartier besuchen zu dürfen, erhielt er zur Antwort:

Kommt nur, dann werde ich Euch hängen!

Die Kaiserin ergriff für Rasputin Partei und versuchte ihren Gemahl dazu zu bringen, selbst den Oberbefehl zu übernehmen.

In der deutschen Wochenzeitschrift Illustrierte Zeitung wurden zu Beginn des Krieges 1914 russische und französische Soldaten verschiedener Verbände in farbigen Abbildungen dargestellt. Jeder Leser sollte wissen, wie der Feind aussah. Diese Abbildung zeigt russische Soldaten: von links ein Donkosak, ein Uralkosak, ein Artillerieoffizier, ein Kubankosak – aus Kaukasien – und ein Feldartillerist.

DER ZAR ÜBERNIMMT DAS KOMMANDO

Im Frühjahr 1915 durchbrachen die Zentralmächte die russischen Linien in Galizien, und im August fiel Warschau. Die russische Armee war auf dem Rückmarsch. Nikolaus opferte nun seinen Onkel und übernahm selbst das oberste Kommando. Dies bedeutete in der Praxis, daß dem kaiserlichen Stabschef Michail Wassilewitsch Alexejew (1857–1918) der Oberbefehl übertragen wurde.

Großfürst Nikolai Nikolajewitsch erhielt ein Kommando in Kaukasien als „Oberbefehlshaber der tapferen Armee, die dort operiert". Das Jahr 1915 war zwar kein glorreiches Jahr für den Großfürsten, dennoch hatte er seine Bewunderer. Sogar der deutsche Feldmarschall Erich Ludendorff (1865–1937) nannte den Russen „einen wirklich großen Soldaten und Strategen".

Im Herbst 1915 verlor die deutsche Offensive an Kraft, und schließlich verhinderte der Winter größere Operationen.

Das dritte Kriegsjahr wurde mit einer russischen Großoffensive an der Südwestfront unter dem Kommando Alexander Alexejewitsch Brussilows (1853–1926) eingeleitet. Auf einen deutschen Gefallenen gingen zwei russische. Die Deutschen mußten Verbände von der Westfront abziehen, um dem Ansturm zu begegnen. Langsam rückten Brussilows Truppen unter schweren Verlusten vor. Dabei verloren sie 1200000 Mann, ein hoher Preis, gemessen an den Gesamtverlusten während des Krieges von 7900000 Mann – über die Hälfte der ganzen Armee.

Die russischen Soldaten im Felde litten große Not. Der Nachschub wurde immer schlechter, und die Kriegsmoral sank. Verweigerungen des Gehorsams häuften sich, und Fahnenflucht war üblich. In dieser Situation machte der Kosakengeneral Lawr Kornilow (1870–1918) von sich reden, als er der Artillerie befahl, auf eigene Deserteure zu schießen.

In Petrograd und Moskau herrschte im Herbst 1916 bittere Not. Es mangelte praktisch an allem. Die Inflation erreichte ständig neue Rekorde, Rohstoff- und Treibstoffmangel ließen die Fabriken zum Stillstand kommen. Arbeiter wurden arbeitslos, und Streiks breiteten sich aus.

In der Duma wurden die Reden immer lauter und freimütiger geführt. Das Vertrauen in die Regierung schwand nach und nach. Der Zar sah sich sogar gezwungen, im November 1916 seinen Premierminister Boris Wladimirowitsch Stürmer (1848–1917) zu opfern, nachdem dieser von der Duma beschuldigt worden war, Werkzeug der Hofclique und ein Verräter zu sein. Allein schon der deutsch klingende Name reizte das Volk. Auch Rasputins Name tauchte immer wieder in den Debatten auf, und zwar stets in Verbindung mit der deutschgebürtigen Kaiserin. Den beiden wurde nachgesagt, deutsche Agenten zu sein. Die Propaganda nahm immer intensivere und vulgärere Formen an.

DIE GEHOBENE GESELLSCHAFT VERGNÜGT SICH

Wie jedes Jahr begann auch im September 1916 die gesellschaftliche Saison in der russischen Hauptstadt. Theater, Klubs, Restaurants und Konzertsäle füllten sich. Das einzige, was an Krieg erinnerte, war die ungewöhnlich große Zahl uniformierter Offiziere. Im Marinskitheater tanzten die berühmten Ballerinen Tamara Platonowna Karsawina (1885–1978) und Matilda Felixewna Kschesinskaja (1872–1971). Letztere war seinerzeit die Jugendliebe Zar Nikolaus' gewesen. Am Narodinj Dom, in einer Art Kulturzentrum mit ermäßigten Preisen, sang der beliebte Fjodor Iwanowitsch Schaljapin (1873–1938). Er ließ seine mächtige Baßstimme in Stücken wie „Boris Godunow" ertönen. Dennoch war der Krieg zugegen, und die Not begann am Ausgang.

OKKULTISMUS IN RUSSLAND

Um die Jahrhundertwende war eine Welle des Okkultismus über Europa hinweggezogen. Séancen und andere okkulte Phänomene waren in Mode gekommen. Eine Vielzahl von Scharlatanen und anderen Glücksrittern tauchten mal hier, mal da auf – auch in St.Petersburg.

Innerhalb der kaiserlichen Familie interessierten sich zwei eingeheiratete Schwestern ganz besonders für jede Art von Mystizismus. Miliza (1851–1966) und Anastasia (1868–1935), auch „die schwarzen Perlen" genannt, waren Töchter des Königs Nikola I. von Montenegro. Die beiden Schwestern weckten beim Kaiserpaar das Interesse an okkulten Vorgängen und organisierten eine spezielle Zusammenkunft während des Staatsbesuchs in Frankreich im Jahre 1900. Das Kaiserpaar wurde dem französischen Medium „Monsieur Philippe" oder Philippe Nizier Vachod (1849–1905), wie er eigentlich hieß, vorgestellt. Er hinterließ dabei einen so starken Eindruck, daß er eine Einladung nach Rußland erhielt.

Wegen Verleumdungen am Hofe und in der Öffentlichkeit mußte das Gastspiel des Franzosen in der russischen Hauptstadt jedoch vorzeitig abgebrochen werden. Mit einem russischen Generalstitel und einem Ehrendokter der Medizin kehrte der Franzose in seine Heimat zurück. Eine seiner Vorhersagen hatte indessen bei der Kaiserin starken Eindruck hinterlassen: „Monsieur Philippe" hatte behauptet, ihr fünftes Kind würde ein Sohn werden. Und so kam es dann auch. Während des unglücklichen Russisch-Japanischen Krieges kam der ersehnte Thronfolger Alexej zur Welt. Das elterliche Glück wich jedoch zwei Wochen später tiefster Bestürzung: Alexej hatte die Bluterkrankheit. Die Kaiserin war Trägerin dieser unheilbaren Krankheit. Laut Großfürst Alexander Michailowitsch wurde Alexandra „über eine Nacht um zehn Jahre älter".

WOHLTÄTER DER KAISERFAMILIE

Ein gutes Jahr später kam erneut die Hoffnung auf, daß ein „Mann Gottes" Glück in das Leben des Kaiserpaares bringen werde. Im Tagebuch des Zaren steht am 1. November 1905 (neuer Kalender) zu lesen: „Wir haben einen Mann Gottes aus dem Bezirk Tobolsk kennengelernt." Sein Name war Gregori Jefimowitsch Rasputin (1864 oder 1865–1916). Er war ein bekannter Hellseher und Gesundbeter und wurde als heiliger Mann betrachtet, obwohl er niemals Mönch gewesen war.

Diesen Rasputin umgaben zahllose zweifelhafte Geschichten. Dennoch war die Kaiserin bereit, ihn zu ihrem zukünftigen heiligen Orakel zu machen. Er war von Gott gesandt, um den kleinen Alexej von seiner schweren Krankheit zu befreien.

Die Vertraute der Kaiserin, die Hofdame Anna Vyrubowa, beschrieb Rasputin als „mageren, alten Muschik (Bauer) mit bleichem Angesicht... sowie ungewöhnlichen Augen, groß, hell und strahlend, die einem mitten in die

ALEXEJ NIKOLAJEWITSCH wurde zum russischen Thronfolger geboren – zum Zarewitsch. Oft war er jedoch wegen seiner unheilbaren Krankheit – der Bluterkrankheit – über lange Zeit bettlägerig, oder er mußte sich tragen lassen. Bei der Feier des dreihundertsten Jahrtestages der Thronbesteigung der Romanow-Dynastie 1913 in Moskau trug der Kaiser selbst seinen kranken Sohn auf dem Arm, worauf Gerüchte umgingen, nach denen Alexej an Knochenkrebs leide. Ein riesenhafter, muskulöser Matrose namens Derewanko wurde als Leibwächter Alexejs eingesetzt. Derewanko hielt dem Zarensohn bis zum Ende des Zarentums die Treue. Danach schwenkte er um und begann seinen ehemaligen Schützling zu kommandieren. Universitätsbibliothek Helsinki.

RASPUTIN HÄLT HOF

Dieses und ähnliche Bilder vom „Gottesmann, umgeben von liebeshungrigen Frauen der gehobenen Gesellschaft", wurden in Petrograd unter die Leute gebracht, um Rasputin und damit auch die kaiserliche Familie in Verruf zu bringen. Auf diesem Bild war nur eine der Frauen, Mounya Golowina – die vierte von links – zu identifizieren. Diese Bilder waren häufig mit herausfordernden Texten versehen.
Staatl. Museum Helsinki.

Seele zu blicken schienen". Er gab sich innerhalb der kaiserlichen Familie sehr intim, nannte den Kaiser „Papa" und die Kaiserin „Mama". Die Kinder betrachteten ihn als guten alten Onkel.

Über die Behandlungen, die Rasputin dem kleinen Alexej verabreichte, liegen zahlreiche Berichte vor. Eine der „Behandlungen" lief per Telegramm aus Sibirien ab und stillte erwiesenermaßen die schweren Schmerzen des Thronfolgers. Das Ärzteteam einschließlich des kaiserlichen Chirurgen, die vergebens versucht hatten, die Schmerzen zu lindern, hatten keine medizinische Erklärung für dieses Phänomen.

Kaiserin Alexandra Fjodorowna und ihr einziger Sohn, der Thronfolger Alexej Nikolajewitsch. Die unheilbare Krankheit des Sohnes stellte das ewige Gesprächsthema der Zarenfamilie dar. Wichtige politische Fragen kämen in zweiter Linie, hieß es.
Ab 1908 litt die Kaiserin an ständiger Müdigkeit, und sie verbrachte den Großteil des Tages in einer Art Halbschlaf auf einem Diwan.
Kgl. Bibliothek, Stockholm.

EIN GEFÄHRLICHER MANN

Die Nähe Rasputins zur kaiserlichen Familie sah man anfangs als unwesentliche Privatsache an. Aber eine Reihe von Faktoren ließ ihn zu einem Spielball der Politik werden. Politische Unordnung, schwere soziale Spannungen und der Zerfall des autoritären Gesellschaftssystems trugen dazu bei. Hinzu kam, daß die Kaiserfamilie sich 1905 in die Abgeschiedenheit des Schlosses Zarskoje Selo außerhalb der Hauptstadt zurückgezogen hatte. Die Abwesenheit des Kaiserpaares vom offiziellen Gesellschaftsleben führte dazu, daß Fraktionen innerhalb der großen kaiserlichen Familie ihre eigene Politik betrieben.

Die Geheimniskrämerei um Rasputin wurde immer intensiver, während er seine eigene Machtposition festigte. Es bestand kein Zweifel daran, daß er die Kaiserin verhexte, die ihrerseits einen wachsenden Einfluß auf ihren Mann erhielt.

Als die erwarteten Siege an der Front ausblieben, fand die politische Untergrundpropaganda in dem Wohltäter der Kaiserin einen dankbaren Sündenbock. Auch Alexandra Fjodorowna entging nicht der Kritik. Sie wurde als deutsche Spionin und Rasputins Geliebte angeprangert.

Im chaotischen Herbst 1916 war es dann soweit: Schwerer Mangel an Lebensmitteln, Rationierung von Elektrizität, Kohle und Holz, eine galoppierende Inflation, Massenarbeitslosigkeit und weiterhin düstere Meldungen von der Front führten schließlich zu einer endgültigen Abrechnung mit Rasputin. Als der freimütige und beliebte Wladimir Mitrofanowitsch Purischkewitsch (1870–1920) in der Duma gegen Rasputin und „den blinden Zaren" anging, erntete er den stürmischen Beifall der anderen Dumamitglieder.

DAS BRUTALE ENDE

In dieser verwirrten Situation sah sich der 30jährige Fürst Felix Jusupow (1887–1967) genötigt, etwas „zur Rettung des Vaterlandes" zu unternehmen. Zusammen mit einer Verschwörerclique entschloß er sich, Rasputin aus dem Wege zu räumen. Für den Fürsten persönlich hieß dies, daß er bereit war, einen Freund zu opfern. Am Abend des 30. Dezember 1916 (neuer Kalender) gelang es Jusupow, Rasputin dazu zu überreden, dessen Palast im zentralen St.Petersburg zu besuchen. Dort wurde Rasputin ermordet. Es gibt eine bunte Palette von Erzählungen darüber, wie der Mord vonstatten ging. Rasputins eigener Tochter Maria zufolge soll es sich um ein extrem heidnisches, sexuelles Ritual gehandelt haben.

Die Tat wurde schnell aufgeklärt. Wenn Jusupow und seine Mittäter damit gerechnet hatten, als vaterländische Helden gefeiert zu werden, hatten sie sich getäuscht. Nur eine kleine Gruppe Zarentreuer begrüßte die Liquidierung als eine Befreiung. Politisch hatte der Mord keinerlei Bedeutung.

Die Kaiserin trauerte um ihren „Freund" mit Resignation und Zorn. Der Kaiser ließ Gerechtigkeit walten und verurteilte die Verschwörer, wenn auch zu sehr milden Strafen. An den Rand einer Familienpetition zwecks Schonung der in die Sache verwickelten Familienmitglieder schrieb Nikolaus: „Niemand hat das Recht zu töten."

Fürst Jusupow, der als eigentlicher Mörder herausgestellt worden war, sowie sein enger Freund und zugleich Vetter des Zaren, Dmitri Pawlowitsch (1891–1942), wurden aus der Hauptstadt verbannt, was sie vor der Revolution und wahrscheinlich auch vor dem Tod rettete.

Das Fürstenpaar Felix und Irina (1895–1970) Jusupow spielte unterschiedliche Rollen bei der dramatischen Beendigung der Rasputin-Affäre. Felix galt als einer der elegantesten Männer St.Petersburgs. Er war bekannt für die Ungeniertheit, mit der er seine bisexuelle Neigung zur Schau stellte. In Paris soll er sogar als Transvestit aufgetreten sein und dabei dem Prinzen von Wales – dem angehenden König Edward VII. – derart den Kopf verdreht haben, daß ihm dieser den Hof machte. Rasputins Beziehung zu Felix bezeichnet Rasputins Tochter Maria als Vater-Sohn-Verhältnis. Auch der schönen Irina, der Nichte des Zaren, war Rasputin nicht abgeneigt. Die Putschisten hatten Rasputin zu einem Rendezvous mit Irina in Jusupows Palast gelockt und ihn ermordet.
Kgl. Bibliothek, Kopenhagen.

DIE LETZTEN TAGE DES KAISERTUMS

An Neujahr 1917 stand Rußland am Abgrund von Auflösung und Verfall. Der Ministerpräsident, Nikolai Dmitrijewitsch Golizyn (1850–1925), der letzter Regierungschef des monarchistischen Rußlands, hatte die Situation nicht unter Kontrolle. Die Lebensmittelversorgung stellte ein akutes Problem dar. Der Hauptzuständige und „starke Mann" der Regierung, Innenminister Alexander Dmitrijewitsch Protopopow (1866–1918), hatte zudem über Rasputin und die Kaiserin Karriere gemacht. Protopopow sei Rußlands unbeliebteste Person, schrieb eine andere führende politische Persönlichkeit, Alexander Fjodorowitsch

Zerrbild der Kaiserfamilie mit Rasputin. Die Bilder, die in einem kriegsmüden und ausgehungerten Petrograd verteilt wurden, zeigten die Familie in demütigenden Situationen und oft mit sexueller Anspielung. Auch in Reimen und Liedern wurde das Thema aufgegriffen. Der russische Text besagt, daß der Zorn des Volkes warte, wenn nicht Grischka – Rasputin – in Verwahr genommen werde.
Nationalbibliothek Wien.

ALEXANDER KERENSKI war ursprünglich Rechtsanwalt. Er wurde als Mitglied in die vierte Duma gewählt und schloß sich der radikalen Parteigruppe der Trudowiken an. Später ist er als sozialistischer Revolutionär aufgetreten. Der französisch-russische Journalist Marylie Markowski beschrieb Kerenski: „Er ist jung und stark. Sein rasiertes Gesicht verleiht ihm ‚amerikanisches' Aussehen. Er ist ein glänzender Redner und zudem begabt... Er ist zum einen ein großer Sozialist und zum andern ein überzeugter Patriot." Kerenski plädierte während der Februarrevolution kraftvoll für die Abschaffung des Kaisertums. In der provisorischen Regierung, die nach der Abdankung des Kaisers antrat, wurde Kerenski, als einziger Linker, zum Justizminister ernannt. Ihm wurde eine Rolle als Vermittler zwischen Regierung und Sowjet zugedacht, und er erklärte offen, daß er nicht gewillt sei, ein „russischer Marat" zu werden, als das endgültige Schicksal des Zaren zur Sprache kam. Den Ex-Zar beschreibt Kerenski in seinen Memoiren mit einer gewissen Sympathie, während die Ex-Kaiserin als steife, stolze und überhebliche Person geschildert wird. Kerenski weist auf spürbare Unterschiede im Charakter und Temperament zwischen den beiden hin und schließt daraus: „Innerhalb einiger Sekunden wurde mir klar, was sich jahrelang zwischen den Schloßwänden abgespielt hatte." Im Juni 1917 wurde Kerenski Ministerpräsident, er verlor den großen politischen Machtkampf gegen Lenin jedoch. Nach dessen Machtübernahme floh Kerenski außer Landes, womit seine historische Rolle beendet war. Im Alter von neunzig Jahren starb er 1979 in den Vereinigten Staaten. Private Sammlung.

Kerenski (1881–1970). Der ungewöhnlich harte Winter machte die lebensnotwendigen Eisenbahnstrecken weitgehend unbefahrbar. Dampflokomotiven wurden reihenweise vom Frost zerstört. Anfang März 1917 erreichte die kritische Situation mit der Februarrevolution schließlich ihren Höhepunkt. Der Name mag etwas verwirrend erscheinen, kommt jedoch daher, daß die russische Zeitrechnung dreizehn Tage hinter der westlichen hinterherhinkte. Brennpunkte der Ereignisse waren in erster Linie Petrograd und in gewisser Hinsicht auch das russische Hauptquartier in Mohilew in Weißrußland.

Am Donnerstag, den 8. März (23. Februar, alter Kalender) – „dem internationalen Frauentag" –, fanden spontane Hungerdemonstrationen statt, und gleichzeitig traten die Textilarbeiter in den Streik. Etwa 130000 Personen, etwa 30 Prozent der Arbeiterschaft der Hauptstadt, nahmen an den Aktionen teil. Der Demonstrationszug bewegte sich durch die verschneite, kalte Stadt in Richtung Newski Prospekt und Kasan-Kathedrale. Der Anteil der Textilarbeiterinnen an der Demonstration war außerordentlich hoch. Der Protest war in erster Linie gegen den Lebensmittelmangel in den Geschäften gerichtet. „Gebt uns Brot!" riefen die Massen. Um die Glut noch mehr zu schüren, sang man die Marseillaise und revolutionäre Kampflieder. Zahlreiche Geschäfte wurden geplündert, und – was besonderes Aufsehen an diesem ersten Tag der Unruhen erregte – ein Überfall auf die Sibirische Handelsbank wurde verübt, bei dem die Räuber über 35000 Rubel erbeuteten.

Am selben Tag war Nikolaus II. unterwegs von seinem Palast zum Hauptquartier hinter der Front. Von dieser Reise sollte er nicht wieder als Kaiser zurückkehren.

In der französischen Botschaft hatte man nur geringe oder überhaupt keine Notiz von den demonstrierenden Volksmassen genommen, zumindest was den Botschafter Maurice Paléologue (1859–1944) betraf. Er schrieb später, das Diskussionthema jenes Abends sei die Frage gewesen, welche der großen russischen Ballerinen, Maria Pawlowa (1881–1931), Kschesinskaja oder Karsawina, die höchste künstlerische Begabung gewesen sei.

Am folgenden Tag, Freitag, den 9. März 1917, griff die Streikwelle in der Hauptstadt weiter um sich. Erneut füllten sich die Straßen Petrograds mit Demonstranten. Schätzungsweise 200000 Personen waren auf den Beinen und riefen Schlagworte wie: „Nieder mit Protopopow!" „Schluß mit dem Krieg!" „Nieder mit der Kaiserin!" Viele der Demonstranten trugen rote, selbsthergestellte Spruchbänder. Eine Konfrontation zwischen Demonstranten sowie Reservetruppen und Polizei war unausweichlich und kostete mehrere Todesopfer. Die gefürchteten Kosaken, die Bereitschaftspolizei des Zaren, verhielten sich indes der Volksmasse gegenüber neutral, was mit tosendem Beifall begrüßt wurde. „Diese Geste war nicht ohne Bedeutung", meinte Trotzki später.

In der Duma nahmen die Mitglieder kaum noch ein Blatt vor den Mund. Die Debatte ging in erster Linie darum, wie dem akuten Lebensmittelmangel beizukommen sei. Dies veranlaßte den Kommandanten der Hauptstadt,

„Den russischsten von uns allen“

nannte Igor Fjodorowitsch Strawinsky (1882–1971) seinen älteren Kollegen und Landsmann Peter Iljitsch Tschaikowski (1840–1893). Die Abbildung zeigt das Porträt Tschaikowskis, ein Gemälde von Nikolai Kusnezow aus dem Jahre 1892. Tschaikowski war ergebener Verehrer des Vaters der russischen Musik, Glinka, den er als „Riesen unter Dilettanten“ bezeichnete. Er selbst sah sich scharfer Kritik seitens des „mächtigen Häufchens“ (*Mogutschaja kutschka*) ausgesetzt, das ihn als allzu „westlich orientiert“ einstufte. Die Gruppe wird nach Mili Alexandrowitsch Balakirew (1837–1910) zuweilen auch als Balakirewkreis bezeichnet. Die anderen vier Mitglieder waren Nikolai Rimski-Korsakow, Zesar Antonowitsch Cui (1835–1918), Modest Petrowitsch Mussorgski und Alexander Porfirjewitsch Borodin (1833–1887). Tschaikowski schlug zurück und behauptete beispielsweise, Mussorgski „komponiere, wie es ihm einfalle“, Borodins „Technik sei bescheiden“ und ihm „fehlten theoretische Kenntnisse“.

Nach seinem Abschlußexamen am Konservatorium in St.Petersburg kam Tschaikowski als Theorielehrer nach Moskau (1866). Im Jahr zuvor war seine erste Orchesterkomposition, ein Walzer, in Pawlowsk mit Johann Strauß dem Jüngeren (1825–1899) als Dirigenten uraufgeführt worden. Auch in Tschaikowskis zukünftigen Kompositionen kehrt oft der Walzerwieder.

Die Laufbahn des sensiblen und oft ängstlichen Tschaikowski war jedoch von vielen Schwierigkeiten erfüllt. Trotz seiner homosexuellen Neigung stürzte er sich in eine Ehe mit der Schülerin Antonia Miljukowa. Es war eine unglückliche Verbindung, und Tschaikowski versuchte Selbstmord zu begehen, indem er sich bis zum Hals in die eiskalte Newa stürzte. Eine andere Frau, die reiche Witwe Nadeschda Filaretowna von Meck, war dreizehn Jahre lang, bis 1890, Tschaikowskis Gönnerin und Briefpartnerin. Sie bestellte Werke von ihm, zahlte gut und gab ihm obendrein alljärlich eine Unterhaltszahlung von 6000 Rubeln, alles unter einer Bedingung: Sie sollten einander nie begegnen! Seine vierte Sinfonie (1877) widmete er „Meiner besten Freundin“.

Zu Tschaikowskis großen Verehrern gehörte auch der zukünftige Nikolaus II., der sowohl bei der Generalprobe als auch bei der Uraufführung von „Dornröschen“ im Januar 1890 zugegen war. Der junge Nikolaus hatte auch den Tönen von „Pique Dame“ gelauscht, und zwar über eine Telefonleitung, eine höchst sensationelle Neuerung zu dieser Zeit. Auch Großfürst Konstantin Konstantinowitsch (1858–1915) war ein Bewunderer Tschaikowskis. Ihm widmete der Meister 1874 das „Zweite Streichquartett in F-Dur, opus 22“. Bei einer unerwarteten Begegnung bot der Großfürst Tschaikowski an, ihm ein Schlachtschiff für eine Kreuzfahrt um die Welt zur Verfügung zu stellen. Tschaikowski lehnte ab, obwohl es für seine zahlreichen und langen Gastspielreisen vielleicht nicht das schlechteste gewesen wäre. Eine seiner erfolgreichen Tourneen führte ihn in die Vereinigten Staaten, wo Tschaikowski im Mai 1891 in der neu eröffneten Music Hall (nunmehr Carnegie Hall) in New York eigene Werke dirigierte.

Einige der bekanntesten Schöpfungen sind die Ballette „Schwanensee“ (1876), „Dornröschen“ (1889) und „Nußknacker“ (1892), die Opern „Eugen Onegin“ (1878) und „Pique Dame“ (1890), die vielgespielte „Fünfte Sinfonie“ in e-Moll, opus 64 (1888), sowie die Festouvertüre „1812“, opus 49 (1880).

Über den Tod Tschaikowskis ist man sich nicht im klaren. Einerseits wird behauptet, er sei an Cholera gestorben, andererseits, er habe sich als Folge homosexueller Kontakte innerhalb des Kaiserhauses das Leben genommen.

Tschaikowski und seine Musik „haben einen unauslöschlichen Eindruck in meinem Bewußtsein hinterlassen“, behauptete Dmitri Dmitrijewitsch Schostakowitsch (1906–1975) im Jahre 1947.

General Sergej Semenowitsch Chabalow (1858–1924), zu einer Gegendarstellung. Er erklärte, daß Mehl in ausreichenden Mengen vorhanden sei und die Lieferungen normal verliefen.

Am Samstag, den 10. März 1917, konnte man von einem politischen Generalstreik in Petrograd sprechen. Die ganze Stadt war lahmgelegt. Züge, Straßenbahnen und Kutschen standen still, und keine Zeitungen kamen heraus. Über 200000 Personen streikten. Zusammenstöße zwischen regierungstreuen Truppen und Demonstranten forderten neue Opfer.

Die Regierung widmete den ganzen Tag hektischen Besprechungen und versuchte, eine Lösung der Krise zu finden. Am späten Nachmittag telegrafierte Chabalow ins Hauptquartier und berichtete über die alarmierenden Zustände auf Straßen und Plätzen. Der Zar antwortete:

Wir befehlen, daß schon morgen die Unruhen in der Hauptstadt zu unterdrücken sind. Sie können angesichts des Kriegszustandes mit Deutschland und Österreich unter keinen Umständen geduldet werden.

Nikolaus.

An diesem Schicksalsabend spielte der weltberühmte rumänische Violinist George Enescu (1881–1955) auf der Konzertbühne des Marinski-Theaters vor nahezu leerem Haus.

Am frühen Morgen des Sonntag, 11. März 1917, konnten die Bewohner der Hauptstadt auf großen Plakaten lesen, daß ein totales Versammlungs- und Demonstrationsverbot verhängt worden sei. Obwohl an den Straßenecken Soldaten postiert waren, rissen die aufgebrachten Volksmassen die meisten der Plakate herunter.

Soldaten eröffneten das Feuer gegen die revoltierenden Menschen, und allein auf dem Newski Prospekt wurden über fünfzig Personen getötet. Unter den Soldaten kam es nun zunehmend zu Meutereien. Ein Offizier, der befahl, auf die Volksmenge zu schießen, wurde selbst niedergeschossen. Andere Verbände schossen in die Luft oder weigerten sich, ihre Waffen zu gebrauchen.

An diesem Sonntagmorgen kam der britische Botschafter George Buchanan (1854–1925) mit seiner Familie von einer kürzeren Urlaubsreise nach Petrograd zurück. Wie sich später herausgestellt hat, kam die Familie mit dem letzten fahrplanmäßigen Zug. Die Tochter Meriel (1886–1981) erinnerte sich:

Die wenigen Soldaten, denen wir begegneten, betrachteten uns mißtrauisch, hier und da eilte eine Frau vorbei, sich vorsichtig umblickend, als wenn hinter jeder Straßenecke eine Gefahr lauerte.

Als Buchanan am späten Abend durch die Stadt fuhr, schien alles normal zu sein, „mit Ausnahme einiger Soldatenpatrouillen auf den Kaianlagen und des Fehlens von Straßenbahnen und Droschken". Ähnliche Beobachtungen machte der französische Botschafter. Es war die Ruhe vor dem Sturm.

Am Sonntagmittag hatte der Kommandant, General Chabalow, ein Telegramm in das Hauptquartier abgeschickt:

Die loyalen Truppen haben den ganzen Tag über gegen die Aufständischen gekämpft und schwere Verluste erlitten.

Am Nachmittag kam ein weiteres Telegramm. Der Vorsitzende der Duma, Michail Wladimirowitsch Rodzianko (1859–1924), appellierte an den Kaiser, politische Zugeständnisse zu machen:

Die Lage ist ernst. Die Hauptstadt befindet sich in einem Zustand von Anarchie. Die Regierung ist gelähmt. Züge und Straßenbahnen stehen still... Es ist notwendig, daß eine Person, die Vertrauen im Lande genießt, unmittelbar mit der Regierungsbildung beauftragt wird.

Im Hauptquartier war der Zar verärgert über das ewige Telegrafieren Rodziankos. Er sprach von Panikmache und befahl die Auflösung der Duma. Die Mitglieder der Du-

MICHAIL RODZIANKO war Großgrundbesitzer und ab 1907 Mitglied der Reichsduma. Er gehörte der konservativen Agrarpartei der Oktobristen (benannt nach dem Oktobermanifest 1905) an. Rodzianko wurde 1911 Vorsitzender der dritten Duma und behielt sein Amt auch während der vierten Duma. Er legte große Autorität an den Tag und war ein Gegner jeglicher Einschränkung der Rechte der Duma. In der Februarrevolution 1917 tat sich Rodzianko besonders hervor, indem er sich beim Militärkommando wiederholt, doch erfolglos dafür einsetzte, der Anwendung von Gewalt gegenüber der Zivilbevölkerung bedingungslos ein Ende zu setzen. Er hielt zudem den Zaren in einer Reihe von Telegrammen über die Entwicklung der Ereignisse auf dem laufenden. Der Kommentar des Zaren: „... dieser dicke Rodzianko hat mir schon wieder so einen Unsinn geschickt, auf den ich gar nicht antworten möchte." Kgl. Bibliothek, Stockholm.

ma hatten am Sonntag begonnen, selbst zu handeln. Nachdem die Oktobristen (Konservativen) zur Opposition übergelaufen waren, gerieten die Regierungsanhänger in die Minderheit.

Der blutige Sonntag endete in völliger Dunkelheit. Um neun Uhr abends wurde auf Anordnung der Regierung die Zufuhr von Strom in die Hauptstadt unterbrochen.

DIE WENDE

Am Montag, den 12. März 1917, kam die Wende: Der Generalstreik entfaltete nun seine ganze Wirkung in der Hauptstadt: Banken, Schulen und Fabriken waren geschlossen. Über eine halbe Million Menschen streikten. Die Straßen füllten sich erneut mit gewaltigen Menschenmassen. Mehrere Polizeistationen wurden in Brand gesteckt, Geschäfte geplündert, Polizisten und Offiziere erschossen. Zarentreue Verbände unternahmen immer noch vereinzelt Aktionen gegen die Aufständischen, und neue Opfer starben. Als am Morgen im Wolinski-Regiment, dessen Kasernen in unmittelbarer Nähe der Duma lagen, eine Meuterei ausbrach, folgte ähnlicher Aufruhr unter anderem in den traditionsreichen Semonowski- und Ismailowski-Regimentern sowie im angesehensten von allen, in der Preobraschenski-Garde. Am Abend hatte sich die Garnison der halben Stadt auf die Seite der Meuterer gestellt. Der gewaltige zaristische Machtapparat geriet ins Wanken.

Der französische Minister Maurice Paléologue konnte von seinem Fenster aus verfolgen, wie sich „die Armee mit den Revolutionären verbrüderte". „In den folgenden fünf Tagen aßen wir fast nichts und schliefen kaum", berichtete Alexander Kerenski.

Rodzianko machte einen letzten Versuch, Zar Nikolaus umzustimmen. In einem weiteren Telegramm hieß es: „Die Stunde des Schicksals, die über die Zukunft Eurer Majestät und des Vaterlandes entscheidet, ist gekommen, morgen ist es vielleicht schon zu spät." Auch die militärischen Befehlshaber versuchte Rodzianko dazu zu bringen, den Zaren zu beeinflussen.

Auch Chabalow schickte ein Telegramm ins Hauptquartier. Der General berichtete, daß die Soldaten die Befehle verweigerten, die Aufständischen den Großteil der Stadt beherrschten und die letzten loyalen Verbände sich beim Winterpalast verschanzt hätten.

Am Montag hielt die kaiserliche Regierung ihre letzte Sitzung ab. In der Duma, die dem Befehl des Zaren zur Auflösung trotzte, wurde ein Exekutivkomitee unter dem Vorsitz Rodziankos gebildet, das sich der praktischen politischen Probleme annehmen sollte. Es ging darum, so schnell wie möglich wieder Ruhe und Ordnung in der Hauptstadt herzustellen. Eine Reihe anderer Fragen und Entscheidungen schob man auf. Im selben Gebäude, in dem die Duma tagte, war auch eine andere Versammlung untergebracht, der Sowjet, bestehend aus ein paar hundert Vertretern der Soldaten und Arbeiter. Diese haupt-

Großfürst KYRILL WLADIMIROWITSCH war eine Art Enfant terrible der großen Familie Romanow, ein verwegener Typ, der in seinen jungen Jahren Abenteuer und schöne Frauen geliebt hatte. Er meldete sich als Freiwilliger in den Russisch-Japanischen Krieg 1904 und befand sich auf dem Schlachtschiff Petropawlowsk, als es versenkt wurde. Er war einer der fünf Überlebenden. Achthundert Mann aber versanken mit dem Schiff in die Tiefe. Während der Februarrevolution 1917 revoltierte der Großfürst gegen seinen Vetter Nikolaus II. und kommandierte die kaiserliche Marinegarde zur Duma, damit sie den Eid leiste, worauf ein großer Teil der Verwandtschaft mit ihm brach. 1919 floh der abenteuerliche Großfürst mit seiner kleinen Familie zu Fuß über das Eis nach Finnland. Das Schicksal wollte es, daß ihm nach dem Fall des Zarentums die Thronerbschaft zufiel. Er richtete sich daraufhin in St-Brieuc in der Bretagne, in Frankreich, einen Miniaturhof ein und ernannte sich für alle treuen Exilrussen zum Schattenkaiser Rußlands. Einer der Verwandten, Großfürst Alexander Michailowitsch, äußerte sich ironisch über die Rolle Kyrills und schrieb, daß es ein Alptraum sein müsse, über ein Reich zu regieren, das nicht mehr existiere, über Untertanen, die in Paris Droschken lenkten, in Berlin als Kellner arbeiteten, in Montevideo Kohlen schippten oder in den zerschossenen Vorstädten Schanghais für China stürben.
Kgl. Bibliothek, Kopenhagen.

sächlich aus Menschewiken und gemäßigten Revolutionären zusammengesetzte Gruppe bereitete sich darauf vor, der Duma die gesamte Macht zu entreißen.

Die politische Aktivität in Petrograd war hektisch. Es gab heftige Diskussionen auch innerhalb der verschiedenen Parteien und Gruppierungen. Es wimmelte von Geheimagenten und Spionen, und die Atmosphäre war angespannt und nervös.

Im Hauptquartier glaubte der Zar nach wie vor an eine militärische Lösung der Krise. Chabalow wurde zugunsten des Generaladjutanten Nikolai Iwanowitsch Iwanow (1851–1918) abgesetzt, dem mit Hilfe loyaler Truppen die Wiederherstellung von Ruhe und Ordnung in Petrograd aufgetragen wurde, was jedoch nicht gelingen sollte.

Erst jetzt schien die Kaiserin in Zarskoje Selo außerhalb von Petrograd zu erfahren, was eigentlich in der Hauptstadt vor sich gehe. Die erschütternde Nachricht wurde ihr von ihrer Vertrauten Lily Dehn überbracht. Gleichzeitig hatte die Kaiserin mit häuslichen Problemen zu kämpfen; die fünf Kinder hatten nämlich die Masern.

Am 13. März 1917 um fünf Uhr morgens trat Nikolaus in seinem dunkelblauen Sonderzug mit acht Wagen eine Reise vom Hauptquartier in Richtung Petrograd an. Es sollte eine historische Fahrt werden.

In St.Petersburg sah am gleichen Tag der französische Botschafter Chambrun, als er zum Winterpalast hinüberblickte, wie die kaiserliche Standarte von unsichtbarer Hand langsam eingeholt wurde, und kurz darauf wehte ein roter Baumwollfetzen über dem Palast. Die letzte Festung der Zarentreuen, die Admiralität, fiel, als die schützenden Truppen sich in ihre Kasernen zurückzogen. Die Duma reagierte rasch und gab in einem Telegramm in das Hauptquartier zu verstehen, daß die Regierung abgesetzt und die Regierungsmacht dem provisorischen Komitee der Duma übertragen worden sei. Das Telegramm war von Rodzianko unterzeichnet.

Unmittelbar wurden die abgesetzten Minister unter Arrest gestellt. Auch den ehemaligen Kriegsminister, den verhaßten Wladimir Alexandrowitsch Suchomlinow (1848–1926), gelang es, festzunehmen. Um ein Haar wäre er von den aufgebrachten Soldaten gelyncht worden.

Die Mitglieder der kaiserlichen Familie versuchten den ganzen Dienstag hindurch fieberhaft nach einer Lösung der Situation. Ein Manifest wurde erstellt mit der Befürwortung einer unmittelbaren Einführung konstitutioneller Führung des Landes. Mehrere Großfürsten unterzeichneten zwar das Manifest, aber es gelang nicht, die Kaiserin zur Unterschrift zu bewegen. Am nächsten Tag wurde das denkwürdige Papier dem Führer der Kadettenpartei in der Duma, Paul Nikolajewitsch Miljukow (1859–1943), übergeben, der es mit den Worten „Dies ist ein interessantes Dokument“ entgegennahm.

Nikolaus' Schwester Olga Alexandrowna schreibt selbstkritisch in ihren Memoiren:

All die kritischen Jahre hindurch erfüllte das Geschlecht Romanow, das eigentlich die beste Stütze des Thrones hätte sein müssen, nicht die Erwartungen, die man in es gesetzt hatte. Viele von uns gerieten in eine Welt des Egoismus, in der nichts so wichtig war wie die Befriedigung eigener Begierden und Ambitionen.

Die Meuterei militärischer Verbände griff am Mittwoch weiter um sich. Nahezu sämtliche Verbände der Hauptstadt, etwa 170000 Mann, liefen zu den Revolutionären über. Die Tochter des britischen Ministers, Meriel Buchanan, konnte die Ereignisse mit eigenen Augen verfolgen:

Bilder von der Februarrevolution in Petrograd. Der Schütze auf dem Kotflügel zeigt seine Identität mit einer roten Fahne auf dem Bajonett an. Das rechte Bild zeigt einen regierungstreuen Artillerieverband, der auf einer der größeren Straßen der Hauptstadt Stellung bezogen hat.
Kgl. Bibliothek, Stockholm.

...Im Laufe des Tages konnte man private Automobile sehen, die anscheinend beschlagnahmt worden waren, voll besetzt mit Soldaten, Seeleuten und Arbeitern, wobei meist zwei mit dem Finger am Gewehrabzug auf den Kotflügeln lagen.

Den ganzen Tag über herrschte ein reger Telegrammverkehr zwischen Rodzianko, anderen Dumamitgliedern und den höchsten militärischen Befehlshabern. Man arbeitete nach der Hypothese, daß Nikolaus II. geopfert und zur Abdankung gezwungen werden müsse, um den Weg für seinen Sohn Alexej Nikolajewitsch frei zu machen. Die linken Kräfte wollten mit der Kaiserfamilie abrechnen.

In der Hauptstadt ging der Zusammenbruch des alten Machtapparates weiter. Gefängnisse wurden geöffnet, Polizeihauptquartiere geplündert, wichtige Gebäude besetzt, andere Häuser in Schutt und Asche gelegt. Den ganzen Tag über waren Gewehrsalven zu hören, und erneut gab es Tote.

Am Dienstagabend war Petrograd völlig in der Gewalt der Revolutionäre.

DER ANFANG VOM ENDE

Am Mittwoch, den 14. März 1917, appellierte Generalstabschef Alexejew an Nikolaus II., sofort einem Kompromiß zuzustimmen. Dem Telegramm konnte der Zar entnehmen, daß Alexejew Rodzianko in dessen Eigenschaft als Vorsitzender der Duma mit der Bildung einer neuen Regierung beauftragt hatte. „Sie muß aus Personen bestehen, die das Vertrauen des ganzen Landes genießen."

An diesem Tag schwor die kaiserliche Garde der Duma gegenüber den Treueid. Die alte Regimentsstandarte und die Ikonen waren an diesem Tag von roten Fahnen umgeben. Der französische Minister war einer der Augenzeugen des Vorbeimarschs der Truppen in Richtung des Taurischen Palastes und der Duma. Dabei befand sich Großfürst Kyrill Wladimirowitsch (1876–1938), der seinen Zareneid gebrochen hatte und kühn und zielbewußt die Marinegarde anführte, deren Chef er war. Nach der Ablegung des Eides hißte der Großfürst eine rote Fahne über seiner Residenz an der Glinkastraße.

Im provisorischen Dumakomitee waren Vorbereitungen zur Bildung einer provisorischen Regierung im Gange. Auch mit dem Sowjet konnte man sich hinsichtlich der Zusammensetzung einer Regierung einigen. Mit Ausnahme des Sozialrevolutionärs Kerenski, der zum Justizminister ernannt wurde, kamen die Regierungsmitglieder aus dem liberalen Block der Duma oder, wenn man so will, aus den bürgerlichen Parteien. Trotzki bezeichnete diese Tatsache als „Paradoxon der Februarrevolution". Der soeben ernannte Regierungschef, Fürst Georgi Jewgenjewitsch Lwow (1861–1925), sprach die prophetischen Worte:

Jetzt erst beginnt die richtige Revolution.

An diesem Tage wurde auch der „Befehl Nr. 1" des Petrograder Sowjets ausgefertigt, der den Soldaten politische und staatsbürgerliche Rechte einräumte aber gleichzeitig dazu aufforderte, nur den Befehlen des Sowjets zu gehorchen. Über dieses Dokument äußerte sich Kerenski später einmal als Zweiter Vorsitzender des Sowjets, daß er bereit gewesen wäre, für die Aufhebung dieses Dokuments zehn Jahre seines Lebens zu opfern. Von diesem Tag an stand Rußland unter einer „Doppelherrschaft", um die Worte Lenins zu gebrauchen. Ein heftiger politischer Machtkampf entbrannte zwischen der Duma und dem Petrograder Sowjet, „der Regierung des Volkes".

Den ganzen Tag über war Nikolaus in seinem blauen Zug nach Petrograd unterwegs. Die Fahrt vom Hauptquartier nach Petrograd dauerte gewöhnlich eine Nacht, diesmal brauchte der Zug jedoch zwei Tage.

Der zarentreue Kavalleriegeneral Wassili Josifowitsch Gurko (1864–1937) schreibt in seinen Memoiren über die fatalen Folgen der sich lange hinziehenden Eisenbahnreise, während der Nikolaus von der Umwelt abgeschnitten war: „Revolutionäre Verbände hatten zu diesem Zeitpunkt volle Kontrolle über den Eisenbahnverkehr von und nach Petrograd. Der kaiserliche Sonderzug wurde ständig umgeleitet. Gemächlichen Nachschubzügen wurde Vorfahrt gegeben, andere Strecken wurden als blockiert gemeldet." Der Zug des Zaren sollte nie seinen Bestimmungsort erreichen. Um acht Uhr abends lief der Zug in Pskow ein, wo General Nikolai Wladimirowitsch Russki (1854–1919) sein Hauptquartier hatte.

Russki – gut vorbereitet – verlor keine Zeit. Er berichtet:

Wenn ich dem Vaterland einen Dienst erwiesen habe, dann bestand er darin, daß ich den Zaren davon überzeugt habe, abzudanken.

Der General überredete Nikolaus, Rodzianko aufzufordern, sich nach nach Pskow zu begeben. Als Rodzianko sich weigerte, griff Russki selbst zum Telefon, und es kam zu einem langen nächtlichen Telefongespräch.

Dabei gab Rodzianko eine Menge bitterer Wahrheiten von sich:

Seine Majestät und Ihr selbst seid anscheinend unfähig, zu begreifen, was in der Hauptstadt vor sich geht... Der Haß gegen die Kaiserin glüht... Schickt keine weiteren Truppen... Ich selbst hänge an einem dünnen Faden... Die Maßnahmen, die Ihr vorschlagt, kommen zu spät... Ihre Zeit ist abgelaufen. Das Gespräch endete um halb acht Uhr am Morgen des 15. März.

Gleichzeitig waren zwei Vertreter der Duma, Wassili Witaljewitsch Schulgin (1878–1976) und Alexander Iwanowitsch Gutschkow (1862–1936), von Petrograd nach Pskow unterwegs, um Nikolaus zum Rücktritt zu bewegen.

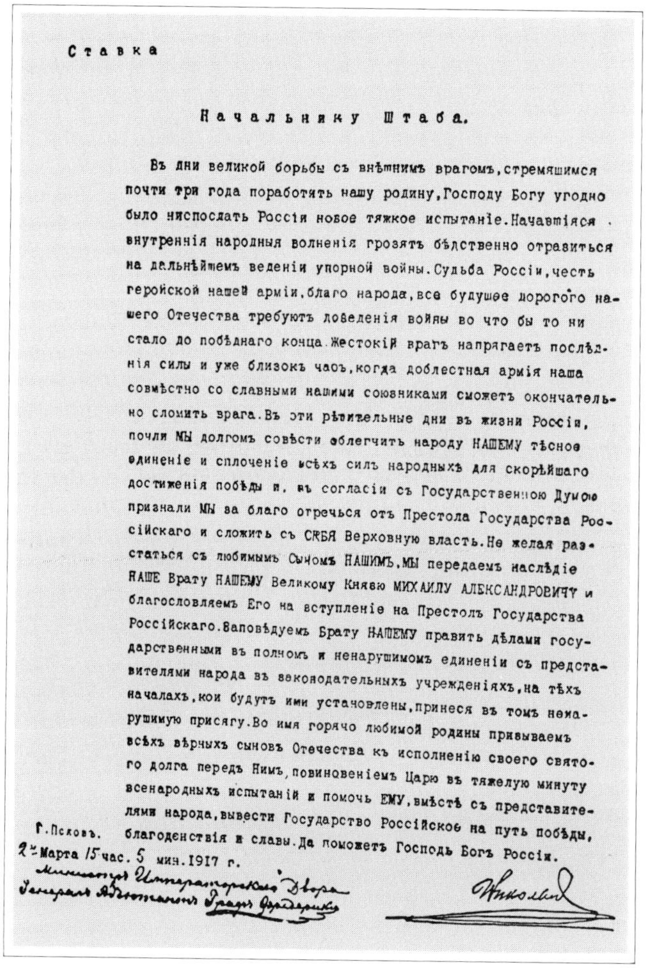

Ставка

Начальнику Штаба.

Въ дни великой борьбы съ внѣшнимъ врагомъ, стремящимся почти три года поработить нашу родину, Господу Богу угодно было ниспослать Россіи новое тяжкое испытаніе. Начавшіяся внутреннія народныя волненія грозятъ бѣдственно отразиться на дальнѣйшемъ веденіи упорной войны. Судьба Россіи, честь геройской нашей арміи, благо народа, все будущее дорогого нашего Отечества требуютъ доведенія войны во что бы то ни стало до побѣднаго конца. Жестокій врагъ напрягаетъ послѣднія силы и уже близокъ часъ, когда доблестная армія наша совмѣстно со славными нашими союзниками сможетъ окончательно сломить врага. Въ эти рѣшительные дни въ жизни Россіи, почли МЫ долгомъ совѣсти облегчить народу НАШЕМУ тѣсное единеніе и сплоченіе всѣхъ силъ народныхъ для скорѣйшаго достиженія побѣды и, въ согласіи съ Государственною Думою признали МЫ за благо отречься отъ Престола Государства Россійскаго и сложить съ СЕБЯ Верховную власть. Не желая разстаться съ любимымъ Сыномъ НАШИМЪ, МЫ передаемъ наслѣдіе НАШЕ Брату НАШЕМУ Великому Князю МИХАИЛУ АЛЕКСАНДРОВИЧУ и благословляемъ Его на вступленіе на Престолъ Государства Россійскаго. Заповѣдуемъ Брату НАШЕМУ править дѣлами государственными въ полномъ и ненарушимомъ единеніи съ представителями народа въ законодательныхъ учрежденіяхъ, на тѣхъ началахъ, кои будутъ ими установлены, принеся въ томъ ненарушимую присягу. Во имя горячо любимой родины призываемъ всѣхъ вѣрныхъ сыновъ Отечества къ исполненію своего святого долга передъ Нимъ, повиновеніемъ Царю въ тяжелую минуту всенародныхъ испытаній и помочь ЕМУ, вмѣстѣ съ представителями народа, вывести Государство Россійское на путь побѣды, благоденствія и славы. Да поможетъ Господь Богъ Россіи.

г. Псковъ.
2-го Марта 15 час. 5 мин. 1917 г.

Министръ Императорскаго Двора
Генералъ Адъютантъ Графъ Фредериксъ

Николай

Abdankungsurkunde Zar Nikolaus' II.

ÜBERSETZUNG

Hauptquartier

An den Leiter des Generalstabs

In den Tagen des gewaltigen Kampfes gegen den äußeren Feind, der seit drei Jahren unser Vaterland zu unterjochen versucht, gefiel es dem Herrgott, Rußland erneut eine schwere Prüfung aufzuerlegen. Innere Unruhen drohen sich verhängnisvoll auf den weiteren Verlauf des hartnäckigen Krieges auszuwirken. Das Schicksal Rußlands, die Ehre unserer heldenhaften Armee, das Wohl des Volkes und die gesamte Zunkunft unseres teuren Vaterlandes fordern, den Krieg um jeden Preis bis zum siegreichen Ende weiterzuführen. Der grausame Feind unternimmt seine letzten Anstrengungen, und die Stunde naht bereits, an der unser ruhmreiches Heer gemeinsam mit unseren ehrenvollen Verbündeten den Feind endgültig zu Boden strecken wird. In diesen für Rußlands Leben entscheidenden Tagen halten Wir es für Unsere Gewissenspflicht, den engsten Zusammenhalt und das Sammeln der Kräfte des gesamten Volkes zu erleichtern, um einen baldigen Sieg zu erreichen und haben es im Einvernehmen mit der Reichsduma als gut erachtet, dem Thron des russischen Reiches zu entsagen und die höchste Macht niederzulegen. Da Wir Uns nicht von Unserem geliebten Sohne trennen wollen, übertragen Wir die Erbfolge Unserem Bruder, Großfürst Michail Alexandrowitsch und geben ihm beim Besteigen des Thrones des russischen Kaiserreichs Unseren Segen. Wir gebieten Unserem Bruder, die Angelegenheiten des Reiches in völliger und unwandelbarer Übereinstimmung mit den Vertretern des Volkes in den gesetzgebenden Körperschaften auf den von diesen festgesetzten Grundlagen zu führen worauf er einen unantastbaren Eid abzulegen hat.

Im Namen des heißgeliebten Heimatlandes fordern Wir alle dem Vaterland getreuen Söhne auf, ihre heilige Pflicht gegenüber dem Vaterlande zu erfüllen, dem Zaren in dem schweren Augenblick nationaler Heimsuchung Gehorsam entgegenzubringen und ihm gemeinsam mit den Vertretern des Volkes bei der Führung des russischen Reiches auf dem Weg zu Sieg, Wohlfahrt und Ehre beizustehen. Möge der Herrgott Rußland dazu verhelfen.

NIKOLAUS

Pskow, den 2. März 1917, 15 Uhr und 5 Minuten
Minister des kaiserlichen Hofes
Generaladjutant Graf Fredricks

DIE ABDANKUNGSURKUNDE

Nikolaus II. wurde von der obersten Militärführung und der bürgerlichen Duma „im Interesse des ganzen Volkes" zur Abdankung gezwungen. Als sich Nikolaus bei den Leibärzten über die Möglichkeiten zur effektiven Ausübung des Amtes durch seinen kranken Sohn informiert und erkannt hatte, daß dies nicht möglich sei, setzte er seinen jüngeren Bruder, Großfürst Michail Alexandrowitsch, als Thronfolger ein. Das Abdankungsdokument wurde vom Minister für den kaiserlichen Hof, von Generaladjutant Graf Fredricks, in „Pskow, am 2. März 1917, um 15 Uhr 5" (alter Kalender) gegengezeichnet.
Private Sammlung.

ABDANKUNG

Am Frühstückstisch wurde Nikolaus am Donnerstag, den 15. März 1917 (neuer Kalender), darüber unterrichtet, was während des langen Telefongesprächs abgehandelt worden war. Außerdem erhielt er einen Stapel Telegramme von den Befehlshabern an den verschiedenen Frontabschnitten. Der Inhalt war gleichbedeutend und unmißverständlich. Die abschließenden Zeilen seines Onkels, des Großfürsten Nikolai Nikolajewitsch, lauteten:

...bekreuzigt Euch und übergebt Euer Erbe dem Thronfolger. Einen anderen Ausweg gibt es nicht.

Dies war die schwerste Stunde in Nikolaus' Leben. Als wahrer Patriot hatte er auf die Unterstützung des Militärs gehofft. Erst jetzt sah Nikolaus ein, daß er abdanken mußte.

Über die Formulierung brauchte er sich keine Gedanken mehr zu machen. Das Dokument war bereits ausgefertigt und wurde Nikolaus zur Unterzeichnung vorgelegt. Darin verzichtete Nikolaus II. auf den Thron zugunsten seines Sohnes, des 12jährigen Alexej – Alexej II. Bis zu seiner Volljährigkeit sollte Nikolaus' jüngerer Bruder, Großfürst Michail Alexandrowitsch (1878–1918), als Regent amten.

Bis zum Eintreffen der beiden Dumarepräsentanten trat eine sechsstündige Wartezeit ein, die Nikolaus nutzte, um ein letztesmal seinen Leibarzt Fjodorow hinsichtlich der Zukunft des Sohnes und der Möglichkeiten, seinen kaiserlichen Pflichten nachzukommen, die unmittelbar vor ihm zu liegen schienen, zu Rate zu ziehen. Nikolaus erhielt nun den Bescheid, daß die Krankheit des Thronfolgers, die Bluterkrankheit, nicht zu heilen sei. Dies veranlaßte den Zaren, im Abdankungsprotokoll eine Änderung vorzunehmen. Nikolaus gab nun die Krone seinem Bruder, dem Großfürsten Michail Alexandrowitsch.

MICHAIL IV.

Dem Großfürsten Michail Alexandrowitsch wurde nach der Abdankung seines Bruders die Zarenkrone angeboten. Dieser lehnte sie jedoch ab und entschloß sich, „seine Treue und seinen Gehorsam der provisorischen Regierung zu schenken". Dies veranlaßte Justizminister Kerenski zu dem Ausruf: „Eure Hoheit, Ihr seid ein edler Mann!" Ein Jahr darauf ist der Großfürst zusammen mit mehreren Verwandten hingerichtet worden. Bildersammlung des Städtischen Museums Helsinki.

Dieser Umschwung überraschte natürlich Schulgin und Gutschkow. Nikolaus II. unterzeichnete das Papier, bekreuzigte sich und hatte damit de facto abgedankt.

Schulgin und Gutschkow begaben sich eiligst nach Petrograd zurück. Bei der Ankunft versuchte Schulgin die Atmosphäre zu erkunden, indem er ausrief: „Lang lebe Kaiser Michail!" Die versammelte Volksmenge reagierte jedoch klar und deutlich – Schulgin war nahe daran, gelyncht zu werden.

DER EX-ZAR NIMMT ABSCHIED

Nach dreißigstündigem Aufenthalt auf dem Bahnhof in Pskow trat der Ex-Zar gegen ein Uhr morgens am Freitag, den 16. März 1917, die Rückfahrt ins Kriegshauptquartier an, um sich von seinem großen Stab zu verabschieden.

Nikolaus schrieb in sein Tagebuch:

Für Rußland und um die Armee im Felde zu halten, habe ich mich zu diesem Schritt entschlossen. Habe Pskow um ein Uhr morgens verlassen. Um mich herum sehe ich Verrat, Betrug und Feigheit.

Am frühen Morgen desselben Tages wurde in Petrograd die Nachricht von Nikolaus' Abdankung bekanntgegeben. Unmittelbar danach begannen die Politiker der Duma die Frage der Thronfolge durch Nikolaus' Bruder Michail Alexandrowitsch zu erörtern. Rasch wurde klar, daß eine große Mehrheit dagegen war. Als der Großfürst darüber in Kenntnis gesetzt wurde, zog er sich freiwillig zurück. Damit hatte das Geschlecht der Romanows nach 304 Jahren auf dem russischen Thron seine zaristische Machtstellung verloren.

Nikolaus erfuhr im Laufe des Tages vom Thronverzicht seines Bruders. In Nikolaus Tagebuch steht geschrieben:

Habe lang und tief geschlafen. Bin erst weit hinter Dwinskoje aufgewacht. Der Tag war sonnig und kalt. Sprach mit meinen Nächsten über den gestrigen Tag. Habe lange über Julius Caesar gelesen. Traf um 8.20 Uhr in Mohilew ein. Der gesamte Stab war auf dem Bahnsteig versammelt. Alexejew kam mit den neuesten Nachrichten von Rodzianko. Mischa hat abgedankt. In Petrograd haben die Unruhen aufgehört. Hoffe, daß es so weitergeht.

In der Zeitung der Sowjets, „Iswestija", wurden die Geschehnisse folgendermaßen kommentiert:

Das Zarentum hat den Todesstoß erhalten. Seine Überlebenden müssen jedoch weiterhin lange Zeit bekämpft werden, um den Weg für ein sozialistisches Gesellschaftssystem zu ebnen.

Am späten Abend überbrachte der Vetter des Zaren, Großfürst Paul Alexandrowitsch, der Kaiserin persönlich die Nachricht von der Abdankung des Kaisers. Die Frau des Großfürsten, Fürstin Paley (1866–1929), berichtet, daß die Kaiserin ein Zittern durchfuhr, daß sie das Haupt senkte und sprach: „Ich vertraue der Barmherzigkeit Gottes. Gott wird uns nicht verlassen."

Während dieser kritischen Periode haben sich Außenstehende darum bemüht, jeglichen Kontakt zwischen Kaiser und Kaiserin zu unterbinden.

UND DANN...

Im Hauptquartier nahm der Ex-Zar Abschied von seinem Stab, Nikolaus brachte Ordnung in seine persönlichen Dinge und traf sich mit seiner Mutter, der Kaiserwitwe Maria Fjodorowna. Die Begegnung zwischen Mutter und Sohn dauerte zwei Stunden. Niemand weiß, worüber sie gesprochen haben. Es sollte ihr letztes Zusammentreffen gewesen sein.

Bei einem informellen Gespräch mit Graf Alexander Grubbe (1864–1918), Leiter des sogenannten Konvois, der aus 200 ausgewählten Kosaken bestand, erwähnte Nikolaus, daß er sich jetzt vielleicht den großen Wunsch seines Lebens erfüllen könne, nämlich „eine Farm in England zu betreiben", und fügte hinzu: „Was meinst du dazu?"

Sowohl Nikolaus als auch Alexandra hegten große Sympathien für die englische Lebensart. 1893 hatte Nikolaus anläßlich der Hochzeit seines Vetters, des Herzogs von

York und späteren Georg V., mit Prinzessin Mary von Teck (1867–1953) erstmals England besucht.

Am 21. März 1917 verließ Nikolaus kurz vor vier Uhr das Hauptquartier in Mohilew mit einem Sonderzug. Er fuhr zurück zu seiner Familie nach Zarskoje Selo. Am nächsten Tag war die gesamte Familie, die nun Staatsgefangene waren, vereint. Nikolaus II. nannte sich nun schlicht und einfach Nikolai Romanow.

NACH DEM FALL DES ZARENTUMS...

Die Nachricht vom Rücktritt Nikolaus' II. wurde in Rußland und im Ausland unterschiedlich aufgenommen. In liberalen Kreisen Moskaus war die Freude groß. Mehrere Textilmagnaten hatten den Revolutionären hohe Beträge zugewendet. In Petrograd stützte Textilkönig Mosorow Lenins revolutionäre Tätigkeit. Die Dinge nahmen jedoch eine Entwicklung, die die Persönlichkeiten der Hochfinanz erbleichen ließ. Außerhalb der politisch engagierten Kreise wurde die Abdankung als ein höchst unerwartetes Ereignis empfunden. Auch der Mann, der einige Monate später Weltgeschichte machen sollte, war ungewöhnlich pessimistisch. Sein Name: Wladimir Iljitsch Uljanow, gen. Lenin.

Der amerikanische Präsident Woodrow Wilson (1856–1924) sprach von „wunderbaren und ermutigenden Ereignissen, die sich in den letzten Wochen in Rußland zugetragen haben... und das russische Volk hatte sich... zu den Kräften gesellt, die für Freiheit in der Welt kämpfen."

Winston S. Churchill schlug einen anderen Ton an und verglich den Untergang des russischen Kaiserhauses mit einem Schiff, das in Sichtweite des Hafens versunken sei. Der Zar erhielt milde Kritik:

Er war weder ein großer Heerführer noch ein großer Fürst. Er war ein zuverlässiger, einfacher Mann mit mittelmäßiger Begabung und milder Gesinnung, der sich in seinem Alltag durch seinen Glauben an Gott führen ließ.

Churchill meinte abschließend: „Er (Nikolaus) hat ein paar Fehler gemacht, welcher Herrscher macht sie nicht?"

Der englische Premierminister, Lloyd George (1863–1945), bezeichnete Nikolaus als „tugendhaften und wohlgesinnten Monarchen", dem die Verantwortung für ein Regime aufgetragen worden war, das von „Korruption, Leichtsinn, Ausschweifungen, Protektion, Neid, Heuchelei, Aberglauben, Untauglichkeit und Verrat..." gekennzeichnet war.

DAS ENDGÜLTIGE SCHICKSAL DER KAISERFAMILIE

Die abgesetzte Zarenfamilie wurde unter Hausarrest gestellt, erst in Zarskoje Selo und ab August 1917 im fernen Tobolsk in Sibirien. Offiziell nannte man die Deportation eine Sicherheitsmaßnahme.

Mehrere halbherzige Versuche, die Familie in den Westen und damit in Sicherheit zu bringen, wurden unternommen. Spekulationen darüber, daß der Vetter des Zaren, der englische König Georg V., der Familie in England Exil gewähre, konnte bereits im April 1917 nach einer halboffiziellen Erklärung ausgeschlossen werden.

Lily Dehn, eine der engsten Freundinnen der Kaiserin, schrieb: „Der Kaiser und die Kaiserin wollten Rußland nicht verlassen." – „Lieber gehe ich zum äußersten Vorposten Sibiriens", soll der Kaiser geäußert haben.

Nach Lenins Machtübernahme im Herbst 1917 verschlechterten sich die Möglichkeiten der Kaiserfamilie, ins Exil zu gehen. Im April 1918 wurde sie nach Jekaterinburg (Swerdlowsk) versetzt und im Haus des Kaufmanns

Zar Nikolaus zur Linken seines Vetters, des zukünftigen Georg V. von Großbritannien (1856–1936). Ganz links Georgs ältester Sohn, der spätere Edward VIII. (1894–1972), mehr bekannt untern dem Namen Herzog von Windsor. Der Junge im Matrosenanzug ist der kleine Alexej Nikolajewitsch. Das Bild entstand im Oktober 1909 beim Besuch der Zarenfamilie in England, in Cowes auf der Insel Wight. „Mit Rücksicht auf die Gefahr von Mordkomplotten... wollte die kaiserliche Regierung nicht das Leben des Zaren in einer Großstadt riskieren", schrieb der Herzog von Windsor in seinen Memoiren. Nach der Abdankung des Zaren geriet laut Herzog von Windsor König Georg zwischen zwei Feuer. Der König konnte seinem Vetter keine rettende Hand reichen. In seinen Memoiren schreibt der Herzog über seinen Vater: „,Diese Politiker!' pflegte er zu sagen. Wenn es sich um jemand aus ihren Reihen gehandelt hätte, hätten sie sicherlich etwas unternommen. Aber nur, weil der Arme ein Kaiser war..."
Kgl. Bibliothek, Kopenhagen.

WLADIMIR ILJITSCH ULJANOW

bekannter unter seinem politischen Decknamen Lenin (angenommen 1901), ging als Gründer der Sowjetunion in die Geschichte ein.

Bereits in jungen Jahren kam er mit der revolutionären Bewegung in Rußland in Kontakt. Lenins älterer Bruder Alexander war in einen Attentatsversuch gegen Alexander III. verwickelt, festgenommen und 1887 hingerichtet worden. Der energische Lenin arbeitete nach seinem juristischen Studium vorübergehend als Anwalt und widmete schließlich den größten Teil seines Lebens politisch-revolutionärer Tätigkeit. 1895 war er zu Gefängnis verurteilt und nach Sibirien verbannt worden. 1899 wurde er freigelassen, äußere Umstände zwangen ihn jedoch zur Emigration. Die Zeit bis 1917 verbrachte er größtenteils im Ausland.

1902 verfaßte er in der Schrift *Schto delat* („Was tun?"), das politische Programm, das ihm für die Neugestaltung der Zukunft vorschwebte. Lenin strebte eine Elitepartei, geführt von professionellen Revolutionären mit strenger Selbstdisziplin, an. Er lehnte die Auffassung ab, eine gesellschaftliche Umgestaltung mit schrittweisen Reformen durchzuführen.

Im folgenden Jahr (1903) spaltete sich die illegale Sozialdemokratische Partei Rußlands in einen radikalen Flügel, die *Bolschewiken* (von *bolsche*: mehr) und die *Menschewiken* (von *mensche*: weniger). Lenin übernahm das Kommando über die Bolschewiken.

Während der Revolution 1905 hielt sich Lenin im Hintergrund. Nach einem kürzeren Besuch in Rußland wurde er zurück ins Exil gezwungen. Auch in den folgenden Jahren agierte er in verschiedenen Orten vom Ausland aus. Zeitweilig zeigte er sich äußerst pessimistisch in bezug auf die Zukunft und die Möglichkeiten zur Veränderung Rußlands. Sogar im Januar 1917, nur einige Wochen vor der Abdankung Nikolaus' II., glaubte Lenin nicht an eine Veränderung im Heimatland „zu seinen Lebzeiten".

Nach freiem Geleit durch das feindliche Deutschland kam Lenin über das neutrale Schweden am 16. April 1917 (neuer Kalender) nach Petrograd. Winston Churchill zufolge beförderten die Deutschen „einen Pestbazillus" nach Rußland.

Nach seiner Heimkehr entwickelte Lenin eine enorme politische Aktivität. Er organisierte Soldaten- und Arbeiterräte, die sogenannten Sowjets. Die Menschen strömten ihm zu. Männer wie Josef Dschugaschwili – später Stalin – (1879–1953) und Leo Trotzki, der den Menschewiken den Rücken gekehrt hatte, schlossen sich an.

Am 5. November 1917 (neuer Kalender; 23. Oktober alter Kalender) übernahm Lenin durch die sog. Oktoberrevolution die Macht. Der demokratische Keim in Rußland wurde zerstört, und im Ausland sprach man davon, daß der zaristische weiße Terror durch den roten ersetzt worden sei.

Lenins erste große Tat bestand darin, mit Deutschland Frieden zu schließen (Brest-Litowsk, 1918). In enger Zusammenarbeit mit Trotzki wurde die Rote Armee aufgebaut, die in den Jahren 1918–1820 jeglichen Versuch, die Bolschewiken zu stürzen, vereitelte.

Das russische Zarentum gehörte endgültig der Vergangenheit an.

Ipatschew untergebracht. Um das streng bewachte Haus wurde ein hoher Bretterzaun gezogen. Offiziellen Angaben zufolge wurde die Familie in der Nacht vom 16. zum 17. Juli 1918 (neuer Kalender) liquidiert. Trotzki schreibt in seinem „Tagebuch im Exil", Lenin und Jakow Michailowitsch Swerdlow (1885–1919) hätten die Hinrichtung beschlossen, um der Gefahr einer Befreiung der Gefangenen zuvorzukommen.

Anderen Theorien zufolge sollen der Ex-Zar und sein Sohn hingerichtet worden sein, während die Kaiserin und ihre Töchter bis Kriegsende am Leben geblieben seien. Als sie nicht als politisches Pfand bei den Friedensverhandlungen genutzt werden konnten, seien auch sie liquidiert worden.

1989 veröffentlichte der Schriftsteller Gelyj Rjabow in der Zeitschrift Rodina (das Vaterland) aufsehenerregende Fakten über die letzte Zarenfamilie. Die Geschichten gründeten sich auf Angaben von Jakow Michailovitsch Sverdlows Sohn, der Notizen in dem Tagebuch seines Vaters gefunden hatte. Dort hieß es u. a., daß die Zarenfamilie ihr endgültiges Schicksal in einem einsamen Wald außerhalb von Jekaterinburg erlitten hätte. Rjabow suchte Hilfe bei dem Genealogen Alexander Avdonin, und man machte sich heimlich auf den Weg zur Grabstätte.

DER FALL ANASTASIA

Zahlreiche phantastische Geschichten kursierten, nach denen Mitglieder des Russischen Kaiserhauses lang nach ihrem offiziellen Tod gesehen worden seien. Zar Nikolaus II. sei 1920 in London bei einem Spaziergang gesehen worden, anderen Behauptungen zufolge habe er in Rom, im Vatikan, Unterschlupf gefunden.

Aber das größte Aufsehen erregte dennoch die Geschichte der Anna Anderson, die sechzig Jahre lang bei der Behauptung blieb, die Großfürstin Anastasia, die jüngste Tochter des Zaren zu sein. Anna erzählte sowohl den im Exil lebenden Russen aber auch anderen von Einzelheiten aus dem Familienleben der Zarenfamilie, die fast jeden düpierten. Bei der Exekution der Zarenfamilie (1918) sei sie dem tragischen Schicksal der übrigen Familienmitglieder entkommen, und ein Wächter hätte ihr zur Flucht aus dem Land verholfen.

Mehrere Verwandte der kaiserlichen Familie glaubten an Annas Geschichten, etwa die Tante der Großfürstin, Olga Alexandrowna, die ihrer Nichte sehr nahe stand und ihr 1925 in Berlin begegnete. Andere Verwandte wiederum hielten Anna für eine Betrügerin.

Anna Anderson versuchte in einer langen Reihe von Gerichtsprozessen ihre Identität zu beweisen und diese offiziell bestätigt zu bekommen. Letzten Endes ging es um Mittel, die der letzte Kaiser in englischen Banken deponiert haben soll. Der deutsche Bundesgerichtshof erklärte schließlich 1970, daß nicht aufgeklärt werden konnte, ob Annas Behauptungen wahr sind.

Als ältere Frau heiratete Anna den 20 Jahre jüngeren amerikanischen Professor John Manahan. Er behauptete bis zuletzt, daß seine Frau die Großfürstin Anastasia gewesen sei. Das Paar führte ein abgeschiedenes und ungebundenes Leben in den USA, umgeben von 29 Hunden und unzähligen Katzen.

1994 stellten internationale Erbforscher durch umfangreiche DNA-Tests fest, daß Anna Anderson-Manahan nicht von kaiserlicher Abstammung war, sondern identisch mit einer polnischen Bäuerin namens Franzisca Schanzkowska, die 1920 unter mystischen Umständen in dem Landwehrkanal in Berlin verschwand. Doch der Fall Anastasia wird erst dann endgültig aufgeklärt sein, wenn Anna Andersons aufsehenerregenden Geschichten über die Zarenfamilie und nicht zuletzt die Einzelheiten aus deren Familienleben geklärt sind.

Großfürstin Anastasia Nikolajewna (1901–1918) um 1910.
Kgl. Bibliothek, Kopenhagen.

Drei Schädel wurden dort ausgegraben. Die Echtheit der Funde konnte jedoch nicht festgestellt werden, und so wurden die Schädel wieder dorthin zurückgelegt, wo sie gefunden worden waren.

Im Zuge der Perestrojka und des Untergangs der Sowjetunion veränderte sich die Lage. Da Rjabows Angaben inzwischen öffentlich bekannt waren, entschied Präsident Boris Jelzin (geb. 1931) angesichts der Befürchtung, daß die Öffentlichkeit ihre eigenen Ausgrabungen vornehmen würde, daß die betreffende Grabstätte unter wissenschaftlicher Aufsicht geöffnet werden wird (1991). Man fand schließlich Teile von neun Skeletten, die allesamt schwer mißhandelt waren, denn es wurde versucht, durch Säure und Verbrennung eine Identifikation unmöglich zu machen.

Die russischen Erbforscher baten Kollegen im Westen um Hilfe festzustellen, ob die Funde von der Zarenfamilie stammten. Eine vorgeschrittene DNA-Technik wurde benutzt, und man nahm mit vielen Verwandten der Zarenfamilie Kontakt auf, um notwendige Blutproben zu erhalten. Fragmente von verstorbenen Verwandten wurden ebenfalls verwendet. Prinz Philip (geb. 1921) von Großbritannien, der mütterlicherseits mit der russischen Zarin verwandt ist, trug beispielsweise mit einer Blutprobe bei (1992).

Die Spezialisten kamen zu dem Ergebnis, daß vier der Funde nicht zur Zarenfamilie gehörten. Vermutlich handelte es sich hier um Angestellte am Hofe. Nikolaus II., die Zarin und drei der Töchter, die Großfürstinnen Olga, Tatijana und Anastasia, waren jedoch – mit einer fast hundertprozentigen Wahrscheinlichkeit – gefunden worden. Der Thronfolger Aleksej und seine Schwester, Großfürstin Maria, fehlten.

Erst Ende Februar 1998 wurde offiziell mitgeteilt, daß die Zarenfamilie am 17. Juli 1998 oder genau am 80. Jahrestag des tragischen Julitages 1918 in Sankt Petersburg in der St.-Peter-Paul-Kathedrale beigesetzt werden sollte.

Die Beerdigung fand in Anwesenheit des Präsidenten Boris Jelzin statt, der in einer feierlichen Rede die Tat in Jekaterinburg als sinnlose Grausamkeit und Verbrechen darstellte, als »eine der schändlichsten Seiten unserer Geschichte«. Die Beisetzung sollte als eine Abrechnung mit der Vergangenheit angesehen werden.

Das Oberhaupt der Russischen Kirche, der Patriarch Alexej I., fehlte in der St.-Peter-Paul-Kathedrale. Die Kirche hatte schon früher immer wieder ihren Zweifel über die Echtheit der Überbleibsel zum Ausdruck gebracht.

Schon 1924 hatte sich der Vetter Nikolaus' II., Kyrill Wladimirowitsch (1876-1938), zum »Zaren über ganz Rußland« ausrufen lassen. Er war in absteigender Linie Erbe des Zaren Alexander II. und derselbe Großfürst, der seinen Eid Nikolaus gegenüber gebrochen und sein Regiment der oppositionellen Duma zur Verfügung gestellt hatte. Kyrill starb 1938 in Paris, und sein Sohn, Wladimir Kyrillowitsch Romanov (1917–1992), behauptete jetzt, der rechtmäßige Erbe des Throns zu sein. Im Alter von 74 Jahren starb Wladimir plötzlich nach einer Pressekonferenz in Miami, USA. Er wurde mit großen Ehren in Sankt Petersburg beigesetzt.

Wladimirs Tochter Maria Wladimirowna (geb. 1953) erhebt zur Zeit Anspruch auf den Thron ihrer Väter. Sie ist mit Franz Wilhelm von Hohenzollern (geb. 1943), Urenkel von Kaiser Wilhelm II., verheiratet und hat mit ihm einen gemeinsamen Sohn namens Georg (geb. 1981).

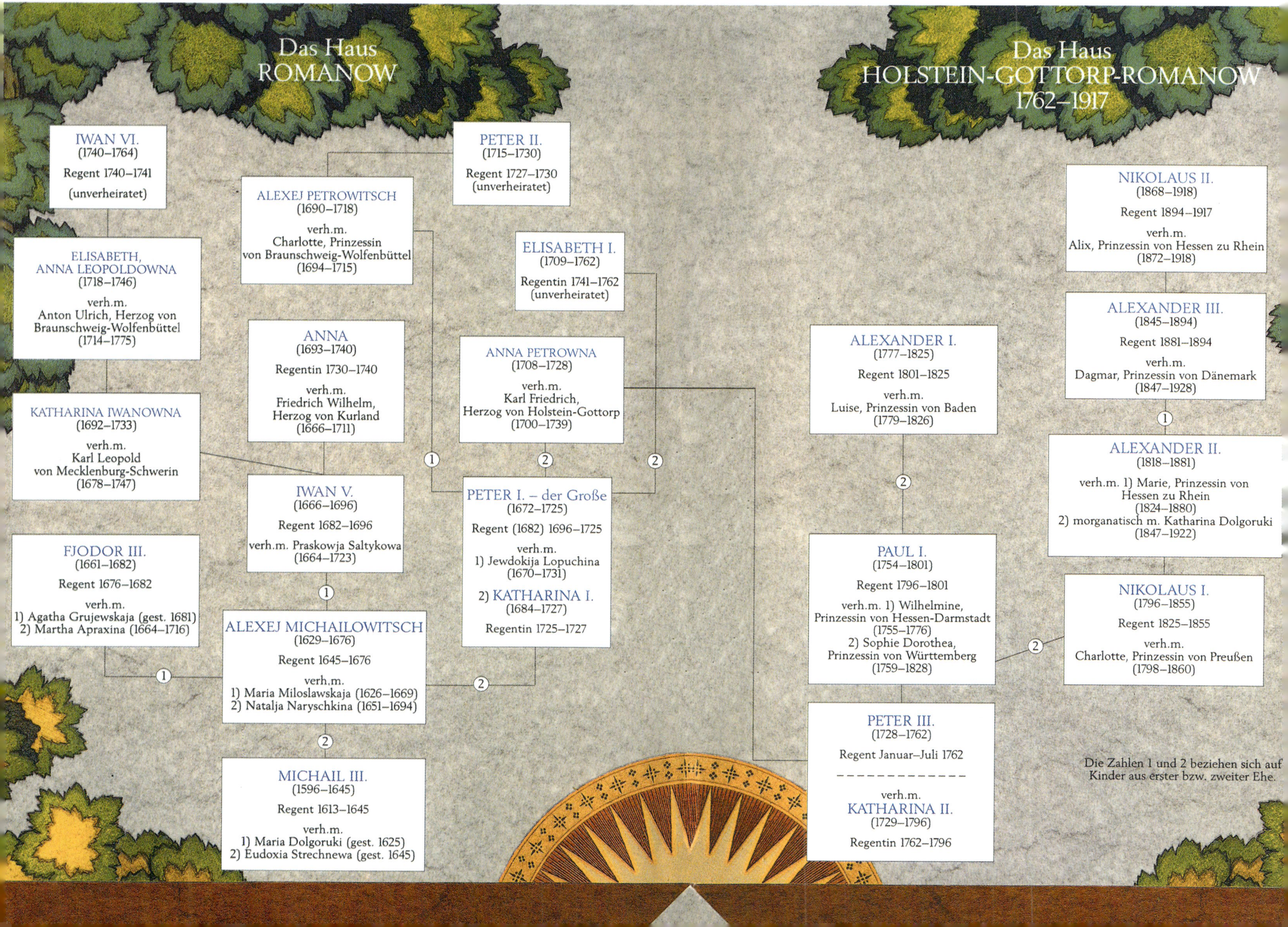
Das Haus ROMANOW
IWAN VI. (1740–1764) Regent 1740–1741 (unverheiratet)
ELISABETH, ANNA LEOPOLDOWNA (1718–1746) verh.m. Anton Ulrich, Herzog von Braunschweig-Wolfenbüttel (1714–1775)
KATHARINA IWANOWNA (1692–1733) verh.m. Karl Leopold von Mecklenburg-Schwerin (1678–1747)
FJODOR III. (1661–1682) Regent 1676–1682 verh.m. 1) Agatha Grujewskaja (gest. 1681) 2) Martha Apraxina (1664–1716)
ALEXEJ PETROWITSCH (1690–1718) verh.m. Charlotte, Prinzessin von Braunschweig-Wolfenbüttel (1694–1715)
ANNA (1693–1740) Regentin 1730–1740 verh.m. Friedrich Wilhelm, Herzog von Kurland (1666–1711)
IWAN V. (1666–1696) Regent 1682–1696 verh.m. Praskowja Saltykowa (1664–1723)
ALEXEJ MICHAILOWITSCH (1629–1676) Regent 1645–1676 verh.m. 1) Maria Miloslawskaja (1626–1669) 2) Natalja Naryschkina (1651–1694)
MICHAIL III. (1596–1645) Regent 1613–1645 verh.m. 1) Maria Dolgoruki (gest. 1625) 2) Eudoxia Strechnewa (gest. 1645)
PETER II. (1715–1730) Regent 1727–1730 (unverheiratet)
ELISABETH I. (1709–1762) Regentin 1741–1762 (unverheiratet)
ANNA PETROWNA (1708–1728) verh.m. Karl Friedrich, Herzog von Holstein-Gottorp (1700–1739)
PETER I. – der Große (1672–1725) Regent (1682) 1696–1725 verh.m. 1) Jewdokija Lopuchina (1670–1731) 2) KATHARINA I. (1684–1727) Regentin 1725–1727
1
2
Das Haus HOLSTEIN-GOTTORP-ROMANOW 1762–1917
ALEXANDER I. (1777–1825) Regent 1801–1825 verh.m. Luise, Prinzessin von Baden (1779–1826)
PAUL I. (1754–1801) Regent 1796–1801 verh.m. 1) Wilhelmine, Prinzessin von Hessen-Darmstadt (1755–1776) 2) Sophie Dorothea, Prinzessin von Württemberg (1759–1828)
PETER III. (1728–1762) Regent Januar–Juli 1762 verh.m. KATHARINA II. (1729–1796) Regentin 1762–1796
NIKOLAUS II. (1868–1918) Regent 1894–1917 verh.m. Alix, Prinzessin von Hessen zu Rhein (1872–1918)
ALEXANDER III. (1845–1894) Regent 1881–1894 verh.m. Dagmar, Prinzessin von Dänemark (1847–1928)
ALEXANDER II. (1818–1881) verh.m. 1) Marie, Prinzessin von Hessen zu Rhein (1824–1880) 2) morganatisch m. Katharina Dolgoruki (1847–1922)
NIKOLAUS I. (1796–1855) Regent 1825–1855 verh.m. Charlotte, Prinzessin von Preußen (1798–1860)
Die Zahlen 1 und 2 beziehen sich auf Kinder aus erster bzw. zweiter Ehe.

PERSONENREGISTER

Der Buchstabe f nach der Seitenzahl verweist auf die folgende Seite, ff auf mehrere Folgeseiten, der Buchstabe R auf einen Rahmentext. Kursivzahlen verweisen auf Abbildung und Bildtext.
Bei der deutschen Schreibweise russischer Eigennamen wurde in diesem Buch die volkstümliche Umschrift der wissenschaftlichen vorgezogen.

A

B

C

O

P

Q

R

S

LITERATURVERZEICHNIS

G. Alekinsky, *Modern Russia* (London 1913)
A. Andreevsky, *Russisches Rokoko* (Berlin 1937)
M.S. Anderson, *Peter the Great* (London 1978)
G. Aretz, *Katharina II.* (München 1919)
T.H. Arne, *Europa upptäcker Ryssland* (Stockholm 1944)
V. Bariathinsky, *Le Mystère d'Alexandre Ire* (Paris 1929)
A. Baschuzky, *Panorama von St. Petersburg* (St. Petersburg 1834)
J. Bastin, *Guide du Voyageur à St. Petersbourg* (St. Petersbourg 1867)
Baron de Baye, *Smolensk* (Paris 1912)
H. Biehn, *Die Kronen Europas* (Wiesbaden 1957)
I. Boscherjanow, *Newski prospekt* (St. Petersburg 1902)
G. Brandes, *Indtryk fra Rusland* (Kjöbenhavn 1888)
O.G. Brockett, *History of the Theatre* (Boston 1981)
P.H. Bruce, *Memoirs* (Dublin 1783)
G. Buchanan, *My Mission to Russia* (London 1923)
D.P. Buturlin, *Historie Militaire* (Paris 1824)
O. Böckel, *Psychologie der Volksdichtung* (Berlin 1913)
C. Cate, *The War of the Two Emperors* (New York 1985)
V. Chernov, *Moscow* (Moskau 1979)
W. Churchill, *Det stora kriget* (Helsinki 1935/36)
E.D. Clarke, *Reise durch Rußland und die Tatarei in den Jahren 1800/01* (Weimar 1817)
S. Collins, *Relation de l'Etat Présent de la Russie* (Paris 1679)
C. Cruttwell, *A History of the Great War* (Oxford 1940)
Raymond M. de Damaze, *Tableau de L'Empire de Russie* (Paris 1812)
N. Davies, *Heart of Europe* (Oxford 1984)
L. Dehn, *The real Tsaritsa* (London 1922)
A. De Jonge, *Fire and water* (London 1979)
J. Dmitriev, *Cirk v Rossi* (Moskau 1977)
C. Dobson, *Prince Felix Yusupov* (London 1989) und *Russia* (London 1913)
P.V. Dolgorukow, *Wremja Imperatora Petra II* (Moskau 1909)
O.H. Dumrath, *Ryssland och dess tsarer* (Stockholm 1920)
C.W. Faber du Faur, *Blätter aus meinem Portefeuille...* (Stuttgart 1831)
J.L.I. Fennell, *Ivan the Great of Moscow* (London 1961)
O. Figes, *Peasant Russia Civil War* (Oxford 1989)
R. Fisher, *Bering's Voyages* (London 1977) und *The Voyage of Semen Dezhnew* (London 1981)
P. & B. Grabbe, *The Private World of the Last Tsar* (Boston 1984)
J. Grindwald, *Tri veka moskovskoj Sceny* (Moskau 1949)
A.N. Grobovsky, *The "Chosen Council" of Ivan IV* (New York 1969)
E. Gruening, *The State of Alaska* (New York 1954)
B. Gurko, *Minnen och intryck* (Stockholm 1919)
L.H. Haimson, C. Tilly, *Strikes, wars and revolutions in an international perspective* (Cambridge 1989)
A.W. Hazelton, *The Russian Imperial Orders* (New York 1932)
A.E. Healy, *The Russian Autocracy in Crisis* (Hamden 1976)
E. Helm, *Peter Tjajkovskij* (Borås 1980)
A. Jensen, *Rysk kulturhistoria* (Stockholm 1908) und *Från barbari till revolution* (Stockholm 1918)
R.J. Jensen, *The Alaska Purchase and Russian-American Relations* (Seattle 1975)
J. Juell, *En Rejse til Rusland under Tsar Peter* (Kopenhagen 1893)
A.D. Kantemir, *Satyres du prince Cantemir* (Londres 1750)
G. Kennan, *Sibiria and the Exil System* (New York 1891)
A.F. Kerenskij, *The Catastrophe* (New York 1927)
S.S. Khromov etc., *History of Moscow* (Moskau 1981)
J.G. Kohl, *Russia* (New York 1970, urspr. London 1844) und *Petersburg in Bildern und Skizzen* (Dresden und Leipzig 1846)
J.G. Korb, *Diarium itineris in Moscoviam* (Wien 1698)
S. Krjaskow, *Is Proslago Russkoj Semli* (Moskau 1907)
P. Kropotkin, *En anarkists lefnadsminnen* (Stockholm 1900)

H.I. Kusner, *Conflict on the Northwest Coast* (Westport 1975)
O.A. Ljaskowskaja, *Ilja e Repin* (Moskau 1982)
B.L. Lincoln, *Nicolas I* (London 1978)
C.M. Lindforss, *St. Petersburg* (Helsinki 1872)
U. Lisiansky, *A Voyage Round the World* (London 1814)
J.F. Loubat, *Narrative of the Mission to Russia* (New York 1873)
G. Mannerheim, *Minnen* (Stockholm 1951/52)
C.H. v. Manstein, *Mémoires historiques* (Lyon 1772)
F.R. Martin, *Svenska kungliga gåfwor till Ryske zaren* (Stockholm 1899)
R. Massie, *Peter den store* (Stockholm 1986)
C.F.P. Masson, *Mémoires secrets sur la Russe* (Paris 1800–1802)
V. Mawrodin, *Drevnaja Rus* (Leningrad 1946)
R.B. McKean, *St. Petersburg Between the Revolutions* (New Haven 1990)
K.W.B. Middleton, *Britain and Russia* (London 1947)
A. Molin, *Berättelse om de i stora Tartariet* (Stockholm 1880)
G.F. Müller, *Voyages from Asia to America* (London 1761)
Michailowitsch, *Die Fürsten Dolgorukij* (Leipzig 1902)
B. Nävdal-Larsen, *Erik XIV, Ivan Groznyj og Katarina Jagellonica* (Uppsala 1983)
Z. Oldenbourg, *Catherine de Russie* (Paris 1966)
M. Paléologue, *Alexander I.* und *Les favoris de Catherine La Grande* (Paris 1939)
P.S. Pallas, *Travels through The Southern Provinces of the Russian Empire* (London 1812) und *Voyages en différentes Provinces de l'empire de Russie* (Paris 1788)
D. Shaw, J. Pallot, *Landscape and Settlement in Romanov Russia 1613–1917* (Oxford 1990)
A. Palmer, *Alexander I.* (New York 1974)
B. Pares, *Day by Day...* (London 1915) und *The Fall of the Russian Monarchy* (London 1939)
Th.S. Pearson, *Russian Officialdom in Crisis* (Cambridge 1989)
G. Polonskij, *Ryska litteraturens historia* (Lund 1906)
M. Poniatowski, *Historie de la Russie* (Paris 1958)
M.I. Puljaev, *Staryi Peterburg* und *Sabytoe Proelos Okrestnostej* (St. Petersburg 1889)
D. de Raymond, *Tableau de L'Empire de Russie* (Paris 1812)
A. Reid, *Memories of the Crimean War* (London 1911)
N.V. Riasanovsky, *The Image of Peter I* (New York 1985)
E. Rydelius, *Rysk mat* (Stockholm 1945)
J. Semenow, *Sibirien* (Stockholm 1955)
K. Schlögel, *Jenseits des Großen Oktober* (Berlin 1988)
C.J Schultz, *Reise... von St. Petersburg durch Sibirien nach Amerika* (Berlin 1816)
G.R. Scott, *The History of Torture Throughout the Ages* (London)
J. Semjonow, *Sibirien* (Stockholm 1955)
N.K. Slider, *Imperator Pavel I* (St. Petersburg 1901)
J.P. Simon, *Russisches Leben* (Berlin 1858)
A. Sneer, *Cirk* (Moskau 1973) und *Cirk* (Moskau 1979)
P.S. Squire, *The Third Department* (Cambridge 1968)
B. Stern, *Geschichte der öffentlichen Sittlichkeit in Rußland* (Berlin 1907)
P.J. Stralenberg, *Das Nord- und Ostliche Teil von Europa und Asia* (Stockholm 1730)
G. Stökl, *Testament und Siegel Iwans IV.* (Opladen 1972)
V. Subow, *Zar Paul I.* (Stuttgart 1963)
M.L. Telegin, *Rysk mat* (Stockholm 1955)
L. Trotzki, *Trotsky's diary in exil* (Cambridge, Mass. USA 1958)
H. Troyat, *Ivan the Terrible* (Paris 1982), *Catherine La Grande* (Paris 1977) und *Peter den store* (Stockholm 1986)
K. Waliszewski, *L'héritage de Pierre Le Grand* (Paris 1900)
K. Waliszewski, *La Dernière des Romanov* (Paris 1902)
E.K. Valkenier, *Ilja Repin* (New York 1900)
B.V. Vareneke, *History of the Russian Theatre* (New York 1951)
F.C. Weber, *Das veränderte Rußland* (Franckfurth 1721) und *Memoires pour servir à l'historie de l'empire russien* (La Haye 1725)
R. Werlich, *Russian orders, decorations and medals* (Washington 1968)
N. Witsen, *Noord en Oost Tartaryen* (Amsterdam 1685–1705)
A. Vyrubova, *Minnen från ryska hovet* (Stockholm 1923)
A. Yanov, *The Origins of Autocracy* (Berkeley 1981)

NACHSCHLAGEWERKE

Bolschaja Sowjetskaja Enziklopedia (Moskau 1975)
Ruski Biografiseski Slowar (St. Petersburg 1896–1913)
The Encyclopedia of Historic Places (London 1984)
The New Encyclopedia Britannica (Chicago 1986)
The New Grove Dictionary of Music and Musicians (London 1981)

SONSTIGES

Gosudarstwennaja Tretjakowskaja (Leningrad 1979)

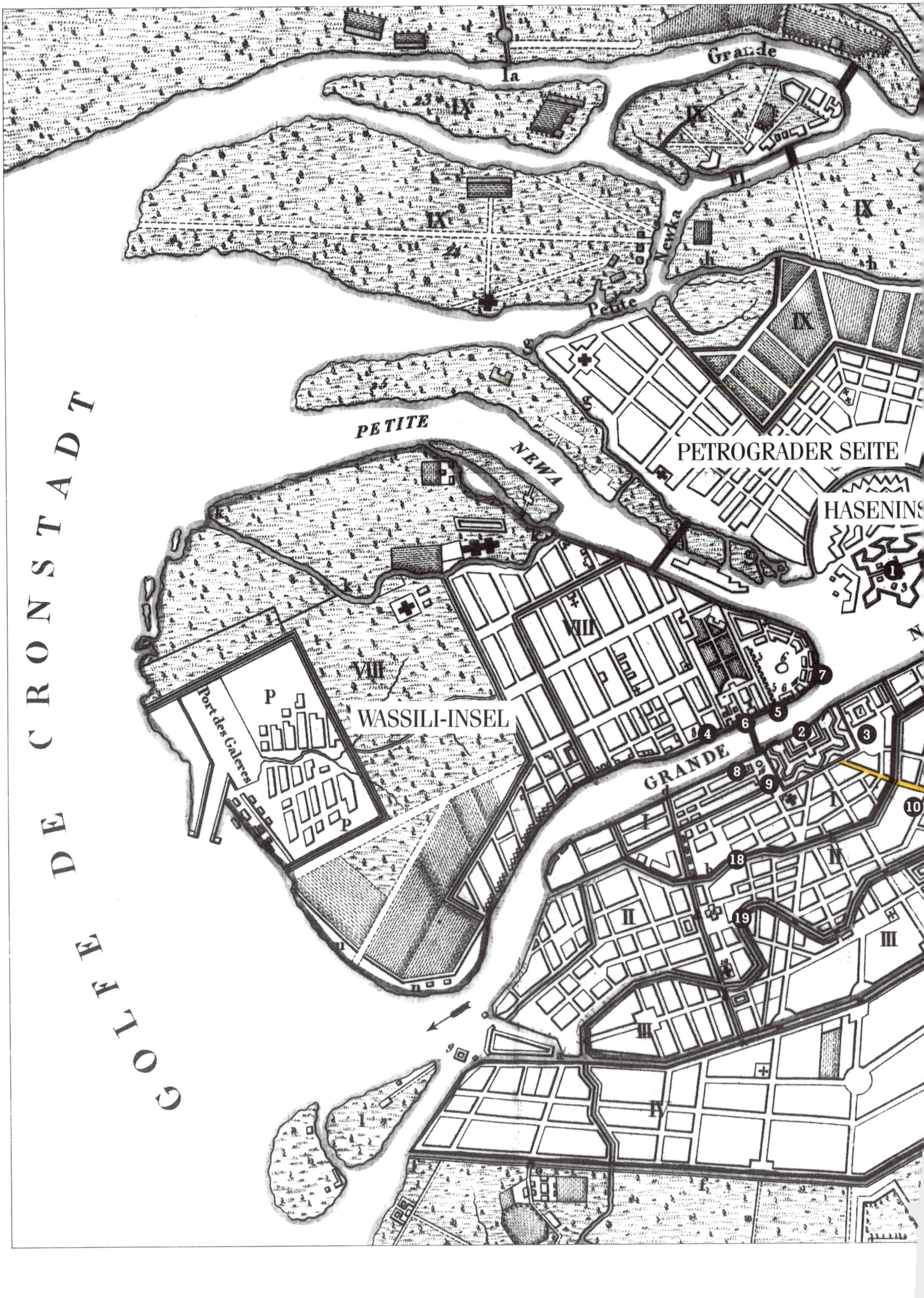
GOLFE DE CRONSTADT
Grande
PETITE
NEWA
Newka
Petite
PETROGRADER SEITE
HASENINS
WASSILI-INSEL
Port des Galères
GRANDE